U0934171

《王亚南全集》编纂委员会

《王亚南全集》编辑部

王亚南全集

第七卷

厦门大学出版社
XIAMEN UNIVERSITY PRESS
国家一级出版社
全国百佳图书出版单位

图书在版编目(CIP)数据

王亚南全集.第七卷/《王亚南全集》编纂委员会编.—厦门:厦门大学出版社,2021.8

ISBN 978-7-5615-8321-0

Ⅰ.①王… Ⅱ.①王… Ⅲ.①王亚南(1901—1969)—全集 Ⅳ.①C52

中国版本图书馆 CIP 数据核字(2021)第 153948 号

出 版 人 郑文礼
出版策划 宋文艳
责任编辑 许红兵
责任校对 英 瑛
装帧设计 李夏凌 蔡炜荣
技术编辑 朱 楷

出版发行 厦门大学出版社
社 址 厦门市软件园二期望海路 39 号
邮政编码 361008
总 机 0592-2181111 0592-2181406(传真)
营销中心 0592-2184458 0592-2181365
网 址 http://www.xmupress.com
邮 箱 xmup@xmupress.com
印 刷 厦门集大印刷有限公司

开本 720 mm×1 000 mm 1/16
印张 30.25
插页 3
字数 481 千字
版次 2021 年 8 月第 1 版
印次 2021 年 8 月第 1 次印刷
定价 168.00 元

厦门大学出版社
微博二维码

编纂体例

1.编校基本原则:尊重与保持原著面貌,同时兼顾现行学术规范和读者阅读习惯。

2.版式:原为竖排者均改为横排,繁体字均改为简体字。

3.古体字、异体字改动而于原意无损者,改为今体字和通用字,并按新版《现代汉语词典》规范。

4.对明显的文字排校差错,包括衍(多余)、脱(减少)、倒(倒置)、错(错讹)进行校改。添加的字用六角号及楷体标示,其他径行改正。漫漶不清、无法辨认的,用方框“□□”标示。

5.生僻或明显有碍于读者理解的旧词,改为常用或便于理解的新词。

6.标点符号原则上不作改动;个别影响阅读或容易引起歧义的,采用现行国家标准予以改正。

7.著作(译作)、文章原则上采用原有标题;个别无标题或标题有改动的,由编者酌加或修改,并用“*”号注明,加“编者注”说明。

8.原作中的夹注、篇后注、章后注等,原则上改为脚注,文献出版年份和页码统一为阿拉伯数字。

9.编者所加注释均注明“编者注”,并根据情况采用脚注或夹注形式。

10.引文均不复核,个别明显错引处径行代为改正。

11.原文中人名、地名、国名已成音译定例的,按定例予以改正和统一;未成音译定例者,仍循其旧。卷末根据需要附“人名译名对照表”等。

12.统计数字按现行规范统一。年代表述仍循原著写法。

13.内容涉及对外或民族、宗教政策的，亦保留原样，必要时加“编者注”说明。

14.早期原著中个别提法不合现行规定的，径行作省略处理。

《王亚南全集》编辑部

本卷编者说明

本卷收录20世纪30—40年代王亚南撰写的有关国际关系与世界经济研究方面的五部论著：一是《现代外交与国际关系》(1933年10月)；二是《经济政策》(1936年1月)；三是《德国之过去现在与将来》(1936年1月)；四是《现代世界经济概论》(1936年4月)；五是《世界战争与世界经济》(1942年9月)。其中前四部均由中华书局出版；第五部由新建设出版社出版。

《现代外交与国际关系》是王亚南撰写的一部国际关系论著。全书共有三章，除第一章绪论对现代外交的意义、性质、功能、经济基础及其演进作了详细阐述外，第二、第三章分别阐述了第一次世界大战之前和之后的国际关系，包括战前英国与欧洲的均势局面、法国势力之消长和俄国之兴替；战后国际关系的演变、新均势局面的展开以及国际关系中的热点问题，如太平洋上的角逐和东北问题等。全书言简意赅，重点突出，读后发人深省。

《经济政策》是一部专门研讨经济政策的论著。全书共有六章，其中第一章绪论对经济政策的意义、功能及其发展的历史进行了论述；第二至第六章分别介绍了商业资本时代、工业资本时代、金融资本主义时代的经济政策，战后资本主义的特质和经济政策，以及苏联经济制度的特征。全书论述了各个历史时期主要资本主义国家经济政策的形成演变及其特点，史论结合，分析独到；对苏联从战时共产主义、新经济政策到“一五”“二五”计划时期的经济政策的对比分析，简洁明了，颇有新意。

《德国之过去现在与将来》是1934—1935年王亚南在流亡德国、日本期间撰写的一部现代德国政治经济的简论。全书根据历史法则，用大量史实阐述了德国这一后起的资本主义国家自十九世纪上半期以来的政治经济发展的状况，对现代德意志国家的形成、由资本主义到帝国主义的推移，以及其在帝国主义阵营中的关系进行了分析，阐明了第一次世界大战爆发的原因和战后德国的困局，揭示了希特勒政权的形成发展与第二次世界大战终将爆发的必然联系，最后指出了第三帝国的前景。全书分析深刻，判断准确，书中作者洞察时局的敏锐性和预见性，振聋发聩。

《现代世界经济概论》是王亚南关于现代世界经济的一部开拓性著作。全书分为两编：第一编对现代政治经济的一般特征，包括政治与经济的意义、本质、关联，政治与经济的关系，对现代政治经济运行的特点和缺陷以及该体系的破毁等发表了自己独特的见解；第二编运用大量鲜活的史料，论述了当时世界经济的基本状况，对第一次世界大战后的经济形势及面临的问题，如国家战债与战争赔款、货币战争与关税战争、贸易与金融的惨况、工业与农业的破局，以及劳动工资与失业问题、经济危机的救济方策等进行了深刻、系统的分析，最后对苏联经济的特征及不同时期的经济特点进行了阐述。全书纵横捭阖，史论结合，观点鲜明，令人耳目一新，读之可窥见当时世界经济之概貌。

《世界战争与世界经济》是王亚南在抗日战争进入相持阶段发表的一篇论述世界经济与战争性质、战争态势的论文。原文首发于 1942 年《新建设》杂志第 3 卷第 7～8 期。同年 9 月，“第七战区司令长官司令部编纂委员会”将其编入“时事小丛书”，由新建设出版社出版。该书分析了自由资本主义向帝国主义的演进对世界大战形成的影响，对第一次世界大战后德日两国挑起世界大战的原因作了深刻分析，并就德日两国在战场还占据优势的背景下，战争性质的转化可能性作了科学的论证。全书篇幅简短，但内容深刻，为宣传抗日、鼓舞士气发挥了积极作用。此后王亚南对该书内容略作删改，以“政治经济学对于现代战争的说明”为题，收入 1943 年出版的《经济科学论丛》、1945 年出版的《社会科学论纲》和 1946 年出版的《社会科学新论》（参见第四卷第 322 页和本卷第 429 页题注）。

王亚南对国际关系和世界经济的研究，是其现代经济研究的重要组成部分,也是他长期关注国际时事,深入考察欧、日经济,融汇东西文化的产物。他在这方面发表的论著和观点,以前似乎较少为理论界所关注。本卷五部论著的结集出版,将使人们更加关注王亚南在国际关系和世界经济研究方面做出的理论探索和理论贡献,具有重要的意义。

目 录

现代外交与国际关系

经济政策

德国之过去现在与将来

现代世界经济概论

第一编　绪论

第二编 世界经济状况

世界战争与世界经济

现代外交与国际关系

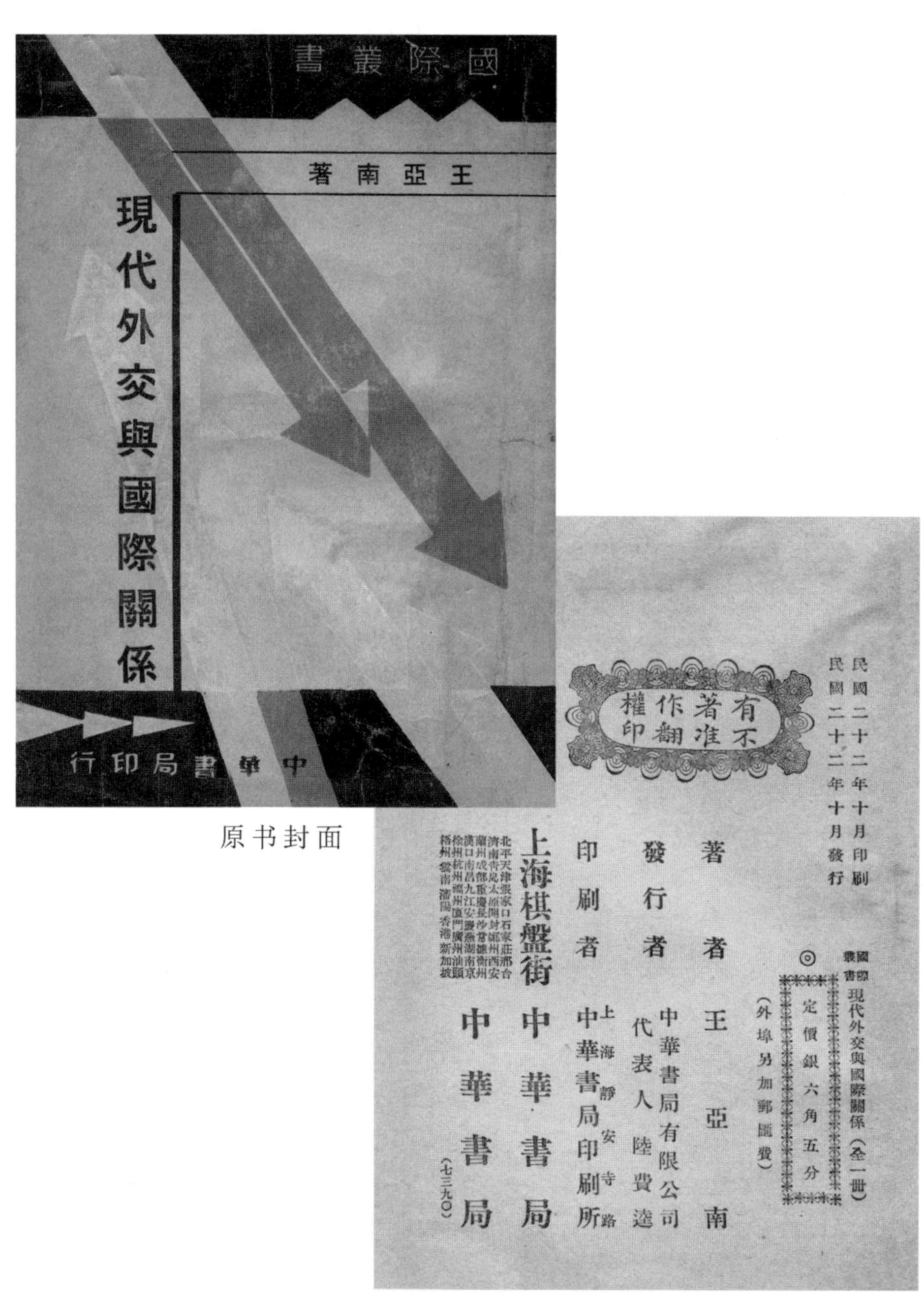

原书封面

民國二十二年十月印刷
民國二十二年十月發行

有著作權
不准翻印

國際叢書 現代外交與國際關係（全一冊）

◎定價銀六角五分
（外埠另加郵匯費）

著者 王亞南

發行者 中華書局有限公司
代表人 陸費逵

印刷者 上海靜安寺路
中華書局印刷所

上海棋盤街 中華書局

北平天津張家口石家莊邢台
濟南青島太原開封鄭州西安
蘭州成都重慶長沙常德衡州
漢口南昌九江安慶蕪湖南京
徐州杭州溫州廈門廣州汕頭
梧州雲南瀋陽香港新加坡

中華書局

（七三九〇）

原书版权页

序　言

外交是处理国际间的相互关系的。国际关系随时代而异其内容，外交亦随时代而异其性质。

在古代，在中世，政治宗教势力大于一切，于是，外交受支配于这种势力，而其所处理的国际关系，亦大抵限于政治或宗教的范围。现代不然。现代是经济势力大于一切的时代。由经济的国际分工，一方面加繁了各国间的相互接触，另一方面造出了各国间的相互依存。其结果，政治的羁绊，宗教的维系，地域的关联，种族的结束，通在经济作用下，显得松懈无力了。经济利益所在：同种同教同政治系统者可以分离，异种异教异政治系统者亦可以结合。由是，经济在各国外交关系中，具有决定的作用，各国的外交政策，就大都以经济利益为旨归了。这种经济中心主义，构成了现代外交关系的一个显著特征。

特现代任何国家，虽都有拥护或扩大其经济利益的外交政策，但十八世纪以后的各国外交政策的运用，几乎直接间接都受了英国外交的支配。这理由，亦是要从经济上去解释的。英国最先成就产业革命。它是资本主义最先进的国家。所以，当现代其他资本主义国家尚未梦想到海外殖民贸易的时候，英国对于海外殖民和海外贸易，差不多已有了数十年乃至百余年的经验。凭了这先进的资格，它在世界各地建立了经济基础，建立了海军根据地。为要确定其海上霸业，保障其海上自由，它一向是运用“化强为弱”的均势主义外交政策，以操纵把持欧洲乃至世界的政局。不论哪个国家，只要其势力的膨胀，有碍英国海外经济的发展，它马上就要用离间联络的方策，使其渐形削弱下来。不过，随着大战的爆发，或者，随着资本主义势力的崩溃，英国操纵世界大局的气力，已如强弩之末了。在法美日俄四大强国互争雄长的今日现状下，它早有“抑得东来西又起”的困难。它一向主动的外交，渐有流于被动的趋势了。然而百足之虫，死而不僵。我们试一默察今日欧洲的政局和太平洋上的风波，不还是有英国在暗中“联甲制乙”“推波助澜”的在活动么？英国之支配或操纵世界政局，那又算构成了现代外交关系的另一个显著特征。

以上这两个特征——经济中心主义与英国支配势力——都是论究现代外交关系所应明白认识的。本书在全般叙述上，系以此两者为主要骨干，所以，那在一方面可以当作“英国外交简史”看，另一方面可以说是“经济的外交关系论”。我是一个对于国际政治经济关系无精深研究的人，但我盼望我的立论，不致大远于既成事实。

本书写成后，曾蒙好友周宪文先生加以修正。特此附志谢忱。

一九三三年一月三日于湖南长沙野马轩

第一章 绪 论

第一节 外交之意义与性质

“外交”是一个政治的语辞。我国古籍述及“外交”二字，似始于《墨子》。《墨子·修身篇》有云：“近者不亲，无务来远，亲戚不附，无务外交。”此外，如《晏子春秋》所谓“不出樽俎之间，而折冲千里之外”，盖表明外交之运用；《论语》所谓“为命，裨谌草创之，世叔讨论之，行人子羽修饰之，东里子产润色之”，盖讲究外交之辞令。至若何谓外交，或外交之意义云何的问题，则不大有人论及。

近代学术进步，外交亦渐成为一门学问研究的对象。于是“外交”一语本身的意义，就有明白确定之必要了。但外交这个语辞，也正如其他的政治语辞一样，其含义可因观点不同的学者，而作各种不同的解释。照李维厄(Rivier)所说，外交可就三方面来说明，即：第一，乃关于国家代表交涉之学与术，第二，乃国家代表机关的全部，第三，乃国家外交官之行事与职务。[①] 李氏这种解释，不消说是非常包括的，但我们却嫌其过于包括了。比如，就他举述的第二点言，外交固然是缺少不了外交机关的，但在解述其意义时，却就不一定要把它指出来。

据有名的国际法学者傅希勒(Fauchille)所说，外交一语，含有学与术两种意义，所谓学，即具有国际政治法律相互利益，历来习惯，与重要条约之知识；所谓术，即应付国际事件及办理交涉之手段。[②] 他这种说法，仅相当于李维厄氏所举述的三种意义之第一种意义。而外交究是“学”，抑

① 见常书林著《外交ABC》第2页。

② 傅希勒(Fauchille)著《国际公法》第三篇第28页——参照廖德珍编《外交学概论》第2页。

系"术"的争辩，迄今犹嚣嚣然于学者之间。然而这样一个问题，是愈到近代就愈容易明白的。

在昔国际关系简单，各国相互间无何等紧密接触；间有议和善邻或合纵连横一类任务，只派遣一二能言善辩的使节，就很容易对付下来。故当时所谓外交，全未脱出"术"的范围。降及近代，世界各国间相互的关系，较之往昔一国各省，甚或一省各地域间之关系，犹为密切；历史的、政治的、种族的、经济的交互错杂之连锁作用，不但加广了国际范围，而且加深了国际利害关系；于是处理各国间的交涉交际事件，就须得于能言善辩以外，澈底了解世界大势，及各国历史政治种族经济上之种种相互关联，即是说，这时代的外交，不是完全弄"术"可以了事，势须充分具有怎样运用"术"的国际关系的基础知识。萨道义（E.Satow）把外交定义为："应用智略，处理国家相互关系。"[①]虽未明言外交须备有学与术两层意义，但细玩其语气，实与傅希勒氏之解释，无大出入。

外交既系"应用智略，处理国家相互关系"，国际法这门学问，就成为言外交者之必备知识了。但准据历史事实言，与其谓国际法为外交之准则，却不如说国际法为外交作用之结果。因为各种国际法的形成，都是经过了一番外交手续的。在未有国际法以前，外交就在有相互关系的各国间进行着。而且，错综复杂昕夕变动的各国相互关系，亦究不是几条形式的法规所能处理得了的。

国际法既不够包括并处理国家相互关系，于是进行外交之方术，从而，外交所具的性质，就颇不一样了。就政策上讲，有时为排外的，有时为善邻的，或者同时对甲国为排外的，对乙国为善邻的；中国战国时代之合纵连横以及远交近攻之策略，欧洲近代各国联甲制乙所缔结的协约联盟，要皆可以说明此点。若更就其他方面讲，则外交政策之决定，有时系依照传统的惯例，有时又系顺时势之推移，或者，尽管一方面主张维持历来不变的政策，但这政策的意义与目的，又可随时随地伸缩变易其解释。例如，美国自门罗（Monroe）大总统宣扬门罗主义的对外方针以后，这种主义，遂成为美国历来外交之金科玉律了。可是，关于这种主义的解释，迄无定准。那可用以防阻各国对于美洲的侵略，可用以干涉中美南美诸邦

---

① 见周鲠生著《近代欧洲外交史》第1页。

的内政，可用以参加欧洲空前的大战，亦可用以保障美国在东亚特别是在中国的利益。因此，我们可以说美国外交政策是传统的惯习的，也可以说那是伸缩的推移的。此外，如标榜干涉主义政策的奥相梅特涅(Metternich)，标榜自由主义政策的法帝路易·拿破仑(Louis Napoléon)[①]，他们就在本身，亦往往不能不因事势的推移，而变更乃至破坏其政策。可见一般所谓外交上之因习性云云，那不是指着根本的外交政策，而是指着处理外交运用外交之方式。

外交在进行上，不是争论的，便是调解的，而从事争论或调解，又苦无一定的准则可凭，于是，为要达到折服对手方的目的，就只好援引从来的惯例或先例；或者，选定有利于己国的外交惯例或先例，以图实现其所主张的政策。这便是外交上之因习性的由来了。

最后，关于外交之进行，向例都采行秘密的方式，这可以说是外交之因习性的一个实例，但这种倾向，现在已颇有改变了。外交历史之演进，就这方面讲，可以分为三个阶段：一、宫廷的外交，二、官僚的外交，三、国民的外交。在宫廷外交时代，关系各国间之对外交涉，例由代表君主意志之特派使节，秘密进行，交涉之结果，或条约之签定，只有君主及其代表人可以与知。其后，各国相互间之利害关系，渐趋复杂，因而有特别养成外交人才之必要，就这样，宫廷外交乃渐过渡于官僚外交；官僚外交既由外交之专门性与重要性而产生，于是，就前者言，一般国民乃无与知专门的外交之资格；就后者言，一般国民更无参预重要的外交之权能，所以，这时期的外交，仍是多半保守秘密的。最近，一般人因着教育的、政治的、经济的种种关系，已渐觉秘密外交包办外交，所给与他们的重大影响，他们不但需要参预外交，他们并且知道外交不是怎样具有神秘的事体了。人民对于外交的这种觉醒和认识，正是现代国民外交运动之主观的成因。美国大总统威尔逊(Woodrow Wilson)曾极力主张外交公开。在他所著的《公开的和平约章之来临》中说：我们“不应当订立各种秘密的协定，而且一切国际关系，当其决定时，都应绝对的公开和明晰”。他又曾说：“假如我们只宣布片面的结果，或一时的一种决定，则其结果必很易成为流血之

---

① 此处所指应是 Charles Louis Napoléon Bonaparte(1808—1873)，又称“拿破仑三世”。——编者注

战争。我们不应当再有激励战争的工作，我们应当从事各种工作，使和平有最速之进步。当我们达到了真实的决定的时候，其一切事情都应当公开于全世界，使众闻知。”[①]前次空前的世界大战，就是由种种秘密协定所形成的恶果。威尔逊大总统在人心厌乱的大战之后，提出这种主张，所以当时在各国社会，都引起了同情的共鸣，而大有造于近代外交乃至各国外交关系的改进。

然而，近代秘密性、危险性、欺瞒性的外交，实与近代缺陷之一的国家组织，和对敌的国际关系，保有实质的紧密的关联，在这种国家组织，从而，在各国对敌的国际关系，没有十分改善的限度内，要想外交绝对的公开，那是决难做到的；因为，“假如一种联盟条约，尤其是军事协定，其内容一经公开露布，则敌国方面便十分清楚的了解它们在战争爆发时之确实的力量，而筹备对抗之方法。又假如秘密条约要忠实的交付议院，则其内容便必然的泄露于外，使举世周知了”[②]。现在依旧回复了大战以前的局面，各国又在“勾心斗角”“合纵连横”的准备世界第二次大战，这样，“公开的和平约章之来临”，就不是最近的事了。

第二节　外交之功能

外交是起于多数国家并存的时候。而一国外交对于国家相互关系的处理，又大都是以本国的安全、荣誉与利益为前提。设各国能相互谅解，相互尊重，且各能坦然相见以诚，则外交之功能，便止于讲信修睦，传达情意。但事实上，各国的相互关系，并不是如此简单顺适。因着地理的、历史的、政治的、经济的，乃至种族的特殊关系，每个国家都有其不同的境况，不同的要求，从而，有其不同的对外政策。这样，它们的利益，便不常是相互调和，有时甚且是相互冲突的了。一国利益的成就，往往要损及他国的利益；一国安全的保障，往往要侵害他国的安全，于是外交的任务，就不仅是讲信修睦，同时且要折冲樽俎，要防卫侵攻，要挽救危亡了。大约强大国家对于比较弱小诸国之外交，既无关重要，自非常容易；诸对等国

---

① 叶启芳、曾豫生合译，B.L.Buell 著《国际关系论》下卷第 353 页。

② 叶启芳、曾豫生合译，B.L.Buell 著《国际关系论》下卷第 351 页。

家间之外交,其重要性加大,其困难程度亦加大,但最重要,然而最困难的,却是诸弱小国家的外交。

一国势力如达到了大莫与京,强莫与敌的程度,它对于毗邻的弱小国家,便不肯以对等国看待了。古代中国之对待其四邻的所谓东夷西戎南蛮北狄,神圣罗马帝国之对待其北方的所谓野蛮部族,只有命其内属,或谕其归化,不用命,即采行所谓“四征弗庭”政策,而“我武维扬”,“挞伐用张”,在这种局面下,当然是没有外交可言的。可是,强大国家肯不肯运用外交,与有没有外交,那是判然各别的两事。中国因过于自大自尊,它在历史上被征服被蹂躏于夷狄之邦,实在不只一次;平时不讲究修好睦邻,一旦夷狄侵入了,便又遣使议和,或与以币,或嫁以女,或割以地,这差不多是历代相传的对外政策——先倨而后恭的政策,这种政策的最后归宿,便是让夷狄入主中原。同样,神圣罗马帝国的命运,不也是由其素所轻侮的北方蛮族断送了么?可见最强盛的国家,亦不能全然忽视外交。

但外交的重要性,毕竟是到了群雄割据或对等国家并存的时代,才为世人所共认知,而同时外交学术的进步,亦是发轫于这个时候。中国春秋时代之讲究邦交仪节,战国时代之注重外交策略,以及欧洲在罗马帝国崩溃后,各对等强国间之联盟修好,或合纵连横,皆因各国在尔诈我虞,乘危伺隙的局面下,非运用外交无以图存,亦非运用外交无以制胜;外交在这时代当然是比较困难的,但不克服这种困难,便随时有颠覆邦国的危险,所以,罗致外交人才,培养外交人才,就成了当时的君主或国家的急务,外交的学术,亦因而大有进步了。

特外交在各对等国家间之运用,尚不足以显其功能,外交功能之最大评价,只可期之于振敝起衰转危为安的弱小诸国。因为,就对等国而言,它们是势均力敌的,是所谓“地丑德齐,莫能相尚”的,在这种国际关系中从事外交活动,只要能认清各国间的利害冲突,并能向机利用此利害冲突,便可应付裕如;若弱小国家对于强大国家,尤其是对于诸强大国家的外交,其困难实不可言喻。盖强国军备充实,国富民庶,对于弱小国家,常思侵蚀吞并;设此弱小国家介于列强之间,其军备既感缺如,其资源又难持久,则兴灭之机,端赖外交。如何择友以自重,如何离间以弱敌,操纵环境,利用机会,斯为弱小国家腐心焦虑之问题,图存制胜之要道。历史上以弱小而蔚为大邦,以丧乱而臻于富强的国家,实比比皆是。如意大利德意志之统一，如日本之崛兴，如土耳其之再造，盖皆其政治家外交家，具有敏锐之目光与灵活之手腕；我们试一读意德两国之统一史，日本之维兴史，土耳其之再造史，即知加富尔、俾斯马克、伊藤、金井及凯末尔辈之外交活动，实为各该国转危为安、转弱为强的主要原因。近人谓“弱国无外交”，那该是何等的谬误！弱国不但更要讲究外交，我们并且要由弱国外交之困难与重要，才能充分理解外交之功能。

以上所述，系就外交对于各主体国之功能而言，其实，在一般的和平运动上，外交亦有其决定的作用。我们原不否认近代许多战争，为秘密外交或权谋外交的恶果；我们亦不否认国际间由外交协调的均势，乃在故意延宕时间，以为更大规模战争的预备；我们尤其不否认近代外交家口中吐出的和平声浪，或一些理想的尊贵名辞，都含有某种欺骗性和危险性，但这仅是指着外交的一个黑暗面，外交毕竟是有它的光明面的。历史上固然有许多大小的战争，系由外交所促成，同时亦有许许多多的战争，乃因外交所消灭。外交是传达各国间的情意的，是疏通各国间的隔膜的，在各各拥护自国利益的立场上，虽然彼此不免发生争执，但在拥护自国利益，同时亦不忽略对方利益的途径上，彼此亦会进于谅解；变仇雠为友好，化干戈为玉帛，那都是我们常见的事。而且，不幸的战争，即令不能常由外交所化除；既经发动的战争，仍须由外交来结束。况社会进步，交通发达，民智增进的结果，权谋的秘密的外交，已渐不适于时代需求，最近各种关于和平公开性之国际约章的缔结，更可显示未来外交趋向光明的倾向？

至外交对于各国经济利益的贡献，那更是近代外交所由发生之本质的要求，但为措词的便利计，我把这点归属在次节来说明。

第三节　外交之经济的基础

外交是属于政治的范围，但外交的发生，却有其经济的基础，至少就现代的外交说，那是千真万确的。

在中国古代乃至欧洲中世纪的所谓外交，仅是当邻国有某种庆吊仪节；或与邻国发生某种争端时，临时派遣能言善辩之士，或德望隆重的大吏，充当使节，而在欧洲，则例由贵族僧侣充任，他们既非长久性质的外交代表，亦非对于外交学识特有素养的专门人才。像这种止于信使往还的交际交涉行为，那是没有完全具备近代外交的特质的。

近代外交的成立，与近代国家的成立，从而，与近代国民经济的成立，保有紧密的关联。欧洲自中世纪末叶以后，商业日就发达，旧时的封建基尔特组织，既无以应实际需求，而旧时封建的政治形态，更不适于商业的发展。于是，因着经济的自发作用，基尔特组织渐就崩溃，同时，基于这种组织的政治形态，乃不能不趋于消灭，在这种转变上，近代的国家成立了。特近代国家的成立，实际已非要求近代国民经济成立不可，因为有了国民经济的扶助，近代国家所需的国防费、司法费、公共设施费，才有着落；若从另一方面讲，近代国民经济的成立，实际又非要求近代国家成立不可，因为国家有开明的法制与强大的军备，对内乃可振兴国内的产业，对外乃可扶植国外的贸易。由此可知近代国家与近代国民经济，是相为表里的。而近代式的外交，就是近代诸国家为了拥护并发展各自国民经济，而产生出来的。

关于近代外交的发生，大经济学者亚当·斯密（Adam Smith）曾有一段精辟而独特的议论。他说："与简昧而未开化的人通商，常须有一种特别保护。……最初在印度取得建筑堡垒特权的，是英法两国的东印度公司，它们那时要求的口实，也不过是说防备暴力，保护生命财产。一国有了强固的政府，自不容外人在本国领土内占有堡垒，在这种场合，遂有互派大使、公使或领事之必要。自国居留民间发生争执，公使或领事可依从本国习惯，予以处决；居留民与住在外国人间发生争讼，亦得凭其公务人资格，要求适当处置，这样，自国居留民由此等公务人得到的保护，一定要比他们期待于任何私人者，有力得多。公使的设置，在先并非为了战争或同盟的目的，而是为了商业上的利益。土耳其公司的商业，使英国有在君士但丁堡常驻大使之必要。对俄的贸易关系，亦使英国有在俄京常驻大使之必要。欧洲诸国人民由商业利益上不断惹起的冲突，恐怕就是他们在一切邻国永久派驻公使的由来。这个未之前闻的制度，迹其发生，不过在十五世纪终末，或十六世纪初头。是时商业扩展于欧洲大部分国民间，诸国亦至是始注意到商业上的利益。"[1]

他这所谓"公使的设置，在先并非为了战争的目的，而是为了商业的

① 郭大力、王亚南合译，亚当·斯密著《国富论》下卷第358页、359页。

利益”;所谓“欧洲诸国人民由商业利益上不断惹起的冲突,恐怕就是他们在一切邻国永久派驻公使的由来”,这两点,已充分说明了近代式的外交之本质的经济的意义。亚当·斯密是一位尊重历史事实的学者,他的议论,一定能予我们以可资信赖的根据。

原来自十字军战役以后,东西洋的交通日益繁密,意大利以地理的及政治的关系,其商业渐趋繁盛,它的许多都市,都非常富饶;它的对外贸易,亦异常发达,于是意大利的外交局面与外交功业,就远非他国所能企及了。佛罗伦斯(Florence)亦是商业比较发达的国度,它的外交人才辈出,就中最著名最有影响于近世外交的,就是马克维利(Machiavelli),他曾昌言不讳的说:私人道德的通常规律,不能适用于公共事件,特别是不适于国与国的外交,外交家只求掠取胜利,不择手段。这位怪杰的骚论,竟被十六世纪以后的外交家奉作圭臬了。英国的大外交家巴梅史登(Palmerston)曾说:“英国既无永久之敌,也没有永久的同盟。‘英国的利益’,才是永久的目标;我们不能须臾或忘,合此利益的便是友人,反之便是仇敌了。”这种直截爽快的表示,不但是宗奉了马克维利的教理,并且还法效了马克维利的精神。

但是,标榜近代“唯利是图”的外交原则的,虽为佛罗伦斯人马克维利,而足称为近代外交之发源地的,却是威尼斯共和国(Venice)。威尼斯处于非常重要的地位,它的商业发达颇早;因了商业上的需要,在十三世纪初期,便已经确立了外交规条,以为大使行为的准则。一二三九年,大使派往罗马者,禁为僧侣。根据一二六八年的法律,大使不能带眷同往,恐其泄露秘密;大使须自任烹调,以防人谋害。一二八八年,又规定大使于归国十五日以内,详述在任时有关本国利益的见闻,以书面报告元老院。至大使的任期,在十三世纪只限定二月或三月,到十五世纪改为两年,十六世纪扩展为三年。最先派遣常设使节的,始于一四五五年米兰公爵佛兰斯柯·斯福萨(Francesco Sforza)派往基洛亚国(Genoa)[①]的使节。自是以后,各国乃相互继续派遣。

综上所述,我们知道,近代式的外交发生最早的国度,就是商业比较发达的国度;而亚当·斯密所谓“这个未之前闻的制度,迹其发生,不

---

① 现常译为“热那亚”。——编者注

过在十五世纪终末，或十六世纪初头”，正可与前述历史事实，相互说明。并且，他就“是时商业扩展于欧洲大部分国民间，诸国亦至是始注意到商业上的利益”，来解释近代式的外交发生之究竟，那就尤其符合史实了。

诚然，大使、公使、领事之派遣，除了为解决驻外本国人，或本国人与驻在国外国人之商业纠纷，为签订商业条约，且为进行有利本国商业的种种事项外，还须处理一国与他国之宗教的、种族的、国境的，特别是政治的相互关系；而且，我们现在一言及外交，马上就会联想到：那是属于政治活动的一个机能，那是专以进行各种政治协定，或传达本国政府意旨为职志，至若外交之经济的或商业的意义，却反居于副次的地位了。

但近代的政治史或近代的外交史，都可说是以经济为经纬织成的。从表面上看，我们固然只见到各国外交家、军事家、政治家，在忙忙碌碌的从事政治的协定和军事的企图，有时竟或遵守协定或破坏协定，而实行战争；然而，每种协定，每次战争，或无论关于哪方面的每件国际重大事件，都少不了某种经济动机，都有其特殊的经济背景。试翻阅一部近代外交史，那里面将非常显明的展开此种事实。不过，经济对于外交的决定作用，是愈到近代愈为有力的。

第四节　近代外交之演进

关于“近代”二字的解说，一般都是指着十八世纪末叶，或十九世纪初期。因为这期间有一项划时代的重大事件发生，那就是当作近代社会之界碑的产业革命。

产业革命以后的外交，当然与产业革命以前的外交，显示一个非常不同的情调。在以前，外交的重心，倾置在政治或宗教方面，在以后，外交的重心，却移向经济方面了。而且，单就产业革命发生以后的外交而论，经济的决定性，又随工业或商业发展的程度而不同，即是说，工商业愈发达，经济在外交上的作用便愈重要。这是可以从近代外交之史的展开而得到说明的。

关于近代外交史的叙述，学者曾依相异的观点，而采用不同的方法，有就历史上最有影响的重大事变为标准的，亦有就支配国际政治之思想主义为标准的。若混合此两标准加以分期的解述，则由一八一五年的维也纳会议，至一八三〇年的法国革命为正统主义外交时期；由法国革命至一八七一年之意大利统一德意志统一，为民族主义外交时期；由此两国统一至一九一四年开始的空前大战，为帝国主义外交时期；由世界大战至现今为国际主义外交时期。现在姑先分别简述其梗概，然后再根究各期外交活动背后之经济的动因。

自一八一五年之维也纳会议，结束了拿破仑的最终命运以后，欧洲的政局，乃完全受支配于四国同盟及所神圣同盟(Holy Alliance)。此等同盟在政治运用上，持有一定的原则，即所谓正统主义(Legitimism, The Principle of Legitimacy)。正统主义之根本意义，就是反对革命运动，恢复法国革命以前之封建秩序；凡属已废之主统，已失之旧封，皆经同盟复其原状，同盟并伺隙干涉次等弱小国家之内政，以为正统王室及专制政治之奥援。四国同盟是由俄英普奥组成的，神圣同盟的倡议者为俄皇亚力山大[①]，赞同者为普奥两国；迨后战败国法国因着有名的外交家塔勒兰(Talleyrand)的折冲遵俎，亦得伍于前四国之林，而造成欧洲五头政治的局面。当时特露头角的奥国宰相梅特涅(Metternich)，为一极端憎恶革命的人物。他运用纵横捭阖的操纵手段，使列强共同镇压各国的革命运动。一八一八年耶拉什丕尔公会(Congress of Aix-la-Chapelle)之集会，即所以决定五国干涉政治之原则，而此后为干涉列普耳王国内乱，回复列普耳王之王统，于一八二〇年所开之特洛白公会(Congress of Troppau)，一八二一年所开之芮巴赫公会(Congress of Laibach)，以及为削平西班牙革命党，恢复斐地兰七世之权位，于一八二二年，所开之卫洛拉公会(Congress of Verona)皆所以实施前定的干涉政治之原则。此外，如土耳其之镇压希腊民党运动，俄罗斯之征服波兰国民政府，均为干涉主义之积极表示。神圣同盟之威力，梅特涅之名望，至十九世纪三十年代，已可说是登峰造极了。

然而，物极必反。就在卫洛拉公会以后，列强内部早因利害冲突，发生了极大的裂痕。一八二二年英国自由主义者康宁(Canning)之出掌外

---

① 此处所指应是“亚历山大一世”(1801—1825年在位)。——编者注

交，一八二五年俄皇亚力山大第一之病死，皆曾予支配欧洲政局之正统主义，以非常之打击。因为英国一向虽不满意俄奥干涉各国内政举动，但前任外交只肯取傍观的消极的态度。康宁出掌外交后，他不但消极反对干涉，并且消极扶植革命势力，破坏干涉运动。所以，美国因欧洲列强主张干涉西领殖民地独立运动，于一八二二年宣布门罗主义后，英国即于次年连同美国，承认西班牙殖民地之独立。至首倡神圣同盟的亚力山大之死，那更不利于这个同盟约章之维持，因为后皇尼古拉斯（Nicholas Ⅰ）是不受同盟约章的拘束的，同时，梅特涅对于这位年少气锐的皇帝，又失却了他惯于使用的牢笼操纵的手段。所以，尼古拉斯即位之次年，即改变亚力山大之希腊政策，他同情希腊的革命运动，竟与英国成立协定，承认希腊独立。西班牙殖民地之独立与希腊之独立，那不但曝露了神圣同盟的缺点，且已充分暗示了这个同盟之行将破灭。所以，一八三〇年法国七月革命后，欧洲的革命运动，就如潮涌般的发生起来，比利时、意大利、波兰、德意志、西班牙都有叛变的反抗的事件发生，就在厉行反动政策的奥国境内，亦惴惴然特为戒备。在这种情势下，神圣同盟之权力，几完全颠覆，而反动的正统主义，乃一蹶不振。一八五二年，采纳民族主义之路易·拿破仑（Louis Napoleon）称帝于法，他为欧洲当时政治动之中心人物。他代替了梅特涅的地位，他的民族主义代替了正统主义。此后，奥国与匈牙利之并合，意大利之统一，德意志之统一，皆是民族主义之表现，亦是民族主义成为欧洲政治支配势力之结果。

意大利德意志两国之统一，无疑是直接间接受了路易·拿破仑的促成，但两国统一运动的最后成功，却反而是得力于普法之一战。法国战败了，德意志各联邦乃肯欣然集结于以普鲁士为盟主的旗帜之下，而意大利则是乘着法国战败之余，而占领其最后未统一的罗马的。因此，在普法战争结束及德意志统一之前一年，即一八七〇年，意大利已完成其统一大业了。意大利之统一，主要系得力于大政治家加富尔（Cavour）之外交手腕；德意志之统一，亦系得力于大政治家毕斯马克之外手腕，然因加富尔在统一将告成功之前数年，即经死去，而毕斯马克于统一告成后，还掌握了十余年的政权，故德意志之发挥光大，就此一端而论，已远非意大利可及了。惟其如此，德意志帝国之建立，可说是十九世纪中一个最关重要的政治事实。自此以后，欧洲的国际问题，已不是向之恢复王位，扑灭革命的问题，亦不是自由运动，民族统一的问题，而是新旧国家势力冲突的问题，是独立的大国民向外发展，从此争霸的问题。所谓泛斯拉夫主义，泛德意志主义，大英帝国主义，都不过假名民族利益之拥护，而实行帝国主义之侵略。帝国主义侵略政策发动的结果，于是到处发生冲突，以致爆发一九一四年的大战。大战显然没有结束了帝国主义的侵略行为，但却由此产生了一种新的倾向。

就在大战当中，大战以后，甚至在列强准备大打大杀的前些时候，反对战争的和平主义、人道主义、社会主义抬头了，这三种主义虽然观点立场互有不同，但它们反对包有危险爆发性的民族竞争而提倡国际联治以救民族斗争之弊害，则大抵一致，这样，国际主义运动，纵不能成为这时期的支配势力，然究不失为这时期国际政治上的一种显著特征。大战战前十余年即一八九九年的第一次海牙和平会议之召集，一九一九年巴黎和会决议创设的国际联盟之组织，以及此后为解决或减少国际纠纷而集议的华盛顿会议、军缩会议，乃至由种种国际会议决定的保安非战公约等等，虽其间仍脱不了帝国主义列强之把持操纵，变质换形，然每个帝国主义者知道要利用国际主义运动，甚至把利用国际主义运动，作为它们外交政策的基点；由此亦可见这时国际主义势力之不可忽视了。加之，自一九一七年俄国帝国推翻，苏维埃政权确立后，社会主义之国际运动，不但在世界殖民地带乃至弱小民族间，激起了大规模的反抗既成统治的纷扰，就在帝国主义本据的阵营内，亦时时发生十分严重的阶级斗争问题，于是这时代帝国主义列强的外交，就更要对于这种国际主义活动，大加警戒了。总之，现在还是国际主义外交时代的开端，这个时代的演进，是要一直延到民族主义帝国主义完全消灭的将来的。

上述四个外交时期，原为研究便利分划的，当然不能说是十分妥当贴切。但我们现在所要论及的问题，不是这四个时期是否合于事实的妥当性，而是每个时期何以采取那种外交主义的究竟原因。

在封建势力尚作最后挣扎的正统主义时代，即各国产业尚未成熟发达的那个时代，经济对于外交的作用，容或不是十分决定的，换言之，政治的、地域的、宗教的原因，也许在当时有其不亚于经济原因的力量；可是此后各国产业急遽发展，对外贸易突飞猛进的结果，各国的外交政策，或它们所有关于对外的企图或盘算，都不能不把经济放在首位，因此，我们不妨这样说，无论是在民族主义时代、帝国主义时代，甚或在国际主义时代，各国外交都是以经济主义为中心而活动；我们原亦不完全否认经济以外的其他动因，但经济毕竟有其决定的作用。所以，关于近代外交上的国际关系，我们与其刻板机械的按照一般分划的时期来叙述，就宁不如根本的有机的依着经济的观点来剖解。

第二章　大战前之国际关系

第一节　英国与欧洲均势局面

均势主义是欧洲近代外交的一般基础。拿破仑霸业告终后，欧洲各大国竞谋维持均势，务使无一国独占优越与绝对的地位，以支配他国。英俄普奥四国同盟之组织，以及后来加入法国所形成的五头政治局面，那就是发挥均势主义的结果。意大利德意志分途统一后，五头政治支配欧洲的均势局面随着改变了；为使各国势力相等起见，欧洲的关系，乃有重行厘定之必要。德奥意三国的同盟，以及为对抗此同盟而结合的诸国协约，曾在一个时期之内，保住了彼此比武以前之作势镇定，即所谓武装的和平。然而，“均势原则是不但不能保持正义，同时还不能解决问题的。它只是一种政策——一种化强为弱的政策。它既无所谓国际正义，而又要支配国际政治，当然要依赖武力。……它对于那形成欧洲军国主义的某种原则，便有天然的密切关系。假如它限制战争，则战争的爆发的范围，便更为广大，其结果则更为荒凉。”①这就是说，均势是不会永久维持的，到了某一个时期，它必然要趋于破坏。但我现在不是要论究均势主义有若何大的效果，而是要讨论这种主义其所以作用于欧洲各国外交政策上的究竟。

据我考察，战前欧洲各国均势局面的形成，大体上，是由于英国运用均势主义外交政策，把持操纵的结果。英国一向都认定大陆最强大的国家，就是英国注目的敌人，它就要设法来予以羁縻或限制。对于过去俄国、法国、德国势力之膨胀，它都是使用这个均势主义的法宝来对付，而每次都收到了很好的效果。至若英国之所以要运用这种策略，与其说他是

---

① 叶启芳、曾豫生合译，R.L.Buell 著《国际关系论》下卷第 19 页。

由于政治的原因，毋宁说他是由于经济的原因，关于这点，我们是可以由下述的经济事实，而得到说明的。

一、英国经济之世界的发展

前面讲过，产业革命是一种划时期的重大事件。在这前后的政治状况、外交形势，皆有重大的变动。英国是最先实现产业革命的国家，因此之故，它在世界舞台上，便得到了许多优先的势力；要保障并扩张它这既经获得的势力，它的外交政策遂有其根本的特质了。

就地理的环境讲，英国是四面环海的岛国。面积的狭小与人口的稠密，使它成为一个天然的商工业国家。它全国务农的人民，只占有非常的少数。所以，它立国的命脉，不是靠着春耕夏耘秋收冬藏的死板农业，而是靠着一本万利财源涌进的商业。

因为对于商业的必需和重视，英国内地关于妨碍商业发展的税卡之类的设置，远不若大陆诸国的繁密；而同时英国一向的法律政令，又比较大陆诸国保有多量之自由。加之，英国自实行圈地耕作法以后，农业进步极速，农村经济异常活动；又益以商业上赢得的厚利，故社会颇呈现繁荣景象，而保有从事生产事业的多余资本。

商业自由、政治清明、资本充实，为产业发达之必备条件，亦为当时各种机械所由发明的实在原因。因为需要为一切创造之母，瓦特（James Watt）等之种种发明，盖不外受了当时需要的刺激。自此种种机械发明后，产业革命之基本条件始臻完备。

特英国产业革命，虽部分的受了商业之赐，而产业革命所给予商业的刺激，却又非常重大。制造品大量的输出，和各种原料品需要的不断增加，真使英国商人，及保护或代表商人的英国政府过于忙碌。为求得更有利的贸易市场，更廉价的原料的供给地，商人们由政府取得各种保障和特权，拼命努力的向世界各地活动。这样，在大陆及其他强国尚未十分注意到商工业利益，未经过产业革命的阶段以前，英国早已捷足先登的，奠定了它把经济向世界发展的基础。

这就是说：英国商人既受到了政府的奖励保护，而在世界各地获得了不少的市场或殖民地，英国政府为保障那些既经获得的殖民地市场，乃不得不作更进一步努力，即所谓“一旦取得了殖民地之后，又要夺取别的殖民地，以为原有之殖民地的保障。”[①]其结果，英国的殖民地、保护国、势力范围，便布满于全球。在非洲，在澳洲，在美洲，在近东、中东、远东，在印度洋，在太平洋，无处不有英国国旗的飘扬。直到十九世纪下半期，它还在继续不断的在远地扩张领土。它从那些掠获强占的地带，搜求煤、铁、铜矿及其他原料，而把它剩余的制造品运去销售。并且，由这种原料品制造品的往来交易，赚得了大量的剩余资本，因此它可以减免运费；它利用了无价或低价的殖民地劳动，可把资本投在那里建筑铁路，设立工厂，经营土地，开办公司。凭了它的资力之雄厚，贸易范围之广泛，其航业几占有全世界航业之大半。加之，近时英国的煤量是非常充足的，这使它的商业，乃至维持商业的军事，得有进一步的发展。

英国的海军，是具有绝大优势力的。它不但可以在殖民地带，任意从事经济侵略，并在各地建立它的经济单位的基础，而对于各经济单位联络的通路，它都能竭力减除其障碍，保障其安全。自一九〇五年的日俄战争，堵塞住了俄国的南下政策以后，英国由大西洋，经印度洋，以至太平洋的通路，就全无阻滞了。从地中海，经红海、印度洋，过马剌加海峡[②]，出太平洋，从新嘉坡[③]，香港北上，一直至渤海湾，这一带的大陆小岛、良港要塞，都成了英帝国主义世界经济发展的根据地。

它这种海上霸王、商业帝国的局面，当然要采取一种特殊的外交政策，以与其他后起的帝国主义者相周旋。但我们应知道，它这种优越的庞大的局面之造成，却又有大部分是由于它运用外交政策的结果咧！

二、英国传统的外交政策

英国近代的外交政策，乃根据三种根本原则：其一是“海上自由”，其二是“光荣孤立”(Splendid isolation)，其三是“维持均势”。在这三种原则中，“海上自由”是它本质的要求，而后两者则是达到它“海上自由”的手段。

“海上自由”的意义，就是说，英国在海上要有贸易的自由，要保有交

---

① 叶启芳、曾豫生合译，R.L.Buell著《国际关系论》中卷第16页。

② 即“马六甲海峡”。——编者注

③ 即“新加坡”。——编者注

通或航行的自由，换言之，要能自由侵略其海外殖民地，自由拓展其经济利益。英国的霸业，甚至英国的生存，都是寄托于海上，“海上自由”是它的经济向世界发展的必备条件。如其它海上贸易或交通，受到了何等威胁与阻害，那就不但要影响它的霸业，并且连带要影响它的生存，所以，为要使这方面得到安全的保障，它就不得不拼命扩张海军军备，拼命争夺领海权。麦罕（A.T.Mahan）说过：“在近代历史中，海军竞争，大概是军备竞争当中最激烈的一种。为了争夺领海权的缘故，英国和西班牙、葡萄牙、荷兰、法国，开了许多次的战争。”毕耳（R.L.Buell）补充他这个意思说：“一五八八年到一九二一年当中，英国掌握着海上霸权——在旧式外交之下，英国掌握海上霸权，可以说是有其理由的，因为一方面它的自治国遍于四海，而在他方面，则它的食粮之五分之四是来自外方。”[①]英国的海军政策，一向是在维持“两倍他国海军力”的标准，就是使它一国的海军力量，等于两个欧洲国家的海军力量。这样，它才能安稳的掌握着海上霸权，从而，从容的取得了海上自由。

特英国所要保有自由的海领海线，是非常之广，非常之长的，要专门由海军力量来维持，或者说，要随时诉之于武力，那就不但疲于奔命，并且也不免阻害贸易；在这种打算上，它运用外交手段了。所谓“光荣孤立”，所谓“维持均势”，都是它惯用的法宝。“光荣孤立”有两方面的作用：“一方面它自居于惟我独尊的地位，要对于国际问题，作自由适宜的处分；一方面它要处于渔翁旁观的地位，不愿与任何国家缔结盟约，免牵入国际纠纷的漩涡。由前之说，它可以对于世界经济利益，单独操纵，自由处分，可以随它龙行虎步，不受牵制；由后之说，它可以不陷于纠纷的漩涡，妨害它经济的发展，更可以因各国的相争，从旁收渔人之利。”[②]然而这个法宝究是可恃而不可长恃的；如果英国永久保持“光荣孤立”，永久处于旁观的地位，则大陆局势之转变，往往会反乎英国的期待，即是，大陆诸国，均在“兼弱攻昧”、“取乱侮亡”的过程上，往往会形成一个能与英国相对抗，或者至少能予英国“海上自由”以多少妨阻的势力，那一来，英国就显然要因“光荣孤立”这种方策，而蒙到不利的影响。但英国人是非常聪明的，在这种

---

① 叶启芳、曾豫生合译，R.L.Buell 著《国际关系论》下卷第 25 页。

② 章渊若著《国际问题经济的观察》第 16 页。

场合，它又会持出它另一个外交法宝，那就是“维持均势”。

“均势”的意义与效果，我在前面已略略提到了。单就英国的立场来说，不外就是把大陆方面能够对抗英国或者能够危害英国之世界经济发展的势力，使它削弱下来。看着一国要强起来了，有时，一国联合着其他国家，俨然要成为支配欧洲政局的一大集团了，英国便马上恐慌起来，抛弃所谓“光荣孤立”，而开始其纵横捭阖离间操纵的活动。甲国势力抬头，它便联合乙国丙国，加以牵制、攻击或包围；乙国势力抬头，它又联合甲国丙国。所以，英国外交家自己的招状是：“英国既无永久之敌，也没有永久的同盟。‘英国的利益’才是永久的目标。”①这就是说，真理吧，感情吧，道德吧，英国的外交家都会视为无甚意义。他们聚精会神的在考虑如何使英国受到利益。“英国这几百年对外侵略的历史虽复杂，它的手段虽然变幻莫测，但它的目的却始终一致，它的最后动机，却从古至今都只有一个。这个目的和这个动机便是：保护英国的经济利益，换句话说，也就是尽量发展英国的经济势力。”②

三、由均势的维持到均势的破坏

掌握着海上霸权的英国，它蹲踞在英伦三岛上，征察欧洲大陆的政治势力的推移。凭了它举足重轻的地位，更凭了它极操纵离间之能事的外交，欧洲历次的均势局面，都是直接间接由它居间或从旁所造成。特“均势”或国力平衡，不是解决国际问题的妥当办法，同时，也不是使英国的“海上自由”，英国的经济势力，永久得到安全保障的有效方策，但为了经济利益，英国人是颇不固执的，如其维持均势于它有利，它就设法使均势保持，如其维持均势于它不利，它又设法将均势破坏。旧的均势破坏了，重又建立新的均势。一部欧洲近代政治变迁史，都可成为近代英国外交史的写实。

英国联合了普俄奥诸国，打倒了拿破仑，从那以后，大陆上威胁英国生存的法国，由强化弱了，于是乃成立奥普英俄四国同盟，以支配欧洲的政局，欧洲乃暂时在均势局面下，保持和平。这时候，英国不担心任何国

① 参照本书第一章第三节。

② 陈著《英日同盟复活声中之英国外交》(参见《东方杂志》第二十五卷第二十号)。

家能妨阻它的“海上自由”和经济发展。它对于欧洲国际问题，采取消极的傍观态度，即恢复它的“光荣孤立”。

但在这次均势局面当中，俄国是比较不肯安分的。它一向抱有一种大斯拉夫主义，想借保护巴尔干半岛诸弱小斯拉夫民族为名，乘机冲出黑海，取得君士但丁堡，在地中海上占得优越的地位。但因羽翼未丰，迄未遽作此种尝试。维也纳会议以后，俄国势力大张，俄皇亚力山大之提倡神圣同盟，盖已存有制霸的深意。然他是主张维持国际现成政治状态的，所以终其身未尝企图实现那种好梦。尼古拉斯第一继位后，俄国势力日臻雄厚，大斯拉夫主义之气焰，乃随新皇之伟大抱负而愈炽。其南下政策之第一着，就是要囊括土耳其，冲断英国与亚洲之联络。英国知道不能坐视了，乃急起联合法国，援助土耳其，进行克里米亚战役。战争的结果，俄国败北了，它被封锁在黑海以北，不能再向地中海问津。

就在克里米亚战争前后，欧洲政治舞台上又出现了一个野心人物，即拿破仑第三。他是克里米亚战争的助成者。他在结束这次战争的巴黎会议（一八五六年）中，大显身手，大露头角。于是，他的地位大大抬高，致使法国也几乎恢复了过去的威势与尊荣。这时，英国又眼红了，它知道拿破仑第三一直在欧洲横行下去，势将不免张大野心，危及它的经济利益，它又布置阵势，给予以弱化的惩创了。决定拿破仑第三之政治命运的普法战争（一八七〇年），大体是由英国所促成，而因缘时会的意大利统一成功，更是受了英国的鼓恿和援助。

德意志由普法战争成功统一大业后，英国一时又算放下了它劳心于欧洲政局的重担，欧洲又开始新的均势局面。但不幸，德国势力的膨胀，过于迅速了，不到几十年之内，它在社会、政治、经济各方面，皆可与英国并驾齐驱。英国有广大的殖民地，它也有极辽阔的领土。英国有巨额的海外投资，它也有无数的资本投放在亚洲各地。它已成为非同小可的敌人了。特别自新皇威廉第二采取不与英国妥协，且认定非打倒英国，无以图霸海上的积极政策以后，英国更觉这个敌人要特别警戒。它开始外交的活动了。它怂恿既经由它拆台的法国，出面来做它的警犬或宪兵。以协约国对付同盟国的阵势布置好了，本来还可维持一些时的均势局面，但它知道那种均势维持愈久，它会愈加受到不利，这样，大战就在它把持操纵的情势下展开了。塞林格满氏（Seligman）说得好：“此次欧战真正的主要国家，尽人皆知的为英德的争霸战。但这场争斗，究竟不外起源于经济上之冲突。……英德二国是经过货物输出贸易之竞争，而入于资本输出时代。此即为它们发生冲突的最大原因。……英国在数十年以前，即已达到资本输出时代……但德国自工业发达后，曾几何时，亦由货物输出时代，而入资本输出时代。前此在世界上只有一个英国独占世界市场，然到现在，遂新增一个有力之竞争者，英国的利益遂日益缩小，而不能不出之以竞争，竞争既起，最后手段，惟有诉之于战争，世界大战就从此发生了。”[①]把欧战原因归之于英德经济利益之冲突，那是一针见血之谈。我们可以从此进一步的了解英国外交政策之特质，并了解英国在近代欧洲政治兴替史中所扮演的角色。

第二节　法国势力之消长

一、法德国境问题之经济的意义

法德是两个世仇的国家，这是谁都知道的。它们彼此之间的纠纷，十九是起于国境问题上。这个问题，当然有一部分是由于民族的向背，而主要则是因为经济的争执。比如，成为两国纠纷之症结的地方，有亚尔萨斯-洛林（Alsace -Lorraine），有莱因河（The Rhine River），有卢森堡（Luxemburg）。

洛林是欧洲最富的铁矿区，其北部又有煤和盐。亚尔萨斯有油地，有世界最大的鋏化矿，且又是一个农业出产独富的地方。所以，当一八七一年普法战争后，德国为了这两个地方可以作为它的工业发展的基础，遂由法国方面抢夺过来。德国得到了工业发展的基础，同时，法国就失去了工业发展的基础，它当然不肯甘休。所以毕耳（R.L.Buell）说：“疆界的纠纷，已经纷纷的发生了，而至其所以如此的原故，则我们与其说是为了其所争夺之区域的民族性问题，还不如说是为了该地的原料的控制问题。当德国在一八七一年将法国打败了的时候，德国的科学家便极力的主张，使德国可以获得欧洲最有价值的铁矿——洛林——为划分国界的标准。

---

① 漆树芬著《经济侵略下之中国》第48～49页。

因为一时错误的原故，德国虽只获得一半铁矿，可是这一次的割让，却使它得以操纵全欧的铁的三分之一。它将这些铁矿，和西利西亚及鲁尔的煤矿合并起来，于是它便变成了一个伟大的工业国了。德国的军事优势，是以铁和煤为基础而造成的。"[①]像这样成为工业及军事基础的地域，无怪法国在大战以后，极力要求德国退还了。

莱因河岸之纠纷，亦为德法两国失和之一重大原因。这个地带，在经济利益上，虽然没有亚尔萨斯-洛林那样重要，但河内航行权对于商业和交通，亦颇有不可忽视的价值。此外，就军事方面立论，法国如果能在莱因河左岸，建立一个缓冲地带，德国便不易加法国边境以威胁，反之，德国得到了这个地方，它在军事上、交通上、商业上，便可取得很多的便利。因此，当普法战争尚未爆发，拿破仑第三训令其驻普大使倍列迭逖（Benedetti），请将莱因河左岸与缅阳司（Mayence）割让于法兰西时，普国首相毕斯马克即严词拒绝。但法国这种愿望，毕竟在战后《巴黎和约》中得到实现了。

卢森堡介于法比德三国之间。依一八一五年维也纳公会决议，建为一大公国（Grand Duchy），交给荷兰王，由普鲁士军队当守备之任。当普鲁士组织关税同盟之时，此大公国亦加入在内。这个地方富有铁矿，于军事上、经济上，都非常重要。拿破仑第三觊觎此地颇久。他曾于普鲁士国土扩充之际，向荷兰王（即卢森堡大公）购买此地，但普鲁士驻海牙公使警告荷政府，说此项割让事激动德意志国民感情，请其注意。荷兰王是不能开罪于强邻的，他于是拒绝签订那已经同意割让的条约。拿破仑第三受此打击，乃异常愤恨普鲁士，致欲诉诸武力。后虽因当时德国战争准备未熟，及英俄诸国努力制止，由一八六七年之伦敦协约将卢森堡大公国划为永久中立地，受缔约列国之共同保障，但德法两国对于卢森堡之纠纷问题，却并不曾因此有所解决。普法战争后，卢森堡大体是成了德国的附属国，而在欧战后，这个地方又是受法国关税同盟的管理。

此外，还有一个足为德法两国未来政治纠纷之根源的地方，那就是萨尔。萨尔区域本来是德国的一部分。它的人口有 65 万，内中德国人占 90%。因为这个地方含有煤的富源 18000000 吨，于是法国就想在此染

---

① 《国际关系论》上卷第 184 页。

指。欧战告终后,法国昌言要吞并这个地方,但德国竭力反对。其结果,协约诸国制成了一种调和经济民族主义和种族民族主义的原则,由《凡尔赛条约》规定:德国将萨尔区域之煤矿所有权,全部让与法国,“以为德国破坏法国北部煤矿之代价和总赔款之一部”,而居民则仍保留他们的德国的公民的资格,由国际联盟所组织之信托委员会来统治。这,在法国总算如愿以偿了。因为“一个强国要管理某一领土,它的目的往往不是出于当地居民的同情心,而是为了该领土的富源”。[①] 然而法国得偿所愿,德国就甘心割去它领土的富源么?这个地方的经济功用,将使它成为与亚尔萨斯-洛林一样重要的德法纠纷焦点。

不错,德法两国的交恶,其原因不仅在国境上之经济领域问题,还有近东、中东,乃至非洲方面的经济利益冲突的问题,此外,英国外交政策之离间播弄,亦有非常重大的影响,但我们一考察煤矿铁矿等资源在近代工业上军事上的重要性,却又不能不说德法的仇视,主要是由于国境上经济领域的争夺。

二、俄法同盟

俄法的同盟,系依一八九一年一八九三年之外交协商与军事协定而成立[②]。而其协定的条件是:如果法国被德国攻击或被意大利攻击,而意大利有德国的援助,俄国当举其全力与德国战;如其俄国受德国攻击,或被奥地利攻击,而奥国有德国之援助,则法国举其全力以与德国战。这个条约除两当事国外,还关涉到了德奥意三国,当然是受了一八七九年之德奥同盟,及一八八二年之德奥意三国同盟的反动影响。但这两国之所以能因此反响,而紧密结合起来,那一方面固然是因为俄法两国对外关系的改变,而另一方面却仍由于两国相互间的结有经济的因缘。

普法战争后,法国朝野虽抱着复仇的气势,努力图国内元气的恢复与政治的安定,但其仇国德意志乘战胜之余威,猛勇迈进,其气焰殆使法国不可向迩。特别自德国与奥地利、意大利相继缔结同盟后,德国几一跃而

① 《国际关系论》上卷第 188 页。

② 此处是指 1891—1893 年间俄、法两国缔结的秘密军事同盟,俄、法两国分别于 1893 年和 1894 年批准该军事同盟条约。——编者注

为欧洲之盟主。同时，法国在非洲方面，又因埃及问题，致与英国感情非常疏隔，茫茫四顾，殆不免有孤立无助之感。

而在俄国方面，它原来是与德国非常友好的。因为政体与皇族亲戚关系，德皇威廉第一与俄皇亚力山大第二，均想促进两国友谊。加以毕斯马克自运用外交手腕，完成三国同盟之后，他最怕俄法携手，于是极力拉拢俄国，使俄德奥三皇于一八八一年会于波兰之显克尼惠斯（Skierniewice），作三皇同盟复活之撮合。这时亚力山大第三新即帝位（亚力山大第二于同年被暗杀），苦于国内虚无党之骚动，正欲得毕斯马克之助力，镇压虚无党。但因奥国在巴尔干势力日益扩展，于俄国非常不利，所以俄皇只肯与德单独订结同盟或协商，即所谓“再保险条约”（Treaty of Reassurance）。德国既依三国同盟，对于俄法方面之危险有所防备，兹又与俄协定，对于奥国或法国方面之攻击，又算加了一层保险。特这种再保险条约的期限，只定有三年，即一八九〇年满期。使毕斯马克继掌德国政权，俄德关系也许还能继续。但就在条约满期的一八九〇年中，毕斯马克去职了，新皇威廉第二大变原来外交政策，不欲积极联俄；于是俄国在国际舞台之地位，与法国同样陷于孤立。而两国间的友好关系，却正是由于彼此孤立所促成。

原来在普法战争以后，俄国早有一部分政治家认定要抵制新兴德意志的强大势力，必得维持法国，联络法国；其后毕斯马克在一八七八年柏林公会中，袒护奥国，不肯助成俄国对巴尔干方面的利益要求，更与联法论者以有力的冲动。同时，法国外交家知道法俄两国接近之机缘已至，乃尽力利用机会，取好俄国。就在所谓“再保险条约”满期之前二年，即一八八八年春，俄国在柏林方面的公债，因德国金融家的操纵，大大跌落。这时俄国要想在柏林募集资金，虽非全做不到，但异常困难，并且条件异常苛刻。法国外交家知道这是很好的时机，乃鼓励国内金融家，以四厘息的条件，为俄国在巴黎募集五亿佛郎的公债。这回买卖做通了，俄法关系乃大有进展。此后，俄国还在法国有几度公债的募集。而俄国这些公债的用途，大抵是投用在铁路、矿山及军需品工业上。有一部分是用以购入法国的军需品。俄国得此援助，不但其工业赖以发展，其军备亦赖以增厚。而在法国，俄国不但成了它的金融输出的新舞台，且成了它的金属产业的新市场。两国间既结有这样基本的经济的关系，无怪德国于一八九〇年甫变对外政策，不积极与俄国续订既经满期的协约，俄法即于翌年成立同盟的初步协定。然而两国同盟之被世人发觉，那还是到了一八九六年俄皇尼古拉斯第二访问巴黎，翌年法总统福耳(Faure)游俄，两国公然称为同盟友邦以后的事。

三、埃及问题中之英法暗斗

普法战争以后，法国对于德国，当然非常仇视；同时，德国势力之突飞猛进的伸张，在英国已十分感到威胁。在这种关联上，英法是应携手的。但法国由一八七九年至一九〇四年间，其国内工商业，已因政府当局的锐意努力，而颇有发展。它的工厂中的机械数迅速增加，机械动力亦增大四倍。煤的产额增至50%，铁及钢的产额增加两倍。这样，法国制造家当然感到本国市场窄狭，而指示其政治家从事殖民政策了。

法国殖民政策无论向非洲，向中东，抑向远东发动，处处都与英国利益冲突，故在此时期中，英法之仇视，几不让于德法，尤其是在非洲埃及方面之争，实与两国关系以莫大的伤害。

法国对于埃及之注意，由来已久。法国的资本主义，主要是金融的。在八十年代，法国在埃及方面，已结有金融上的利害关系。自一八六九年法人雷耷(Lesseps)开通苏彝士运河以后，法国与埃及的关系，更为密切；在法人看来，埃及为法国势力范围，而在他方面，英国又以埃及为对印度交通的孔道，大有关于其“海上自由”及经济之世界的发展。它非常担心法国势力在这里伸张起来，将截断其由地中海到印度洋的联络。所以，在一八七五年，英国政府赶从埃及太守买到了运河股份的一半，它在运河公司占有重大势力。翌年，埃及因财政破产而引起国际共管，英国遂得与法国共同监督埃及的财政。

埃及在外人“两重监督”(Dual Control)的干涉之下，遂激起了一种排外的国民运动。此种运动之指导者，为一名阿拉比拍奢(Arabi Pasha)的军官，他及其徒众有在亚力山大城虐杀欧人之暴动，英国舰队乃炮击此城，并登岸恢复秩序。法政府不满英人的举动，不肯派其舰队参加此役，于是英国遂独平叛乱，而把埃及置于它的军事占领之下。

英军占领埃及后，把前此英法对于埃及的“两重监督”废去，而由英国单独治理；英国起初暂驻性质的军队，亦看看要久驻下来了。在实际上，埃及已完全成了英国的属地。

埃及被英国轻轻占去了，对埃及觊觎已久的法国，当然大抱不平。它在殖民地方面，乃至在本国，到处都充满了仇恨英国人的空气。两国间的感情，可说恶劣到极点了。适会在一八九八年，英国由吉青纳(Kitchener)将军统带经略苏丹之英军，与法国由玛商(Marchand)率领前进之法军，相遇尼罗河上游之华修达(Fashoda)，这个地方是属于苏丹区域。法国远征队先占据此地，英军认为它侵入了英国势力范围，而法军则不承认那是英国势力范围，相持不下，两军几乎要以兵戎相见。幸当时法国外交大臣德格赛(Delcassé)，为一具有调和精神与沉着气度之政治家，他不顾国内舆论之激昂，与英国谈判，而忍让的主张撤退法国在华修达之军队。同时，英国外务大臣兰斯顿(Lansdowne)及新皇爱德华七世，亦为不可多得之政治人物。他们知道英法交恶之不利，更知道德格赛在法国处境之困难，一九〇三年，爱德华七世亲游巴黎，大大的缓和了法国人民对英的仇视。其结果，两国渐趋接近；为扫除过去一切不愉快的纠纷问题，乃开始成立一个关于两国间之种种争执的协定。就中，第一件条约关于埃及与摩洛哥，法国承认英国在埃及之地位，而约定不再要求英国限期撤兵，不妨害英国之行动自由。英国则承认法国对于摩洛哥之特殊权利，而约定不妨害其行动自由。两国并约定对于其宣言的条款之执行，相互为外交的援助。第二件条约协定纽芬兰海岸之渔业权及西阿非利加方面境界之改正。第三件条约划定两国在暹罗之势力范围。[①]

这个协定的成立，不但决定了英法以后的良好关系，并且还决定了欧洲大战的前途。此后摩洛哥事件中之两国联合对付德国，完全是根据这次协定，而英俄法之三国协商(Triple Entente)成立，亦是由于法俄同盟于前，英法协定于后，所由形成的一种外交结合。自此种三国外交结合成功，德意志乃失其任意支配欧洲政局之优势。

四、摩洛哥问题中之英法结合

英法协商于一九〇四年八月签订，翌年即爆发了第一次摩洛哥事件。这次事件实是英法两国团结关系的试金石。英法两国关于摩洛哥埃及的

---

① Plebs League 编，An Outline of Modern Imperialism 第四章第九节。

协定，在急思伸足于摩洛哥的德国看来，当然颇不舒服。而况它们签立协商时，还附有三条秘密规定咧！那三条规定是：第一，彼此有变更关于摩洛哥及埃及之政策的可能；第二，两政府互约不反对此两地之领事裁判权；第三，直布罗陀对岸之地中海沿岸一带之地，如值摩洛哥不在此行使职权之时，即当置于西班牙之势力范围下，而由西班牙治理之。西班牙于同年九月承认英法宣言，并与法国签订有类似协定。它们这种公然准备瓜分摩洛哥之密约，虽至一九一一年始公表出来，但签订后不久，即为柏林政府探知了。德国一方面愤英法西三国不经它的同意，而瓜分摩洛哥，另一方面又怕摩洛哥果被瓜分了，它在那里的商业将无地立足。所以，当法国恃英法协商及法西协定的保障，而着手摩洛哥种种改革事业时，在摩洛哥之德国代表，即向法国携改革案至摩洛哥之代表，提出抗议，说德国未与闻法国与英西对摩洛哥的协定，当不受此协定之约束。德相毕罗(Bülow)复怂恿德皇往游摩洛哥，作一种政治的示威运动。德皇在摩洛哥对德国侨民讲演，说他此次的游巡动机，在尊重摩洛哥之独立，维护德国在摩洛哥之利益。他这种论调，当然具有挑战的性质，且是对于英法关于摩洛哥协商的否定。法国当时内困于政争，更觉自国海陆军非德国敌手，同时，其同盟国俄罗斯既于同年三月在奉天辽阳为日军所摧败，而海对岸的友邦英国，又不能作积极的援助。在此种情势下，它只好牺牲其主张强硬政策的外相德格赛，而忍辱的承受德国所要求召集的国际会议。这个会议于一九〇六年开于西班牙之阿尔吉西拉斯(Algeciras)，到会者除欧洲列强外，还有西比丹荷葡美及摩洛哥。会议的结果，虽然承认摩洛哥之主权及领土保全，商业自由诸原则，但因德国同盟国奥意不愿为其工具，而其他诸国又都不直德国之所为，于是德国在孤立的情势下，竟把摩洛哥的警察权落到法国和西班牙手中去了，法国在摩洛哥的特殊利益，反经此会议而取得了各国的公认。因此，德国在表面上虽屈辱了法国，而在实际却丝毫未能阻止法国在摩洛哥势力的膨胀。

第一次摩洛哥事件未得满意的解决，当然要种下第二次摩洛哥事件的恶因。一九〇八年，法国驻在卡萨布兰卡(Casablanca)附近地方之军队，拘捕了德籍的兵士，而发生所谓卡萨布兰卡事件(Casablanca Incident)。此事件经海牙国际法庭仲裁后，法德两国于一九〇九年成立一种协定，共同声明尊重摩洛哥之独立，一切商业利益之均等，和法国之特殊政治势力。依着这个协定,德国乃竭力经营摩洛哥之经济事业,同时法国却要担负维持法律和秩序之责任与费用。为法国着想,它当然觉得这样下去,于它太不上算了。所以当一九一一年摩洛哥王被叛徒围困于斐仔城(Fez),法国即利用此机会,派军队削平叛乱,占领斐仔。事后法军虽经撤退,但摩洛哥实际已完全受了法国的保护。德国睹此情势,乃借口摩洛哥地方之暴动,竟开一炮舰赴阿格利(Agadir)恢复秩序,保护德国商人利益。阿格利不是商业港口,德国之派遣军舰,其用意当然在否认法国在摩洛哥维持秩序之权利,并间接破坏三国协商。而其积极方面的意义,则是要和西班牙、法国共同瓜分摩洛哥。

德国的要求,在法国是不能承受的。摩洛哥掺入了德国势力,势将不免危害法国的殖民利益。但在强邻高压之下,它的态度大体还是取决于其同盟的友邦。讲俄国吧,它已不是第一次摩洛哥事件时,新为日本所摧败,而它在败北以后,渐渐恢复元气了。英国早知德国在海上已为其强敌。设德国占有摩洛哥之一部分,势将不免危及英国与东方之通路。况且,德国这次的威吓如果成功,不但三国协商会趋于瓦解,欧洲全局亦会受德国的支配。又况德国在近东中东的活跃,已处处与英国利益发生冲突咧,英国在深思远虑之后,它决定毅然予法国以实力的援助。法国既有俄国特别是英国之支持,它遂坚决拒绝德国的要求。双方谈判已达于最危险的阶段。适会德国金融上发生恐慌,一般财界人士皆反对战争,致政治家们失其成功之自信力,而把态度变缓和了。其结果,两国成立协定:德国承认法国在摩洛哥之政治势力,而法国则割让出其刚果的一部分,以满足德国的膨胀政策。法国在实质上是胜利了。

法德两国对于摩洛哥屡次的争执,单是为了这个地方扼住了由南大西洋向地中海的航路么?单是为了普通殖民地之商业利益的追求么?固然我们亦不能忽视这些地理的商业的原因,但最关重要的,却是这个地方的铁矿咧!“在这十年间,特别是在一九一四年战争以前数年间,法国之所以热狂的扩编军备,之所以对于战争仲裁,作更进一步的争论,推其主要动机,实不外与德国竞争亚尔萨斯-洛林及摩洛哥的矿山富源。”①

① Plebs League 编,An Outline of Modern Imperialism 第二章第九节。

第三节　俄国之兴替

一、俄国南下政策与克里米亚战争

俄国向外发展所取的南下政策，有三个途径：一是从黑海出地中海，一是由中亚细亚出波斯湾，一是由中国东三省出太平洋。然而通十八世纪十九世纪，它的三条路径都不曾走通，而在在受到英国的阻碍。

现在仅就它走不通的第一条路径说。俄国势力向这方面发展，直接受其劫持侵逼的，为土耳其帝国，而间接感得不安的，为大英帝国。英国自掠夺中国香港，臣属印度，并在太平洋许多海港确立了它的经济势力以后，它对于海上自由，特别是地中海上自由，总不辞举其全力来予以保障。它对于俄国由黑海出地中海的政策，当然大有戒心。所以，每当俄国在土耳其或近东方面有所图谋，或有利于其南下政策实现的举动，英国必出以阻挠。克里米亚(Crimea)战争，可以说是俄国侵犯英国海上自由政策的结果，亦可以说是英国阻害俄国南下政策的结果。

俄国要打通由黑海到地中海的通道，势须把土耳其置于自己保护之下，至少是要使土耳其承认俄国的特殊利益，或者能接受俄国所要求的条件。为要达到这个目的，它动辄利用或挑拨土耳其的内乱，而行使干涉。原来自一七七四年库恰克开拉齐条约(Treaty of Küçük Kaynarca)订立以来，俄国即在土耳其伏下了它干涉土耳其内政的根源。依此条约，俄国领土，扩张到黑海沿岸；俄国在土都君士但丁堡派驻常任大使，设希腊教教堂，受俄国保护；俄国退还所占土耳其达溜白(Danubian)诸省领土，但土耳其政府承认改良此等地方内政，保障基督教自由。俄国根据这个条约，以后对土外交，就是按照两个基本原则进行，即，对于土皇的耶教臣民为保护者，支配博斯普鲁斯及韃靼雷斯海峡，前者为策略的运用，后者为本质的要求。土耳其每次内乱发生，俄国都是借着保护耶教，而希求达到其支配韃靼雷斯海峡的目的。一九三一年，土国有埃及太守之叛乱，俄国慷慨为土皇效力，因与土皇结有温恰斯开列塞条约(Treaty of Unkiar Skelessi)，要求土国对于俄国以外的各国军舰，闭锁韃靼雷斯海峡。然而俄国这件如愿以偿的美事，却被英国外交家巴梅史登(Palmerston)完全破坏了。巴梅史登氏鉴于俄国擅有了鞑靼雷斯海峡,将予英国以不利的影响,乃大施其外交手段,由英俄普奥法五国于一八四一年结成第二次伦敦条约,规定土耳其帝国平时禁止一切外国军舰通过鞑靼雷斯及博斯普鲁斯海峡。

俄国在这次东方问题中,不能实现其愿望,它自然要再等待一个机会的到来。一八五一年,法国与土耳其政府发生所谓圣地监护权问题,翌年,土皇依其所颁敕令,承认法国之权利,一八五三年,俄国依此前例,并依先前所订库恰克开拉齐条约,派亲王缅什可夫(Menschikoff)赴君士但丁堡,要求土皇以正式条约承认俄皇对于土领内正统派人民之保护权。这种干涉内政的无理要求,英国首先出面反对。在俄国当时的计虑,以为法国不赞成此举,很容易对付得来,若英法联合,那就颇不可侮了。为图消除此种不利于俄的联合,俄皇曾屡与英国驻俄大使西摩(Seymour)会见,并派缅什可夫赴英提议两国对土的秘密协约;但俄国的这种突兀举动,适足以增加英国的疑虑,而促成其与法国的结合。英法暗中协作后,遂相互怂恿土皇,拒绝俄国的要求。它们并增派舰队至鞑靼雷斯海峡口岸,以备土皇的请求。土皇既得英法之实力声援,又加国内回教徒排俄势焰之高涨,乃决定对俄宣战。在战争若断若续的过程中,奥国虽从中勉作调人,以冀战祸之缩小,但土耳其开战时之意外胜利,致使事势更难挽回。一八五四年二月,英法实行对俄宣战,是即历史上有名的克里米亚战争。战争的结果,俄国以孤立而惨败了。一八五六年三月三十日订结《巴黎条约》,就中最要的条款是:黑海化为中立,其海面及港湾许各国商船出入,但禁止军舰出入,在黑海岸上,无论俄土,都不得设置兵工厂。这次条约成立,俄国势力又被限制在黑海以北,而不能为英国"海上自由"或其经济之世界发展的障碍了。

然俄国一再受英国的打击,并不足以稍戢其南下政策之雄图。一八七五年,土耳其领地赫洛仔果维那(Herzegovina)[①]州之斯拉夫人叛变;接着塞尔维亚、保加利亚、门的内哥罗,先后响应起来。事势愈演愈至不可收拾,一八七六年,俄国亦对土宣战,大败土军。这时,土耳其帝国之命运,完全要听凭俄国处分了,由此次事变所订立的条约,支离破碎的土耳

① 现常译为"黑塞哥维那"。下同。——编者注

其帝国，已分明受了俄国的保护。俄国在这如愿以偿的场合，却又碰上了其老对头英国的反对。后经英法德意奥俄六强集开柏林公会，俄国把握在掌中的土耳其，又被劫夺去了。至此，它在近东出海的雄心，几乎完全感到绝望。它不能不改变其侵略路径了。

二、日俄战争

俄国一八七五年对土战争的胜利，虽然仍未达到它预期的目的，但它在外交上、军事上、工业上，都得到了一种激励。它一向原是与德国保有良好关系的，因为在柏林公会中，它识透了德国不能为它帮助，它遂决然动了联法的意念，于一八九一年成立俄法同盟。从经济上讲，它有了法国资金的援助，乃得努力从事工业的发展。由一八八六年到一八九九年间，它的铁产额增加四倍。纺织劳动者由 4 万增至 64.3 万；制陶业者由 6.7 万增至 14.3 万；机械工总数，由 138.1 万增至 210 万，而工厂制造品的价值，则增加三倍。工业上这种突飞猛进，当然敦促它向外发展；它经验到近东的路走不通，同时在欧西方面又得到法兰西为其同盟友邦，没有后顾之忧，它遂决定把发展的路线，转向远东。

远东方面能为俄国阻害的，只有日本；日本于一八九五年战胜中国，抢夺去了中国许多属地。旅顺港及辽东半岛的割让，更成为日本北向经略满蒙的极好根据地。但这对于俄国南下政策，却是一个非同小可的妨碍。因此，俄国乃结合法兰西及德意志，共同行使干涉，在“为了北京的安全，朝鲜的独立，从而，为了极东永久和平”的动听的名义之下，迫令日本归还中国的旅顺、大连及辽东半岛。日本是屈服了。

但日本退出上述各地后不久，俄国即在满洲取得了横断满洲地方的干线及由哈尔滨达大连湾之支线的铁道敷设权。其后，为保护自国人民的生命财产，它又取得了向满洲输送军队的权利。丰富矿山的采掘哪，繁茂森林的采伐哪，铁道的建设，军队的输送，驻地的要塞化哪，俄国已俨然把满洲当作它的属地了。一九〇一年，它更利用庚子事变，占领牛庄，并确立对满洲的军事的支配。为了矿业与其他企业的采办，它设立有中俄银行，更加强了它在满洲的经济势力；俄国石油输入中国是不纳关税的，还有其他砂糖等物品的输入，亦都取得了特惠的待遇。它不但企图军事的占领满洲，并企图行使商业的独占。

就在俄国在满洲这样横冲直闯的当中，屹立在英伦三岛上的英国，又睁红了它可怕的鹰眼。它知道俄国势力这样膨胀起来，那不独会动摇它在太平洋上的经济势力范围，并且会回过头去侵蚀它近东中东的利益，实际俄国这时已经在向这方面行使经略；于是，它又拿出化强为弱的外交手腕，在东方把日本扶植起来，做它的御用宪兵了。这就是一九〇二年英日同盟所由形成的究竟。

日本既得到了英国的支援，它遂开始过问俄国在满洲的活动了。俄国向满洲驻兵之始，原本宣言秩序一经恢复，即当完全撤退，但后来俄国的军队，竟日复一日的驻下去了。日本认定俄国久占满洲，不独为其莫大耻辱，且将与其经济发展以致命的打击。一九〇三年即英日同盟之次年，日本即要求俄国明示最后撤兵日期，两造往返交涉半载，没有头绪。至一九〇四年二月，日本突然停止谈判，宣布战争。战争经过了一年又六月，俄国惨败了，结果，两国军队通由满洲撤出，俄国由中国取得的旅顺、大连及辽东半岛的租借权，转让于日本。俄国并还割让了其所领桦太的一半。

显明的，日本不得英国的援助，它是不敢同俄国开衅的。俄国这次的南下政策的发动，又算是被英国堵塞住了。英俄之势不两立，于此可见一般。然则欧洲大战当中，它们什么又站在一个战线上呢?

三、英俄协定

英俄两国明争暗斗的事实，前面已讲过许多了。但国际情势的转变，终竟使它们由敌国变成了友邦。

俄国在近东的南下政策，既三番几次遭到阻碍，远东的南下政策，又因日俄战争告一结束，于是，俄国与英国发生利益冲突的地方，就只残有中东方面了。俄国之在这方面，即在波斯阿富汗边境从事侵略活动，英国将更要感到不安，因为波斯阿富汗在地理形势上，俯瞰着英国的外府或宝库——印度，俄国势力如在这方面发展起来，那将直接侵逼印度的安全，而与英国以致命的威胁。诚然，俄国在远东惨败以后，英国当更不难把它在波斯阿富汗的势力，驱逐出来，但当时欧洲大陆情势之推移，以及英法俄三国经济关系之联锁，使它倾向于和平的妥协了。

自一八八二年德奥意三国同盟成立后，德意志在欧洲的势力之膨胀，早已使其他诸国存有极大的戒心。一八九一年法俄之同盟，一九〇四年英法之协商，皆以对抗三国同盟为其主要的动因。在二十世纪的最初十年代，德国已在土耳其占有极大优势，它并开始其报格达(Baghdad)铁道计划之实施。德国向近东向中东方面发动其势力，英俄两国的经济利益，将同受其侵凌。这样，这两国如其继续鹬蚌相争，德国就显然要收得渔人之利了。聪明的英国外交家，他们是知道要改变对俄的态度的。

况且，俄法为同盟国，英法为协商国，在这种三角关系上，已可由法国大大转圜英俄两国间过去的沉郁空气。而在一九〇六年结束第一次摩洛哥事件的阿尔赫西拉斯(Algeciras)的国际会议中，英俄两国之共同支持法国利益，那已表示它们之间已具有某种默契。然而使它们作进一步之紧密结合的，却还是经济的作用呢。

俄国自一九〇五年日俄战争失败后，其国内的经济状况，已陷于非常困难的境地。自由主义派利用此机会，俨然要致专制政治于覆败，但这种颓局，卒被一九〇六年之法英两国的金融公债挽回了。"为支持俄国濒死的混乱状态，法国巴黎银行已感到疲惫了，当它接受一九〇六年的公债时，它附有一个条件，要英国银行分担这多利的重荷。"①从这点看来，英俄关系之改善，当然得力于法国的牵拉，同时，英法金融家逐利的意向，对于英俄两国之进于谅解，亦大有关系咧！因为："英俄之和解，表面上虽是为了战时势力均衡的一种纯粹政治的战略的行为。但是，英国之对于俄国，谅解其第二个有力的动机，却不妨说是俄国对于英国金融界提供了一个有利的出口。……当法兰西政治家缔结两国协商时，虽然是为防备德国的突然发动，而公然的收买俄国军队，但在反面，确是法兰西银行——它们直接操纵新闻，其力量比英国任何事业对于新闻的支配力还大——想努力成就一件大买卖，即由公债发行的手续费与赢利，可与它们以莫大的金额。"英俄协商，或者英俄法三国协约的背后，原来存在有这样的经济关系，无怪在英国承销俄国一九〇六年公债的次年，这两国即关于它们在中东方面的未决纠纷成立了一个协定。这种协定关涉到了三个地域的势力范围：第一件，是关于波斯的，它们把波斯划作三个区域，东南定为英国势力范围，北部为俄国势力范围；而其中间定立为中立区域，两国在此享有均等机会。第二件关于阿富汗：俄国承认阿富汗立于它的势力范围外，

---

① 此处为原书之"注一二"，佚失。——编者注

而约定俄国对于此邦之一切外交关系当经由英政府，英国则声明不变更此邦之政治地位或干涉其内政。第三件关于西藏：俄承认中国对于西藏之宗主权，而相约尊重西藏之领土保全。它们非经由中政府，不对于西藏作任何谈判。

这个协定成立之后，俄国依旧是被封锁在北漠，而不能向波斯湾或其他的海口问津了。英国一方面达到了阻止俄国南下的目的，一方面增加了对抗三国同盟之协商国的势力，阴猾险狠的英国外交，该是如何可怕咧！

英俄之协定既成英俄法三国之团结益固，高瞩远举的德意志，遂无形陷入一大包围中了。

第四节　德国之勃兴

一、德国殖民活动之展开

英国产业革命是成就于十八世纪末叶，乃至十九世纪初期，后二十年，法国开始产业革命，再后三十年，德国开始产业革命，以时考之，德国的经济发展，要比英国迟半个世纪。

原来一国国民经济的发展，必待它已经有了统一的政治组织。德国自一八七一年完成统一大业后，乃积极从事经济建设。一般教育方针之确定，保护贸易政策之实施，科学研究奖励金之设置，以及其他便利经济施展的种种事业之推进，在极短期间之内，落后的德国经济，便迅速而坚实的发达起来。在一八八五年，德国铁的制炼额，尚不到 400 万吨，至一九一三年，约增至 1500 万吨；一八九一年，煤的产额为 7300 万吨，至一九一三年，竟增加至 18500 万吨；由一八九七年至一九一二年，棉工厂的锤数，增加两倍。德国一向的航海事业是颇不发达的，但至一九一三年，它有世界蒸汽船总吨数的 12%，在世界商船界的地位，已跃居第二，即仅次于英国了。德国一八九〇年的输出贸易额，仅约 35 亿马克，到一九一三年，竟激增至百亿马克。商工业上这种突飞猛进的发展，当然会促起大海军论者与殖民奖励政策者的抬头。

其实在毕斯马克当政的时代，德国在非洲，在近东，在太平洋上，已经在着手从事开疆拓土或取得势力圈的活动。不过，德国是太落后了，在它开始进行这种工作的时候，世界许许多多的好地方，都被他国捷足先得了，英法诸国对于殖民地的经略，已经有了数十年的历史。就是最后才引起它们重视的非洲，那亦在一八七六年和一八八四年间，被它们瓜分强占了。德国这时要从事殖民活动，当然非常困难。但原料与制造品市场，为工商业发达之必要条件。德国既努力于商工业之发展，势不能不克服此种困难，同时，它的殖民政策，更不能不与其他国家的利益相冲突。

兹先述它在非洲殖民的概况。非洲较优良较便利地方已先被各国占领，德国当然是无处插足。但巧妙的殖民活动，把它这种困难解除了。凡在已经被他国领有，而尚未经营的不毛地带；已经为诸国分领，而经界未十分确定的地带，它都有教徒在那里建设教堂，宣传教义；教徒所到的地方，商人也到了，商业范围随宗教而扩大。不到几久，它在非洲东西两岸，已确定了贸易根据地，确立了对非经济侵略的基础。一八八四年，它把非洲西南部，北至葡领安哥拉，南至橘河一带之地，完全收为己有，并于一八八四年宣布是它的领土。在多哥兰地方，它早经开辟了几个商业区域，于是，亦于一八八四年宣布是它的保护地。此外，它又同喀麦隆地方的酋长，订立有许多有利于它殖民经商的条约，它在非洲西部的势力，已颇可观了。一八八五年，英国又承认德国在非洲东部经商的要求。一八八八年，德国东非洲公司(German East Africa Society)设立。不久，依着这公司的活动，它又取得了桑给巴尔地方的权利。后来，它与英国划分了在东非的势力范围。它在非洲东西两方面都树立殖民基础了，但这种成功，并不足以满足德国殖民的野心。一个地方的获得，只不过是增加了它进一步扩大的热望。它企图并有葡属东非，它几次想侵入法领摩洛哥势力范围，虽然失败了，毕竟还割取了法国所属刚果的一部分。

就在它获得了非洲东南部领地的一八八四年，在太平洋上，它亦开始占据了新几纳亚岛北部。此后，它因取得了这个侵略的根据地，乃进一步兼并新英岛、毕斯马克群岛、麻绍尔群岛。它的商业势力，已渐渐扩大起来，一八九九年，它又向西班牙购得加罗林群岛、马利亚纳群岛及贝罗群岛；同年，它还与英美两国在柏林协议瓜分萨莫亚群岛，而取得一部分，这样，德国在太平洋上的殖民势力，亦就能与其他先进诸国，较其短长了。但德国之取得这些地方，那并不是它的目的，而是用以达到其更远大目的的手段；换言之，它是要把太平洋上这些小岛，作为海军根据地；依着这些有力的根据地，它就好把势力伸到原料丰富、人口稠密的国家去。一八九八年，它借口中国曹州地方谋害德籍教士的口实，立即派舰威压，占领胶州湾。胶州湾是太平洋岸最有发展希望的地方。德国自占有前述诸小岛后，便计划强夺一个中国口岸，以便向中国施行其政治的经济的侵略。它既占据胶州湾，乃进一步把山东全省划为它的势力范围，而取得那里建筑铁道、采掘矿山种种经济特权。此后，它又依着津浦铁道，把它的势力由山东向南向北发展。这样，德国在太平洋上的殖民政策，就较其在非洲的殖民政策，收有更大的成果。

然而德国毕竟是后起的。它的殖民政策的发动，终不免要侵及他国的势力范围，或竟强占他国的属领。就这样，它的发展遂带有更危险的性质，它在发展当中，就不能不在欧洲大陆建起强有力的防御阵地。

二、三国同盟

德国工商业的发展，殖民地的扩大，使它有强大海陆军之必要，其结果，它的军事势力、经济力，就不但凌驾于一切大陆国家，与大英帝国相颉颃，有的地方，甚且令大英帝国瞠乎其后了。但一国势力的扩张，在某种意义上，即是他国势力的相对低落。德国在工商业上，从而在殖民活动上，既较他国为后进，它所经营的市场，它所扩张的殖民地，便不免要侵蚀他国权利，或与他国利益相冲突，因此，德国的对外活动，就最有危险性，最明白的显示了帝国主义的本来面目，同时，最易惹起邻国或友邦的反感与疑惧。在这种情形下，它是痛切感到有联络与国之必要的。这就是三国同盟缔结之由来。

诚然，三国同盟是三国各依自身利益而相互结合的，但这个同盟的成就者撮合者，却是德国的铁血宰相毕斯马克。他的远大的眼光，与敏利的外交手腕，使奥意两国在德意志领导下团结起来。

毕斯马克早知道德意志的兴起，迟早总不免引起他国的疑忌与包围。法国是德之世仇，英国最忌德国经济势力之世界的发展；英法如在反德的共同目标下联合起来，德国将蒙到非常不利的影响。毕斯马克有见及此，所以他一方面对英表示亲善，使那种结合不致成功；一方面联络其他各国，惧那种结合之或将成功。

他将联络哪个国家呢？俄国？奥国？意大利？这三个国家他都认为有联络之必要。但权其利害，计其浅深，他虽觉得首先要把奥地利同俄罗斯两个势力较大的国家抓住，无奈俄奥在近东的利害关系，是非常冲突的，奥国势力之向东发展，与俄国的大斯拉夫主义运动，恰是势不两立，要想德奥俄三国成立一个协定，那是没有希望的。于是，摆在毕斯马克面前的问题，就是联俄或联奥了。毕斯马克一向本是亲俄的；威廉第一与俄皇有戚谊关系，同时俄国势力又较奥为大，照理，联俄似为得计。但毕斯马克终舍俄联奥了。他的理由是：第一，就民族的感情讲，德奥结合较为融洽；第二，奥国势力向东发展，它就不会回头在德意志方面恢复势力；第三，德奥在近东中东的利益，不会像德俄两国那样容易惹起冲突；第四，奥国势力虽较弱于俄，但容易受德支配为德利用，俄国政策常变，颇难信赖。

毕斯马克既打定了联奥的主意，所以，在一八七八年柏林会议中，他就宁可失去俄国对他的期待，而竭力赞助奥国在会议中提出的要求。他失之于俄国的，得之于奥国了。奥国在近东方面既受大斯拉夫主义运动之威胁，同时，在西方又常感到意大利之侵逼，在这腹背受敌的情况下，它当然期望能取得德国的援助。毕斯马克在柏林会议中既多方赞助它，它的亲德倾向自然要“受宠若惊”的加强起来，所以，柏林会议之次年，即一八七九年，毕斯马克与奥国宰相安德塞（Andrassy）会于加斯太因（Gastein），即协定两国间同盟条约之基础，其要项是：德奥两帝国联合以保障既存条约之尊重，两国中有一方与其邻国冲突，而受第三国侵逼之时，则他方起而牵制此第三国。这是同盟条约之基础原则，而其具体的关涉于俄国的规定，则是，如两帝国中有一国被俄国攻击，同盟当事者之他方须举其全力来助，讲和亦依共同协定行之。如同盟中之一帝国被俄国以外之国家攻击，同盟之他方，只须守好意的中立；但如攻击的国家有俄国援助，则未被攻击之他一同盟国，当然举全力助战。据此规定，德奥同盟的主旨，就在防备并牵制俄国。德皇威廉第一与俄皇颇为亲善，他不愿单与奥国签订这种条约。但经毕斯马克以去就相争，卒在一八七九年十月七日签定了。

毕斯马克既与奥国签订了这个秘密同盟条约（至一八八八年，毕斯马克为了要威吓俄国，他才公表出来）之后，他又再回头来改善德奥俄三帝国的关系，务期德奥同盟所预期的战事可免。他的努力成功了，德奥俄三国政府间成立了一种协定，这是一八八一年的事。（至一八八七年，俄国不愿与奥国继续此协定，乃单独与德国订立所谓“再保险条约”，详见本章第二节二段。）

毕斯马克一方面拉拢俄国成立三国协定，但另一方面他总怀疑俄国以为俄国要与德奥两国为敌，势必求一与国，并且，他认定此与国必为法兰西。法俄两国果真联合起来，德奥难免不受到威胁。因此，他几经考虑，乃决定设法使意大利加入德奥同盟。

意大利与德意志间的关系，原是不很和协的，但它一方面既与法国结有夙怨，一方面又与奥国时有纠葛。三面树敌，当然不免有孤立之感。毕斯马克是颇知道意国这种情境的。他以为，法国对意侵逼愈甚，意国就愈会投入德国的怀中，于是，他又拿出其离间操纵的外交手段了。

法国沿非洲北岸膨胀的殖民政策，早已惹起了意大利的疑虑。一八八一年五月，法兰西竟派兵占据非洲北岸的突尼斯国，迫其国王结一巴多条约（Treaty of Bardo），将突尼斯置于法兰西保护之下。突尼斯与意大利西西里岛隔海相望，意大利垂涎此地，经营此地，已非一朝一夕了。法国此次竟抹煞意大利之权利与意向，突将突尼斯据为已有，它是有所恃而不恐的。在一八七八年的柏林会议中，毕斯马克曾于暗中鼓励法国占领突尼斯。他的动机有二，第一，在导引法国向外发展，使无暇在欧洲与德为敌；第二，在惹起法意更大冲突，使意大利加强其联德倾向。结果，法国竟于一八八一年照着毕斯马克的意向，占领了突尼斯；意大利亦于一八八二年照着毕斯马克的意向，加入了德奥同盟。三国同盟条约于一八八二年正式签订于维也纳。此后德国在中欧的势力，顿形巩固，而其向近东中东方面的进出，便益无顾忌了。

三、德国东向政策与巴尔干战争

德国经略近东中东的企图，原非始自三国同盟以后，但三国同盟既经缔结，它就饶有时间实力来问鼎东方了。它向东方经略的目的，说解决巴尔干问题，说稳定土耳其社会秩序，那都是欺人的。它处心积虑，是想囊括土耳其，跃出波斯湾，把欧亚的中心地带占据着，作为它建立世界帝国的基础。

远在一八七二年，德国即用种种手段，获得了由里海到波斯湾的铁道敷设权。一八八九年，又获得阿拿托里亚铁道敷设权。一八九八年，德皇[1]利用土耳其人对英国占领埃及所引起的反感，亲往大马斯革、耶路撒冷、君士但丁堡等处游历，“在耶路撒冷，他装得像一个基督教徒的巡游骑士；在大马斯革，他又俨然是一个信奉回教的战士了”。这位以世界征服者自许的皇帝，居然肯八面玲珑的“求每人而悦之”，当然不是无因的。他在这次旅行途上，获得了报格达与波斯湾间的铁道敷设权，及沿线的许多重要权利。自此以后，德国便锐意扩张这些地方的商业，开银行，设公司，并企图完成由柏林至报格达的大铁道。它以为由这条铁道再达波斯湾，就可以操纵印度和远东的贸易。此外，德国并假装回教的爱护者，在横贯印度与埃及之间的阿刺伯，进行军事的经济的布置。它在近东的经略计划是着着成功了。由一八八七年至一九一〇年，土耳其德货的进口，由6%增加到21%了；同时，英货却由60%减至35%；法货由18%减至11%。单从这种贸易数字讲，已可窥见德英法三国在近东势力的消长，俄国传统的南下政策之受德国排挤，那更是显而易见的。法英俄三国之成立协商，表面上虽系对抗三国同盟，然揆诸实际，要不外图所以限制德国势力之膨胀。土耳其帝国之祸乱频仍，巴尔干半岛之战争迭起，那可以说是由于德国的操纵把持，亦可以说是由于其他诸国对德的包围牵制。

土耳其在历史上、地位上、经济上都非常重要，它的首都君士但丁堡，是东西贸易必经的通道，其所属鞑靼雷斯海峡和博斯普鲁斯海峡，又是由黑海入地中海的咽喉。加之，土国版图辽阔，物资丰盈，如其它自己能振作起来，颇不难成为左右东亚西欧的中心势力，但其领内民族的复杂，宗教的复杂，以及国民之不肯奋发，致国家日益危弱，而成为列强竞逐宰割的舞场。在一八七七年土俄战争以前，英俄两国在土耳其的明争暗斗最烈，而在这个时期以后，特别自一八八二年三国同盟以后，这里竞争的主角，就渐渐形成两个集团势力了，而分掌那两个集团势力之发纵指示责任的，一为德意志，一为大英帝国。

德国势力在近东的伸展，和德国势力伸展所给予英俄法诸国的不利影响，前面讲过了，现在要说明的，就是它们在土耳其利害的冲突，怎样会发动巴尔干的纠纷和战争。

---

① 此处“德皇”应指“威廉二世”。——编者注

德国对土的政策，与他国显然不同。他国只想部分的分割土耳其，德国则是想整个的吞没土耳其。惟其如此，所以，德国一味对土表示好感；威廉第二之亲访，以及他在亲访中，对土政府及回教所示的尊重与虔敬的情调，在在皆可为其整个囊括土耳其之雄图的显露。而其在近东肆力攫取铁道建筑权，拓展商业势力，更可为此雄图之具体化。

俄国是知道德国这种计划的危险的。为要防阻德国势力的东进，顶好是高唱大斯拉夫主义，耸动巴尔干半岛上的斯拉夫民族起来独立，斯拉夫民族独立了，不但可以防阻德国的东进，且可以助成俄国的南下。一八七七年由塞土战争所引起的俄土战争，以及塞尔维亚、门的内哥罗、保加利亚之相继叛乱，都可以说是俄国大斯拉夫主义政策之活动。可是，俄国要想在近东阻止德国的发展，没有英国为它的声援是不会成功的。俄国对土战胜由散斯逊华洛(San Stefano)和约所得到的种种权利，不是在柏林公会中被毕斯马克的操纵手腕所毁弃了么？

俄国因在柏林会议中横受德国的欺侮，乃愤而与法国成立协商(一九〇四年)，后又与英国成立协定(一九〇七年)。然英法俄三国协约成立之次年，奥地利即破毁柏林条约，宣布吞并波斯尼亚(Bosnia)及赫洛仔果维那(Herzegovina)。波赫两州原系土国领地，依柏林条约，受奥国治理。但因这两州住有多数的斯拉夫人，且接近俄国所保护的塞尔维亚国，设此两州落于斯拉夫人的塞尔维亚国之手，则奥帝国内之斯拉夫人将因塞国的兴盛而受到刺激，而侵逼奥帝国之安宁，并危害其在巴尔干半岛之政治的经济的势力。因此，奥国不待商诸柏林公会当事国，竟宣布波赫二州之合并。此两州宣布合并后，塞尔维亚将永无取得此两州，以为其通海捷径之望，它不但不能发展，且要受奥国的支配。这样，塞国乃至俄国就为此事大抱不平，至欲诉诸武力，但英法两协约国态度的冷静，与德国维护奥国行为之强硬，俄塞终不能不忍让了。

第奥国既合并波赫两州，而破坏土耳其领土之完整，于是三国同盟中之又一个同盟国意大利，乃于一九一一年援例占领土属托里波里(Tripoli)。奥地利吞并波赫两州，虽为德国所赞助；意大利占领托里波里，却为德国所反对，因为德国的对土政策，是要保障土耳其的安全，由它一手包办的。奥国与德为同盟，居然吞并土耳其领土，那已不免引起土耳其的几分疑虑，今德国另一同盟国又占领土之属地，单就对土之亲善关系言，德国亦颇难为情。因此，意大利占领托里波里之举动，就没有受到德国的支持。同时，土耳其对意的态度，遂不像它对奥那样温和了。一九一一年，意大利因土耳其抗拒其占领行为，对土宣战。开战之始，意大利本约定不扰动巴尔干半岛之现状，但在战争进展中，巴尔干半岛的乱事爆发了。德奥知道土意战争延长下去，土耳其将无力对付巴尔干的危局，于是极力促成土意战争的结束，使其于一九一二年五月签订洛桑(Lausanne)合约。然而希腊、保加利亚、塞尔维亚及门的内哥罗四国的同盟，早于土意战争中缔结成功了，它们都想趁土耳其政局未十分安定(时青年土耳其党起来执政)，及意大利对土战争未决的机会，起而压迫土耳其，各遂其扩张领土之欲望。它们的对土宣战，是于一九一二年十月由门的内哥罗发动的，希保塞随即参加，是即所谓第一次巴尔干战争。

战争的结果，土国完全惨败了。一九一三年五月所订的伦敦条约，宣布了土耳其在欧领土之瓜分。土国的惨败，土国领土之瓜分，以及巴尔干诸国之兴起，德奥均愤愤不平，然俄国自始即表同情于巴尔干同盟诸国。当战争结束时，它即向其驻外各代表发电，声明被征服之土地，依占领权属于同盟诸国，而当依友谊的协定分配之。在同年十一月，英国内阁总理亦表示不反对由同盟国胜利所生之领土的变更。这就是说，英俄都主张瓜分土耳其欧洲领土，使德国东向政策受到极大的阻害。

但英俄虽赞同同盟国瓜分土耳其领地，究无法使同盟国“依友谊的协定分配之”。它们共同的敌人打倒了，立即就惹起了分赃不平的倾轧。伦教条约于五月签订，塞希两国就于六月订结对付保加利亚的攻守同盟，以期分夺保加利亚在马其顿应得土地之部分。塞希势力之扩张，于奥地利极形不利；同时，同盟诸国的内讧，更为德奥所期望，因此，德奥乃尽力挑拨激励，使保加利亚向塞希发动战事，这次战争(六月二十九日)距伦敦条约签字(五月三十日)仅二十九日。是即所谓第二次巴尔干战争。战争将近延长一月，就告一段落了。保加利亚因罗马尼亚之乘虚突击，致遭败北。七月三十日浦加雷斯特(Bucharest)和约缔结的结果，塞希罗三国皆增加了领土，保加利亚当然是有极大的损失和蒙受了极大的屈辱的。然则激励保国与塞希开战的德奥呢？

德奥始助土耳其而土耳其败北，继助保加利亚而保加利亚败北，三国同盟的威势，至此已大为损害了；加之俄英所冀助的塞尔维亚及希腊诸国之勃然兴起，那不独弱化了德国之中欧支配势力，且妨阻了它素所怀抱并极力发挥的东方经略主义。德国想维持它的威望，想展布它的雄图，它是不能久甘缄默的。于是乎有次年发动的第三次巴尔干战争。

第三章 大战后之国际关系

第一节 巴黎和平条约

由一九一四年七月发动的世界大战，其起因虽由于奥国皇储菲地兰大公(Archduke Franz Ferdinand)在波斯尼亚首府塞拉甲洼(Sarajevo)被人暗杀，但这件事不过做了那已经准备安排好了的大战之爆发引线罢了。这位大公即令安然回到了维也纳，跃跃欲试的德奥终归是会利用其他机会发动的。

前面讲过，结束第一次巴尔干战争的伦教条约，和结束第二次巴尔干战争的蒲加雷斯特和议，都于德奥极端不利。由俄国卵翼的塞尔维亚突然扩大起来，奥国领内的斯拉夫人，尤其是波赫两州的斯拉夫人，既不免蠢蠢思动，而德国必须通过塞尔维亚国境的报格达铁道，亦就无从飞越了。德奥两同盟国的共同目标，都是要打倒塞尔维亚，塞尔维亚背后有俄国，支持俄国的，有英国法国，又因日英同盟而牵涉到日本，这个阵势是早经布置好了的，德奥亦知道要突破这个阵势，它们才能发扬光大起来。于是彼此都在等着机会开战了。

这个大规模战争，由一九一四年七月开始，至一九一八年十一月终结，一直延长四年又半的岁月。除上述各国外，土耳其、保加利亚，加入德奥方面；罗马尼亚、比利时及中国等国家，先后加入协约国方面；意大利首先宣布中立，往后又对奥宣战。但决定战争命运的，还是一九一七年四月的美国参加作战。因为协约国方面得到这一枝生力军的援助，前此势均力敌的形势，就大为改变了。

在这次战争中，德国因地处欧洲大陆中部，便于周转策应，又因其军事准备异常充足，所以，对于协约诸国的包围作战，尚能撑持到四年以上。但结局，它是败北了，它之败北，与其说是由于战略的差池，毋宁说是由于物资的缺乏。

由这次大战，欧洲自一八七〇年以来的均势局面已被破坏了；亦由这次大战，此后欧洲乃至世界的新均势局面又待建设起来。固然，在战争进行中，世界各国的盛衰消长，已有了全般的决定，但把那种变动情势具体表现出来的，一大部是由于结束这次战争的巴黎和平条约。和平条约的订立，大体是根据美大总统威尔逊的十四条和平草案，而此后国际间闹得像煞有介事的“国际联盟”，亦是由他那草案所提议出来的。

一、威尔逊的“十四条”和平草案

美国于一九一七年四月参加作战。翌年一月八日，大总统威尔逊在国会发表他所拟定的停战议和草案十四条，以便交战国双方接受，早日结束战争。但当威尔逊宣布其和平原则的时候，德国正在进行它那挽回颓势的总攻击。迨总攻击因未达到目的而停止，协商国联军就来一次总反攻。其结果，土耳其、保加利亚都溃败降伏了，奥都维也纳亦危险万状。德国这时知道大势已去，乃改组政府，请美总统威尔逊依其所宣布的十四条(The Fourteen Points)，主持和议。以后协商诸国亦愿遵此原则罢战。这次死伤3000万人，耗损337亿金元的可怕战争，就此告一段落了。

威尔逊总统所草议的“十四条”，那是煞费苦心的一件“精妙的制品”。因其有关此后的和平条约和国际关系，特把它写在这里。那十四条是：(一)公开的和好条约；(二)战时平时海上绝对自由；(三)一切经济的障壁撤除；(四)裁减军备；(五)公平的调节殖民地利益；(六)从俄国土地撤出敌军；(七)比利时撤兵，恢复原状；(八)一切法国土地当解放，而其被侵入之地方当复元；亚罗两州亦当退还；(九)依民族境线以改正意大利国境；(十)对于奥匈治下之异民族，当给以自治的发达之机会；(十一)罗马尼亚、塞尔维亚、门的内哥罗当撤兵，而其被占领之土地须复元，塞尔维亚当给以出海之口；(十二)土耳其帝国之本部的地方当给以安全之主权，其他民族当享有生命安全及自治发展之机会，而鞑靼雷斯海峡当依国际保障对一切国家的商务开放；(十三)波兰当建立一独立国，而具有出海之口；(十四)当组织一国际联合会，对于大小国家之政治独立及领土保全，同样给以相互之保障。

威尔逊是一位标榜自由主义民主主义的人物，他草拟这“十四条”和平原则，虽然未忘记美国的利益，未忘记有利于美国的欧洲均势之维持；但一方面要使战败国能够忍受，另一方面要使战胜国愿意允诺的草案，究不是纯本自由主义精神所能对付得了的。无疑的，德奥是由此受到了莫大的损害与屈辱，土耳其帝国几乎是完全瓦解了，但这是无论哪次战争必然伴随的结果，就在德奥，恐亦自认那是战败国无可避免的灾害。况在实际上，巴黎和平条约之签定，不是于上述十四条原则以外，还勒加了一些非常难堪的条款么？赔款哪，驻军哪，财政管理哪，海上贸易剥夺哪，军备限制哪，无一不违反"公开的和好条约"之原则。但各国要惩罚"死老虎"德意志，威尔逊有什么方法制止咧！

总之，就战争将要结束时的情形讲，威尔逊所提的"十四条"，究不失为公允。至他这"十四条"的历史价值，那与其说由此解决了战争双方的纠纷，倒不如说由此促成了"国际联盟"的实现。

二、和平条约及其效果

和平会议是于一九一九年一月十八日在巴黎外交部开幕的。到会的人数，有协约国方面二十七国的代表七十人。德国及其同盟分子，不得参加和平条约之讨论；和平条约全般拟定后，再提交于它们，听它们接受或拒绝。因此，这次会议的性质，就是单方面的独断，而不是双方的谈判。

关于会议议题之采列，及大政方针之选定，皆取决于英美法意日五强国各派代表二人所组织之"十人会"(Council of Ten)，往后(三月二十五日)"十人会"减为"四人会"(Council of Four)，由英法美意四国代表团首领组成。迨威尔逊总统因阜姆(Fiume)问题与意大利首席代表俄南陀(Orlando)发生争执，致俄南陀愤而返国，于是此四人会遂无形变为美总统威尔逊、法总理克利满沙(Clemenceau)及英首相鲁得乔治(Louis George)[①]之三头会。大会一切重要议案既取决于这三国领袖，那末，这次会议的性质，就不是大小国家公开的讨议，而是几个大国垄断的包办。

然而就在这便于讨议的"四人会"或三头会之中，其意见亦颇难融合。他们各有各的立场，各人所代表的利益，都不必与他人相同，甚且与他人相反。美总统威尔逊怀抱自由思想，主张正义，极思以宽大的条约，成立

---

① 原文如此。应是 David Lloyd George(1863—1945)。——编者注

和议；同时，美国的利益，又在乎欧洲各国能维持和平均势，德国太强了固于它不利，法国或英国势力膨胀了，亦于它不利，所以，威尔逊的主张，可以说是应美国的要求而产生；至少，那亦是受了美国不利于法国强大起来的事实的暗示。会议如能受威尔逊的操纵把持，德国当然受赐不浅。但法总理克利满沙是与威尔逊正相反对的，他是一位饱经忧患的老政治家，他不尚空想，处处只注意法国的实际利益，为图保障法国未来的安全，和防备德国的报复，他极力主张科德国以严厉的惩罚，在政治上、经济上、军事上，都予以极严重的剥夺与限制，使其无再起的可能。在他们两位这两极端的主张当中，幸还介有调和性十足的典型英国人鲁得乔治，他的意见，当然是英国的意见。英国在由德国取得某项权益时，与法国为一致；在无利可图的场合，便与美国一致，所以，鲁得乔治运其敏活手腕，一面遵从威尔逊以抑制克利满沙，一方面又抚慰克利满沙而抗拒威尔逊。把持操纵，这最高会议的议题算决定了。但大小国家总会(Plenary session)对于他们的议案的通过，虽说是依照一种形式的手续，但各国因其切身利害关系，或者其利益联属于某一强国之利益，因而暗中在鼓舞挑拨，引起许多争执问题。那些争执，有的以领土为题目，有的以民族为题目，亦有的以宗教为题目，但一探寻其最终目的，总不外经济利益。所以，毕耳说："……巴黎和会解决其他领土的时候，经济方面的问题也是有影响的。波兰为了上西利西亚和申特的矿产，而要求将该两区划归波兰；同时，它为了加里西亚的油，而还要加里西亚；为了但泽是一个良好海港的原故，又要但泽。捷克斯拉夫和其他继起的国家都要领土。它们所持之理由，多偏重于获得土地以期达到经济自足之目的方面，而对于人种方面，却没有这样的注重。巨哥斯拉夫因为巴纳特的食料供给而要巴纳特。同样，立陶宛也要默麦尔港，为的是获得出口之地。意大利要阜姆，为的是防止意大利的里雅斯德海港之商业被人夺去。希腊为了西色雷斯的农业而要西色雷斯。总之，不论什么时候，这些经济方面的要求都隐藏在后面。……一个强国要管理某一领土，它的目的，不是出于对于当地居民的同情心，而是为了该领土之富源。"①

每次战后的和平会议，都十分表现了分赃的性质。这回欧战涉及的

---

① 叶启芳、曾豫生合译，R. L. Buell 著《国际关系论》上卷第 189～190 页。

范围颇广，所以对于分赃问题的解决，就很费周折了。和平条约关于德国的部分，是延至同年六月二十八日始由双方签字的。其主要的条款是：德国割让亚尔萨斯-洛林于法国。萨尔区域之煤矿所有权，全让于法国，“以为德国破坏法国北部矿产之代价和总赔款之一部”，十五年后，由当地人民票决其所属；卢森堡退出德国关税同盟，而莱因左岸解除武装。波仙及西普鲁士两省之大部分割让于波兰。但泽建为自由市，圈入波兰之关税区域。德国在海外的殖民地概行抛弃。德国陆军至一九二〇年止，当减为 10 万人。参谋本部取消，军器种类限制，海军舰队削减。不许建造潜水艇，不许建要塞于波罗的海上。赔款总数当于一九二一年五月一日以前由协商国委员会核定，通知德政府，但截至那时止，德国须先交出 200 亿金马克，其余赔款，则分三十年付清。德国须全交出 1600 吨以上之商船，而 800 吨至 1600 吨之商船，则交出半数。基尔运河对一切国家的军舰商船开放。总上各点看来，德国由和平条约所受的损害屈辱，已颇不轻了。但它的同盟友邦奥地利和土耳其，却几近于完全解体。奥地利割裂成了一个小小的山国，海军空军潜艇概行废除，陆军减至 3 万；赔款在三十年内付清，不得国际联盟执行部许可，不能与德国合并。至土耳其的领土，大部分皆被割削了，土皇对君士但丁堡，只保有一个名义。鞑靼雷斯海峡及博斯普鲁斯海峡亦化为国际共管。欧洲土耳其领土大都给予希腊，而其在亚洲之领土则分配于英法意希诸国之间。

要之，协约国配布这所谓和平条约的主要动机，“……没有顾虑抽象的民主主义法则，而其决意宁在切断德国东向的通路；以转动于联合国轨道内的诸国家的银河，包围德国。把奥国置于德意志体系之外，同时，把报格达铁道置于联合国军事管理之下，这样，德国就远离土耳其及海峡地带了。波兰、捷克斯洛伐克及大塞尔维亚等新生的国家，都由联合国的宣传，变成了对抗德意志主义的重要‘防塞’或‘堡垒’，而在另一方面，波兰还荷有一种异样的福运，就是它防备了莫斯科与柏林两方的要塞。联合国这种细工，是做得十分完善的”①。

但其效果究竟怎样呢？联合国方面大小诸国，也许各各达到了它参加战争的一部分要求。至少，它们是打倒了共同的敌人德意志。但德意

① Plebs League 编，An Outline of Modern Imperialism 第九章第二节。

志这个敌人虽然打倒了，自己阵营内却又因分赃不均，或因进一步保障其已经获得的赃物，而发生内讧，而造出新的纠纷。不但此也，和平条约所加于德国及其同盟国的负担，显然达到了它们能够堪耐以上的限度。这就是说，德奥土耳其诸国无力履行条约的义务。条约不能履行，就等于说是条约的破弃。而且联合国内部既已惹起利害冲突，德土诸国自然更可利用它们的冲突，而从事破坏条约的活动。强制土耳其执行的和约，不是因土国国民党首领凯末尔（Mustapha Kemal）的极力反对，而改代以一九一三年七月所订的较宽大的洛桑条约么？至德国履行条约的问题，更成了最近列强“勾心斗角”、明争暗斗的症结之点。战债问题哪，裁军问题哪，国际经济问题哪，无在不与和平条约有关。是和平条约不但没有根绝未来的纠纷和战争，却反而造出了纠纷和战争的条件。

三、国际联盟

巴黎和会产生了纠纷之根源的和平条约，同时亦产生了企图解决那些纠纷的国际联盟，二十世纪二十年代以后的国际间的种种关系，都是不能脱离这两者的作用与影响的。

和会所议的条件，大体是根据前述威尔逊总统的“十四条”，这“十四条”中最后一条所谓“当组织一个国际联合大会，对于大小国家之政治独立及领土保全，同样给以相互的保障”，就是国际联盟所由产生的滥觞。

在四年欧战的进行当中，财物的耗毁，人命的死伤，盖为空前所未有。各国黩武主义者虽不惮牺牲其全国民的生命财产，以争一日之长短，以图一己利益之满足，但直接间接受其毒害的人民，以及远地由战争惨状刺激其神经的世界有心人士，殆无不期望从速中止战乱，永远根绝战源；美总统威尔逊一方面虽受了美国本身利益的敦促，另一方面亦系由当时一般和平呼声所感诏。他那“十四条”停战议和草案之所以要括入“组织国际联合大会”一条，就是他不但想停止当前的战争，并且想保障永久的和平。他是带着这种使命出席巴黎和会的。虽说“组织国际联合大会”，未必就能根绝战争，但他所期望有阻止战祸可能的国际协作团体，即国际联盟，毕竟由此产生了。

在巴黎和会中，威尔逊的主张，虽颇为英国代表所赞助，但法国代表是极不欢迎的。德国战败后，法国已有支配欧洲政局的野望，由世界各大小国参加的联盟之组成，于它那种野望之实现，或不无阻碍；况威尔逊宣言组织国际大会之目的，在“对于大小国家之政治独立及领土保全，同样给以相互的保障”，那更于它强制压迫战败国的企图，大相龃龉了。但法代表克利满沙及毕勋（Pichon）之消极反对，究不曾阻止威尔逊氏理想组织之实现。一九一九年一月二十五日，和会开第二次总会，依威尔逊的动议，决创设一联盟，而任命一委员会起草组织案，威尔逊被推为此会之主席。此后经四月二十八日之和会第五次总会通过组织草案。至一九二〇年正月，国际联盟正式成立。

国际联盟创立之始，很可以说是“战胜者联盟”；联盟规约系由战胜国代表所决议，联盟会员多为战胜诸国；联盟常任理事国及非常任理事国（内中一名非常任理事除外），乃至所有的枢要机关，全为战胜国所占有。在这样一种组织当中，当然无从关念到战败国的利益，从而，失掉了联盟的保障一切国家安全的初衷。但是，就在联盟正式成立的那年中，奥地利及保加利亚两战败国允许加入了；后二年，匈牙利及中立国瑞典被选入扩张后的理事会中；至一九二六年，德国加入联盟，同时并被任为常任理事国。于是在七年的短时期中，“战胜者联盟”始一变而为国际联盟。

国际联盟经德国的加入，在形式上实质上都有了大的进步。这可以从几方面来说，德国未加入联盟组织时，它总以为联盟是胜者宰制败者的机关，而在一般人也不免如此设想；惟其如此，战败者对于战胜者的心理，就难免不由猜忌而敌视，而企图报复了；德国既经加入，它便可以扫除这种敌忾的情绪，同时，并可由其代表与他国代表的接触，而增进彼此的友谊，免掉一些无谓的纠纷。再者，由和平条约所课加于德国的限制军备的义务，是片面的、强制的、不平等的，德国既加入联盟，且充当理事，它当然有权要求修正此不平等条约，而促进国联一般军缩事业的推行。因此，德国与战胜国，特别是与法国间的许多争执问题，都直接间接由国联关系解决了，而在军缩问题上，安全保障问题上，国联亦曲尽了它可能的努力。此外，国联关于人道、文化、知识，以及经济各方面，虽然还谈不到有怎样大的贡献，但在短短十数年的岁月中，我们是不能过存奢望的。

无疑的，现在的国际联盟，仍不能说是完全主持公理正义的国际机关，仍不免为几个大国所把持操纵。就它已经所表演的行动说，与其说它是一切大小国家的公平裁判人，宁不如说它是若干大国的和事老。它不曾，也不能由大国的威力与暴行下，保障弱小国的权益和安全，而它所做的，却是调解大国间的利益冲突。但在强权万能的现代社会中，那虽不能公平做事，倒还是可以公开讲话的唯一机关咧！现在世界上每件较重要的国际纠纷，无论是起于小国间，起于大国间，或起于大小国间，国际联盟都能直接间接发生某种限度的影响。弱小国往往把国联当作它毫无保障中的一种保障；强大国亦往往把它当作无所顾忌中的一种顾忌。因此，现代各国的外交家，殆莫不注意国际联盟这机关的作用，强者利用它，弱者依赖它，它是和平与战争的枢纽，是强权与公理的缓冲，一言以蔽之，它在现代国际关系中扮演了一个非常重要的角色。

第二节　新均势局面之展开

大战破坏了旧的均势局面，大战的结果，形成了新的均势局面。这两种均势局面，有种种不同之点：第一，就范围讲，前者仅及于欧洲乃至非洲与亚洲之一部分，而后者则披靡全世界，即世界任何一部分之动乱，皆有影响于这全般均势局面之维持；第二，就对抗势力讲，前者可以说是德国企图创建世界霸业，英国则极力阻止其霸业之实现，因而形成的一种德英对抗局面，而在后者，英德两国虽尚有举足重轻的势力，但一则是战败之余，仅图恢复元气，一则是强弩之末，仅图挽回残局，在新的世界竞争舞台上，它们已失掉了发号施令、操纵把持的权威与魄力了；第三，就根本的经济作用讲，战前战后的资本主义的性质，已颇异其趣：乘着欧洲各资本主义国家打得你死我活的战争期间，各殖民地各保护国，乃至各帝国主义者的“势力范围”区域，都迅速的登上了工业资本主义化的旅程，它们要利用自己的原料了，它们要销售自制的产品了，这样，为争夺市场，争夺殖民地而发动的世界大战，却反而把市场和殖民地更加缩小了。因此，战后的资本帝国主义，乃不能不更狰狞其面孔，更卑污其手段，从而，准备更有破坏性危险性的争杀了。战前为和平而武装，战后则是为武装而和平。

总之，不论从哪方面讲，现今这个均势局面，是与战前大不相同了。大战的结果，欧洲三个最有力的帝国都相继崩溃；新出现了 8 个新兴的或主权恢复的国家；从前通欧洲只有 3 个共和国，现今增加到 15 个了；横跨欧亚之间的俄罗斯，居然有 1 亿以上的人民在实行共产主义，而在另一方面，国粹主义的独裁政治，又在许多国家发挥其威力了。现今这个世界局面，该是多么不同啊！

不但如此，大战以前的世界纠纷，主要是发端于近东，特别是巴尔干半岛方面，现在主要纠纷的症结，却是存在太平洋岸上。惟其如此，这次均势局面扮演的主角，就迥异从前了。

为要使战后的国际关系容易明了，我想就几个主要国家的政治经济情形，及其外交政策的动向，略加解说。

一、英法德的三角关系

单就欧洲方面的国际情势讲，英法德三国虽然各各改变了战前的旧观，但它们之间的三角关系，仍不失为支持欧洲均势局面的枢纽。法德两国的仇怨，当然因大战及和平条约而更加深刻，然制霸欧洲的野心与地位，已由德国输到法国了，因此，英国的外交政策，就不是联法以制德，而是要反过来联德以制法。

德国在经过四年战乱的摧残以后，其国内元气的亏损，已不难想见；在非洲，在太平洋，在近东、中东，乃至在南美的殖民地及商业势力范围之丧失，大商船军舰之没收，那几使它对于海外经济全没有活动的余地。加之，过重赔款之课加，煤矿铁矿区域之割让，以及种种妨害商工业发展的条约之苛定，德国俨然是一个断去了四肢的力士了，它将怎样活动呢？也许说，德国民族是最富有弹性的，它时时刻刻没有忘记恢复它的实力，时时刻刻在等待着有利于它的机会之到来。现在，它的政府的基础已经站定了，财政已有办法，金融亦渐稳固。自一九二六年加入国际联盟，并比肩英法诸国，而被任为常任理事国以后，它在国际上的声势，又复增大起来。一切束缚它苦恼它的关于军备赔款等条约，它已一再要求修改了；虽然它难免不受到世界一般经济恐慌的严重打击，但它在国内国外的商业，确已有非常迅速的进展。然则德国国运的这种转机，究是因何招致的呢？推究起来，那与法国势力的膨胀，大有关系。

法国在首当其冲的大战中，当然亦受到了莫大的损害。但因它是战胜国，由战胜国资格所取得的权利，实补偿其损害而有余。德国的殖民地，德国的煤矿铁矿区，大部分都由法国占有了；大宗的赔款之获得，那更有利于其国内商工业的恢复。加之，法国的资本主义的性质是金融的，依着煤铁与扩大的殖民地之原料之供给，其战后商工业乃有极大的发展。在经济势力发展中，其政治势力亦随同膨胀起来。大战时，近东协约国的军队，都是听法国司令的指挥；就因此故，法国简直视希腊、罗马尼亚、塞尔维亚及土耳其是它的势力范围，后来因他国特别是英国的反对，虽未完全如愿以偿，它在这几国的势力，仍是不可轻侮的。一九二一年以后，法国又借着德国企图复仇的宣传，鼓吹东欧诸国，如捷克斯洛伐克、罗马尼亚、巨哥斯拉夫三国，缔结同盟；而在这以前，法国曾与波兰订有协约，于是法波两国就连同前述三国结成同盟条约，法国在事实上为盟主。法国有了这同盟的基础，它遂想在全欧确立它的霸业。它几乎据有战前德国的地位了。

法国势力的膨胀，当然抵触了英国的均势主义政策，就这样，英法开始交恶起来。英国对付欧洲大陆方面的最强国，老是用联络包围离间操纵一类手段。它知道法国在土耳其的势力增大了，于它极为不利，所以巴黎和会对于土耳其的条约，就能得到修改的机会；君士但丁堡简直是英国由法国手中夺还给土耳其的。叙利亚之暴动，摩洛哥之叛变，都有英国暗中的指使，而在欧洲本部，它更给予了法国不少的惩创。大陆方面能掯制法国，且甘愿照着英国意向行事的国家，只有德国与意大利，它于是从这方面入手了。它知道德国愈受法国的压迫，法国的势力便愈会膨胀，所以，当巴黎和会之开始，它就处处牵制法国对于德国的过甚压迫。关于莱因左岸驻军问题，萨尔煤矿区问题，波兰扩大问题，以及此后的赔款问题等，德国皆确实得到了英国的援助；即德国之加入国际联盟及被推为常任理事国，亦皆直接间接受了英国之特惠；因此，在英国外交政策下破毁了的德意志，看看又会由英国的外交政策扶植起来。然而，英国的爱助德国，一方面虽因助德可以制法，另一方面却又是由于怕德国投入了苏俄阵营，联德且可以加强对俄的防线咧！

意大利与法国不但在北非利益冲突，在巴尔干半岛的利益，亦相冲突，这样，意大利就乐于受英国的利用，而处处与法国为难了。法国在殖民地带，乃至在欧洲本部，既受到这许多阻害，它那制霸欧洲的野望，就难得有实现之可能；照理，欧洲的均势局面，不又是在英国均势主义政策下建立起来的么？

但战后的均势局面，是世界的，不仅是欧洲的；英国虽还保有其世界帝国的外观,然因殖民地之工业化与自治化,它的经济势力与政治势力,都大有亏损;同时,日本的跃起,美国的勃兴,苏俄的崛立,这帝国已有老大难与争衡之感,而殖民地的反抗运动,独立运动,更使它棘手焦心。这世界的局势,已显然不能由它如战前一样的把持支配了。然而,它终不失为国际政治舞台中的一个要角。

二、法西斯主义与意大利

就英国的外交策略说来,意大利现在所处地位,正是法兰西战前的地位,英国战前利用法兰西出面反抗德国,现在则利用意大利反抗法兰西。

意大利是工业比较落后的国家。它既缺少煤铁工业的基本原料,又很少殖民和投资的余地。它所需的煤,都须仰给于英美,这样,它的工业的发展,就不免要受外人的操纵。而且,工业基本原料取给于外人,其成本既高,物价必贵,这在一方面表示意大利的商工业无从发达,另一方面表示意大利须购入外货,从而惹起经济上莫大的损失。意大利原是一个贫穷的国度,其工商业既难期发展,而每年又要在入超及债务上付与外人巨额的资金,所以在战后几年间,意大利社会经济异常困蹶,国内到处布满了社会主义运动的空气。自怪杰慕沙里尼(Mussolini)于一九二三年率其法西斯蒂(Fascisti)党徒,攻入罗马,夺得政权,扫荡赤氛以后,意大利便成功一个法西斯主义的国家了。法西斯主义对内要求统制国民经济,故具有国家社会主义的外形;对外主张采取强硬政策,更具有国权主义的精神。由法西斯主义支配的,或由慕沙里尼主义支配的意大利,用不到讳言,它是侵略者或企图成为侵略者的。它知道非发展商工业不足以图存,又知道非取得原料供给地、制品销纳地,不足以发展商工业。在这种认识下,它极力扩张侵攻的军备,并积极发动其对外强硬政策。它压迫瑞士,它由南斯拉夫[①]攘得了许多经济利益,它在巴尔干半岛拉拢罗马尼亚,以拆散法国所支配的小协约集团,又与亚尔巴尼亚[②]订结防守同盟,使亚尔巴尼亚成为意大利随意利用的工具。意大利既联络好了亚尔巴尼亚,一方面乃可控制亚得利亚海,把持地中海的门户,从而,作为它统一地

---

① 此处“南斯拉夫”与前文多次提及的“巨哥斯拉夫”是指同一个国家。——编者注

② 即今之“阿尔巴尼亚”。——编者注

中海的根据地；另一方面，它的仇国乃至中欧诸邦的出海通路，也都受了它的封锁。它这种动作，当然是有了英国在背后策动，也当然要使法国与南斯拉夫大抱不安，其结果，法国遂利用此机会，与南斯拉夫结为抗意同盟。法国既得到了南斯拉夫这个与国，它在中欧的地位，更形巩固，于是英国乃于暗中结合意大利，煽动摩洛哥变叛；同时，又使意大利与德国相互携手，以便造成反法的共同战线。在这种场合，英国固然是在利用意大利，意大利亦何尝不是在利用英国咧！法国的军力财力，究非意大利所能望其项背；意大利国际地位之提高，一部分虽由于慕沙里尼统一内政，努力建设所致，但它对外强硬的外交政策亦颇有关系，它动辄向法国挑衅，它要求军备与法国平等。它总算敢作敢为的了。但意大利之所以敢于这样横行无忌，就因它确信英国会帮助它，不，它是已经取得了英国的援助。它在利用英法的冲突。法国势力不低落到使英国安心的程度，意大利是可继续缘此扩展其实力并抬高其地位的。

三、门罗主义与美国

英国尽管在欧洲继续其把持操纵的策略，但欧洲以外的势力的抬头，却就令它穷于应付了。现在先就美国来说。美国自门罗大总统于一八二三年宣布其所谓门罗主义，以反对神圣同盟干涉美洲西领殖民地以来，这门罗主义，遂成为美国的国民政策和外交的根本原则。在门罗宣扬此主义时，其所包含的意义有两点：第一点，不许欧洲再以美洲土地为殖民地；第二点，反对欧洲将它们的政治制度移植于美洲，压迫已经独立的国民。从表面上看来，这种主张亦算是冠冕堂皇的，但骨子里却是说，美洲是美国的美洲，美洲只能由美国殖民，欧洲各国不得染指。这是可由美国此后所提倡的泛美洲主义而得到说明的。但美国后来对于门罗主义的解释，却并不如此狭隘，即门罗主义不但是消极的保守，还要积极的进取，在美洲的领域以外，凡便利保障门罗主义的土地与权益，得占领之，攫取之；凡危害门罗主义的势力的抬头，得抑制之，铲除之。对于菲列宾①、关岛、萨摩亚岛的占领，以及在中国的种种权益的获得，是为便利保障门罗主义；对于欧洲大战之参加，是为铲除危害门罗主义的势力。总之，门罗主义是

---

① 即今之“菲律宾”。——编者注

最富有弹性的，是美国侵略政策之别号。特美国是得天独厚的国家。它的地广人稀，物资丰富，在大战以前，它的商工业尚未十分发达，故对外侵略的倾向，亦未十分显著，从而，它与英国的利益，还未惹起何等严重的冲突。

但大战告终以后，美国国势丕变了。它在一九一四年，虽尚欠有20亿的外债，至是乃由债务国一跃而为债权国了。当欧战正酣时，协约国的军用品、食物及其他货物之供给，率皆购自美国。于是美国之出超量额大为增加。自一九一四年一月至一九一九年，美国出超额之价值，为160亿元，而欧洲各国对美之借款，则达180亿元。战后各国为恢复其凋敝不堪的商工业计，仍有继续向美借款之必要，据一九三二年二月之统计，各国所欠美国之债款，竟达到244亿元之巨。美国至一九三〇年投资国外的纯利收入，计共8亿元以上。资金的膨胀，商工业运输业之振兴，社会各种事业之惊人的进步，连带着，海陆空军备之扩张，以及为继续其大战时的大量生产，而要求海外贩卖乃至投资市场之紧迫，美帝国主义的对外关系，就大大改变旧观，处处与其他帝国主义者，特别是与亚洲方面的日本，欧洲方面的英国，发生利害冲突了。现在单就其对英关系而论吧。从英国眼中看来，美国的实力与地位，比战前的德国还要难于制服。美国势力在美洲南北两方发展起来，于英国极为不利：英国主要自治领土加拿大，实际已因经济的关系，而被支配于合众国了，加拿大的国外公债，几乎有5/6是握在合众国掌中，其母国英吉利只不过保有1/6，如其我们说经济势力要比政治势力，还要切近而有力，那英国对于加拿大的统治，就仅仅具有一个外观，而美国对于加拿大的统治，倒反来得实在了。美国势力伸展到墨西哥，到中美，乃至到南美，都与英国既经在各该地取得的经济利益，发生直接冲突。加之，美国介在大西洋与太平洋之间，巴拿马运河开凿后，它的海军势力既无形增大，其对外贸易，亦备形便利。美国凭着充盈的资金与便利的地位，它不但东向操纵欧非的贸易，更西向确立了太平洋上的经济基础。英国在太平洋上已惨淡经营将近百年了，但它现在有许多市场，几全被其新起的敌人所篡夺。这个敌人的海军力量，已与它并驾齐驱，使它完全无法控制。因此，美国之勃然兴起，就等于说是英国海上霸业的告终。幸而，东方有新兴的日本出面与美国为难，这才使英国外交家政治家不致束手无策，且可见机运用了。

四、亚细亚洲主义与日本

日本在八十年前，尚是一个封锁的岛国。自欧美势力迫其开放门户，从而，促起其新的觉醒以后，它才注意到社会上政治上的改革。就在德意志统一的一八七一年，日本亦由武家贵族或封建诸侯，自动抛弃其封建权利，而在新制度中取得高位以为报偿；其结果，政府乃实行中央集权化，而具有最高的权能；同时，大众由封建的义务解放出来，有的化为佃农，有的化为无产劳动者。由这两种根本的变化，日本始渐走上了资本主义的旅程。一八九五年，中国为日本战败；一九〇五年，俄国又为日本战败，经过这两次胜利，日本的国际地位乃突然提高，而其商工业亦极迅速的发展。当列强正为近东问题争扰不决的时候，日本乃因缘时会，向海外扩张贸易。在远东方面，从苏门答腊、新嘉坡，一直到菲列宾，再到中国的通商大埠，几乎无处不可以找到日本商人、日本货品；特别是在大战当时，日本的银行货栈，竟扩充到了英国势力下的印度；它的商人，又在马来半岛购买了许多良好的土地。在法国经济势力下的安南，其利益增加两倍；在荷属东印度，其利益增加五倍。日本的航业，竟扩展到了一切海洋。大战的爆发，实在给予了日本莫大的经济利益。由一九一四年至一九一七年，它的货物总价值几乎增加两倍了。除经济利益外，日本还因英日同盟，参加对德作战的缘故，乘机夺取德国在山东的胶州，和太平洋的麻绍尔群岛和科罗尔群岛。

一九一五年一月十八日，日本公使突向中国大总统袁世凯提出“二十一条”，据称其目的在“适应日德战后之新局面，及增加中日亲善关系，免除两国间一切误会与疑虑，以保障远东之永久巩固的和平”。它这种可耻的说明，我们当然无须置意，但“二十一条”的内容，却已完全曝露了日本企图吞并中国的野心。当时欧洲列强正忙于战争，无暇顾到远东事变，日本自谓是大可玩其独幕好剧的。无如袁世凯接到日本通牒后不久，美国亦有照会送达中日两国政府，表明它否认一切有害美人在华利益，及侵害中国政治或领土完整的任何协定。从这时起，日人对于其夙所嚷叫不置的亚细亚洲主义，就更加甚嚣尘上了，照理，日人如特为对付美国门罗主义，而提倡亚细亚洲主义，那是旗鼓相当的。当日本大正期间（按即大战前后），德富苏峰氏于其所著《大正青年与帝国前途》一书中，解释亚细亚洲主义说："亚细亚门罗主义者，亚细亚洲之事，由亚细亚洲人处理之主义也。所谓亚细亚洲人云者，日本国民以外，均无膺此任务之资格。故亚细亚门罗主义，即由日本人处理亚细亚事之主义。……今日欧洲问题，欧洲人处理之；南北美问题，南北美人处理之；澳洲问题，澳洲人处理之。独至东洋问题，东洋人悉束手无策，一任欧美人之处理，亦可谓卑屈而失态矣。……东洋人之不自治者，乃无自治之能力也。故吾人而愤慨白人之跋扈，不如反省东洋人士之无能力。然东洋人孰能与白人抗衡而行自治，是则日本国民之责任也。"①

美洲为合众国之美洲，亚洲为日本之亚洲，日本不过问南北美洲之事，美国亦不得过问亚洲之事，最近日本国内言论界，尚持此种论调，以反对美国之干涉。但无奈美国认日本在远东之行动，有害美人在华之利益，从而，危及其门罗主义之发挥何！

日本与美国，都先后参加了大战，都受到了大战的无限的利益。大战为这两国开拓了许多市场。太平洋上英法各国的殖民地、保护领，都变成了日本的顾客；欧洲协约诸国的军用品、原料以及其他许多制品，都是受美国的供给，就这样，日美两国的工商业乃呈飞跃的发展。大战告终后，欧洲各国渐恢复其战前的原状，它们本国既无需美国制品的输入，它们在远东乃至在南北美的殖民地，亦无需日本制品的输入，反之，这些国家所制成的货物，却正苦于无处销售了。

国际贸易上发生了这种转变，于是在战中乘机扩大生产规模的日美两国，便像骤然失去了莫大的海外市场。于是生产过剩的苦恼，乃极严重的降临到它们。日本在事实上虽不比美国所受的打击更大，但它担当那种打击的力量，却比美国薄弱多了。

就资本主义发生的时期讲，就对外缺少重要的殖民地讲，美国与日本本无多少不同；特美国广大的国内市场，与丰富繁夥的天然物产，却同日本的天惠过啬与国土过狭，是一个极好的对照。因此，日本资本主义基础的薄弱性，以及其他地理上政治上历史上的诸原因，使它不能不挺而走险了。它把亚细亚洲主义顶在头上，拼命的贯澈其侵略中国满蒙的所谓大陆政策。在最近一年来，日本居然侵陷了中国东三省。然而就在日本最

---

① 廖德珍编《外交学概论》第 81 页。

顽强的军阀想来，他也会感到事情不是那样容易简单吧。关于这点，后面还有机会论到。日本吞并满洲最放心不下的，当然不是中国勇义军的高呼和文人政客的低诉，而是它在背后要提防美国，在前面更要顾虑苏俄哩！

五、社会主义与苏俄

由欧洲大战所演成的最重大的事件，恐怕要算社会主义苏俄政权之建立吧。在战争结束之前一年，即一九一七年十一月八日，俄国的政权，完全落到共产主义者的手中了。他们苏维埃政府于次日即向全世界各民族和一切政府宣言："苏维埃政府认为列强对于弱小民族的瓜分，是一种反人道的莫大的耻辱，并决心在最短期内签订一切废止战争的和平条约……各民族均以平等为原则，不得参差。……在政府方面，愿意撤消秘密的外交手段，公开的与一切民族进行谈判……"在一八一八年二月八日，它又发布取消旧债的命令说："一切由俄国地主和资产阶级政府所合订的国债取消了……一切外债，亦无条件无例外的取消。"由它前面的宣言，它已毫不讳言的反对资本主义战争，取消旧俄与法英协约的义务，而与这各资本主义国家发生正面的冲突；至其取消旧债的命令，那更使各国资产阶级及其政府，惊惶无似了。从这时起，苏俄便成了世界一切资本主义国家的共同敌人，而在它前途上伏下了许多艰难险阻的障碍。

在战争未结束前，协约诸国因为要对付德国，并且把怪物苏维埃政府的势力，估计得过低，所以不甚加以注意，一方面他们也想利用苏俄合同打倒德国；可是，协约诸国虽然暂时放松了向苏俄的进攻，暗中却在分途作武装干涉俄国之联络与预备。同时，德国更利用苏俄实力薄弱与内部基础未固，而提出苛刻的条约，并出兵侵占俄领芬兰、乌克兰，及克里米亚等地，结果，俄国终不能不迫而签订屈辱的白莱斯特和平条约。

德国溃败后，协约诸国乃回头惩治苏俄这个野兽；由一八一八年十一月至一九二〇年，它们曾对苏俄行过两次武装干涉。第一次，由英法两国联军进攻苏俄的南部和北部，美国日本则由海参崴进攻西伯利亚，它们的口号，是清除扰乱俄国社会的毒物，安全俄国国内的秩序，但因它们这种口号里面，各含有不堪告人的领土或经济利益的目的，于是在自己阵营里就发生了深刻的利害冲突，英法的互忌，与日美的牵制，东南北三方面都无进展；同时，因苏俄赤卫军[①]的拼死奋战，协约国所利用为侵俄先锋及别动队的捷克斯拉夫军队，以及犹顿涅克（Judenitch）、哥尔却克（Kolchak）与但尼金（Denikin）分途攻击苏维埃的队伍，都相继惨败了。协约国既受有这些障碍与打击，乃开始改变其对苏俄的态度。它们于一九一九年十月二十五日，由协约国最高理事会决议封锁苏俄的政策，至一九二〇年一月十六日，又由同理事会决议取消了。并且，二月二十日，最高理事会又有新的宣言发表，就中关于与苏俄通商的说明是："通商关系不仅对于苏俄的经济改善是必需的，即对其他各国的经济改善也是必需的。"不过，那宣言中一再声明：如果苏维埃政府不能中止布尔雪维克的宣传，不能接受一切文明国的原则来决定外交政策的方针，那协约国无论如何，是不能与苏维埃政府发生外交关系的。这就是说，经济的封锁虽然取消了，外交的封锁却是存在的。在这种命题下，它们又留下了第二次武装干涉的伏线。

就在发表那篇堂堂宣言的前后，英法一方面援助波兰，使它由西部向苏俄进攻，另一方面又援助在克里米亚地方保持残喘的但尼金旧部，使其在佛兰格尔（Wrangel）的指挥下，由南部向苏俄进攻，这两方面的军事，都如它们所计划配布的在分途进行，但自波兰因受到赤卫军痛烈的打击，与苏俄和解了事后，佛兰格尔所领的军队与法国的军队，就惨遭败北了。于是第二次武装干涉，又毫无效果，反而促进了苏俄在国际上的声威。

自经过这两次危险的武装干涉以后，苏俄渐渐奠定它存立的基础。一九二一年三月十六日，英国因感到俄国在东方的活动与宣传，大不利于英国的东方殖民地统治，乃开始与俄国成立一种协约，规定"各关系国在它本国国境以外，不得有不利于英国或苏俄的敌视的活动，直接或间接的公开的宣传。特别是，苏俄政府不得有侵害英帝国利益——印度及阿富汗的军事的外交的企图或其他宣传的活动"。从这种条约明文，我们可以看得出英帝国是如何忌惮或畏惧苏俄宣传赤化！苏俄得与英国成立这种条约，大可耸动世界的观听，因而促进苏维埃政府对各国外交的胜利。就在这一年当中，苏俄对阿富汗，对波斯，对土耳其，乃至对中国外蒙，都成立了有利于它的条约。它在东方各国的这种外交胜利，马上惹起了英国

① 即"苏联红军"。——编者注

乃至其他各资本主义国家的猜忌，于是相因而有华盛顿会议。至一九二二年十一月，又有对俄联合战线的洛桑会议之召集。洛桑会议后，即一九二三年五月八日，英国首相寇仁（Curzon）[①]曾致一哀的美敦书[②]于苏俄，迫其于十日内给以满意的答覆。但这个有名的哀的美敦书不曾收得何等效果，第一因苏俄这时已不是一吓就肯退让的；第二，英国国内自由党工党极不赞成保守党内阁这种挑战行为，而在同年末期选举的结果，保守党塌台，主张立时正式承认苏俄的麦唐纳（MacDonald）的工党内阁成立了。

麦唐纳主持英国政治的一九二四年，法国亦由左派的赫里欧（Herriot）出面组阁。这两国左倾势力的当权，遂使苏俄在外交上得到许多便利。英国正式承认苏俄后，接着，挪威、奥地利、希腊、瑞典、中国、法国，皆于同年与苏俄发生正式外交关系，日本亦于次年一月正式承认苏俄。苏俄就这样与资本主义国家对立起来，形成一种世界特异的现象。

然而，苏俄的社会组织，既与其他国家立于正相反对的地位，它的发扬光大，就是以其他国家之日就崩溃为前提，因此，凡在可以减弱敌人势力，或增大自国势力的场合，它当然不能不从事宣传活动。由一九二五年至一九二七年的中国反帝运动，无可讳言的是受了苏俄的指使，从省港罢工以至五卅惨案，再至汉口租界夺回，这一列事实，不但挫折了英帝〔国〕主义者在中国的声威，且连带动摇了它在中国的经济基础，其影响所及，势将危及其外府印度的统治。帝国主义手忙脚乱要对它加以阻碍，那是当然的事，这表现为事实就是英美炮轰南京，张作霖搜索俄国北京使馆，英国对俄宣布邦交破裂。自是以国，英国本期用全副力量，形成举世一致的反俄战线。然因各国的利害关系不同，同时，资本主义一般的危机，又在这时候开始向各国侵袭，大家各图经济的自救，就连以反俄统帅自居的英国，亦不能不为了眼前的利益，向这势不两立的敌人卖弄风情了。俄国之所以能从容于一九二八年开始第一个五年计划，又于今年开始第二个五年计划，那并不是各资本主义国家有意宽容它，而是因为它们无法制御它。而且，很滑稽的，俄国一次两次五年计划之推行，无论就哪方面讲，都极于各国不利，但以投资投货或遣送技术人材的形式，援助苏俄完成其计

---

① 此人应为当时的内阁外交大臣。——编者注

② 即最后通牒。——编者注

划的，却正是这些资本主义国家，它们正为自己建设陷阱，正为自己制造绞台。可是它们的外交家政治家，在处理任何国际间的顺逆关系时，也确实未曾一刻忘记怎样防范苏俄，怎样对付苏俄哩。

总之，苏俄的存在，既然增大了近代复杂的国际关系的纠纷与矛盾，而在外交政策的运用上，就不免要平添多少顾忌或困难了。

第三节　三大会议之阵容

在前面，关于和平条约的效果与战后各国势力的消长关系，我已分别说明了，现在当更进而解析国际间许多重大问题发生的究竟，以及各国为对付那些问题所运用的外交策略。

特别关于军事上的问题，经济上的问题，那将分别在以下各节叙述，这里所要论到的，只是直接间接影响一般国际问题，而同时又思对于既经发生的诸种问题，加以妥当解决的三大国际会议。这三大会议是：一、华盛顿会议，二、洛桑会议，三、罗加诺会议。兹顺序分述如次。

一、华盛顿会议

华盛顿会议是于一九二一年十一月十二日在美京华盛顿开幕的。参加会议的国家，有英、法、日、意、美，比利时、荷兰、中国及葡萄牙四国亦曾列席。这次会议的召集者为美国，而促成者则为英国。英国之所以主张开这次会议，有三个目标；一是拊制苏俄，一是制服日本，一是摆布中国。先就第一种动机说。自协约国对俄第一次武装干涉第二次武装干涉失败(参照前节)，及它在俄国本土所卵翼指使的反俄势力相继崩溃后，协约国特别是英国对于苏俄的存立，就开始疑惧起来；逮一九二一年，俄国相继与阿富汗、土耳其、波斯订立协定，英国遂在中东近东两方面受到俄国的威胁，这样，它认定非化除协约诸国内部隔膜，一致对付苏俄；不足以收到包围制服之效，于是始劝诱美国，召开华盛顿会议。

美国就地位及经济关系讲，本不急于要惩治苏俄，它的唯一敌人，与其说是反资本主义的苏俄，倒不如说是新进资本主义的日本，日本对于西伯利亚，对于中国，乃至对于太平洋上制霸的野心，最为美国所嫉恶，但日本与英国为同盟，美国得不到英国的同情，即无从拊制日本。恰好英国对于日本在中国，在太平洋上的势力的扩张，比美国还要感到十分危惧，因为太平洋的利益，在美国不过是要插足分肥，而在英国则直接关系其世界经济发展的根本基础。所以，在这种共同对日的要求上，美国极愿同意召集会议了。

此外，它们对于中国，亦有一个打算。中国无论受日本的宰制，或受苏俄的挟持，皆非英美两国所甘愿；它们在共同对付日本当中，虽然可以把中国在日本支配下解脱出来，但中国落到俄国手中去了，势将惹起更恶劣的结果，于是，它们为要使中国得一点口头的安慰和保障，免旁逸斜出的投入苏俄怀中，自非经过一次会议不可了。

华盛顿会议是照着上述三个目的召集的，而开会的结果，也算顺利的达成了那三个目的。会议当中，关于海军限制问题、极东问题、太平洋问题、中国问题等，一共成就了七种条约。海军军备限制条约那一项，在后面还有详细叙述的机会，我在这里要指明的，就是那种条约订立的结果，英国海上霸者的资格取消了，同时，英日同盟也取消了，英美海军限制的比率同为 10，日本为 6，法意各为 3.75；而代替英日同盟的，则为英美日法四国条约。从这两点看来，英国为大大让步，美国是大大获利了。但就英国的财力讲，就日俄势力膨胀的危险讲，它不能不多方迁就美国哩。

关于太平洋上的防备限制，日、美、英三国约定：不在它们领有的太平洋上的任何岛屿，建设新要塞和新海军根据地。这是不值得怎样注意的条项，所以大家很容易的通过了。至日本在欧战中攫取的中国的山东，日本代表虽强词夺理的不肯承认交出，但因美国的严厉反对，和英国的从旁赞助，日本终不能不孤立的屈伏。可是，帝国主义者们是惯会慷人之慨的，日本既放弃了山东，美国遂承认它保有那由俄国手里夺来的萨哈连(Sakhalin)和俄国沿海一带的区域。

关于中国方面的问题，它们除了为中国索回了山东，并给予了允许关税自主，及允许限期取消领事裁判权一类口惠外，还感谢它们，成立了保障中国领土完整的所谓九国公约。

特九国公约第一条第一项，虽说是“尊重中国之主权与独立，暨领土与行政之完整”，但这不过是一种冠冕文章，至多亦不过是企图达到维持“门户开放”与“机会均等”的手段，所以同第一条第三项说：“施用各国之权势，以期切实设立并维持各国在中国全境之商务实业机会均等之原则。”接着补充并加强这种意义的第四项说:“不得因中国状况乘机营谋特别利益,而减少友邦人民之权利,并不奖许有害友邦安全之举动。”

它们这样保障中国的公约,是基于“中国乃缔约各国公有,而非任何一国独有”的原则,这个原则由美国所主张,得英国的赞助,而为日本所反对。所谓“不得因中国状况乘机营谋特别利益”,系暗指日本,而所谓“减少友邦人民之权利”的“友邦”,乃暗指美英。因此,我们可以说,九国公约的缔结,不外就是英美要共同制止日本独占中国利益,在日本方面着想,当然是颇为难堪,但英日同盟的解消,和英美两国的合作,使它陷于孤立无助的境地,它不能不大大让步了。

在另一方面,中国既得到这种非保障的保障,它因暂时可避免日本的侵略,自不致受苏俄宣传活动的影响,从而,可以稳定各国既经在中国取得的利益。这样,制日方策之执行,同时即可收到防俄的效果,所以,这次华盛顿会议,是英美帝国主义者,特别是美帝国主义者最得意的一次外交胜利。

二、洛桑会议

在华盛顿会议召集后整整一年,即一九二二年十一月十二日,英、法、意、美、日、俄、土、希腊、保加利亚、南斯拉夫、罗马尼亚各国,又有洛桑会议之召集。这次会议的主持者,仍是英国,它的主要动机,表面上虽是调解英美法三国对土经济利益的冲突,并与土耳其成立良好的友谊关系,但在实际,却仍是承继华盛顿会议的精神,进一步予其可怕的敌人苏俄以更大的打击。

苏俄与土耳其及中东方面波斯阿富汗诸国成立协定,我在前面讲过,它在这方面努力的成功,主要是由于它在十月革命后不久,即宣布俄国回回教民族的解放,这宣言中说:“你们的信仰和习惯,你们的民族团体和文化机关,从今日起,就宣布解放,任何人不得加以侵犯。”它又对俄国以外的回回教民族宣言说:“东方的回回教人,波斯人,土耳其人,阿剌伯人,印度人,一切因欧洲野蛮人的压迫而出卖其发肤,其财产,其自由,其祖国的人民,一切因以战争为手段的掠夺者的压迫,而致瓜分其国土的人民,我们向你们声明:俄皇和你们签订而又为克伦斯基(Kerensky)所批准的夺取君士但丁堡的秘密条约，从此宣布无效了。”[①]它这种其声大而远的宣传，当然能够激起久被帝国主义者压迫的东方回教徒的同情，并对帝国主义者发生反感。就一九二一年东方各回教国相继与苏俄签订友好协约的情势看来，苏俄当然企图进一步团结一切回回教民族，断绝欧洲各帝国主义向东方侵略的通路。但苏俄这种企图，一开始就被最敏感的英帝国主义者觉察到了，洛桑会议就是它阻碍苏俄实现那种企图的外交策略。

在一九二二年的希土战争中，英国本来是极力援助希腊的，它想通过希腊，控制东西交通门户的小亚细亚，但不幸希腊大败了，于是它又回过头来取好于土耳其，与各国开洛桑会议，承认土耳其的独立。第一次会议于中途破裂了，至一九二三年四月二十三日，又召集第二次会议，结果于同年七月二十四日签订了有利于土耳其的和平条约，即洛桑条约（Treaty of Lausanne）。土耳其由此次条约所得的利益，如亚洲方面之士密那完全收回，亚美尼亚各州仍为土耳其领土，君士但丁堡完全归还，东答腊斯、亚得里亚诺勃耳同时回复；列强在土国各种特权废止；客邮、领事裁判权、关税协定制取消；至鞑靼雷斯及博斯普鲁斯海峡，则对各国商船军舰一律开放。最后这一项，是全条约的眼目。在旧俄时代或战前，英国历次关于海峡通路的要求，总是对商船自由开放，对军舰一律禁止。但这次为什么主张商船军舰自由通行呢？这不是无理由的。在旧俄时代，俄国在黑海有相当的海军实力，因之，英国所怕的，是俄舰自由驶出海峡，阻断了英国在地中海的通路。现在苏俄是没有可资利用的军舰了，它既没有军舰由海峡出击，英国就不妨要求军舰通行海峡的自由，以便它随时可以派军舰入黑海向苏俄进攻了。海峡问题既有这样的内情，所以当时苏俄代表（大会允许苏俄代表参加一部分会务）姬采林（Chicherin）在海峡问题研究委员会的会议上宣言说：“在博斯普鲁斯峡，马尔莫拉斯峡（Marmara）与鞑靼雷斯峡的贸易行使与和平交通的自由，必须加以绝对的保障，不得有所限制。保持黑海的和平及其口岸的安全，其意义与保持近东的和平与君士但丁堡的安全一样，必须先加以坚实的保障而后可，但这就是说，鞑靼雷斯峡和博斯普鲁斯峡，不问其在和平时期，抑在战争时期，对于各国军舰及军用飞机之行驶，必须加以绝对的限制。……在海上禁止行驶军舰，

① 陆一远译，泰宁著《苏俄外交史》第 4 页。

是与各国均等机会的原则相吻合的。如果海上得自由行驶其军舰，那得到优胜地位的，便只有海军强大的国家。……”①

从苏俄代表的这段宣言，我们就十分明了列强特别是英国何以要主张海峡对军舰开放的究竟。然而海峡所有国土耳其既因受到列强的利诱，甘愿顺从其意向，俄国代表虽振振有词，亦莫由挽回此种不利的局面了。

土耳其由亲附俄国，转而投入西欧特别是英国的怀中，苏俄不但无从实现其团结回教民族，反抗西欧帝国主义者的企图，却反而完全失去了它黑海沿岸的保障。所以，洛桑会议的结果，是英国排俄的又一胜利。

三、罗加诺会议

华盛顿会议，是英国为了在中国方面防阻苏俄势力发展而召集的（虽然开会的结果，形成了英美联合对日的局面），洛桑会议，是英国为了在近东中东方面防阻苏俄势力而召集的，此次罗加诺会议，则又是英国为了在欧洲方面防阻苏俄势力发展而召集的。

罗加诺会议于一九二五年十月开幕于瑞士之罗加诺（Locarno）地方，到会的有英、法、德、波兰、比利时、捷克斯洛伐克及意大利七国代表。他们所议决的相互安全保障条约，共有七项，而其主要之点，则是：德、比、法、英、意的相互保障条约；附属于相互保障条约的德比及德法的仲裁裁判条约；与相互保障条约无关的德波及德捷的仲裁裁判条约；法波及法捷的相互保障条约；此外，德国以加入国际联盟的条件，承认维持德法德比间现存的国境；假若德法比三国中之任何一国，对于维持现存国境的条约义务，不肯遵守，致挑起侵略的战争，则英意及其他签约国共同援助被攻击的国家。德国因此条约抛弃其恢复亚尔萨斯-洛林的夙念，在法国是非常安心的；同时在德国亦觉加入国际联盟，恢复其国际地位，乃有关其国运前途的一件重要事体。在这利害相缘得失参半的打算上，或者说，在英国“剿抚互用”操纵自如的外交策略上，大家相安一时的和平保障条约，竟于同年十二月一日在伦敦正式调印了。我们现在且慢说这光明普照大地的和平保障条约的功效，姑先检讨一下这条约所由订结的究竟作用。

---

① 陆一远译，泰宁著《苏俄外交史》第234～235页。

德国在欧洲活动的策略，一向是分作西向东向两种，即所谓西向政策，东向政策。西向政策主张参加国际联盟，与战胜各国提携，以期挽回颓局；东向政策则主张与苏俄提携，拒绝和战胜各国周旋。一九二二年四月十六日德俄拉伯洛（Rapallo）条约之签订，可以说是东向政策渐占优势的一种表征。那次条约的内容是：打消旧日的债务，并在短期间恢复双方的外交关系。仅这两点，已够令其他战胜诸国或对俄有债权关系的诸国，惊惶失措了。所以俄德签约后三月，法比二国即因赔款关系派兵占驻德国的鲁尔，这使德国主张东向政策者，更有所借口了。英国很知道法比侵逼德国愈甚，德国就愈会投向苏俄的怀中，德俄的联合，势将与欧西各国以极大的威胁，而尤其于殖民地散布全世界的英国不利，所以，调和德法的冲突，使德国与欧西诸国站在同一战线，就是英国急欲成就的任务了。

一九二四年末期，英国保守党内阁，代替劳动党内阁出现了，这度政权的转变，使英俄关系直接蒙到影响。由劳动党内阁正式承认苏俄与苏俄缔结的友好关系，全被保守党内阁毁弃了。在英俄邦交正在酝酿破裂的当中，以“和平保障欧洲安全”的口号相标榜的罗加诺会议开幕了，但这次会议的动机与阴谋，却赤裸裸的载在张伯伦（Chamberlain）[①]于一九二五年三月二日给法首相赫里欧的通牒中，那通牒是《罗加诺条约》签订后，始由德国《国家主义机关报》（Deutschenspiegel）于一九二六年七月三十日发表的。那通牒关于保障和平条约的目的，有这样的说明：“……苏维埃政府的政策，在目前虽专致力于东方与亚细亚洲的民族……然东欧被征服的民族在心理上，已有与地大物博的强国有如俄国者进行军事结合的理想，同时，俄国内政的稳定，实力的恢复，及其对于民族主义精神的自觉，足使德俄的军事结合成为可能……因为在目前，这样的联合，可以说是德俄爱国主义者所寝寐不忘的……如果德国与其他各国发生不相侵犯的条约以后，那它再也不致与现在的苏联或是未来的俄国发生军事的联合或协作了。目前的与将来的俄国如失了德国援手的希望，那它再也不能有向欧洲进攻的无理的要求了。”[②]在同通牒续文中，还有这样的话：

---

① 此“张伯伦”应指 Austen Chamberlain（1863—1937），1924—1928 年任英国外交大臣。——编者注

② 陆一远译，泰宁著《苏俄外交史》第 297 页。

“……不消说，俄国原非稳固的一个国家，但在实际上它是一个最危险的份子，因之，我们不问俄国怎样，或许正是因为俄国的缘故，必须注意到保障和平的这一个政策。”从张伯伦的这通牒中，我们已十分明了罗加诺会议所由召集的究竟了。这次会议居然如英国所期待，把德国从苏俄阵营拉了过来，使其“重入于文明民族的队伍中”，从此，欧西“文明”各国特别是英国，就没有受苏俄推动亚洲诸民族，并利用德国，来横加攻击的危险了。这当然又是英国外交政策的一次胜利。

但具有这种远景与暗幕的罗加诺会议，当其顺利的闭幕后，各国报纸却竟认为这次公约的签定，有如和平福音之到来。英国自由党党报(Daily Mail)且用下面这样的动听标题，庆祝会议成功说：“欧洲和平复兴——新纪元的到来！”“七个和平创造者对于罗加诺公约签字了？”还有：“白里安(Briand)的幻想——实现欧洲合众国于生前！”

然而这次使欧洲和平复兴与罗加诺公约，究竟对于和平给予了怎样的保证咧！那我们顶好检点一下“和平创造者”们，在怎样准备它们的武器。

第四节　备战与废战

军备之设，都是借口为保障和平，但军备设定的结果，往往不免诉之于战争；谁都会说军备是防避侵略的工具，而同一军备，又可用为侵略他人的工具，所以，在各国并存，而且非用武力不足以保障生存的国际状况下，军备竞争几乎是一种必然的趋势。甲国的军备，为乙国设定军备的最大理由，乙国军备的增加，又为甲国乃至其他一切国家扩张军备的极好口实，辗转相因，军备就成了近代国家之日益增加的必然负担了。然而平时竭其国库，困其人民以增大的军备，不但不能保障国家的和平与安全，反足以加速促成战争之实现，并按照军备扩大的比例，而加深加大加长战争之祸害。这是大战中一切战败乃至战胜国家所共同经验的事实。

战后和平空气之弥漫，国际联盟之组织，各种相互保障安全条约之订结，当然不能不说是对于战争的反感，即对于前此军备竞争的反感；然而，近代的战争，是近代资本主义社会组织的产物，在这种社会组织没有根本改造以前，战争是一种必然的现象，军备竞争亦是一种必然的现象。安慰精神的和平空气尽管撒放，同床异梦的相互保障条约尽管进行，大家依旧在孜孜业业的从事军备竞争。

不过战后的资本主义国家，比它们在战前聪明多了。它们的军事领袖们，尽管一心一意的计划着未来战争的一切，它们的外交家政治家，却利用“裁军”“废战”一类悦耳动心的主张，以达成其对内对外之欺蒙狡变的策略。所以，在军舰、飞机、毒气炮加紧发明制造的当中，我们还可以欣赏到裁军会议、非战公约之类的滑稽剧。以下，我将由各国军备竞争的一般趋势，论述到非战公约的究局效果。

一、军备竞争

我在前面已经说明，军备竞争是现代社会无从避免的一种必然现象。欧美各国虽饱尝了前次战争的苦痛，但它们准备再来一次规模更大的战争的努力，却都是争先恐后的不肯让人。巴黎和平条约缔结后，除了德奥受不平等条约束缚，因而无从扩张军备外，其他一切欧洲国家，几乎都在添制扩充它们的军力。现在且把大战前扩大军备最厉害的一年，即一九一三年的各国军费，与一九二八年的军费，依表比列如次：

欧洲诸国军事费（单位百万镑）

国别	1913 年	1928 年
英国	77	115
法国	82	91
德国	100	37
意大利	29	51
奥匈	24	—
俄国	92	97
大国合计	404	391
小国合计	82	133
共计	486	524

从上表看来，除德奥匈三国外，其余各国的军费，皆有增加，就中以英国及意大利的增加比例为最大。欧洲诸国既如此从事军备竞争，日美两国亦当然不甘落后。所以，单就海军一项说，它们的竞争状况，就很有可

观了。在大战以前，英国的海军扩张限度，是以它一国海军力量等于欧洲两个国家的海军力量为标准。但至一九〇〇年，德国政府声称：德国必有一足以与世界海军最强国相抗争的战舰，而使其一与吾人开战，即有失其固有地位的危险。以后不久，大陆的德国，便成了世界第二海军国了。而这时美国则屈居第三。

美国在大战开幕的第三年，为了应付德国的潜水艇及欧洲战争起见，曾通过了一个海军建设案，规定在三年内，建造 10 个头等战舰，6 个巡洋舰和许多小舰。后年该案虽延搁未行，但大战闭幕后，它又开始制造了。它的目的在创造一种为各国所不及的海军势力。如其按照那种计划完成起来，则美国的海军力量，就要比一九二四年的英国海军力量更大。

美国海军的扩张，日本当然比英国还要恐惧。在一九二〇年，日本亦采行了一种所谓八八计划，按照这个计划，它在一九二八年就可完成 16 只主力舰，约相当于美国那时的一半。英日美三国相互竞争，法意两国亦自非妥为戒备不可。所以在一九二一年华盛顿会议后五年间，各国所添造的巡洋舰潜水艇，就有下列之多：

	英	日	法	意	美
巡洋舰	5	19	5	2	10
潜水艇	2	54	23	4	33

还有在计划建造中的：

	英	日	法	意	美
巡洋舰	8	11	9	5	9
潜水艇	4	28	49	20	25

根据上次大战的经验，它们知道潜水艇及巡洋舰有极大的功用，所以大家在华盛顿会议中，很容易的通过了主力舰的停止竞争，而分途向这些辅助舰方面努力。它们又经验到，此后海权的保障，非特别借助于飞机的力量不可。法国在大战当时，颇受了飞机的益处，它在战后遂极力向这方面扩展；英国因离法太近，且其人民都集中于易被炸毁的城市，所以在一九二三年六月，英政府声明要建设一种足以抵抗在某种距离以内的空军侵袭的空中势力之必要。它这种声明，反过来刺激法国，刺激意大利，乃至美国日本，于是扩张空军热，就比扩张海军热，还要厉害了。

其实，仅就海空军方面观察，尚不足以窥见战后军备竞争之实况。最近欧美乃至日本对于战争的准备，可以说是无微不至了。商工业、交通业，以及其他各种社会事业，几乎都经过了军事的统制，而包含有战争的目的。美国前陆军总长台维斯(Devis)说："我们的工业，乃是保卫国家的基础。""我们可自工业中求得战时军队所由组成的兵士，自工业中节省而来的实力，应当用于斗争的需要上。"美国国内每家工厂，都有经陆军部批准的精密的军事生产计划；并以专门的计划，确定某种原料的缺乏程度，及确定以他物替代的方法。约有五十余经常专门委员会，研究着工业准备中各种机械的及经济的问题，并研究着"以平时普通工业丝毫不乱的过程为军事工业计划"中底每个节目。一切知名的工业家，都是军事机关的经常顾问。工业协会、机关团体，以及政府各部各机关，在此方面都起着伟大的作用。台维斯曾于一九二六年说过："计划虽不曾制成，但是吾人现时已可使供给四百万人的给养机关，较一九一八年所能够的特为迅速，特为省费并且妥善。七十五米立方米突大炮弹①大量生产的制造期限，自二十三个月缩短为十三个月；防毒气生产的制造期限，缩短为十三个月。在航空及其他部门，亦有同样的情形……。"②在美国是如此，其他国家亦自不能两样。

此外，关于常备军的制度，各国都有根本的改良。它们认为长期的军事训练，只宜施之于上级干部及几种特殊军事的主要人员(例如专使用复杂战争器械及军器的人)，其余普通兵士训练时间，一律缩短，务使于极短的期间之内，能训练出非常多额的作战群众。日本在不久以前，曾颁布全国学生须受系统军事训练的命令。美国全国学生，须经后备军官预备野营，及学生军事团体等等训练。法国则曾颁发"全国准备战争"的法令。此外，如意大利，如苏俄，都在积极而加速的准备武器及使用武器的战士。全世界简直是刀光霍霍杀气腾腾在等待着战争。毕耳氏说："法国因为惧怕德国，实行武装，意大利因为惧怕法国，实行武装；英国因为惧怕法意二国，实行武装；它们成了一种循环关系了。在这种循环关系当中，竞争生

---

① 原文如此。或指75毫米口径炮弹。——编者注

② 武思茂译，鲁滨斯坦著《未来世界大战论》第五章第二节(见《东方杂志》第二十九卷第六号)。

忌妒,忌妒又生仇恨。这是一种非战争不能解决的政策。结果,现存的武器,便成为它的工具了。”[①]他这仅是指着欧洲说的,设把美国、日本、苏俄再加入那“循环关系”中,其因竞争忌妒仇恨而演成战争的事,就更其错综复杂到无法避免了。

二、国际联盟与军备裁减

在各国正准备再来一次大战的当中,为国际间谋永久和平的国际联盟,究将怎样执行它的任务,或者,它已经成就了哪些救济的业绩呢?

国联在这方面的努力,是集注在裁减军备与保障安全两点上。它很知道,军备不加缩减,一定难期和平,安全没有保障,一定难减军备。要就这两方面分途进行,乃能达到永久和平之目的。如是,拟定国际裁军计划哪,防止私运军火之危害哪,保证各会员国领土之完整与政治之独立哪,建议应付战机的方法哪,审议国际争端并建议和平解决方案哪,凡此等等,皆为国际联盟成立十余年来忙个不了的工作。然而它的成效哩?要问到这点,我们试一检察那进行这些工作的国联本身的组织。

国联一切重要的会务,都是取决于行政院。行政院在先是由五个常任理事和四个非常任理事所组成。五个常任理事分由英法日意美五个代表充当(就中美国因拒绝批准和约,迄未到会),不得更动,而非常任理事四名,则由其他诸国选出。一九二二年,非常任理事由四名增至六名,一九二六年又由六名增至九名,同时,因德国被任为常任理事,故常任理事亦增一名,两共十五名。在此十五名理事中,所有的决议案件,多系由英法等几个大国的代表主持。他们往往利用国联这个机关,作为他们把持操纵的工具。所以由联盟大会勉强决议下来,而间有不利于它们的案件,就照例是搁置着,不能执行。

再者,国联之不能有所作为,一方面虽然是由于少数大国的包办,另一方面却又是由于几个大国没有参加包办。俄国、美国乃至土耳其之拒绝参加,那也是国联许多裁军案安全保障案做不通的大原因。诚如毕耳氏所说:“欧战闭幕时,我们本希望各国能以国际协定,裁减一般军备。但国际联盟各盟员却因有仇之故,而只承认:欲维持世界和平,实有将军备

---

① 《国际关系论》下卷第30页。

裁至只足维持国际和担负国际公法之义务的程度之必要。然对于这个原则，国联尚不能见诸实行，这里原因至多，设举其最重要者，那就是海军竞争中之领袖——美国——不是会员……。"①

国联第五次大会，是于一九二四年九月在日内瓦举行的。会议当时关于制止战争的问题，显然分有两种斗争颇烈的意见，一种意见说是"只有以武力为担保，安全才可获得"；另一种意见说是"非实行强制仲裁不可"。英相麦唐纳主张后者，法总理赫里欧主张前者。据麦氏在大会中讲演所说，真正的安全乃是建立于强调公约之上，普通公约军事担保，军事保证，也所在多有，但历史仍是充满了战争、侵犯、侵略的事实的。这即是说，备战与战，保有非常紧密的关系。历史上屡见不鲜的便是误信这种虚伪安全的国家。然而在另一方面，赫里欧却声明：法国虽接受强制公断的原则，而对于安全问题与裁军问题，却认定其对于强制公断，有不可分离的关系。他说：大国遇必要时，固可不要他国之援助而自行保护，而小国却不能。没有武力，正义将无从施，邪恶将莫能除。即是，公断或安全保障，都不能不仰赖武力。这两位比较左倾的人物，居然发出这样差异的议论，其原因，要不外他们各自代表本国的利害关系不同。然而经过他们这样激烈的争辩之后，大会毕竟制成了有名的日内瓦草案，这草案声称：侵略战争是一种国际罪恶；各国除了抵抗侵略，和得有大会或理事会的允许以外，决不能使用武力。各国都应当接受世界法庭的组织法中所规定的任意条款。假如各国不将其纠纷交付于法庭或仲裁机关，则它们便须将其纠纷交付于理事会。假如理事会不能全体通过，则仲裁委员会便有权仲裁，其仲裁即发生效力。假如有一个国家不肯依从判决，则理事会方面便得予以经济方面和财政方面的制裁。但不得予以武力制裁。通全体看去，这个草案，似乎是国际联盟的一部体大思精的创作，但可惜由英国麦唐纳极力赞助的皇皇草案，首先就被继麦唐纳而起的英国鲍尔温内阁所推翻了。从此，我们知道，国际联盟所要的一切把戏，都是几个强大国家在那里装潢配布的。它们都相互在利用国联，以成就或便利其对外对内的某种策略。

正惟其如此，国联过去所做的，都是一些琐细不关大体，或空洞不着

---

① 《国际关系论》下卷第 83 页。

边际的工作。定法规,设计划,编调查,制报告,那是它的拿手好戏,若它想更进一步把某种计划见诸实行,立即就因为大国彼此的利害冲突,而毫无进展。

日内瓦草案搁置下来之后,理事会又于一九二五年设立一个裁兵大会预备委员会,而以在理事会有代表的某几个国家,及苏俄、美国之代表,共同组成。委员会开了几次会议,迄无一点头绪;以法国领头的陆军国家,采用征兵制的国家,与以英美领头的海军国家,各有所见;前者主张把海陆空军当作整个问题来讨论,英美反对;前者更主张限制有训练的后备军,英国尤其反对。特树一帜的俄国代表且主张取消一切海陆军备。各国意见如此分歧,预备委员会遂流产式的延展下来。这又算是国联对于军备问题的一次努力。以次,我要进而检点一下国联以外的关于废战裁军的活动。

三、非战公约

欧洲自罗加诺相互安全保障条约成立,和国际联盟不时提倡和平运动与制止战争的方法后,各国足智多谋的外交家政治家,知道更进一步主张非战或废战,那是更能博得世人喝采,从而,更可神其外交运用的投机事业。就这样,由法国外相白里安(Briand)所提议,由美国国务卿开洛格(Kellogg)所赞同,并经十五国代表于一九二八年八月二十七日签订于巴黎的非战公约,就在战云笼罩的世界出现了。条约正文简短三条:第一,各缔约国以代表其国人民名义,恳切宣言,各国深觉用战争以解决国际争端,以为互相间国际政策之工具,应予以废止。第二,各缔约国同意解决各国间发生之任何性质之争执纠纷,除和平方法外,不得用其他方法。第三,本条约应由上列各缔约国,各依其宪法上之手续,予以批准,自批准机关存记之后,即应生效,本条约如上述发生效力时,将保留公开,以待世界各国加入。

公约从文字上看去,是颇能令人满意的。但我们如仔细分析各国在未签字前关于公约性质之争辩,和条约释文中所附加的限制,我们就会知道那是比日内瓦草案还要滑稽而无实效的东西。

一九二六年德国被允许加入国际联盟,且被任为国联常任理事。这一来,德国的国际地位和声誉,是增高许多了。德国国际情况之改善,当然是由于英国从旁的帮助，同时，也当然会引起法国的猜忌。法国很知道英美在战后的关系，是不大投合的，所以，善观风色，肯出风头的白里安，就因着美洲当时有一种名为“战争之非法”(The Outlawry of War)的运动，乃于一九二七年四月六日美国举行参加欧战十年纪念时，向美国提出类似性质的非战提案，借以拉拢美国。他说，法国愿意和美国订立一种认战争为非法的条约。法政府于同年六月以一种含有非战原则的草约，送交美国务院。美国务院搁置六月后，始于十二月二十八日由国务卿开洛格表示：美国同意白里安之建议，但主张包括美法两国以外的一切大国。遇到这种回答，法国就马上露出了它的鬼胎；它以为，法国若与美国以外的国家签订此种条约，则法国便要减低其对于他国实行制裁之义务了。这就是说，它与美国可以不战，要对于德国或其他国家实行制裁的义务，就不能不战了。从此，我们更不难窥见白里安提议非战条约的动机。

法国后来附加几个条文(详见后面)，接受了美国的主张，于次年四月，由美国将草约转交各国。五月十九日，英国亦接受了此草约，但它有这样的声明：“……世界上有许多地域，其福利与完整，关乎吾人之和平与安宁者至深且巨；英国政府前曾忍痛言之，绝不容此种地域之横被干涉。英国之保护此种地域，即为英国之自卫。英国政府接受此约，其在此方面之自由行动，不受影响。此须为各国所了解者。……”①

公约经英国附带这样的声明和法美保留的条件，其导言乃详加修改；在解释文书中，并说明在以次五种事情之下，仍得不废除战争。那五种事情是：第一，自卫——内中包着实行门罗主义或英国门罗主义之行为；第二，对于违约国开战；第三，履行盟约之义务；第四，履行罗加诺协约之义务；第五，履行保护中立国之义务。非战公约有这许多不受公约拘束的例外，其价值已可想见，而第一项“自卫”的意义，更是容易予战争者以口实了。美国侵略南美中美，是出于门罗主义的“自卫”；日本最近强占东三省，亦说是保护本国利益的“自卫”。历史上过去一切的战争，开衅者大都会宣言它是出于“自卫”，然而，就是这样没有什么实际效益的公约，居然有六十个国家表示愿意加入；苏俄虽然攻击此约的不确定和有保留条件，并称说那对于废战的有效方法即裁减军备，未赘一辞，但为了避免反对非

---

① 《国际关系论》下卷第224页。

战的罪名，它亦应法国的邀请而愿意加入了。在一个借正义而作恶的场面下，谁都是会要骗术的。

非战公约允许美国在其门罗主义控制下的美洲“自由行动”；允许英国在其世界殖民帝国主义控制下的殖民地保护国“自由行动”；允许法国在它由和平条约罗加诺条约所占领及控制的领域“自由行动”；此外，凡属一切帝国主义国家对于其征服地侵略地的“自由行动”，皆非公约所包含的非战范围，那末，受公约拘束的，就只有殖民地、被保护国，乃至划分势力范围的次殖民地了。它们一有了对帝国主义者，或对强国或对战胜国的反抗行为，那就算侵及了战胜国或帝国主义者的“自卫”范围，就是触犯了非战公约了。由此推论下去，所谓非战公约，就不能不说是强者战胜者曲加于弱者战败者的不平等条约。帝国主义者们也知道这公约可以约束弱小国，却无法阻止彼此间之不以兵戎相见，所以，它们一方面尽管昌言非战公约，一方面却毫不懈怠的积极备战哩！

但，它们不是时常开会裁军，以期根绝战争么？那其间该又是含有多少戏法呵！

四、裁军会议

在前面，我们已讲过国际联盟与军备的关系，同时，我又讲过国联因为没有美俄诸国的参加，以致无从进行军备裁减会议的究竟。但在国联成立后，世界确曾开过几次关于裁军的会议，如一九二一年的华盛顿会议；一九二七年的日内瓦会议，一九三〇年的伦敦会议，一九三二年的日内瓦裁军会议等等，这几次会议，虽然都直接间接受了国联的影响，如最后一次，且为国联出面所召集，但一方面因为这些会议，不是纯由国联所主持，不是纯粹会员国间的讨议，另一方面因为要顾及这几次会议历史上叙述的关联，所以特别留在这里解述。

特关于这几次会议的结果，我只能就其一般的趋势来说明，因为详列其统计数字，那是本书篇幅所不许可的。

华盛顿会议之召集，其本意原非为了裁减军备，而是为了在裁减军备的场面下，达成美英对日对俄的控制策略。所以，那次会议的大成功，就是成立了美法英意日五国主力舰限制的协定。然而这个协定成功之主要原因，就是它们在大战中经验到了以次的事实，即：现代从事海上战争，潜水艇的威力是最足惊惧的，小型的巡洋舰或鱼雷艇之类，在新的战争方法之下，有时能得到主力舰所不能成就的功绩。加之，它们又经验到，海军在欧洲海中力量之大小，完全以管领空中之力量之大小为标准，故海权若没有飞机妥为保护，则不久这海权就难免归于丧失。因此，当法国声明它至少须有 900000 吨的潜水艇，方足以保护它的殖民地，和保护殖民地和母国的交通的时候，英国就觉得法国不肯限制潜水艇，于英国大有危险；它知道抵抗潜水艇之最有力的工具，是小型的巡洋舰，于是它乃反对限制这种巡洋舰；至关于陆军和飞机，亦是因法国说它的主力舰过弱及商务空中运输上的理由，不主张限制。于是华盛顿会议的结果，就是使各国把军费由不大适用的主力舰制造上，转而用到最新锐的潜水艇，小型巡洋舰及飞机的制造上。

一九二七年六月，美大总统柯立芝(Coolidge)又召集英日美三国的海军会议于日内瓦。他发起此次会议的觉书[①]有云："为维持世界和平，铲除国际的猜疑及不和之根……消灭战争根源的军备竞争，减轻国民的负担，才有这第二次裁军会议之召集。"当时日本的全权代表，就是现任内阁总理斋藤子爵，他曾发过这样润泽而堂皇的辞令："思所以贡献于世界和平，协力于人类幸福的增进，乃日本政府传统的政策；日本对于今次美国政府的军缩会议提议首先表示赞成者，亦不外根据以上之方针。"大家如此爱好和平，会议该可顺利进行罢！但其结果竟因英美两国关于巡洋舰之吨数只数发生争执，彼此扫兴而散了。在华盛顿会议时，英国原亦承认在主力舰方面，与美国相等，但对于巡洋舰，却似未同意数学上的平等原则。因此，这次美国提议巡洋舰至多 100000 吨，辅助舰共 640000 吨，而英国则主张 70 只巡洋舰至少须 875000 吨，方足应用。于是，美国代表声言，为求与英国相等起见，美国须再以 450000000 金元之代价，建造 30 只新巡洋舰。彼此相持不下，这次会议又算给予了各国一个扩张战舰的刺激。

一九三〇年，英美日法意又有伦敦海军会之召集。因为英国劳动党内阁之再起，和麦唐纳首相亲自渡美与美大总统胡佛(Hoover)之协商，英美两国算渐渐达到了接近之点，但日本对美 70％的比率的要求，英国

---

① "觉书"一词来自日语，汉语一般译为"备忘录"。——编者注

对欧洲二国标准主义之固执，以及意大利对法均势主义之提案，又使会议常陷于停顿。后来，因意法两国的海军比例问题，终无法解决，于是英美日三国就勉强成立一妥协案，以终此局。

一九三二年二月二日，当日本正趁其征服中国东三省的余威，用数个师团及25只军舰，准向上海闸北一带，作大规模的炮炸行为的时候，空前未有的裁军会议，又在日内瓦开幕了，这次会议有六十余国的代表参加。就中日本代表的阵容，格外显得有声有色。在会议中异常活跃的美国代表，当然满口不绝的说是期望世界和平，但当他们由本国横渡大西洋的时候，美国大西洋的舰队，正分批向太平洋移动，作攻击其假想敌日本的演习。东方实战假战的场面，恰好与西方会议裁减战备的场面，是一个耐人寻味的对照。

招请这次会议的，原是国际联盟，但其主动者，却不能不说是美国。美国对外的投资，以欧洲为第一位；欧洲各国军备的竞争，势不免危及美国4929217000金元债权的安全。所以一九三一年胡佛总统延付战债的计划，早就附有裁军的条件。他在同年六月二十日发表的缓债宣言中说："我并且愿进一步声明，上项举动（指延付国际债务一年），虽与明年二月举行的陆军军备大会没有关系，但因军备竞争足以助成这种条件的实现，所以我们相信，为要证明我们愿意协助各国起见，我们对于解决这主要问题的必要条件，事先贡献我们的善意。"胡佛虽然这样声明，表示美国不是用延债的黄金势力，去强制各国服从其裁减军备主张，但于同年七月赴欧商酌胡佛计划的美国务卿史汀生（Stimson），他就负有促进裁军的使命；他在意大利与慕沙里尼会晤，自谓已与意国得到军缩妥协点。此后，他与德意英三国外交当局曾一再商谈裁军问题。然而他到巴黎时，法政府就向他提出"必须保持最强的海陆空军之理由"的觉书。——这都是此次日内瓦裁军大会的前景。

会议之前，各大国既怀有这些鬼胎，所以在会议当中，法国就顽强反对美国对它的包围政策，它表示，它不愿其膨大的陆军和空军，受到任何限制；它并提议设立一种国际军队，以充实的军力，保障国际间的安全与和平。换言之，就是确立法国陆军的霸权。它这种主张，虽为英美各国所否决，但曾得到了日本的拥护，因为日本正需要法国在欧洲做它孤立的支援。德国与俄国亦都有其异乎法美各国的提案，团聚的国数愈多，其利害冲突之点愈复杂，这次的大会，当然又是给各国代表发表一次堂皇辞令的机会，同时也给他们一次联络离间的机会。

总上四次的裁军会议，可以说是完全没有达到裁军的目的，但我们如认定它们开会的目的，在求一般的裁减军备，那就是过于皮相的观察了。各帝国主义者之所以不惮从事这看似无益的工作的，原有以次几种必要的理由：

第一，欺瞒本国的劳动者与农民。世界大战的痛苦经验，迄今犹深刻的印在一般劳动者与农民的心坎上。他们是爱好和平，反对战争的；他们对于括吸其膏血，而从事战备扩张的行为，始终表示异议；因此，聪明的帝国主义统治者们，就利用一般大众这种心理，群以裁减军备相标榜。会议失败了，他们才好把不得已要扩张军备的罪尤，转嫁到其他帝国主义者身上。

第二，统一反对苏俄的战线。苏俄是它们的共同敌人。它们内部的裂痕愈大，苏俄就愈可发扬张大起来，而愈于它们彼此不利。因此，借军缩会议的名义，作为彼此协调或整齐步武的机缘，那亦是颇为必要的。有人说：裁军会议是准备对苏维埃同盟战争的会议，实信而有征哩！

第三，确定对他国或对弱小民族的优越权势。每次会议的席上，都可窥见各帝国主义者竞争霸权或竞争优越权势的趋向。美国要求与英国平等，意大利要求与法国平等，法国要求其陆军空军之雄长欧洲，以及它们共同要求保有对于弱小民族加以制裁或控制的威力，均不外一种制霸或保持优越势力的野心与贪欲的曝露。

第四，构成相互欺诈的骗局。帝国主义者之主张裁减军备，或赞同裁减军备，都是企图把竞争国的军备缩小而增加自己之战斗力，或者，自己握着和平拥护者的名义，而把其他竞争者放置在军事劣势的地位。①

历次的裁军会议，就是根据上述四种理由而召集的。所以，会议每开一次，大家对于军备竞争就紧张一次。军备竞争与世界经济状况，是直接发生影响的，或者说，军备从各方面助长了一般经济的恐慌程度。以次，我将就经济问题中所表现的国际关系，一加解述。

---

① 李政译，冈田庄一著《战争声里的军缩会议》(见《国际》创刊号)。

第五节 国际经济问题

我在前面再三讲过，近代国际间的一切纠纷，皆直接间接根源于经济问题；各国战备之竞争，无非为了拥护其经济利益，然战备扩张的结果，却反而增大了经济的危机，形成了战争的条件。苏俄在其一九二八年八月十二日致海牙会议之说帖中有云："……各国的军备愈扩张，则各国政府之目的亦愈难达到。经济恐慌多半是由于现存的过度扩张的军备而发生的。这种经济恐慌，和那由积存军用材料而常常发生的危险，便是我们人民不能忍受的武装和平的来源。"[①]这确是一针见血之论。经过四年空前的大战以后，各国商工业的耗损，与社会一般经济的枯竭，那是不难想见的。然而如我们前节所示，欧洲除德奥匈三国因和平条约拘束外，其余各国的军费，皆较战前为多，这事实，一方面说明了各国的财政，是如何困难，另一方面又暗示了各国间的经济关系，是如何梗滞。在各利其国而不思所以利人之国的前提下，国际间的经济纠纷，就从种种方面表现出来了。就局部的讲，战败国与战胜国间，乃至战胜国与战胜国间斗争最烈的，为赔款与战债问题；就全般的讲，一切国家间斗争最烈的，为关税问题。为求对于后一问题，以及全世界一切经济问题，作有效而圆满的解决，于是又有国际经济会议与欧洲经济联盟之集议。然而就在这企图解决经济纠纷的"会议"与"联盟"活动中，亦充分表现了各国经济斗争之症结。为了叙述上的便利起见，先就关税战争讲起。

一、关税战争

所谓关税竞争的意义，不仅是说，各国间相互一律的抬高其关税，兼且是，各国间分别差异的抬高其关税。设权其轻重，计其浅深，那后者之不良影响，反较前者为大，而且正因了后者的反感和刺激，一般的关税壁垒始得形成。例如，许多国家对于某一些国家的货品，往往予以优待，以示歧异，借以获得同样的权利，这就是所谓复式关税制，法国复式关税制中，最高关税率和最低关税率之差，约有四倍之大，即是说，它对某些国家

① 《国际关系论》下卷第30页。

所课的最高关税，如为100，对另一些国家所课的最低关税，有时仅只25%。这样的差别待遇，虽然或可由一部分国家得到最低率的权利，却难免不受到另一部分国家最高率的报复。法国因为不能由美国取得某些特惠，美国输入法国的货物，就有百分之三四要缴纳其他互惠国所无须缴纳的关税；巴西不肯优待由美国输入的麦粉，美国就要强征向由巴西自由输入的咖啡税，每磅三分；迨美国同巴西订立了互相优待的条约，阿根廷又从中提出抗议，说美国取得了优惠待遇，势将阻害其麦粉向巴西的输出。这样相互牵涉下去，就恰好达到了一般关税率的提高。

大战以后，各国间虽尚存有不少差别的特惠待遇，但一般关税都是有增无减的，就在一向主张自由贸易的英国，它亦渐渐采取保护政策，而在战后得到半自主的各国殖民地保护领，如英之爱尔兰、印度、加拿大，美之菲律宾等等，它们亦部分的增加其对母国的关税了。

大抵征收关税有两种目的，一是为了充裕国库，一是为了保护产业，在大战以前，英、比、丹、荷、土诸国的关税性质属于前者，美、日和其他欧洲诸国的关税性质则属于后者。但战后各国关税之增加，却一般的(美国日本的情形稍异)于上述两种性质外，还含有其他的原由。

欧洲各国在大战中损失之巨，致战后发生空前之财政困难；德奥诸国于战争结束当中，即负上极巨的赔款，其他各国又大事扩张军备，所以，为应付这紧急的需求，各国皆趋向限制输入，奖励输出，期于输出入的差额上，得到有利于本国财政金融恢复之效果。这是各国增加关税的一种原由。

再，从事战争的主要诸国，其产业原是非常发达的，但因彼此产业发达，所惹起的抢夺殖民地市场之战争，却反过来把它们的产业根本破坏了。为要恢复或保育其破坏不堪的产业，它们就必然的要采取保护关税政策，而提高关税了。

此外，欧洲经过大战的损害以后，人口的减少，财政的破坏，生产事业的减退，失业者的加多，乃至租税的不断增加，在在皆显示社会一般购买力之缩减，在这种情形下，贸易的竞争，异常激烈，设一任外国货品在本国窄狭的市场中，任意倾销，则必根本吸尽本国社会仅有之资源，而使其商工业无从恢复发展，因此，提高关税，又成为各国在这种场合自救的必要手段了。

各国间既有这许多原因促成其关税的增加，同时，在关税增加中，有许多国家又采行所谓差别的复式关税制，由是，因经济的纠纷，惹起政治的敌视，更反过来加深关税战争之激化与恶化。这就是说，增加关税本身，又会成为关税所由增加的有力原因了。

然则增加关税，是否可以达到各国所预期的目的呢？即，是否可以救济其困难的财政，保育其凋敝的产业呢？事实告诉它们：关税的壁垒愈高愈严，它们的经济状况就愈不可救药。每个国家都想限制输入，奖励输出，但限制别国货物的输入虽做到了，奖励本国货物的输出，却不会成功。因为，就彼此相对的关系讲，限制别国货物输入的意义，即等于限制本国货物的输出。设更引申其义，那就无异断绝一切国家间的交互贸易，而阻止国际分工的自然作用了。在这种场面下，各国当然会一般的失去分工的利益，不能以较廉价格换取他国的优良货品；同时，在那些人口繁密，须借工业化政策来维持其人民生活的国家，就比那些人口稀少，勉能自给自足的国家，要更感到困难了。大战以后，像美国、加拿大、澳洲那样地大人稀，农产丰富的诸邦，都相继走上了工业资本主义的旅程；它们一方面既有许多货品，无需从其他工业国输入，另一方面又增高关税，以阻其输入，其结果，工业诸国固然发生制造品的过剩的现象，同时，农业诸国因原料食料无人过问，亦自不能不发生农业品过剩的现象。这样，一般过剩的恐慌，就由各国输入防抑政策助长不少了。经济的锁国主义或割据主义，自然要煽动狭隘的爱国主义，从而，推进军备竞争武力万能的军国主义；许多人把现在国际间的险恶景象，归因于关税战争，那虽然不免有几分夸大，但我们究不能不承认这方面对抗的挑战行为，实在大有碍于国际经济合作与政治协调的有效推行。为图破除这种障碍，于是就得着眼于改善关税竞争倾向的国际经济会议与欧洲经济联盟。

二、国际经济会议与欧洲经济联盟

在关税战争益趋激烈的当中，各国有识者渐觉到那是太不健全的一种反经济主义的方策。他们认为：这种两败俱伤的斗争，不但必然的会惹起不幸的大战，并会促成各国产业的一般荒废。加之，各国产业自经过了相当期间的保育之后，彼此都感到输出之迫切需要了；输出之难期畅旺，就是由于输入之大受限度，所以关税之改善，几成为欧洲各国一般的要求。这也许是国际经济会议所由召集的最大原由罢。

这次国际会议是于一九二七年五月在瑞士日内瓦开幕的。参与此会的国家，共有五十余国，国联会员国以外的美俄诸邦，亦皆列席。此外，如国际商业会议所，国际劳动事务局，国际农事协会，国际协同组合联合会，都被邀请参加。会议的主要目的，在谋战后欧洲经济之复兴与繁荣。其所涉及的问题，分有农业、工业、商业三大部分。就中关于商业的部分，最为各国代表所重视；而这一部分由满场决议的报告书，是根据以次的旨趣草成的，即，"现在各国的关税，皆达于极端；我们今后是不能不反其道而行之的。关税率之过高与过甚复杂，势必妨害国际贸易之进步，和大大延迟欧洲经济之回复。各国代表依过去数年间之经验，皆抱有一致的意见，认定任何国家自国之经济的困难。其原由要不外他国之实行极端的保护政策"。在依这种旨趣草成的报告书末尾，复对于各国政府附有这样的提议："各国政府为恢复其战争时所蒙到的创痍，必得在可能范围内，撤废妨害商业贸易的关税壁垒，至少，要大大减低关税。"在大会中，各国代表虽都不否认保护关税的弊害，且进而一致赞成解除那种弊害，但他们没有代表其政府的职权，所以他们所决议的事项，不过是向各国政府建议而已。

不过，这次破天荒的国际经济会议，究不是全无成效的。一九二九年九月九日，英国商务大臣威廉·格拉哈母(William Graham)曾秉国际经济会议的精神，提倡一种关税休战运动。当时到会的各国代表几一致赞成，于是总会乃有以次的决议。即，"总会劝告赞成此议的各国；在二三年内，不要增高现行的保护关税，不要曲加损害于新的贸易。各国政府应于本年年底通知联盟事务总长，表明自国是否愿意参加那缔结关税休战条约的国际会议"。一九三〇年二月二十七日，关于关税休战的国际会议，竟在日内瓦开幕了。这次会议把缔约各国的关税，分作两类来规定：第一类自国关税率，系决于与他国所订的通商条约，第二类自国关税率，系根据自国国定税率，而非决于与他国所订的通商条约。英、丹、荷、挪、葡诸国的税率，属于后者，其他欧洲大部分国家的税率，则属于前者。自本条约调印之三月二十四日起，至一九三一年四月一日止，前一类国家不得废弃其既与他国所协定税率的商约，后一类国家不得增加其既成的国定税率。这是关税休战条约的主要纲领。论其效果，不但是消极的、暂时的，而且是局部的。因为那次会议参加的三十个国家中，就有二十七国是隶属欧洲的(其余三国为日本、秘鲁、哥伦比亚)。至若中国、美国、古巴、波斯等七国,则不过以傍听资格列席。因此,这次国际关税休战会议,就分明可以说是欧洲关税休战会议了。

就在关税休战会议的前后,法国外长白里安又有欧洲经济联盟的提倡。他从经济的立场,来论难欧洲各国的纠纷倾轧的状况。他认定,要救济欧洲各国的困境,只有把欧洲全体集结成为一个经济单位;集合各国所有的资源,合组各国共同的产业机关。那在一方面可以化除欧洲各国内部的斗争,一方面可以对抗外来任何经济势力的侵略。一九二七年春,白里安曾于泛欧洲协定中央委员会致欢迎辞说:“我确信欧洲联盟可以实现。虽然那在实现上不免困难,但较诸君所想像的为速。欧洲现在只有两条路由我们选择,一是灭亡,一是结合。”

一九二九年九月五日,白里安更在国联第十次总会中,宣传此种主张。此后,他又宴请欧洲二十八国代表,详细解说组织欧洲联盟之旨趣。当时各国代表皆极力赞助,并促白里安氏于次年国联第十一次总会中,提出欧洲经济联盟之具体方案。一九三〇年五月十七日,白氏以法国外长的名义,向欧洲其他二十七国,交付关于欧洲联盟之觉书,其要目是:(一)订结一般的条约,使欧洲诸国共存的事实净化,使新道义的欧洲联盟的原则确立;(二)设立一代表制,责任制之机关,定名为欧洲会议;设常任委员会为执行机关,此外,并立事务局;(三)欧洲联盟组织之纲领,由执行委员会起草。他在这觉书之后,又附加有三种声明,(一)欧洲联盟是一种地方协定,是可在国际联盟之下发达的;(二)欧洲联盟不反对欧洲以外的任何人种团体;(三)欧洲联盟不与任何联盟国家的主权与政治的独立相抵触。

我们现在不要问白里安这种主张,究竟理想到了什么程度,只要一考察他提倡联盟的动机,便不难判断其成果了。想制霸欧洲大陆,那几乎成了巴黎和会以后的法国政治家外交家的传统要求。凡属可利用以达到此要求的机会,他们都设法不令其错过。这次欧洲经济联盟的组织,也恰好是他们认为可资利用的一个机会。德意志打倒后,妨阻法国之欧洲霸业的,有三个国家,一是俄国,一是美国,一是英国。国际联盟虽然没有美俄参加,但英国既从中把持操纵,法国就颇难运用自如。它早盼望有一个由法国单独支配的组织;在一九二七年国际经济会议开幕前后,欧洲各国间已渐呈现一种经济协调的要求,而这种要求的形成,第一是由于俄国势力的膨胀，其次是由于美国对欧贸易的扩张，又其次是欧洲各国因产业渐就恢复，相互感到彼此关税竞争的不利；因此，法国擎起反俄反美的旗帜，作调协繁荣欧洲经济的活动，当然不难取得各国的共鸣。而且，在这场合，法国愈是假公济私的对俄对美表示反抗，欧洲内部的团结便愈形巩固，同时，法国的权威，将从而愈益扩张。欧洲联盟的完成，就无异说是法国霸业的确立。

然而事实总是不能如想像那样顺适的。白里安虽过誉英国，说英国是世界帝国，不适宜于参加欧洲联盟，但英国究是关情欧洲大陆的。它几乎无时不注意大陆方面任何事势的发展。它很知道法国的举动，大有碍于英国一向所持的均势主义政策。况且，它还在欧洲扶植有许多反法势力哩！

意大利与法国势不两立，姑且不论；法国将怎样说服欧洲有力的仇国德意志咧！白里安主张打破欧洲各国间妨阻经济发展的一切障碍，但他却从未明说撤废那最大的经济障碍——赔款。也许如白里安所声明的："欧洲联盟不与任何联盟国家的主权和政治的独立相抵触"，"赔款"是属于法国国家主权行使的范围，所以不主张撤废。然而他能叫德国信服么？况且与赔款有关的战债的债权国美利坚，它握有欧洲经济的支配权，它肯让这个反抗它的大联盟健全存在么？无怪在白里安未死以前，他那个乌托邦已无形瓦解了。

三、赔款与战债

赔款与战债，都是欧洲大战的副产物。赔款是战胜诸协约国苛加于战败的德国的，战债则是那些国家于战时挪借美国的。两者原无何等不可分离的关系。但自赔款成为问题，从而，战债亦成为问题后，这两件本可分别处理的事项，竟发生极其密切的关联了。战后胜利国与失败国间之倾轧，欧洲战胜诸国内部之倾轧，以及它们与美国的倾轧，主要皆由于这些国家对于赔款或战债的利害关系不同；最近十余年来国际间的经济纠纷，恐以此两者最关重要，而且最难解决。

协约各国所苛加于德国的赔款，在巴黎和会中没有定出一定的数目。它只规定：各协约国组成一赔款委员会，这委员会当于一九二一年五月以前，决定德国应在三十年期内偿清各国的赔款数目；不过，在一九二一年五月一日以前，德国却须交付 200 亿金马克于协约诸国。

赔款委员会在当时曾为履行和平条约的行政机关，这个机关由美、意、日、比和巨哥斯拉夫五国组成。美国因不满意协约诸国苛索德国，拒绝派遣代表，日本又只限于处理某些事件可以出席，所以，委员会完全失了独立性质，致惹起英法争求操纵。结果，操纵权落到法国手中了。一九二〇年四月二十七日，赔款委员会宣布德国应赔偿之数，为 1320 亿金马克。关于付款的时间和方法，该委员会亦有规定。至协约国分配赔款的比率基础，那是先由最高理事会会议六七次才解决的，计法国分得 25%，英国 22%，意国 10%，比利时 8%，希腊、罗马尼亚和巨哥斯拉夫 6.5%，日本和葡萄牙各 0.75%。

委员会规定赔款数目时，既大大受了法国操纵的影响，于是赔款的额数，就全未顾虑到德国的支付能力。其结果，德国遂有不能支付到期赔款的问题发生了。一九二一年三月，协约国因德国不如期交付赔款和不履行其他条件之故，派兵进占德国杜易斯堡(Duisburg)、杜赛尔多夫(Düsseldorf)及鲁洛尔特(Ruhrort)。一九二二年，赔款委员会(法意比三国)报告德国没有遵守交付木材的条约；一八二三年[①]同委员会又报告德国没有遵守交付煤的条约。因此，法比两国乃派兵进占德国的工业中心地鲁尔(该地是富有煤矿的)，以期直接掠夺德国的财源，而获得德国所未交付的物品。

法国既占领鲁尔，掠取鲁尔的煤矿，英国就不免失掉了对法售煤的市场，同时，且会延迟德国对英赔款偿付的期限；此外，它是希望德国产业恢复的。根据它这几种与法国正相反对的(法国非常惧怕德国产业恢复；占领鲁尔，且可打倒德国钢铁的竞争)理由，它不能不出面反对法军的占领鲁尔了。其结果，法国虽不曾按照英国的意向，即行撤回鲁尔的驻军，但它毕竟允许了重开赔款问题的讨论会议，有名的道威斯(Dawes)计划，就是由一九二四年七月在伦敦召开的赔款会议所协议采行的。

道威斯计划实行的结果，法国撤退了德意志工业中心区域鲁尔的驻军，并放弃了它一向所加诸德国的狂乱破坏政策。此外，德国一方面恢复了国民经济的主权，一方面还稳定了它前此动摇不定的通货。从这几点看来，道威斯计划是比以前赔款委员会所规定的方案进步多了。但它的根本缺点，仍旧是由于没有顾虑到德国的偿付能力，而且在支付上还残有

① 原文如此。应为“一九二三年”。——编者注

许多缺欠妥当之点。于是乃有修改道威斯计划之酝酿。一九二九年二月，依据日内瓦六国会议之结果，开赔款委员会于巴黎。这次会议所协议的方案，就是对道威斯计划加以修改的所谓杨格(Young)案。杨格案的内容梗概是：

(一)支付年度的次数，规定为58年。58年又分为两期，前期36年7个月，每年平均支付19.888亿元马克，后期每年平均支付16亿至19亿马克。前期中最初十年之总支付额为186亿。

(二)设立国际赔偿银行，使赔偿商业化与动产化。赔款之担保品交由该行管理。赔款交付该行，由该行分配于应得赔款诸国。该行前期中之利润，取一部分作后期22年之支付。

(三)赔款内分有条件的和无条件的两大类。有条件的之中，复分以马克支付与以货抵价的二种；此类赔款，遇德国经济至危急时，于90日前通知，可延期两年支付。无条件的部分，须以外币支付，并不得延期。且规定其额为6.6亿马克。

(四)赔款之资源，以铁道公司收入作无条件的支付之用，又以岁计剩余作有条件的支付之用，两者均以铁道作担保。

杨格案由各关系国调印(一九二九年六月七日)后，不到一个月工夫，德国大恐慌的征兆已经显露出来，延至一九三〇年，德国一切工业特别是重工业方面的生产指数，大跌特跌，由是失业人口由285.1万人，增至438.4万人，至一九三一年，竟达500万。工业的不况，致农产物大受影响，裸麦及其他产品价格，皆异常跌落，由是产业证券惨落，金融界亦发生空前厄难。在这种情形下，国家收入当然不免锐减，仅就铁道一项而论，一九二九年之收入为53.3亿马克，至一九三〇年竟减至45.8亿马克，其短收达7.7亿马克；连同他项收入之减少，致国家预算额不敷达10亿马克。赔款占德国预算支出之大部分。它为要弥补这个缺陷，当然非增加输出不可。但在这经济恐慌一般蔓延，和关税战争异常激烈的年头，想特别增加收入是显然无望的。于是德国唯一的生路，就只有要求停付赔款。

但协约各国由德国取得的赔款，大都是用以偿付对美的战债。协约国所欠美国之债，计达116亿金元，其利息等于由道威斯计划规定德国每年所应支付的赔款数目。在协约国方面打算，德国的赔款，如果不按期交付，它们对于美国的债务，就没有法子偿还。美国早看破了它们这种赖债的心理，时常宣言：协约国之对于美国负债，和对德国的支付能力，全没有关系。但美国尽管坚持赔款与战债怎样不能混为一谈，而实际上这两者已被视为非连同解决不可的问题了。兹将赔款与战债之数字上的关系，比列如下：

赔款前期中德国每年支付各国的平均额	国别	各国每年对美支付的平均额
249.3	法国	108.4
97.4	英国	177.5
59.4	意国	26.5
27.5	比国	11.7
20.0	巨哥	1.1
17.5		
4.8	罗马尼亚	1.9
3.1	葡萄牙	
3.1	日本	
1.7	希腊	0.3
0.12	波兰	0.9
合计 473.7		合计 350.0

（单位百万马克）

据这个表解看来，德国每年平均付出 4.737 亿马克，美国每年平均收入 3.5 亿马克，德国付给协约国的赔款，差不多有8/10落到美国手中去了，赔款构成了协约国偿还对美战债的唯一资源。在这种关系上，无怪协约各国把德国要求取消赔款的责任，转嫁到美国身上，要美国取消它们的战债。从上表比较的结果，法国由赔款所得的利益最大，它每年可分得 2.493 亿赔款额，每年只付 1.084 亿战债，就把它对英所借的战债加入，亦尚可获得不少的余剩。同时，在英国方面，它每年的收入是要比每年的支付少多了，但因别国还欠有它的战债，两者相较，出入尚足相抵。因此，英国主张，只要美国肯钩销战债，它便可钩销赔款。但法国则坚决要求除偿付战债外，还须得到实际之赔款；而美国更故意宣传非要战债不可。各国的主张互有不同，于是战债赔款问题，便无法解决了。

然而前述德国的经济困状，除了停付赔款外，就只有陷于破产绝地。德国的破产，法国也许是乐意的，但英美意诸国却非常感到不安；况且德国国内因经济恐慌引起极左与极右两极端的政治运动，随时皆有掀起极大不祥事势之可能，欧洲再度爆发战乱，对欧160亿金元的债权者美国，就更其要诚惶诚恐了。因此，德国一请求美国援助其困境，美国即答应加以考虑，并派财长米伦（Mellon）至伦敦与英国政府当局协商。米伦关于此度协商的报告呈达美京后，有名的胡佛缓债计划发表了。这个计划的主要点是："美国政府建议：在一年期内，延付各政府间一切债务，赔款，和救济借款的本利。但是私人方面对各政府的债务，当然除外。在能得到国会通过的条件之下，美政府从七月份财政年度起，将展缓外国政府对美一切债务的偿付一年，不过各主要国家间，对债务也须同样展缓一年。"据这计划宣言所谓"延付各政府间一切债务，赔款"云云，已显然表示：美国对协约国延缓一年的战债，协约国则对德国延缓一年的赔款；赔款的延缓，是以战债的延缓为前提，赔款与战债并合为一个问题了。但美国虽主张停付赔款，却不愿短少战债，所以胡佛总统在同宣言中郑重声明："现在并且愿意乘这个机会，坦率的宣布我个人对于德国赔款和欧洲协约政府欠美国的债务中间的关系；对于决定赔款的债务，美国政府并不是关系方面，而且对于这事也没有考虑任何意见。协约国偿还战债，同善后赔款的办法，并没有按照德国赔款的根据去解决。所以赔款完全是一个欧洲问题，和美国没有关系。"

缓付战债一年的计划颁布实行后，各国方翘企着"胡佛景气"之到来，讴歌者，赞扬者，不绝于耳；而直接受其大赐的德国总理白鲁宁，且说："世界一切国家，对于美总统所采之历史的步骤，均得有深切印象。此项步骤可以阻止世界人民燃眉之灾难，并可协助将受牺牲之人民。"而在胡佛自己，他也大吹其计划可使经济获得救济，使世界信用恢复。然而一九三二年比一九三一年更形严重的经济恐慌，却把一切的期望都化为乌有了。赔款问题战债问题依旧以狰狞的本体显露出来。

去年（一九三二年）十一月，英法两国分途照会美国，请求缓付十二月十五日到期战债，它们始终把战债赔款混做一谈，说这两者是世界凋敝主因之一。但美国根本反对此种说法，以为"赔款是与美国无关的纯粹欧洲问题"，它拒绝缓付战债。在它这种强硬态度之下，法比两国内阁且因之塌台了。英国本赞扬胡佛计划为“世界经济之新途径”;但麦唐纳首相,至是亦对美国态度啧有烦言;欧洲各国报纸,特别是法国报纸,说美总统拒绝缓债覆文中,不肯把赔款问题与战债问题混为一事,却把战债问题与裁军问题混为一事,其意盖欲以此法压迫法国,使其承认与法国国家安全不能相容之裁军办法。法国这种批论,不是无理由的。在目前世界经济恐慌的情势下,美国原非绝对不肯修改战债,但战债是它用以操纵欧洲乃至世界大局的武器;它不能由修改战债获得它所企图着的目的——削弱法国势力,联合反俄战线,或强制英法同共压制日本等等目的——那展缓,减少或取销战债的要求,就显无实现的希望了。总之,赔款与战债,早已不是纯粹经济上的问题,而是含有极大政治意义的外交事件;在远东战云弥漫的今日,这事件实有其左右世变的作用,目前欧美各国对于东北问题所取的态度,实际皆可以映出它们关于赔款战债之外交策动的暗影。

第六节 太平洋上之角逐

太平洋上的风云,是随着欧战告终而卷起的。欧战改变了世界许多国家的命运,同时且搬迁了世界各国竞争的舞台。诚然,在刚刚办过战争善后的欧洲许多国家中,重又在努力于战争的准备,并且重又在酝酿战争的条件,但它们毕竟受大战的创痛太深了,有如迄未恢复原状的残伤者,一时怎么也鼓不起磨拳擦掌的勇气来。

加之,欧洲自德国惨败后,跃然试作霸图的法兰西,又在英国均势主义政策下遇着阻力了。它在巴尔干半岛虽拉拢了几个小国家,引为同盟,且与波兰结为友好关系,但德意两国既唯英国马首是瞻,法国就颇难成就其霸业,从而,欧洲在相当时期内,就很可保持假和平的均势局面了。

然而,在太平洋方面怎样呢?那边的情势,显然因欧战而大有改变了。美国日本之因缘大战而扩张,苏俄之因缘大战而兴起,中国及其他东方民族之因缘大战而觉醒,于是太平洋上就错综复杂的张起一切矛盾对立之网了:帝国主义列强与苏俄之间的对立,帝国主义列强彼此间之对立,帝国主义列强与殖民地间的对立,皆显著的表明了太平洋问题之复杂性与严重性。

美国前大总统罗斯福(Theodore Roosevelt)曾于欧战前说过:“古时

世界政局之中心在地中海，现在世界政局之中心集中于大西洋；太平洋则为将来政局之中心。”他的话，是颇有见地的。但太平洋成为世界政治中心之趋势，却被大战加速化了。

太平洋上角逐的主要国家，是美英日俄四国，而它们角逐的对象，则不外中国这个搁浅了的鲸鱼。为了叙述的便利，先论英日美三国太平洋政策之对立，次论帝国主义者为苏俄①，最后论中国之反帝国主义运动。兹顺序分述如次。

一、英日美三国太平洋政策之对立

仅就帝国主义者方面讲，它们的太平洋政策就是非常冲突的。在大战以前，英国在太平洋立于支配的优越地位，日本美国尚在渐形膨胀中，德法两国亦占有相当的优势。但至大战后，日美势力已与英国并驾齐驱，甚且驾而上之了。德国殖民地及势力范围全部失去，它在太平洋上当然没有大事活动的可能。法国的势力，是不曾因大战而削减的。但它正在为欧洲问题所苦恼。它的雄图在制霸欧洲，而不在飞翔海外，而且海军实力之比较薄弱，那亦是使它不能争雄于太平洋的一大原因。因此，在太平洋上争雄的主要帝国主义国家，就只限于英日美三国了。

英国百余年来的世界霸业的基础，不是建立在地中海或大西洋岸，而是建立在太平洋方面。英国本国的面积不过 89000 方哩，人口不过 4500 万，但它的属领或殖民地的面积，有 1300 万方哩，人口有 4.4 亿。这面积大过母国百倍，人口多过母国十倍的属领或殖民地，大都是位置于太平洋方面；印度、澳洲、加拿大、新锡兰、新嘉坡、香港以及其他许多岛屿，通是英国的繁荣与威势所寄托的所在，同时，也是英国生存所攸关的所在。太平洋对于英国的重要，那是不言而喻的。我们前面已讲过英国一向所持的“均势主义”与“海上自由”的外交政策，我们又讲过，它的均势主义政策，是为要达到“海上自由”之目的。在一九〇〇年以前，英国的顾虑，是怕欧洲大陆方面的任何国家强盛了，控制住了近东及中东，以致阻害它向太平洋发展的通路；但至这个时期以后，它的顾虑加多了，它不但恐怕德

---

① 从这一节的第二小节的标题（“帝国主义者与苏俄”）来看，这里的“为”字应系“与”字之笔误。——编者注

国强盛起来，由报格达铁道政策和回教民族主义运动，阻挠了它通达太平洋的“海上自由”；同时且担心太平洋的根据地渐渐受到了各方面的威胁。俄国自从近东的南下政策，屡告失败后，它的侵略方向，改向远东了。在日俄战争以前，俄国在东方的声势与活动，不但要阻止英国在太平洋特别是在中国北部的发展，且会进一步动摇其在太平洋西北一带已经确立的侵略根基。同时，美国自于一八九八年合并夏威夷，一八九九年合并菲列宾，一九〇〇年占领萨摩亚岛，一九〇四年获有巴拿马地方以后，它的太平洋西向政策，就与俄国的太平洋南下政策，同样够为英国的隐忧了。在这种情形下，英国不能不在太平洋上找个帮手，这就是一九〇二年的英日同盟所由来。日俄战争后，英国在太平洋北部除去俄国的威胁了；欧洲大战后，英国不但在近东中东除去了德国的阻害，并且因巴勒斯登与米索不达美亚的委任统治，它对于由地中海通达太平洋的通路，更加一层保障了。但是，英国利用日本打倒俄国，日本却因此成了比俄国更其可怕的敌人；英国由欧洲大战克服了德国，美国却又因缘大战成了比德国更难控制的敌人，这两位新敌人都崛兴于英国生存攸关的太平洋岸，而且都在加速的膨胀或扩大其势力，这当然是英国的致命打击。英国要想维持它在太平洋所确立的优势，自不能不把它在欧洲大陆用惯了的“化强为弱”的均势力主义政策，照样施用于太平洋方面，经过多方慎重考虑的结果，它认定同种国美国，虽然和同盟国日本，同样不利于英国的远东政策；但在大战甫告结束的当时，日本想囊括中国的势焰，和其贸易在中国，在南洋，乃至在英领印度及其他殖民地之扩张，直使英国苦于应付了。美国对于太平洋西岸的贸易，虽亦乘大战而有所发展，但它的主要贸易主顾，究是欧洲各国；它在太平洋方面的贸易与日本比较起来，那是大有逊色的。况且英国当时因加拿大的关系，因对俄的关系，因对欧洲战债问题的关系，在在皆有仰赖美国的地方，于是，它决定联美制日了。一九二一年华盛顿会议之废弃英日同盟，而代以四国条约，以及强制日本退还其攫去中国山东的种种权利，皆为英国利用美国拑制日本之均势主义政策成功之表现。

日本的太平洋政策，乃遵循两个途径进行，一是西北向侵略中国满蒙，一是西南向侵略南洋群岛。它在这两方面皆确立有经济侵略的基础。不过，至一九二七年止，它对海外投资额 22 亿圆中，就有 18 亿圆是投在中国方面。中国在实际上已成了它的外府。因此，日本虽高唱亚细亚洲主义，反对白人干涉亚洲问题，揆其实不外就是想实现其所谓大陆政策的企图，反对白人干涉中国问题。它的大陆政策企图，颇受了大战的鼓舞，但又受了大战后华盛顿会议的挫折。

美国对于太平洋西岸发生野望，那是它合并了菲列宾，占领了夏威夷，关岛等海军根据地，及取得了巴拿马运河控制权以后的事。在大战中，它的海军与经济的过度扩展，更使它那野望不可遏制。然而它动手太迟了。中国的沿海口岸，通商大埠，乃至整个中国的领土，有的割让了，有的租借了，其余都被划为其他列强的势力范围了，美国这时要想在中国插足，就无从采用其他列强所已经采行过的侵略方法，换言之，它不能直接向中国行使掠夺，而要间接向其他帝国主义者要求分赃了。从这种观点出发，它遂提出"门户开放"，"机会均等"，"领土保全"一类口号，一方面期望博得中国的好感，另一方面企图控制其他帝国主义者对中国的割裂与独占。中国领土不能保全，门户就无从开放；开户不能开放，机会就无从均等，这是"三位一体"的分肥主义。这三者构成了美国远东政策的核心。

特美国这种主义的普遍运用，虽然不免要破坏一切帝国主义者在中国保有的特殊利益，但我们默察美帝国主义者之最后目标，却并不是如它所号召的那样广泛。它实在无意要法国公开其云南一带的势力范围，它也无意要俄国公开其蒙古新疆一带的势力范围，它最注意的，是它的经济势力最便于伸展的长江流域，津浦线一带，乃至东北三省。长江流域是英国的势力范围，但在大战当中，日本已渐取英国势力而代之了；于是，长江南北，津浦沿线，东北三省，几通为日本视为己有或准备独占的范围，而美国所要"保全"，所要"开放"，所要"均等"的，亦就是这些地方。华盛顿会议中所缔结的九国条约，实不外美国远东政策用以拘束日本大陆政策的手段。英国当时之所以参加美国这种制日活动的，也就是因为它在长江的势力，颇受了日本的侵害。

但日本因英美联合受到惩创后，或者，美国既取得"门户开放""机会均等"的利益后，后者在中国的经济势力，就表现突飞的跃进。截至一九二七年止，美国对中国的投资额，尚只 1.1 亿金元，较其对海外总投资额 116 亿金元，不过 1%而已。但就其对中国的贸易额言，那却表现了惊人的发展。一九一〇年，美国对中国输出入总计为 57088000 海关两，而至一九三〇年，竟增加到 364286000 海关两，仅及 20 年，它对中国贸易额加了7倍。又,一九三〇年日本对中国的输出入总计为601930000海关两,英国为170926000海关两,就这三国比较起来,日本占第一位,美国占第二位,英国占第三位;日本对中国贸易总额尚没有多于美国1倍,美国却多于英国1倍以上。这事实,不但说明了日英美三国贸易势力之消长,且说明了,三国间相互政治关系的改变。美国所号召的门户开放政策,当然比日本的大陆政策,容易博得中国人的好感;美国雄厚的资本势力,更非日本所能望其项背;因此,在不久的期间,美国对华贸易是定会超过日本以上的。那时,英国将更退处于劣等的地位。英国在西欧关于军备战债问题,已与美国引起了很多不愉快的纠纷,而其在中国的贸易,又几为美国所驱逐,于是,英国对美的不满,势又不免再促起它联日的趋势。但在衰颓过程中的大英帝国,它是不能显然表示反对美国的,第一,它的主要殖民地,如澳洲,如印度,如加拿大,都与日本没有好感;第二,在战债关系上,它不能脱离美国经济势力的控制;第三,为要对付共同的敌人苏俄,它是不能逼着美国破坏共同的战线的。这一切都充分表示英帝国主义者失掉了它昔日操纵世界政局的力量。尤其是苏俄的存在与扩展,更使英国不能如意的调整它们内部的相互冲突。

二、帝国主义者与苏俄

英日美三帝国主义者在太平洋方面的冲突,从某一方面讲,固然会因苏俄的存在,而得到缓和;从另一方面讲,却又不免因苏俄的存在,而更趋激烈。苏俄在本质上是与一切帝国主义者对立的。它一般的煽动殖民地人民,煽动各国劳动阶级,并煽动各弱小国家,共同从事反资本主义反帝国主义运动;它的势力的膨胀,是以那种反帝国主义运动的扩大为前提,换言之,苏俄与一切帝国主义者结有你死我活的恶缘,苏俄的打倒,是它们大家的利益,它们彼此如发生斗争,势将给予苏俄以坐收渔人之利的机会,从这种利害关系上讲来,聪明的帝国主义者们,便彼此试作缓和冲突的忍让与调解了。

然而各国的国情是颇不一样的。资本主义基础薄弱的国家,对殖民地依赖性特大的国家,经济恐慌程度过于深刻的国家,与那些地大物博,或经济条件优良的国家比较起来,对于苏俄是更多顾忌的。而各国在地理上历史上经济上与苏俄关系之深浅参差,更使它们不能不乱其协同对付苏俄的步调。况且,它们彼此间利害的冲突,又是那样无可调解哩!

与太平洋方面利害关系比较稍浅的国家,这里暂且缓提,仅就英日美三帝国主义者言,它们对于苏俄的关系,就颇不一样。美国至今尚未承认苏俄,与苏俄发生国家间的正常关系;英国是于一九二四年,日本是于一九二五年就承认了苏俄的,就中,英国虽于一九二七年和苏俄断绝国交,翌年又开始恢复。比较起来,美国和苏俄的外交关系,算是最不美满的了,但一察其究竟,就知道形式上的承认与否,殊不足以定各国实际关系的好坏。美国是物资丰盈,社会一般生活优裕的国家;它的劳动群众,比较不容易接受苏俄革命的纲领,并且它又没有广大的海外殖民地,供苏俄煽动;虽然在结局上,苏俄的扩大,会给予它以致命的打击,而就目前的情势说,它与苏俄的直接利害冲突,至少比英日两国与苏俄的利害冲突,要缓和多了。

英国是最老的资本主义国家,它的劳动大众,是比任何一国都有组织有训练,这对于苏俄宣传共产主义,当然是一种大的便利;同时,英国的繁荣与生存,主要又是寄托于东方的殖民地及次殖民地;苏俄对于英国国内的罢工运动(如一九二六年之总罢工)之进行,在中东方面拉拢波斯阿富汗,作煽动印度独立之策动,以及在中国帮助国民革命运动,颠覆英国特殊势力之企图,处处皆表明苏俄与英国外交关系之非常恶化。至若英国在欧洲联络苏俄边境小国,包围封锁苏俄的种种安排和准备,那是我们已经在前面略略讲过的。

日本因地理的、历史的,乃至经济的种种关系,它与苏俄的冲突,就更其严重而直接了。自日俄战争以后,日本与俄国在满洲之经济利益与政治势力,都有均衡的对立着的趋势。俄国在北满方面,以中东铁路为障壁,作为在远东经济上政治上进行之根据地;日本在南满方面,以南满铁路为侵略的路线,作为其经济的、政治的、军事的斗争之大本营;俄国与日本事实上早已形成了对峙的局面。俄国在外蒙一带之嗾使蒙古当局排斥日本势力,与日本在满蒙极力庇护白俄,也算是针锋相对。不过,在大战当中及以后数年间,俄国既困于国内政治的纠纷及国外环境的压迫,而不能在满洲方面有所活动,日本却又因南洋、印度及中国本部到处可以肆意活动,无须局限其行动于既经立有深固基础的满蒙一隅,于是,它们的利害关系,就一时没有达到正面的冲突。但最近几年来,日本国内生产过剩的恐慌，逼着它要求更大的投货地与投资地，它遂不能不向北满发展；同时，苏俄因五年计划的节节成功，它亦想向南满倾销其过剩的产品，这样，它们的冲突，乃无可避免。日本鼓动蒙古富农及喇嘛反对苏俄哪，日本军队扯下苏俄领事馆的国旗哪，东京俄使馆被袭击和驻日苏俄商务代表之被暗杀哪，反之，苏俄之扶植日本共产党及帮助朝鲜独立哪，在库页岛附近捕获日本渔船，并封闭日本设立海参崴之朝鲜银行哪，由这些不祥事件之不断发生，当可说明两国外交关系之极度险恶。至日本前年"九一八"事件的发动，那更是对苏俄的直接示威哩！然而狡猾的日本帝国主义者，它并不会依照其他帝国主义者所期待，竟向苏俄进攻，它知道它与苏俄发生战争，势将使美国坐收渔翁之利；而在另一方面，美国因英法诸国默许日本的霸占满洲，破坏其领土保全与门户开放政策，所以偏要与俄国携手同行。总之，日本一方面虽利用了一切帝国主义者与苏俄之间的对立，另一方面却加深了它们对苏俄战线之混乱。

三、中国之反帝国主义运动

一八四〇年鸦片战役以后的中国外交史，实际就是帝国主义侵略中国之史事的写实。然自一九一九年以后，帝国主义者对中国的压迫，虽未根本停止，而中国之反帝国主义运动，却已渐渐抬头。我现在没有充分的篇幅，来详述帝国主义在中国所演的侵略事实，特在解说中国反帝国主义运动之前，不能不把它们侵略的事实，描出一个轮廓。

在鸦片战役后，中国又于一八五六年受到一次最大的打击，那就是英帝国主义者联络法国共同发动的所谓英法联军。这次战役与鸦片战役失败的结果，中国除了负担许多赔款损失外，还割去了香港、安南、缅甸等地，开放了广州、福州、厦门、上海、宁波、牛庄、登州、潮州、琼州、镇江、九江、汉口、天津等商埠，并连带容许了外人在中国的矿山开采权、领事裁判权、内河航行权、关税权、土地购租权。这是中国大规模割地丧权之始，亦是中国经济横被侵略之始。在这以前，中国每年对外贸易出超 200 万两；在这以后，却变为入超 6900 万两。自是，外国的商店、银行、工厂、学校，乃散布于中国通商大埠，中国之独立主权，遂归于破碎支离。

英法两国既在中国获得许多权利，其他帝国主义者亦继起援例效尤，由是丧失国权国土的事件，几无岁不有。逮一九八五年[1]之中日战争惨败后，中国之弱点，全盘暴露出来，于是，俄、德、法、英、日、意诸国，乃有势力范围之划定，租借地之要求。一九〇〇年，有列强共同发动镇压中国民族觉醒运动的八国联军，一九〇四年，有英侵西藏所订立的利萨条约[2]，一九一〇年有日本实行吞并朝鲜，因而进一步侵略中国满蒙的策划；民国成立之初，即有对俄的蒙古交涉，对英的西藏交涉，以及所谓银行团大借款事件；民国三年，即一九一四年有青岛问题，一九一五年有日本提出的"二十一条"事件，一九一九年有巴黎和会关于山东问题之失败，一九二五年以后之"五卅惨案"、"沙基惨案"、"万县惨案"、"南京惨案"，最近一年来之东北问题，……这一列伤心惨目的悲痛事实，都是帝国主义者横加于我们的枷锁和毒害。中国的出路，当然是要打倒帝国主义。但我们的力量，我们遍身被不平等条约束缚的肢躯，是不够与帝国主义者争衡的。要打倒帝国主义，或由帝国主义者收回我们的权利，必得在帝国主义者已经趋于崩溃，或者已经曝露其弱点，使我们有隙可乘的时候。中国的反帝国主义运动，其所以发生于一九一九年前后的，那有它的特殊原因存在。

要追朔中国反帝国主义运动之发动，可以说是始于一九一九年，那一年巴黎正开着惩膺战败国的和平会议，而在中国北京忽然爆发了民族感情异常强烈的五四运动。五四运动直接是对卖国贼的惩罚，间接是对帝国主义者的示威。自这次运动发生后，全国各地都如响斯应的成立了许多反抗帝国主义的学术机关学生团体，一九二五年上海发生的"五卅事件"，那就是由学生领导群众直接向帝国主义者进攻的前哨。这事件虽然又给帝国主义者来了一次恣意的屠杀，但反帝国主义的怒潮，却由此澎湃到了整个中国。一九二六年，以打倒帝国主义为职志的国民革命军，占领了武汉，与控制长江一带的英帝国主义者的势力，正面冲突；翌年一月，汉口码头工人在革命军的掩护下，径向英国租界作暴动式的袭击，由是收回了英国在汉口及九江的租界，使英帝国主义者在长江的势力，发生根本动摇。同年三月，革命军克复南京，四月十六日即在南京成立国民政府，由国民政府外交部发表废除一切不平等条约之宣言。一九二七年七月，美

① 原文如此。应为"一八九五年"。——编者注

② 指"拉萨条约"。——编者注

国首先承认中国关税自主与中国订立关税条约，同年，又与德国、挪威、比利时、意大利、葡萄牙、英国、瑞典、法国、西班牙诸国相继订立类似的关税条约。即关于内河航行权及领事裁判权等条约，各国亦都承认修改。负有帝国主义之先锋队任务的外国教会与教会学校，亦在收回教育权的口号下，受中国官宪的统制监督。……这一列事实，虽只能算是中国反帝国主义运动的开端，但与前述帝国主义者侵略中国的种种事实对照起来，总不能不说是渐交佳运了。现在且缓提这佳运究竟延续了多少时间，姑先看看我们是怎样才交佳运，或怎样才能发生这反帝国主义运动。

中国反帝国主义运动的兴趣，第一是受赐于前次世界大战，第二是因为苏俄苏维埃政权之确立，第三是由于美国门户开放政策之策动，至若中国人民之觉醒，与中国民族资本主义之抬头，那是同前述三者相为因果的，下节还有论到的机会，这里只把那三点分别解述一下就行了。

世界大战对于国际政局的影响，前面曾从各方面加以概括的说明；单就中国言，那亦是有非常重大的关系的。大战曾经过四年的岁月，在这长期当中，一向在中国施其侵略压迫的英法俄德的诸帝国主义者，至是都没有余力过问东方；这在一方面虽予日帝国主义者以单独向中国攘窃的机缘，另一方面也使中国暂时宽松了列强共同压迫的重担。而且，德国与旧俄的根本崩溃，英国和法国的国力亏损，那都于中国有不少的帮助。因为就前者言，它们在中国的特权的放弃，颇有影响于其他帝国主义者的声威，同时还促进了中国人收回国权的自信；就后者言，英法帝国主义者因要徐图恢复其元气，它们对于中国的侵攻，不再像战前那样积极了。况战时及战后民族主义的兴起，欧洲许多民族小国家之恢复与建立，各殖民地人民之觉醒，更予中国以不少的刺激。此外，如中国之参加欧战，列席和会，那有益于国际地位之改善，和反帝国主义运动之推行。大战确是中国一个好好复兴的机会，虽然我们没有好好利用着。但那仍不失为中国反帝国主义运动之一主因。

俄国苏维埃政权之建立，那无疑地是直接受了大战之赐的。在地球1/6的土地上，居然有一个大资本主义的帝国，一变而反资本主义国家，那在一方面固然要大大减弱其他帝国主义者的威势，同时且会增加一切反帝国主义者的气焰。苏俄新政权建立后，中国反帝国主义运动，从两方面得到了帮助。其一是积极的，其一是消极的。就积极方面言，苏俄的口号，是援助一切被压迫的民族；为它自己的存立与发展计，它当然很热心赞助中国一切反帝国主义运动，而在实际，中国北伐革命军之成功，苏俄确在各方面有不少的助力；就消极方面言，帝国主义者因忌惮中国受苏俄的策动，因而投入苏俄的阵营，它们对于中国要求撤废不平等条约的反帝运动，就不能不作某种限度的容忍和让步了。

最后，我要论到美国门户开放政策对于中国反帝运动的功用了。美国因其他帝国主义者占尽了中国的通商口岸，和把中国划分了势力范围，才出来主张保全中国领土，使门户为大家开放，利益由大家均沾；它这“监守自盗”的分肥主义，本来无所爱于中国，但中国在它这种政策的运用上，却得了不少的便利。在以前，各帝国主义者对于中国的压迫，系采取一种协调精神；它们对于中国要求关税自主及取消领事裁判权等运动，都是共同应付。在这各帝国主义者一致动作的场面下，我们恢复国权的事业，当然不能期望有何等成就。但主张门户开放的美国，它是不愿同那些主张利权独占的国家，协同动作的。它首先承认中国的关税自主，并表示愿意修改其他不平等条约，这样，它们的协调局面破坏，中国的反帝主义运动，就可在它们这相互冲突，相互斗争中成长了。

总之，中国反帝国主义运动之产生，盖由于帝国主义本身已露出了破绽，或各帝国主义者间已显示了极大冲突，又或各帝国主义者与苏俄间已有了错综复杂的对立关系。但这种破绽，这种冲突，这种对立关系，一方面固助长了中国的反帝国主义运动，另一方面却又破坏了中国的反帝国主义运动哩！

第七节　东北问题

东北问题是反帝国主义运动与帝国主义侵略之大冲突，是国际间一切对立矛盾关系之总曝露。这个问题的当事国，虽只是中国与日本，但其关联性，却牵涉到了东西两半球上的一切国家。在此问题发生一年余之今日，我们虽尚无从判断其最后结果，然试一探究其所以发生之原因，及发生后所引起的各方面的反应，则国际间由此问题展开的局势，就不难推知一个梗概了。现在，姑先就“九一八”事件之经济背景来说。

一、"九一八"事件之经济背景

在"九一八"事件发生之前，中国与日本间曾相继发生了几次纠纷，如万宝山事件、朝鲜惨杀案、中村事件等等。但这几次纠纷，不是"九一八"事件之所以发生的原因，而是其发生前所演的前奏曲。"九一八"事件是具有必然性和世界性的。我们要从经济的观点来说明其究竟。

日本动辄称满洲是它的生命线。经营满洲的大本营，是满铁会社（南满铁道株式会社之略）。以满铁为中心并沿着满铁所经营的铁道在南满攫获了种种权利，这也成了日本生死攸关的经济基础。管理满铁的南满株式会社，所经营的事业，并不仅限于铁道，还有港湾、航业、矿业、制铁所、工业、仓库业和地方事业（关于卫生、教育、警备、调查等）。在它成立的一九〇七年，获利不过200万元，但至一九二七年，获利竟达360余万元，即在二十年中，增加了十八倍。根据最近的调查，日本对外的总投资额为28亿余元（一说22亿余元），内中投到东三省的为15.1亿元，投到中国本部各省的为11.9亿元，后者占其总投资额42%，前者占54%。更就日本对东三省的贸易言，在一九三〇年，由日本输入东三省的货物价值为1.22亿元，占日本对华输出总额的31%；由东三省输入日本的货物价值为1.63亿元，占中国对日输出总额85%。日本输入东三省的货物，主要的为棉织物、丝织物、毛织物、面粉及机械器具等，东三省输入日本的主要货物，为铁、煤、大豆、石油等。

从上面几点看来，我们已不能[①]辨认日本对于我东北三省的依存性；设更进一步考察其资本主义性质，及其在世界一般经济恐慌中所呈现的危机，那就更易了解它此次发动大规模侵略之必然性了。日本的资本主义，乃是以原始的蓄积为基础，即是以那凭借赋税国债等手段，而对于农民所加的剥削为基础，或者说，这种资本主义的特质，就在牺牲农业，而成就工商业。农业既受工商业的牺牲，它就要停滞于小农经济状况，而没有实现资本主义化之可能。这样，在一方面，农业生产品大受限制，不能对工业原料有充分之供给；同时，农村购买力减少，更不能对工业品有大量的消纳。日本是受天惠过啬的国度，又是国内市场过狭的国度，在世界一

---

① 原文如此。应为"不难"。——编者注

般经济恐慌的状况下，它的农工对立现象，自然更会加大其严重的危机。况且，日本是比较后进的资本主义国家，它对于世界待开发的殖民地的抢夺，固已后了一着，而对于其他先进诸国早经配备好了的各地市场，亦苦于无从插足。诚然，在大战当中，它几乎垄断了东亚各国大大小小的许多市场。但大战结束后，它这一时独占过的市场，都因欧洲各国资本主义生产之恢复，及其关税率之提高，而把南洋印度各地的日货驱逐了。日本战时商工业之过度扩充，与其战后市场之过度缩小，当然会招致其全国经济的过度恐慌。一九二〇年三月的恐慌，一九二三年的恐慌，已使日本资本主义受到非常的打击。特别是经过一九二七年的金融大恐慌以后，日本全社会的经济机构，皆陷于深刻沉滞的状态中。不幸，就在这时候，世界全般恐慌之导来，更使日本的不况程度，益加深刻。为图打开其非常的难局，它必然的要向中国，特别是向中国东三省作更进一步的侵略，即是，它要求把市场由南满扩展到北满。我在前面已讲过：苏俄因实行五年计划，正图把它的市场由北满扩展到南满。这种显然的冲突，虽然不免成为日本帝国主义者发动暴行的原因，但此外还有逼着它“挺而走险”的事实存在哩！

被称为日本外府的东北三省，连年因为不曾像关内那样发生战争，其农业商工业皆有向上发展的气象。由一九二五年至一九二七年三年间，东北三省之耕地，竟增加了14%。耕地面积既不断的开拓与增加，势必引起生产力之上升，而推进产业各部门的发展，同时，交通事业亦急速发达起来。一九二五年以后，铁道敷设颇为猛进，不到几年，就完成了自办铁路1600公里，投资1亿元。东三省经济之一般繁荣，和其政治之渐形安定，一方面固刺激关内民族资本，使向东北进出；另一方面更刺激德美各国商团资本团，使其视东北为它们过剩重工业品及过剩资本的泄口。而且，因着关内国民革命潮流之激荡，以及取消不平等条约的反帝国主义运动之抬头，东三省统治当局已毅然企图从日帝国主义者的束缚下解放出来。当一九二七年及九二八年之交，东三省居然在日帝国主义者多方阻挠之下，归属于南京政府了。此后，它更利用江浙资本及欧美各国资本，积极从事资本主义的大工业建设。葫芦岛筑港计划之实施，和其他满铁平行线铁道之建筑，在在皆可削弱日帝国主义者在满的经济势力。日本帝国主义者正图向满洲扩大侵略，以缓和其国内的严重恐慌的当中，东三省竟处处隐伏着生长着排除其既成利权的活动与潜力；这种迎面的冲突和致命的危机，必然不免要激起日本帝国主义者“发动实力”的疯狂暴举。这就是此次“九一八”事件发生的根本原因。

从此，我们知道，“九一八”事件或东北问题，是有其必然性和世界性的。这事件不是单纯的中日利益冲突，而是国际间一切相反势力——帝国主义与苏俄，帝国主义与帝国主义，帝国主义与殖民地民族主义运动——之大角斗。

二、列强的态度

东北问题既具有如上所述的复杂世界性，日本强占了东北，那就不只中国要哭诉与怒号，世界其他与东北利益有密切关系的列强，也当不能袖手而坐视。然而，这个问题已经发生一年多了，与东北利益最有关系的苏俄，它是一再忍让，一再缄默。主张“领土保全”“门户开放”的美国，它也只放了几次空炮；每次空炮放过后，就毫无动静的沉默起来。英国哩！除了满口宣说它是“公正的调人”，并且实行做耐性的调人外，它更其显得镇定了。其他如无力过问外事的德国，对东方利害关系较浅的法国，它们尤其不能有何等惊人的主张。列强的态度如此，所以，一向利用列强均势以偷存的中国，既大费周章，而预言世界第二次大战的国际政论家们，亦颇觉其逻辑之失据了。

然我们试一分析各国对东北问题所持之冷静态度，就知道它们是各有各的顾虑与打算。先就一切资本主义国家的共同敌人苏俄来说吧，从政治上立论，东北是苏俄东向政策的出口，从经济上立论，东北又是苏俄倾销政策的尾闾。日本攫去了东北，那不但会妨害苏俄北满的经济利益，且会把满洲化为攻击苏俄的炮垒。照理，日本侵及北满，占领中东铁路时，苏俄应有严重的表示，或竟出以军事的干涉。但它一再隐忍下去了，它所持的理由是：（一）第一个五年计划尚待完成，第二个五年计划还未开始，国基未固，准备未成，不值得与日本孤注一掷；（二）设一旦与日本在国境东边作战，国境西边及南边的防务，就难免空虚，而予其他帝国主义者以可乘之隙；（三）自己关门从事和平的建设，实力日益雄厚起来，可直接间接予资本主义各国之殖民地，及其国内劳动阶级以声援与鼓舞，这样，各国势力将日削，自国势力必坐大；（四）苏俄暂时不与日本争衡，各资本主义国家或不免火并，无论美与日战，英美与日战，抑是日英与美战，苏俄均可坐收渔翁之利。因为这几种理由，苏俄不能不暂守缄默了。然而它所期待的帝国主义战争，亦正不易马上实现。它本身就是帝国主义战争的障碍。

以美国而论，它所号召的“门户开放”“机会均等”主义，其主旨就是否认日本在东三省的特殊利益，即反对日本对满经济权利的独占。日本敢于强占满洲，那不但是对苏俄示威，且是对美国挑战。美国在这种场合忍让下来，它对东北的野望，它在世界的声威，均将随日本的霸业而消泯，而失坠，而且占有东北后的日本的势力，将更无法控制了。照理，美国这时是应不辞任何牺牲来维持其权威与利益的。然而它也有大的顾虑哩！(一)美国一旦与日本发生战争，无论谁胜谁败，两方都是会遭到致命的损失的。即令日本容易为美国克服下来，苏俄定会从种种方面扩大其势力，从而，乘机取得日本在东北的地位，这样，美国去了一个强横的敌人日本，同时却招来了一个十分可怕的敌人苏俄。况且(二)美国刻下在东北所投的资本，或者广义的说，在东北所获有的利益，尚没有达到它依战争来防护的程度。(三)在生活舒服的美国人看来，战争是非常讨厌的。它们国中大多数人，或者99%的人，对于中国事件，并不是怎样关心。要这种人鼓起对日作战的勇气，哪能做到哩！即令(四)美国的舆论，可由代表少数资产阶级利益的政论家及新闻家的鼓吹，而转移过来，而使国内充满对日作战的空气，但在没有取得英国的援助的限度内，美国军事当局亦断难确信有打倒日本的威力。诚然，英国无论在中国，在南洋，以及在其他各殖民地带，都与日本有经济利害的冲突，但它与美国利害冲突的地方，反较前者为烈。这样，英国人的向背，就颇为美国所疑虑了。

我在前面讲过：英国的存立与繁荣，都是依赖它在太平洋方面所建立的经济基础。任何国家有制霸太平洋，或支配太平洋的势力，皆直接间接使英国那种经济基础受到动摇。战后日本的扩张，英国早已有所戒备；日本此次武装占领东北，英国在目前固然不免失去，至少是不免损害它已经在东北获有的若干权利，而未来日本势力由占有东北的增大，那英国在东方，特别是在中国的经济利益，就难保不为日本所驱逐了。在这种意义上，日本正是英国均势主义政策的假想敌人，英国纵不肯单独与日本为难，但联合同种国美国共同对日干涉，或参加美国的对日干涉，那又何乐不为呢？然而它还有另一方面的打算哩！（一）对日实行干涉，势将不免演成更大规模的战争。前次大战所结予英国人民的惨痛，在精神上固犹令其谈虎色变，而在物质上亦还是创痍尚未全复。美国日本都是受到了前次战争的利益的。它们虽不妨再来一次，但英国却就不能不示弱了。（二）英国是资本主义势力最大的国家，对于苏俄之多所顾忌，自是意中事。它很知道与日本发生战争，定会让苏俄坐收渔翁之利，同时它更知道：设苏俄与日本发生战争，或日本与美国发生战争，它反可坐收渔人之利，两两相权，它当然要意存观望了。（三）它如其参加美国对日干涉，日本是会在英美两国强大的海军压力下，降伏下来的。但日本降伏后，美国定会确立其在太平洋的霸权，就经济力与海军力讲，美国将成为比日本更可怕的敌人。（四）它（英国）知道，英国不参加共同对日，美国是不肯单独发动的，英国不对日同情，日本亦是不敢恣意妄行的，在这举足重轻的场合，它的国际颓势可以恢复；在这问题延滞不决的场合，中国将继续抗日，它的贸易颓势可以恢复；加之，美日俄三国相互对立抗争起来，势将造成一种有利于英国的均势局面。为了这几种打算，英国当然不肯出面与日为难，甚且暗地与日周旋了。

俄美日三国以外的法国，它是早就立在太平洋纠纷的圈子以外的。它与欧洲的诸大国，如英，如德，如意，乃至与苏俄，都不相融洽，它虽想拉拢中欧诸小国，为欧洲之盟主，但它的地位是非常孤立的。为了增大外交上的声援，它与东方孤立的日本，常相勾结；东北问题发生后，法国一般舆论皆左袒日本，我们要想法国出来仗义执言，那更其是没有希望了。

世界各大国对于东北问题，既互存观望，不肯硬作主张，日帝国主义者就利用此对立观望的形势，不住的扩大其军事占领范围，东三省占领了，不够，又侵及上海，最近且夺取山海关，以为其侧攻热河，进犯平津的根据地。各国的忍让与日本的狂暴，恰好是一个对照了。日本强占东三省后，又厚颜的制造出一个“满洲国”，且狡狯的予以承认。横蛮暴戾，为所欲为。领土的尊严，条约的神圣，都在日帝国主义者铁蹄下，蹂躏无余了。在这当中，一向主张维持和平保障公理的国际联盟，它究竟曾作过怎样的努力哩！

三、国际联盟与调查报告书

国际联盟的年龄与组织，我在前面已讲述一个梗概了。尽管它的会章定得冠冕堂皇，但实际总不免为几个大国，特别是为英法两国所操纵。英法对东北问题的态度，既是不肯干涉日本，甚且左袒日本，那末，想依赖国际联盟来主张公理抑制强权，就显无希望了。然而，东北问题发生后，国联毕竟开过多次会议，且曾作过几番调解主张，它的主张虽不为日本帝国主义者所接受，它的耐性与努力，却是不可否认的。这次事件，是国联成立后所遇到的最感困难的一件事体；国联会章能否维持，就看它对于这件事有无办法，这是大会不能不努力调解的一种理由；再，国联虽为一二大国所操纵，其他大多数小国究有发言权和表决权，英法等国即使要迁就日本，压制中国，仍不免要顾虑小国的舆论；况且，与国联会章有极大襄助作用的华盛顿九国条约及非战公约，皆有英法等国参加，美国又是这两种规约的主张者；同时，在战债关系上，英法为美国所牵制，所以，美国从旁的策动，亦是使国联不能随意处决中日纠纷的一个原因。

然而国联每开一次大会，日本就在大会前后更扩大一次侵略。按会章十六条所规定，国际联合会某会员如与其他会员，发生争端，不肯提交公断，或提交行政院审查，而从事战争者，即视为对于所有联合会其他会员有战争行为，其他各会员当立即与之断绝各种商业上或财政上之关系，禁止其境内居民与破坏盟约国境内居民之各种往来。……这种严厉的规定，在东北问题发动之始，即可用以制裁日本，但国联在本质上，或在它为一二大国所操纵的事实上，不能遽然使用这裁制手段。它所做到的，只是敷衍拖延的工作。而这工作比较重要的部分，当然要算有名的调查团报告书。

调查团的派遣，是决于一九三一年十二月十日的行政会议，调查团出发到中国，则迟至去年三月十四日。在这两个时期当中，日本又在上海演了一次大侵略的战事，使调查团更有材料丰富其报告书的内容。

去年十月二日，长达十余万字的报告书公表了。那是一部相当顾及了法理及事实的重要文件。虽然日本的非法侵略行为，无须要调查，虽然调查的本来目的，就在拖延敷衍，但大吹大擂调查出来的结果，却亦够耸动一时的听闻，而为今后解决东北问题，提供一个有力的参考根据。

东北问题最困难的焦点，就是所谓“满洲国”的成立。日本以亡韩的故智，首先在东三省伪造一“满洲国”；以“民族自决”的理由，掩避其违反国联会章及九国公约的非法罪戾。这样看来，日本是否应受破坏盟约的制裁，就要看“满洲国”的建立是否由于满洲人民之公意；而“满洲国”之是否应当存在，亦要看它的建立是否由于人民的公意。调查团有见及此，故特别注意考察这所谓“满洲国”的性质。在报告书第六章中说：“自一九三一年九月十八日以后，日本军事当局之行动，在军事民事上均以政治作用为目的，逐步以武力占领东三省。由中国治权之下，递次夺去齐齐哈尔、锦州、哈尔滨，最后并及于所有满洲境内之重要城市，并在每次占领之后，即将该处行政机关改组。由此可知在一九三一年九月以前，满洲毫未闻有独立运动，其所以有此运动者，乃日本军队在场所致也。”又说：“以各方面所得之一切证据而论，本调查团认为‘满洲国’之构成，虽有若干助成份子，但其最有力之两种份子，厥为日本军队之在场及日本文武官吏之活动，盖以本调查团之判断，若无此二者，则‘新国’决无由成立。”所以，“基此理由，现在之政权，不能认为由真正及自由之独立运动所产生”。

“满洲国”之构成，既是出于日本军队及文武官吏之活动，日本就显然破坏了中国领土之完整，并且弁髦了其所负种种神圣条约履行之义务。所以在报告书第九章中，又有这样指斥日本非法占领的文句：……“现在有一大部分地面，向为中国领土显无疑义者，竟为日本武力强夺占领。且此种行为，使其与中国分离，并宣布独立。此案经过所采之步骤，日本谓为合于国联会章，非战公约及华盛顿九国公约之义务，而实则各该约之意义，正在防止此种行为。……”

上述日本之非法罪状，即由武力占领，变更领土所属国之政治组织之罪状，本来为昭然若揭的事实，无待调查团之报告，但经过此次调查，一方面可以揭穿日本帝国主义者在欧美各国的欺骗宣传，另一方面可以在全世界唤起制裁横暴的有力舆论。这是报告书中最精彩的部分，亦是其中最公允的部分。

至该报告书认定恢复“九一八”以前原状之困难，及主张变相国际共管或由日本代管东北之建议，那却未免过于迁就强权，而且有损其前述结论之价值。然而就是这不能令人十分满意的报告书，不还受到了日本人坚决的反对么？报告书已经公布数月了，国联不但不能依据其所派调查团调查的事实，作公平而适当的处置，却反而把报告书搁在一边，去迁就日本对调查团报告书所提的对案。英国代表西门(Simon)，居然在最近国联会议中，大唱其袒日的论调。据美国所传出的消息，英法对东北事件，早与日本成立了某项秘密协定。这消息是否可靠，虽尚待今后事实证明，但英法想利用东北事件，迫美国取消战债，美国又想利用战债，迫英法共同对付日本，则是无可否认的事实。特它们在战债问题上，却又有不易接近之点，即，英法要求全部勾销，美国只承认部分修正。这样它们协同对日的动作，就难于实现了。由是，美国乃强硬要求英法不得延缓十二月十五日到期战债，英法遂在国联会议中明显表示袒日主张。中国这时悟到国联全不可靠，乃断然改变外交战略，对俄恢复邦交；日帝国主义者知道这又是一个扩大侵略的口实与机会，它于一九三三年元旦发动战争，夺取山海关，并向平津热河作大规模的军事行动了。

我们现在无从判断东北问题的最后结果，但由东北问题展开的世界局势，却是不难推测一二的。

四、由东北问题展开的世界局势

东北问题既具有如我前面所说的复杂世界性，它的最后解决，可以说是茫茫无期的。我们遽然说世界大战即将由此爆发，虽似神经过敏，但这个问题确有增大世界严重危机的作用，则为一般人所公认。现在，我可以由几方面来解析此点。

第一，东北的宗主权无论是否由中国保留，在实质上，东北终归是为日本所占有。日本非法占有中国东北种种利权的结果，最近十余年来列强斗法要戏所用的假和平工具，如国际联盟会章、九国条约、非战公约等，将根本失其招谣效用。在甘为祸首的日本，无论就保障其劫夺的满洲的安全讲，就防卫俄美的侵攻讲，抑就进一步推展其大陆政策讲，必定更狂乱的扩充军备。在日本如此，在失去了缓冲地满洲，而与强敌短兵相接的苏俄，它更不能不谋所以自卫了。至若远在太平洋彼岸的美国，它是一刻不能忘怀其西进政策的障碍的。日本独占东北后，其政治势力与经济势力，将加速发展，而予美国西进政策以致命打击；加之，日本军备的扩大，益使美国增加其愤恨与不安，美国的军费，是比日本容易筹集的，它将怎样扩张军备，我们是不难测知的。苏俄、日本、美国的军备既大事扩张，英、意、法、德以及其他许多国家，均不能不迫着增厚武力了。

第二，军备更激烈更加速竞争，会招致怎样的结果呢？显而易见的是政府要由赋税或国债的形式，加重一般大众的剥削，从而，减少社会一般的购买力，使那已经无法救济的恐慌，益扩大范围，加深程度；这种愈陷愈深的困境；无疑地会使各国政府当局，迷信两种续命的宝丹，其一是严筑关税壁垒，又其一是拼命争夺市场，然而由前之道，无异互相断绝国外贸易，致经济恐慌益临于绝地；由后之道，那又不过进一步奖励军备竞争，即进一步增大经济恐慌，亦即进一步加速资本主义的崩溃。

第三，在军备竞争、经济恐慌、市场争夺的场面下，向时处常的政治组织，是不能运用自如的。比方，军部或军事机关所提出扩张的预算，往往不能得到议会的可决；又如，军部或军事机关所认为有利于国家的主张，各政党往往因为有抵触其党纲，而不予通过。因为这样，各国政府，就动辄与各国军事当局发生龃龉。但在战备的空气中，军权是高于政权的，于是各国的议会政治，就渐趋于没落，而代以崭然的独裁政治。加之，经济恐慌的必然归趋，是中小资产阶级的破产，是失业劳动者的加多，进言之，是劳动大众的抬头，因此，独裁政治的功能，就是对外仇视友邦，对内镇压赤化，同时，更思以国家利益为前提，而统制国内经济。这种政治经济的动向，恰好构成最近法西主义（Fascism）运动的核心，所以，东北事件发生以来，世界法西主义运动的怒潮，就如野火般的向各资本主义国家伸展。法西主义的国际化，规模更大，更惨酷，更多伤亡损害的世界战争，便要急速的爆发起来。

第四，下次爆发的世界大战，我们有许多理由证明是在太平洋方面。太平洋方面早就是由各种矛盾对立的机构所形成的假和平均势力局面。日本之强占东北，无异拆去了那撑托假和平局面之主要机构。它处心积虑的要与美战，要与俄战，且要征服全部中国；它的野心，使它的地位孤立，它的孤立，益使它多所戒备。破天荒的军事预算，大规模的军事演习，处处证示它不辞为下次大战的戎首。本来，欧洲方面亦是颇不平静的，德意志号称为“世界政治纠纷之锁钥”，它的右转左转，都会使西欧局势，陷于不可收拾；此外，如意大利之露骨的对外强硬政策，亦随时有引起不祥事变之可能。但东北问题发生后，欧洲动乱的政局，却相对的减少了危险性和严重性；世人的注意，固然移注于东方，各国的外交政策，颇有所改变。其结果,中国的东北三省,势将成为国际战争火药库巴尔干半岛的替身,这未来战争无论如何配列,日本帝国主义者总是要扮演一个主要角色的。战争是强权的伸展,战争亦是强权的裁判。日本军阀现刻之踌躇满志,得陇望蜀,不是过于乐观了么?

本书主要参考书

Plebs League: An Outline of Modern Imperialism 1922.

G. D. H. Cole: The Intelligence Man's Guide Through World Chaos 1930.

E. Satow:A Guide to Diplomatic Practice 1924.

小室诚著:《现代外交与国际关系》,1930。

周鲠生著:《近代欧洲外交史》。

章渊若著:《国际问题经济的观察》。

毕耳(Buell)著:《国际关系论》(曾叶合译本)。

政治经济批判会辑:《国际政治经济年报》第一辑。

泰宁著:《苏俄外交史》(陆一远译)。

经济政策

原书封面

民國二十五年一月印刷
民國二十五年一月發行

有著作權 不准翻印

中華百科叢書 經濟政策（全一冊）

◎ 定價銀六角

編者 王漁村

發行者 中華書局有限公司 代表人陸費逵

印刷者 上海澳門路 中華書局印刷所

上海福州路 中華書局發行所

各埠 中華書局

（本書校對者柳啓新 柳野青）（九六五六）

原书版权页

编者引言

一、经济政策本来是到资本主义社会才大大发挥其功能。但在此种社会以前的各种社会,实皆有其具体而微的经济政策。所以本书在绪论中,对于奴隶社会封建社会的一般经济方策,皆顺序解述,一以究明经济政策本身之性质,一以探究其发展演变之程序。

二、关于资本主义社会的经济政策,一般皆采行平面叙述法,如依工业政策、农业政策、商业政策、交通政策……汇兑管理政策等等,顺序加以叙述。但此方法有许多不便之处:(一)把汇兑管理或倾销一类政策,与工业商业政策平列,有失轻重;(二)容易把工业政策等解作工业制度,而实际政策则是维护制度的手段;(三)不易把握经济政策的根本性质。因此,本书采用历史叙述法使知资本主义各发展阶段,都有其独特的经济政策。

三、本书除资本主义经济政策及苏俄经济政策外,原打算最后述及中国过去及现在的经济政策,但因篇幅限制,只好待他日专编一册《中国经济政策》,以补此缺陷。

四、本书编撰旨趣,原在供一般读者关于经济政策的入门基础知识。故对于不十分通俗的经济学上语辞,避免引用,间或引用,亦必加以简括解释。

五、每章结尾,皆提出种种问题,以便读者有综合比较研究的机会。

六、书中有欠妥之处,盼读者诸君剀切指正。

一九三五年七月

第一章 绪　论

第一节 经济政策的意义

人生而有欲。人类最基本的欲望，为穿衣吃饭与居住房屋。不论在何等社会，人类都以谋衣摄食与营造居处，为其最基本的经济活动。在此类经济活动中，人类一方面须利用自然，征服自然，同时更须应此利用自然征服自然之需求，而在人与人间，结成一定的社会经济关系。当利用自然征服自然之方法与手段有所改进，或者利用经济[①]之规模一旦有所扩张，则人与人间所结成的社会关系，乃随之变换其性质，并增进其复杂与密切之连锁。结局，个人之经济活动，每受其所属社会关系之制约。任何特定社会关系所形成的特定社会制度，皆有范围并影响其社会全体成员之经济活动之根本需求，而实现此种需要所采行的诸般方策，即属经济政策。

关于经济政策之涵义，经济政策学者曾就各种不同的观点，加以大同小异或判然各别的解释。以经济政策为学问研究对象，系始于德国，而德国关于此种学问之第一部系统书籍，即斐力普维奇(Philippovich)所著之《经济政策》；斐氏在该书劈头，即开宗明义的谓经济政策为"人类为促进国民经济由个人或团体有意施行的一切行为与设施之总称"[②]。此种定义的最大毛病，即将个人的经济活动，亦包括入经济政策范围中；其实推行经济政策之主体，不但非个人，且非普通团体。

日本那须皓教授谓"经济政策在哲学根底上，如在肯定吾人经济生活

---

① "利用经济"为经济学上之用语，所指为人类利用自然过程中之一切经济关系与现象。

② 参照河津暹著《经济政策概论》第7页。

之发展，则其主要职分，就在图经济的发展，并由此经济发展，以图促进文化的发展”[①]。此说过于学究化，且抽象而不着边际。

英国克赖士博士(Dr.Keynes)在其所著《经济学之范围与方法》中，每将经济政策与经济术混用，彼谓“关于经济学上之术的范围，还有一比较根本的问题，那即是那种术所企图达到的理想：(甲)那仅在指出最有利于财富生产、蓄积的法律制度及经济习惯么？或者是(乙)进一步研究用什么手段，才可达到一种理想而公平的财富分配么？又或者是(丙)更进一步加大范围，并问到，如何才得以最丰富最广泛意义上之一般福利的观点，来形成国家与个人之经济活动么？”[②]这种说法，算比较广泛的提示了经济政策应行注意的各项问题，但犹不曾确切说明其真正意义。

要了解经济政策之意义，我们与其数述种种概括定义，倒不如依其根本的实践过程，加以具体的分析。

第一，经济政策是一种人为的努力或设施，从而，此种政策之形成，一定含有某种目的或理想。就一般而论，经济政策之目的，似乎在促进并发展全般社会的经济利益，但实际是否如此，则须视推行经济政策之主体之性质如何以为断。

第二，经济政策是一种集体的带有强制性质的活动。此种活动，系根据一定的法令，而法令则依存于一定社会的政治的组织。此社会政治组织所由形成之经济背景不同，其经济政策之目的，或其所企图实现的理想，自然颇不一样。在财产共有的原始共产体社会中，关于全社会的经济活动，虽然能以全社会成员之利益为旨归；但在此后奴隶社会中，奴隶的经济利益，显然与奴隶所有者的经济利益相冲突，在政治特权操之于奴隶所有者手中的限度内，由此政治特权发动的经济政策的目的，无疑会侧重后者的利益，甚或为达成此目的，而以前者的利益供其牺牲。在由封建领主势力支配的封建社会，在由资本家势力支配的资本主义社会，其情形正复相同。即如在现阶段的苏俄，其所行经济政策的重点，依旧是侧重于社会某一阶层的利益，即把握有政权的农工阶级的利益。要之，经济政策的目的，依其施行此政策之主体而不同。但

---

① 见那须皓著《经济政策学原理》第73页。

② 见王亚南译，克赖士著《经济学绪论》(民智版)第60页。

第三,经济政策在一般原则上,虽是以取得有政治支配势力之特定社会阶层之利益,为其活动目标,但在以次四种场合,亦往往破除此种通则,而兼顾及社会全般利益;即(一)在为全般利益,即为特定支配阶层利益的场合,如修建交通道路和撤除苛杂捐税等属之;(二)在为全体利益,而根本于社会支配阶层利益不相抵触的场合,如设定备荒谷仓等属之;(三)在暂时顾及全体社会利益,以便成就社会支配阶层久远的更大利益的场合,如资本主义社会为劳动者设置技术养成机关和失业保险制度以及苏俄今日允许小农小商从事营利活动等属之;(四)在一国与他国结成经济关系的场合,如抬高关税阻止输入等方策,一方面尽管在保护国内特定产业,使一般消费大众蒙到物价增高的不利益,但就一国对外贸易收支的差额上立论,那却似具有拥护国民全体经济利益的外观。

因此,经济政策在表面上虽似国家为增进国民全体经济福利所施行的一切方策的总称,但其适用性却只限于上述诸般场合;由是,经济政策之严格解释,乃不外一国特为促进社会支配势力之经济利益所行的诸种方策。而且,同一社会阶段之诸种支配势力的社会地位一有消长,马上亦会左右其国家经济政策之动向。诚如亚克来・洛利亚(Achille Loria)所说:"……此等阶级(编者按指上文论及之地主及资本家)在政治上孰占势力,则立法政策异其倾向。英国政权落于资本家之手,故若干立法限制土地所有权。德国地主占优势,故立法限制资本家权利,如股份公司之限制,交易所之课税,强制劳动保险之实施是英国之薛西尔,德国之毕斯马克均利用地主与资本家之反目,而成功其社会改革运动;然地主与资本家团结,则社会改革必受顿挫。彼科贝尔(Colbert)、杜尔阁(Turgot)之财政改革所以失败者,当时一切特权阶级联合之力也。一八八六年格兰斯顿(Gladstone)失败于爱尔兰土地问题,其著例也。"①

要而言之,凡属在一定社会经济关系下产生的人为的努力或活动,都不免要受那种社会经济关系的制约,依那种关系的变革,而改变其性质。经济政策当非例外。

---

① 见郑斌编《世界各国新经济政策》(商务版)第19页。

第二节 经济政策的功能

依照前节的说明,我们知道经济政策为实现一切经济目的的有效手段;如其我们不妨说经济利益为其他一切社会政治利益之基础,则任何特定社会势力获取政权之最根本要求,就很可说是在取得定立经济政策乃至实施经济政策的权能。自然,在经济政策的定立与实施的当中,往往也不免引起许多错误和困难。顾小利而失大利,贪近功而弃远功,那几乎是代表局部社会利益之从政者所常犯的毛病。即令其认识与规划者完全不错,至少,在某种特定社会阶段,定非如此做去不可,但其定立的政策一旦见诸实行,亦不一定就能顺利达到原来预期的目的。

然而这都不是经济政策本身的缺陷。

经济政策如同一把犀利的宝剑,谁把握着它,谁就可以用作自卫与进取的工具。社会财产形态为公有,它就成为防止私有发生与增益公有利益的武器;社会财产形态为私有,它就成为增进私有利益并极力避免或化除其不利益的武器。现阶段苏俄式的经济政策属于前者,世界各资本主义国家的经济政策属于后者。我们当前的世界,虽然已经明显的分划为这两大畛域,但其支配势力,还是属于资本主义体系。因此,关于苏俄式的经济政策,我们可留在后面专章论述,这里只就资本主义各国推行经济政策之程序,说明经济政策之基本功能。

近代资本主义之成长,大体可以说是由于代表资本家势力之现代国家的经济政策之培育。现代国家成立后,其作育资本主义之经济政策,可概括为以次诸项:

第一,私有财产制度之确立。财产私有为资本主义之基本要求。在资本主义社会以前之封建社会,原亦实行财产私有,然那种私有,只有属于统治阶层的领主们的财产,才有确实保障,至一般商工业者的财产,则随时有被侵夺的危险。因此,各现代国家一经建立,其第一国策,就是确立私有财产之神圣。而且,此种财产,并不限于物质资产,即人身劳动,亦包括在内。“贫家所有的世袭财产,就是他们的体力与技巧。在他没有加害邻人以正当方法从事劳作的限度内,妨害他们体力技巧的使用,即是侵害他这最神圣的财产。"[1]然则保护私有财产,为什么要把劳动也看作神圣不可侵犯呢?那不外因为劳动是资本主义社会财产的源泉。

第二,自由主义政策之推行。财产有了保障,社会各个人自愿拼命挣取财产。但在挣取财产过程中,如受到过去封建社会基尔特一类成规之妨碍,即无由顺利进行,所以继确立私有财产而推行的政策,就是自由主义政策。此种政策之最适当注脚,即:"每个人在不违正义的法律时,都应任其完全自由,在自己的方法下,追求他自己的利益,而以其勤劳及资本,参加对于任何其他人或其他阶级的竞争。"由此,我们知道,自由政策的骨干,就是资本及劳动的自由活动。劳动为什么也要自由呢?因为,"妨害劳动者自由流动的障碍物,也同样妨碍资本的流动"[2]。

第三,私人事业之扶植。私人财产不怕侵害,挣取财产又不虞任何障碍,他们自然可以顺其自利的冲动,为所欲为的做去,但在实际上,有许多事业究非私人所能胜任愉快的,私人力所难及或势所难能的地方,国家又依种种方策,直接间接予以扶植。国家对于私人事业之扶植工作,可以分对内对外两方面来说。而其对内方面之扶植方策,又可分为两项,即(一)国家直接准备者;(二)国家间接补助者。如修建道路以便利商工业,设立各种教育机关,以便养成商工业需用之技术人材和发明人材,乃属于前者;如对特定企业予以津贴或融通资金之便利,或对特定企业之失败,予以救济,以及特许专利制度之设立等,均属于后者。至其对外之扶植工作,如关税权之利用,如便利国外贸易之使馆领馆之设置,如海外市场之开拓,如落后地带之殖民事业之推进,无往而非为商工业者之经济利益打算。

要之,上述三种政策,为资本主义社会之经济政策的大体经纬(虽然对于自由主义政策的运用,有时加以限制或缩伸),亦即现代大规模资本主义经济所由形成的根本动力。我们依照此种事实,即可了然于经济政策之决定的功能。

---

① 见郭大力、王亚南译,亚当·斯密著《国富论》(神州版)下卷第 311 页。

② 见郭大力、王亚南译,亚当·斯密著《国富论》(神州版)上卷第 160 页。

第三节 经济政策之历史的考察

以上所述及者，为资本主义社会一般经济政策之轮廓。资本主义社会，由十六世纪以至现在，其间实经历了发生、扩展及衰落的诸般历史变迁阶段。阶段不同，资本主义所要求国家经济政策扶助的方式，自不一样，从而，资本主义社会之经济政策本身，亦依照其不同的发展阶段，而显出了不同的趋势，对于此种趋势之历史的考察，即通体考察资本主义经济政策之推移演变迹象，此为本书以次诸章（即第二第三第四章）所要考察的主要命题。但在进行此种考察以前，我还想就一切私有社会之经济政策，略述其梗概，因为那不但可以帮助我们了解经济政策之本质，且可提示我们现阶段资本主义经济政策所不能不采行的途径。

溯述经济政策之历史，我们当然不能不数及文化历史比较悠久的中国。但关于中国社会之经济政策史的概略，我想留在本书最后一章考察，这里姑先从古希腊的奴隶社会说起。

在纪元前三世纪时代，希腊社会完全是建立在奴隶制度基础之上。社会一切生产事业，几全由奴隶执行，而维护此奴隶国家统治之市民阶级，则均由国家豢养。迨生齿日繁，国家对于此种负担愈益不支；同时社会的财富，则发生异常不平现象。当时大哲学者如柏拉图（Plato）及亚里士多德（Aristotélēs）师弟们，虽从哲学的眼光，提出一些平均财富的办法，但那种办法，只适用于支配阶级，工商阶级且不够资格邀得同等待遇，等而下之的奴隶，更自不能奢望了。柏拉图曾就分工的见地，论证奴隶之必要；亚里士多德亦从自然观的论点，力言奴隶发生于社会自然的要求。“利令智昏”，睿哲亦所不免！然而他们的议论，究属漠然空洞。

当时希腊社会，以雅典为代表国家，雅典为要借市民阶级维持其对于奴隶的统治，它就不能不设法解决豢养市民阶级的财政困难问题。在这当中，西欧最早的经济政策出现了。这种政策即雅典收入增加政策，而其提案者，为著《雅典收入论》（The Revenue of Athens）的色诺芬（Xenophon）。色诺芬在该书中关于增加收入方策，是着重以次两点，即：（一）对于外国人之温情主义的榨取；（二）对于奴隶劳动之国家的利用。在前一项敛财的方术下，他提议了种种施行的步骤。为对于外国居留民大广招徕起见,他主张给予居留民以各种利益,如免其从事义务,如使其与雅典人同样参加并享有相当特权,如特别设置保护居留外国人的官吏,以及如在港口及商场建设公共旅馆等等。在后一项敛财的方术下,他主张以国有6万奴隶,贷与市民采掘银矿,由市民提供国家以适当收入;这样,不但国帑赖以充实,即国家对于维持人民的负担,亦将因以减轻。况银矿采掘结果,矿坑附近居民,一定大增,由是,国家由市场、国有房屋、熔矿炉及其他源泉,又可获得多额所得。这种种规划周详的敛财方策,就在现代的理财家看来,亦不能不佩服其精细。况这位学者关于农业、货币及对外贸易,都还有种种具体的提案呢。①

然而他这一切经济政策的基点,都不外侧重在维护当时支配阶级的统治,并增益奴隶所有者的利益。

降及中世封建社会,我们因为以次两种原因,殆不易明确指出其经济政策的实相,即,第一,欧洲的封建制度,殆为一杂然混乱的体统,在各自为政的局面下,殊难有统一的经济政策产生;第二,封建制度的前提条件之一,虽然要有一个孱弱无力的中央政府,但带有命令强制性的经济政策,究非孱弱的中央政府所能推行。然而所谓封建制度,系以土地所有为中心的阶级制度,全国最大领主为国王,国王将自己直辖以外的土地,分封于各大领主即诸侯,诸侯更以其受得的土地,细分于小领主即家臣,而这个金字塔的底层,就是供以上各阶层压迫宰割的农奴。领主有属于俗界者,有属于僧界者。僧俗两界领主虽互有倾轧,国王与诸侯之间,虽不时发生争端,但僧侣贵族都是居于支配地位,他们毕竟不难发现彼此利害与共的地方。封建机构本身的维持,当为他们一致的要求,而在经济方面适应此种要求的努力,除了坚定其土地基础外,其余就是防范农奴及比农奴有较大自由的商工业者的势力的兴起。我们试一考察当时社会普遍通行的经济制度,即可明白。为叙述便利起见,我可就以次诸重要体制,来描画当时经济政策的轮廓。

第一,土地断分制度。所谓土地断分制度,就是土地的传授或遗传,只许专属于一个人,而不能分割于多数后继者。在古代罗马社会,一个人的土地财产,可以由其大大小小的儿女平等继承。但至封建社会中,土地

---

① 参照王亚南著《经济学史》(民智版)上卷第45～47页。

的性质改变了。土地不仅为谋生的手段，且为其权力的强弱所攸关。附着于土地的农奴，是领主的生产者，同时亦是领主捍卫领土的士卒。在强食弱肉的混战状况中，土地财产是否安全，境内居民有无保障，都取决于土地财产的大小，故土地由长子继承，不加分割，当为稳定其社会基础的不二法门。

第二，庄园自给经济制度。庄园经济为中世封建社会组织下之一大经济形态，此种经济形态之特征，即在使隶民或农奴，完全束缚于土地，从而根深蒂固的成为土地所有者即领主的准奴隶。这种准奴隶无结婚的自由，无移动的自由，其结婚生育一视领主对于劳动需要及对外作战要求为准。领主要有效达成这种愿望，顶好与外界形成孤立封锁局面，由是经济上的自给自足，就成为庄园统治维系的一种必然需求。

第三，重农轻商经济方策。以土地为基础的封建制度，重视农业，轻视商业，自为必然趋势。然中世轻视商业，并不限于此种表面理由，尤非出于宗教上之伦理的憎恶，而其根本要求，在于防范有危害封建统治之商工阶级特别是商人势力的兴起。利息之禁止限制，物价的公定，谷物及其他农产物之贩卖居奇的禁制，都不外基于此种事实。此在僧俗两界的支配阶级，或非完全出于深思远虑的自觉，但切身的利害要求，往往能巧合于智慧的打算。

第四，工商基尔特制度。这种制度，比较是出现于封建时代的后期。封建生产关系无论如何不允许商工业势力的伸张，但社会生产力的增进，终不能使僧侣贵族永久有效的保持其传统政策。而且僧俗两界的倾轧，国王与领主间的纠纷，以及所有这些支配阶级之享乐欲望的扩张，益使商工业者得利用机缘，形成一种独特势力。但工商业基尔特的形成，一方面虽表示他们势力的伸张，然工业基尔特与商业基尔特之带有强迫限制性和封锁性的诸般规定，仍显示其是作用于封建躯壳之下，而成为那种躯壳的一种支撑力量。

要之，欧洲中世封建社会的诸般经济设施与活动，虽非明确的依照某一中央政府的经济国策进行，但那些人为方策，无论是由教王或教会发动，抑由国王或领主发动，他们的共同趋势，都不外维系并增益他们自己本身的利益，而极力防止农奴的翻身和商工业者势力的兴起。

至若在封建社会胎盘中脱出的现代资本主义社会，其经济政策的基本原则，虽然与过去奴隶社会封建社会没有多少区别，但对于此原则的发挥，却具有两个优越条件：第一，这种社会定有一个统一的强有力的中央政府，从而在政策的推行上，更易收到效果；第二，科学知识的发达，和各种技术的进步，使此种政府在经济政策的定立上，更能规划周详。随资本主义经济之实际推移发展，其经济政策亦相应变更。亚克莱·洛利亚（Achille Loria）说过："回顾过去一二世纪间政治经济之发达，则当初国家依实业保护之施设及工资减轻之立法干涉，而维持财政制度。继而此种保护政策中止，撤废妨碍个人自由之法律。自由放任主义，在政治经济上占优胜之地位。最后国家活动依别种形态而中兴，向防护劳动阶级目标前进。第一期即资本主义初期，无国权活动，则财产不能维持成立，故财产之保护干涉，有益于实业。第二期为资本主义发达之世，财产之保护干涉，反不利于资本之发展，故不得不撤废，一切生产交换，在自由放任主义之下进步。……第三期有产阶级势力增加，分裂对峙，互相敌视，结局入于社会政策时代。"①这段话一方面说明了资本主义社会经济政策之不绝变更，同时又说明了以资本家利益为前提的原则，终始未尝变更。

关于资本主义社会经济政策之演变趋势，我想就商业资本主义时代、工业资本主义时代及金融资本主义时代的三个时期来分别阐述。至当前资本主义的经济政策，则另设一章，借以究明其特征。此全般资本主义经济政策讲完后，再论及另一形态的经济政策，即苏俄经济政策，最后乃以中国过去及当前之经济政策作殿。在我想，这是讲述经济政策比较完整而合理的结构。

问题

一、经济政策之根本意义如何，试简述之。

二、经济政策之功能安在？

三、奴隶社会经济政策与封建社会经济政策，有何相同之点？

四、资本主义社会与其他一切私有财产社会的经济政策，何者相同？何者相异？

---

① 见郑斌编《世界各国新经济政策》（商务版）第18～19页。

五、资本主义社会各时期之经济政策，何以不能保持一致？其变迁之原则如何？

六、对于本章所述的经济政策的概念，请表示你赞成或不完全赞成的意见。

第二章 商业资本时代的经济政策

第一节 本期的特征及其要求

以商业为中心的这个时代，通常被称为商业资本时代。关于这个时代之时期划分问题，学着殊无定说。但一般通以一六〇〇年至产业革命开始的十八世纪七十年代为准。

美洲的发现在一四九二年，印度航行成功在一四九八年，这两大事件对于正在封建制度崩溃过程中的欧洲社会，起了莫大的促进的变革的作用。那在货币上在贸易上，都大有造于这个时代的经济的发展。由中世封建社会转向近代资本主义社会的基本事实，就是社会经济重心，由土地方面转向了货币方面。美洲发现后，美洲的贵金属，乃不断通过西班牙而流注于欧洲社会。这一来，遂直接发生两种结果：第一，商品价格因货币的膨胀而暴腾，而益助长商品生产事业的发展；第二，残存的庄园经济及基尔特经济的组织，因货币的流通和贸易的发达，而加速的趋于破坏。由前一结果，因商业致富的资产阶级抬头；由后一结果，因身分家世及宗教传统取得社会地位的僧侣贵族领主阶级没落。贵族领主一向是轻蔑商人阶级的，现在在金钱万能的势力下，他们要向有钱的商人阶级乞怜了。这种社会地位的倒置，结局自然要连带引起社会组织、政治制度、经济政策的变更了。

然而贵族领主的社会支配地位，并不是一朝一夕就交代于新兴资产阶级的。新兴资产阶级势力的膨胀，还待其商业资本的发展。要发展商业资本，对内，不能不要求社会安定，和各地各自为政的地方主义的障碍的破除；对外，更不能不要求对他国确立其贸易上之竞争或独占的势力，这两种要求，只有统一的国家才能实现。

但在各国抗争和一国境内各种势力对立的状况下，统一已非易事。

统一的政权要能在国内求其稳定，在国外能曲尽保护并扩张本国商务之功能，尤非大大充实其军事力量，和大大革新其统治机构不可。由是，以前由庄园或采邑征调的骑士军，现在乃逐渐由民兵而采行常备军制；以前大体由封建领主或自治团体行使的统治职务，现在由国家直接登用的给俸官吏处理。所有行政、军事及赋税制度，通由自然的经济基础上面，改建在货币经济的基础上面，结局，这个国家机构，一方面固然是应商业资本的需求而产生，同时亦非能挣取大量货币的商业莫能维系。现代国家对于商业资本既有这样的寄生依赖性，其所推行的经济政策，自然要以维系发展商业资本为前提。商业资本扩张，非扩张国力不可，而军事上政治上之国力充实，又须求得国力充实所需的财源，于是富国与强兵，就成了这个时代一致的口号。而为世人所习知的重商主义，亦就应运兴起了。

关于重商主义的解释，意见颇多。瑞士经济学者昂肯（Oncken）称为“王侯致富政策的体系”；德国桑巴特教授（Prof.Sombart）称为“初期资本主义之经济学”；奥国社会经济学者斯盘（Othmar Spann）称为“有利于资产阶级及动的资本，但不利于贵族及领主之政治的专制主义的体系”；而最近美国乃特博士（Dr.Knight）等合著的《欧洲经济史》中，更谓“重商主义并非有时表现于概括叙述中之关于金银和贸易平衡的简单公式，而是关于国外竞争和国内经济团体抗斗的一种异常错杂的政策”①。我在大体上赞成这种解说：重商主义并非一种“经济学”，并非“政治的专制主义的体系”，也并非如这个语辞所表示的专门注重商业的一种制度，而是资本主义初期为西欧各国所一般采行的经济上的国策。这整个经济国策，包含有三个重要部门，一是殖民贸易政策，一是保护关税政策，一是产业统制政策。这三大政策即所谓重商主义之实质，而为初期资本主义之所迫切要求。各国对于这三大政策的实施，虽因社会政治经济条件不同，其程度互有参差，其时期亦有先后，但大体都不能不经历这个阶段，故关于这个时期的经济政策，宜于就此三者，分别加以阐述。

① 见乃特博士（Dr.Knight）等著，王亚南译《欧洲经济史》（世界版）第313～314页。

第二节 殖民贸易政策

重视外国贸易,为这个时代的显著特征。在十六世纪中叶前后,欧洲各国还残留着阻碍贸易发展的许多障碍;要期望由国内贸易获得大量财源,实颇不容易。况当时一般人的心理,都以为财富就是金银,要增积财富,当然非向海外探求金银不可。求金银有两种方式:其一是直接向有金银的地带,作殖民的掠取,其一是以货物向其他一切地方交换。因产金银的地带不多,而且又被他人捷足先得了,于是大家都相率采行后一个方式。

"拜金主义"诚然成了这一个全时代的不可磨毁的"烙印",但当时确也有促使其不得不注重金银的理由在。除了美洲金矿发现的刺激,和西班牙、葡萄牙由美洲输入金银致富以外,实还有更基本的两种要求:一、日益扩张的商业贸易上,需要更多的货币流通;二、为维持奢华的宫廷生活,以及开支受禄的官吏与领薪的兵士,皆非在国库中增积金银,无以加厚国家实力。

金银之要求如此,但各国依对外贸易获取金银的方法,向来却不甚高明。当一国以货物换回他国金银,他国亦以货物换去其金银的时候,它们认为不禁止他国货物输入,即不能保持住已经输入的金银,但当它们禁止别国货物输入的时候,他国亦禁止其货物的输入,这种傻笨打算的结果,后来慢慢使它们觉悟过来。英国重商主义者汤玛士·曼(Thomas Mun)于一六六四年出版的《英国由国外贸易致富论》(England's Treasure by Foreign Trade),就恰好代表这种觉悟过来的意见。他以为一国富裕之道,就在安排复杂的商业交易上,使特定时期之一切输入品的价值,少于一切输出品的价值,这个差额,就可招致现金,而成为增加统治者国库收入的源泉。以金银去换得的输入商品,如在国内加工制造,可再作为更高价的商品,输往他国,这样,本国的金银,不但不会减少,且可因以增加。他揶揄金银输出反对论者说:"如其我们只看到农夫播种时,把一些好谷粒抛在地面,我们将不认为他是农夫,简直要把他看作疯子,但是,当我们考察其勤劳目的收获时，我们乃知道其行为的价值，和倍增的成果了。”[①]

其实，在汤玛士·曼发表这种意见的当时，各国（特别是英国）已经抛弃了死守金银主义，而注重输出价值与输入价值之较差的有利贸易差额。但要实现这种有利贸易差额——徒向其他欧陆各国努力是不行的，因为甲国想获得有利差额，乙国亦想获得有利差额，这差额将无从实现。由是他们的视线都集注到亚洲、美洲、非洲的殖民地带，使这时期的对外贸易，格外与争夺殖民地市场发生连锁。如英、荷等国之特权贸易公司的设立，殖民地排他市场的独占，独占航行权的保有，都是这种要求的具体表现。亚当·斯密（Adam Smith）说过："对于美洲的贸易，各国都尽其所能，努力独占其所属殖民地的全部市场，而完全排斥其他各国，使不能与所属殖民地直接通商。十六世纪的大部分，葡萄牙人以同样的方法，管理东印度的贸易，要求印度诸海的唯一航行权，因彼等有第一次发现此通路之功绩。荷兰人仍继续排斥欧洲其他国家，使不能与所属诸香料产岛直接通商。……但除了葡萄牙及若干年间的法兰西，各欧洲国家的东印度贸易，都受钳制于一个排他公司。”[②]这个排他公司，即指着英国东印度公司。

英国为发挥其对于殖民地贸易的独占，曾于一六五一年制《航海条例》，那种条例规定：一、外国船舶不得在英国沿岸取鱼运货；二、船主、船长、船员至少没有四分之三为英国臣民，则那种船舶，禁止与英领殖民地从事贸易，否则没收其船舶与积货。然此尚不过其主要一二条项罢了。至一六六〇年，新条例颁布，规定英国诸殖民地的产物，如糖、生姜、烟草、棉花、棉布，及染料等等，只能输出于其亚洲、美洲、非洲各殖民间及母国。至一七〇六年与一七二二年，此种不能输往他国之殖民地产物的种类，又有增加，同时，依据一六六三年的条例，凡欧洲输往英国殖民地的货物，皆须经过英格兰，此种规定，使法兰西及荷兰两国都大受影响。

在英国施行一六六三年条例之次年，法国柯贝尔（Colbert）亦创立东印度公司与西印度公司，至一六七三年，更设置色勒加公司（The Senegal Company）[③]，以便与英国平分亚洲、美洲各殖民地的春色，然而，因路易

---

① 见郭大力、王亚南合译《国富论》下卷第5～6页。

② 见郭大力、王亚南合译《国富论》下卷第245页。

③ “色勒加”即今之非洲国家“塞内加尔”。——编者注

十四在欧陆不绝发动战争,致资金来源枯竭,其结果皆颇平常。当时先进的葡萄牙与西班牙既已失其旧时优势,荷兰又受英国海运政策严重打击,法国又复不能振作,于是英国就在这时确立了它在世界海运上贸易上的优越地位。

英国对外贸易之输出额,在一七〇〇年为317000吨。一七一四年增至448000吨,至产业革命之前的一七五一年为661000吨。以价值而论,其出口货在一七〇〇年,约为其入口货的5/6,而出入货物之总价值,则达到6000万金元。这入口价值大于出口价值之事实,一方面表明英国国内需要原料与食料之制造业与人口的迅速增长,同时海运及英国统治殖民地所得种种无形有形收入如概行加算起来,其有利差额是一定大有可观的。法国虽不及英国,但其一七一六年的对外贸易总额,亦达到了4300万金元的巨额。

然而,不论英国、法国乃至其他国家,要在当时那种互相竞争的场面下,单凭殖民贸易政策,是不能盼望收得此种效果的,我们可以由此进而考察其保护关税政策。

第三节 保护关税政策

一国要挣得有利贸易差额,其最有效的方策,当然是扩充并独占海外殖民市场;但殖民地市场的扩充或独占,都非由本国运出制品不可,若在各国竞争场面下,且非输出较低廉较精良的制品不可。不但此也,一国一方面尽管设法扩大其海外市场,设其他国家利用其纯经济乃至非经济的诸般优越条件,同时向其本国发展其贸易,以致摧残其幼稚的或根基未臻稳固的产业,那就不但有利的贸易差额难期实现,甚且会根本破坏其产业根基。由前一事实,对于输出不能不加以奖励,由后一事实,对于输入不能不加以限制。前述殖民地特权贸易公司之设定,乃至《航海条例》之实施,诚然都带有奖励输出与限制输入的性质,但这里只就其以关税政策为中心的奖励限制作用,而加以阐述。

就奖励输出而论,那除了对于某种制造业特别给以定额之输出奖励金外,其余在关税方面是采行三种方式:一、输出税的轻减或撤废;二、对输入时已经课税的物品如再输出,即将其关税发还;三、与其他国家订立有利于本国货品输出的通商条约。

就限制输入而论，那大体是采行两种方式："其一，本国消费的外国商品，如能由本国生产，那无论从任何国输入，均一律加以限制；其二，对某外国的贸易，如贸易差额被假定为不利于本国，那就无论是何种货物，只要从那个国家输入，均一律加以限制。此种限制，有时采用高率关税的方法，有时采用绝对禁止的方法。"①

输出奖励输入限制两者，其目的诚然都在保护本国之产业与贸易，以期获得有利贸易差额，但在实施过程上，后者却较前者要引起更不利于输出入贸易总额的结果。

法国于一六六七年公布关税法，对于大多数外国品，概课以极高率的关税。荷兰人请求减免关税不得，遂于一六七一年，禁止法国葡萄酒白兰地及制造品输入。此后不久，英法两国又相互倾轧，采用同样的高率关税与禁止政策，压迫对手方的产业。一六九七年英国禁止伏兰德制造的薄纱输入，伏兰德彼时尚为西班牙领地，由是西班牙政府遂亦禁止英国羊毛输入，以为报复。照亚当·斯密描述当时的情形说："法国人对于一切可以输进来和他们竞争的外国货品，特别喜欢用输入限制的方法，来庇护他们本国的制造业。这似乎是柯贝尔氏政策的一大部分。"②但这位著者作此陈述，毫没有为他本国辩护的意思，他说："禁止从外国输入活家畜与盐渍食物的结果，英国牧畜业者遂确保了国内屠肉市场的独占。谷物输入的高率关税给了谷物生产者以同样的利益。外国羊毛的输入禁止，同样有利于羊毛制造家。丝制造业所用的材料，虽全系外国产，但晚近亦取得了同样的利益。……还有许多其他种类的制造业，同样在英国取得了或几乎取得了有害同胞的独占权。英国所绝对禁止输入或在一定条件下禁止输入的货物，其种类之繁多，在一般不熟知关税法的人，简直是不容易猜测的。"③

这是后来率先实施自由主义政策的英国的保护政策的轮廓。我们由此可以得到两种暗示：第一，实行保护政策的结果，受保护的产业会在国

---

① 见郭大力、王亚南合译《国富论》下卷第 26 页。

② 见郭大力、王亚南合译《国富论》下卷第 46 页。

③ 见郭大力、王亚南合译《国富论》下卷第 29 页。

内市场取得不利于一般消费大众的独占利益，但第二，这些获有独占利益的产业，却由此得到莫大的刺激与发展。

可是保护关税政策在当时虽是一般通行，但各国因为经济的（如自然资源等）和非经济的（如政治安定性及过去封建势力的残余等）情形不同，其所收效果自非常相异，至于那在工业与农业方面的影响，那是尤其大有差别的。

第四节　产业统制政策

统制产业为奖励输出与限制输入之必然结果，同时亦为其不可避免的要求。因为限制输入或禁止输入，势必要在国内勉强生产那些被禁制入口的一类产品，而对于那些受到了输出奖励的产品，政府的目的，既在要求其能在海外市场推销，从而由此获取有利的贸易差额，它一方面固然不能不加以种种干涉与监督，同时且还得使其得到额定奖励以外的诸般便利。在这诸般前提下，所谓初期产业统制政策成立了。

这种政策虽然不能不关涉到农业，但主要是以工业为中心，农业不过受到连带影响而已。关于此种政策的大体轮廓，可就以次诸项予以说明。

一、工业生产费之低减。为求工业制品能畅销于国外市场，其价格自然不能不设法低减；要低减制品〔价格〕，首先又得减缩其生产费用，生产费用构成的重大要素，为原料与工资，由是对于原料采行两种低减其费用的方策：

（甲）国内原料输出禁止，或课以输出重税。

（乙）外国原料之输入，或免其税，或仅课以极轻微之税。

在工资上削减生产费，首先要顾及劳动者赖以维系其生存的基本必需品，即谷物的价格。由是这里遂派生了一种低减谷物价格的方策，即：

（甲）禁止谷物输往外国。

（乙）设法助成外国谷物的输入。

（丙）国内谷物在各地移动的限制（如法国之谷物法、面包法即其实例）。

（丁）谷物特别是小麦价格之公定。

至若设定最高限度之工资，则不过为了继谷物减价方策之穷，以期工资不超过某种定限而已。[①]

二、工业监督制之规定。如其说前一种方策之主旨在求价之廉，则此种方策之主旨，就在求物之美。因“物美”条件有时较“价廉”条件，还要便于货物之推销。惟其如此，故政府对于工业的生产，就不能让私人任意从事，而不加以监督检查。此点，为各国共同趋势，但在法国则推行到了极端繁琐苛密的程度。法国所奖励的工业，乃关于罗纱、毛毡、丝、布、皮鞋一类制造品，重商主义者柯贝尔在执政的初年，即为罗纱等品物的制作，颁布了150个条例。而在一六七一年的一项命令中，就包括有317个条目中，规定毛织的条纹、颜色，并研究所使用的染料之药色和成分。并且，为监督这些条规的执行，又特为手工工厂设有监察官，在工厂中，在市场中，都有人检查商品，违反或破坏条规的人，且定有种种严酷的惩罚。柯贝尔死后，其后继者对于工业生产所定的条规，更形复杂，更加严厉。在法国如此，在当时其他各国殆莫不皆然，特其程度稍较和缓而已。

三、工业基尔特之利用。工业生产完全由政府监督，不但要增大其行政支出，且往往不免多所脱漏。政府为补救此种缺陷，乃利用旧时残遗的工业基尔特制，使从事工业者自行监督。特以前的基尔特系各自为政，不相统率，而且基尔特所有的规定，概系由各基尔特自行设定。现在政府则对此地方主义的基尔特，使其变为国家主义的基尔特。这种基尔特的规定与其实施方式，统由国家予以划一支配。

四、职业用具输出之限制。此种用具输出限制之法，不是高率关税，而是绝对禁止。以英国为例来说吧，英国在“威廉三世第七年第八年，曾由法令二十号第八条，规定织手套长袜的织机或机械输出，以重刑为禁；不仅把输出的乃至企图输出的织机或机械没收，且须罚金四十镑，半归于国王，半归于告发人。乔治三世第十四年第七一号法令，规定棉制造业，麻制造业，毛织制造业，丝制造业使用的一切用具，禁止对外输出，不然，则货物没收，犯罪人罚金二百镑。知情不报，复以船供其运输的船长，亦须罚金二百镑”[②]。

五、技术工人出国之禁阻。对于死职业用具既不许输出，所谓“楚材

---

① 参照竹内谦二著《商业政策》(见日本《经济学全集》第十六卷)第44～45页。

② 见郭大力、王亚南合译《国富论》下卷第277～278页。

晋用”的活职业用具——即工人——自然在所必禁。关于此种禁阻的规定，仍以当时技术较为发达的英国，为最繁密。上述那位作者继续上文说：“乔治一世第五年法令第二十七号，即规定凡引诱英国工匠及制造业工人往投外国，俾在那里执行职业或教授职业，而有实证可查者，如系初犯，罚一百镑以下的罚金，处三个月徒刑，至罚金付清为止。乔治二世第二三年法令第十三号，更加重了这种刑罚。……若有某一工匠竟自出洋了，并在外国执行其职业或传授其职业，则在英王陛下的驻外公使或领事的警告之下，或在当时阁员的警告下，必须在接警告后六个月内回国，并继续住在本国，否则即从此时起，被剥夺一切国内财产承继权，亦不得作国内任何人的遗嘱执行人或财产管理人。……他自己的动产及不动产，且全被国王没收，以外国人相待，不受国王保护。”

总上所述各端，皆属当时国家统制产业之主要方策。在此种统制过程中，农业当然不免大受牺牲，但其程度各国亦不一样。英国因为地主阶级在国会占有颇大势力，同时其社会财富、政治环境皆较为优越，故其农业尚不致受到工业统制之过大不利。在法国不同，法国封建势力之雄厚，由战争及奢华宫廷生活所引起的财政困难，以及柯贝尔统制产业活动之过于严刻，其工业上固未收到相当效果，而农民则受到层层的剥削与压迫，反重商主义之重农学派之所以发生于法国，那不是偶然的事啊。①

问题

一、近代资本主义，何以发端于第十六世纪初？

二、现代国家与封建时代国家有何不同之特点？

三、在资本主义初期，各国何以特别重视金银？

四、何谓贸易差额？有利贸易差额有何方法可以实现？

五、保护关税之实况如何？

六、各国政府何以要统制产业？试就其统制方法说明。

---

① 本章间有取材于王亚南著《经济学史》(民智版)上卷第一篇第二章第五节之处。

第三章　工业资本主义时代的经济政策

第一节　本期资本主义的特质及其要求

由重商主义制度展开的种种经济政策，究有哪些流弊，哪些功效？其功效是否够抵偿其流弊？关于这类问题，我不想多加解述，而我即不详细较量这诸般问题，亦不妨确然断言的，是以次三点，即：一、重商主义制度系发生于初期资本主义之要求；二、在重商主义制度活动下的种种经济方策，确实大有造于工业的保育和资本主义的发展；三、由此等经济方策（当然同时还连带有其他经济的与非经济的原因）实施而得到保育发展的资本主义，到了一定限度或阶段，马上就会感到此等方策的桎梏，而另有所要求，或进而要求免除政府所加于它的种种限制与干涉。

在十八世纪下半期，即在同世纪七十年代前后，资本主义已逐渐改变其本质；以前它以商业为其集注焦点，现在这焦点徐徐移到工业上面了。一七六四年，英国北兰开夏（North Lancashire）一个织工名哈格利夫（James Hargreaves）者发明多轴纺织机，即所谓捷利纺绩机（Spinning Jenny）[①]。普通手纺机只有一个纺锤，此种机器却有16个乃至18个纺锤。一七六九年同地方之理发匠亚克莱克（Richard Arkwright）发明了水车纺绩机（Water Frame Spinning Machine）。这个机械系用4对旋筒，借水车运转，故在私人住宅不能设立，须另备工厂。此为近代工厂制度所由发生之滥觞。一七七九年北兰开夏人克朗登（Samual Crompton）把前两种机器的特点，连结起来，成功为著名的骡机（Mule Jenny）。这个机器后来改良到每架可带2000个纺锤，而只需一个人便可运转几架。一七六九年杰姆斯·瓦特（James Watt）发明了他的有名的蒸汽机——矿山抽水

① 捷利纺绩机，现多译为珍妮纺织机。——编者说

机。此种发明不久即应用到曼彻斯特(Manchester)等处的纺绩工厂及铁工厂方面,在产业革命的进程上,凭添一极其重要的推动力。

以上这种种重要发明,一方面表明产业革命的开始,和工业资本主义的抬头,同时更表明伴随此等事实而发生的资本主义的要求的改变。以前国家以无限的权力,监督工业;何人当劳动,何物当制造,当用何种原料,当采何种手续,统由国家依苛细的法规予以规定,现在不但那些规制的方法,不适于新的工业制作状况,且此新的状况,已早不允许有这些规制。不但如此,以前所采行的保护关税政策,这时亦变为工业发展的赘物,因为由工厂制度大量生产出来的货品,决计不是由以前那种方式所能处理的。诚如一位经济史学者所说:"重商主义所主张的一种保护的要求,由工业的不绝进步,而渐成过去。例如在十八世纪的中叶,大不列颠的团体,开始发展到极难制驭;他们觉得法律的限制,与其说是有所益助的保护,就宁不如说是多所掣肘的妨碍。"①

其实,此种情形,不限于英国,即在继英国而徐徐经历产业革命阶段,走上工业资本主义旅程的法兰西、比利时等国,殆莫不如此,德国虽是在保护政策掩护下成就其工业资本主义的发展,但其实相,我们是要在次章详细论到的。不过,论到这里,我们须得把整个工业资本主义时代的时期问题,作一个决定。工业资本主义时代是介乎商业资本主义时代与金融资本主义时代之间,以产业革命发轫的十八世纪七十年代前后为工业资本主义时代与商业资本主义时代的分野限界,那差不多是为一般所公认的;但对于工业资本主义时代与金融资本主义时代的界标,学者间颇不一其说,同时,在资本主义连续发展的过程上,我们亦殆不易确然区划其界标。为讨论上的便利,以十九世纪八十年代为金融资本主义时代的发轫时期,那是不致大远于事实的。

在由十八世纪七十年代至十九世纪八十年代的一世纪中,资本主义的发展是异常迅速的。这事实,一方面虽表示资本主义已经脱却其前一阶段所受的规制束缚,同时亦表示其在连续不断的为挣脱这诸般规制与束缚而奋斗。我们知道,重商主义政策所由推行的那种国家,大体还是封建社会过渡下来的君主统治,经过富国强兵的重商主义的推动作用之后,

① 见乃特博士(Dr.Knight)等著,王亚南译《欧洲经济史》(世界版)第328页。

新兴工商阶级的势力虽然得到一大增进机会，但在若干国度中（特别如在法国中），已经迅速趋于解体的封建僧侣贵族阶级，及与这种阶级保持某种关联的封建基尔特组织，却宁可说在专制强权的掩护下，得到了一种苟延残喘，且进而大肆活动的机缘。而在政治比较开明的国度（如英国），对于这些旧势力的羁绊，虽比较不若大陆诸国厉害，但由商工业发展所招致的农业的改革，却不期而发生了一个足与新兴工业资本家势力抗衡的地主阶级，在此地主阶级利益及前一场合之封建贵族僧侣利益，与新兴资本家利益正相冲突的限度内，后者所要求的自由放任，当非前者所能容。所以这个时代的资本主义的根本要求，就在除去地主贵族僧侣所加于它的种种束缚与不便。所谓自由放任政策，遂成了这个时代的显著标帜。

在十九世纪中叶前后，新兴工业资本家算大体成就了他们预期的目的，但他们这种目的的达成，新起的劳动阶级与有莫大的助力；而且，亦就在新兴资产阶级争取自由的这种过程中，劳动阶级逐渐形成了够威胁资本家利益的地位。对劳动阶级作某种限度的妥协与让步，虽然在各当事资本家看为于己不利，但就当时整个资本主义实况讲，究系有采取此种途径之必要。

因此，这时代为资本主义所要求的经济政策，就是自由放任政策与劳动保护政策。

第二节　自由放任政策

关于自由放任政策，我们应从以次两点来予以考察：其一为这种政策所企图实现的自由放任的鹄的，其一为达成此种鹄的之实际步骤与程序。

先就前一点来说。

“自由放任”之原语为 Laissez-Faire et Laissez Passer，据说，[①]为法国重农学派经济学者顾尔奈（Gournay）所倡，其义为脱却重商主义一切规制束缚，使个人之经济活动，完全不受人为拘束。重农学派是尊重农业的。他们主张自由放任，主要是为解脱法国封建势力及重商主义所加诸

① 见培尔格列夫（Palgrave）《经济学辞典》（Dictionary of Political Economy）第二卷第534页。

农业的束缚。他们强调的澈底自由贸易，虽亦顾及商工业上的自由，但对这些方面的贸易自由，完全是为实现农业上的自由的手段。因之，真正为工业资本主义要求的自由放任政策，却须由真正代表工业资本家利益的正统派经济学者出来解释。

亚当·斯密是资本主义经济学说的创始人，他关于自由主义政策，有一段简单扼要的注脚，那是说："一切特惠的限制的制度，一经完全废除，最明白最单纯的自然的自由制度，将自然而然的，自己树立起来。每一个人在不违反正义的法律时，都应任其完全自由，在自己的方法下，追求他自己的利益，而以其勤劳及资本，参加对于任何其他人或其他阶级的竞争。"①

可是这所谓"完全自由"，并非毫无限制，斯密于此点亦有审慎周详的顾虑。他说："或谓，银行信用券无论微巨，只要私人愿受，就应在许可之列。政府从而禁止其领受，取缔其发行，实在是侵犯自然的自由。……从某观点说，这限制诚然是侵害自然的自由，但于少数人为自然的自由，而于全体社会为安全的危害，却要受而且应受法律的制裁的。这样绝对的自由，无异极端的专制。"②

由此可知斯密的自由主义，就是相对的，是在不违反社会公共利益与安全的。单就这点而论，社会各个人的经济活动，已有不能不仰赖政府或立法者的地方了。况且，在一社会与其他社会对立，一国家与其他国家对立的限度内，各个人要想任意自由活动，不受外侮的威胁和压迫，亦不能不仰赖政府。此外，还有私人举办不了，或不易获得赢利的社会事业公共事业，均非政府莫办。因此斯密认为在自由制度下，君主或政府应尽之义务，只有三点：

一、保护社会，使不受其他社会的扰害侵犯。

二、尽其所能，保护各个人，使不受社会上任何其他个人的虐待压迫，即设置严正的立法机关。

三、建设并维持一定的公共土木事业及一定的公共设施。③

---

① 见郭大力、王亚南合译《国富论》下卷第 311 页。

② 见郭大力、王亚南合译《国富论》上卷第 364～365 页。

③ 见郭大力、王亚南合译《国富论》下卷第 311 页。

政府把职权缩减到上述限度，确为当时资本主义的迫切要求，同时亦为资本主义自由放任政策之反对方面的解释。但试观各国当时的情形，君主或政府的活动确实大大超过了此应尽义务限度以上。通商条例哪，谷物条例哪，保护关税哪，同业组合哪，学徒制哪，排他独占权哪，奖励金哪，乃至特别行于英国的救贫法哪，所有这些，殆莫不有碍工业资本主义的发展，从而，殆莫不成为本期资本主义要求实施自由放任政策的张本。

然则这种经济政策将如何求其实施呢？这是我要考察的两点中的第二点。

资本主义在这个时代所要求解放的束缚，各国所遭遇者颇不相同。但大体不外两种性质，其一是发因于旧时封建残余势力与重商主义制度的苟合，其一则是发因于较新起的地主阶级势力与重商主义制度的苟合。法国属于前一形态，英国属于后一形态。其他各国则多少参杂有这两种性质。因此，这个阶段的自由放任政策，就不是纯资产阶级政权所独断独行的政策，而是资本家阶级及代表资本家利益的势力，要求或强制非资本主义的势力所推行的政策，由是，在这种政策实现的过程上，伴有热烈的政治斗争和政治势力的消长关系。现在且以英法两国为例来说吧。

法国在柯贝尔当政时所严厉推行的重商主义政策，我已在前面分别讲述过许多。工业资本主义诚然在那种环境下，受到了相当的保育，但既经由此立定基础的资本主义，再也不能忍受那种束缚了。况重商主义是以牺牲农业利益为前提。而工业的发展，则不能不思所以培育有关国内市场的农业。法国在十八世纪中叶，大部分农民还没有完全的土地私有权。他们领有的土地，须为贵族的封建法律所限制，每个采邑，都有最高的领主或贵族。农民的收获所得，都须向领主缴纳一定额数的谷纳地租，而其残下的部分，则为法国供给奢华宫廷生活、对外战争、对工商业补助奖励之国库的主要来源，同时，占有全国土地 2/3 的贵族僧侣，则不用掏出一个铜板，因为就在当时，“贵族由血统报国，僧侣由祈祷报国，只有庶民才由赋税报国”的思想，还一般通行。在此情况下，新兴工业资本主义所有的自由要求，当然不免为此封建势力所阻碍。例如当一七七四年重农主义者杜尔阁(Turgot)出任财政大臣时，即因其恢复国内面包贸易的自由，颁布废止行会和工业自由条例，及将农民物纳赋税，改作货币支付等等改革，触怒贵族僧侣，被迫免职。杜尔阁之革新政策随其塌台而失败后，法国资产阶级已经知道他们不能以和平手段实现其要求，由是遂酿成一七八九年的大革命。

关于这次革命的动机及其任务，克鲁泡特金（Kropotkin）曾有异常警辟的说明。他说："法国资产阶级在走入一七八九年的革命时代，他们已很知道自己要些什么……他们再不愿国王有独断的权力，他们拒绝受亲王和宫廷的统治。他们不承认贵族夺取政府中最好的位置，而不知治理国家，他们不愿政府掠夺得巨量的财富，而不知使其变为价值……他们倾向于思想自由，但不是无神论者。……一七八九年的资产阶级，明了当时的法国，是和一百四十年以前的英国一样，到了第三阶级从王室手中取得政权的时候了。他们知道他们应该怎样使用这政权。"①

带着这种使命发动的大革命过去后，法国阻碍工业资本主义前进的封建秩序，全都解体了。在拿破仑（Napoléon）的统治下，"法国由大陆封锁政策造成了一些有利于机械采用和工厂制度发展的错综复杂的影响。拿破仑政府承认若干职工统制部门，关于规制食物及其他必需品之生产与分配所提供的利益，那颇有助于一八〇一年之一部分基尔特独占权力的再建。……拿破仑没落以后，各个人选择职业的自由，重又实行恢复。……"②此后至一八七〇年普、法战争时为止，法国资本家阶级全都是在自由的路上，追求自己的利益。法国的工业发展，诚不若其海峡对岸的英国，及此后德国那样突飞猛进，但那是因它具有一些保持其农业国特质的优越条件（如土壤肥沃等等）。并且，它在数十年间的工业上的成就，仍不能不归因于其多方挣得的工业自由！

然则如前面克鲁泡特金所说，在法国一七八九年大革命以前一百四十年，即由王室手中取得有政权的英国资产阶级，又该有什么不自由的地方呢？英国在产业革命前后，所有旧有封建势力所加于新兴工业的束缚，诚然都由资产阶级政权逐渐的分别的予以取消。塔克尔（Tucker）表述十八世纪末期之情势说："城市中的基尔特和商业公司新享有的特权，到现在已经没有大的力量了，他们再也不会有像从前那样伤害人们的

① 见刘镜园译，克鲁泡特金著《法国大革命史》上卷第四章。

② 见乃特博士（Dr.Knight）等著，王亚南译《欧洲经济史》第537页。

可能。”[1]

然而英国毕竟还有另一种阻害工业资本主义发达的形态。英国工业资产阶级政权中，包括有两大势力，即地主阶级势力与资本家阶级势力。英国资产阶级由王室手中取得政权，因为是以和平方式行之以渐，益以此种政治变革，系发生于资本家势力尚未形成以前，故议会中之地主势力，非常雄厚。在十八世纪，“英国尚以执掌田地为在社会上取得重要地位之唯一可靠方法。商人和制造家无论多聪明多富足，总以为不及大地主那样高贵，被人知道是一个工匠或一个商人，或者这种人的嫡派子孙，都是在社会上的玷辱”。迨后随着资本的社会势力和政治势力的发展，资本家在社会上虽挣到与地主相当的地位，但到十九世纪之初，富足的工厂主人或铁厂主人，犹不能在政治上占到势力。直到一八三二年国会改革条例施行之后，下议院议员 4/5，仍属于地主阶级。[2]

地主阶级既在国会占有如此之势力，凡属阻碍资本主义，而同时于地主阶级利益无大关系的条规，地主阶级虽乐得迁就资本家阶级的意向，但迁就资本家同时不免损及自己利益的法令，他们是决不容易放松的。所谓《面包税》及与《面包税》关联的《谷物条例》，都是英国资本家阶级感到切肤之痛的束缚。

在十八世纪七十年代，面包价格为每夸脱 45 先令[3]，至一七九〇年，还只 56 先令，至十九世纪最初十年，提高到 82 先令，由一八一〇年至一八一三年，却竟增涨为 106 先令了。面包价格迅速增高的原因，固然是由于城市人口增加，面包需要增大，从而使荒瘠多费的土地进于耕作，但其主要原因，却是由于对普鲁士等国之廉价面包输入，受了保护关税的限制。地主阶级利用此保护关税，虽获有莫大利益，但于城市工业资本家阶级，却有两重的不利影响：第一，面包增价，随面包价格为转移的劳动者工资，将无法低廉。第二，劳动者及城市小资产阶级用在面包上的支费加多，对于制造品的购买力，一定会按比例减少。

在拿破仑战争当中，英国因丰年及其他关系，面包价格颇有跌落，于

---

① 参照王亚南著《经济学史》(民智版)上卷第 287 页。

② 参照王亚南著《经济学史》(民智版)上卷第 295 页。

③ 原文是“面包价格为每瓜他四五先令”。“瓜他”现多译为“夸脱”，系容积单位，在英国 1 夸脱＝1.136 升。——编者注

是地主阶级狂呼大叫，卒于一八一五年确立有名的《谷物条例》。按照此条例，本国麦价不到每夸脱(Quart)80先令[①]或880先令以上，外国小麦不得输入，其他谷物也同样受到保护。此后两年中，因收获大减，小麦或面包价格异常昂腾。所以一八二〇年[②]，伦敦商人向国会请愿，要求采行自由贸易。一八二二年曼彻斯特商人亦有同样的请愿。在他们的请愿书中说："如不立即取消面包税，工厂工业定然要陷于倒闭；并且，惟有采行极自由的自由贸易制，才能保证工业未来的兴旺和全国的和平。"然而向地主阶级占有绝大势力的国会请愿，那是没有多大效果的。

工业资本家阶级知道他们不在下院获得多数议席决难取消农业上的保护。在此种认识上，所谓选举法改革运动发生了。这种运动于一八三二年达到了废止地主选举特权的目的。但工商资本家阶级虽由此增加了几名议席，仍于取消高率谷物关税无多大帮助。一八三八年，自由党内阁的首相梅本尔(Lord Melbourne)且说："要使全国谷业团体全无保护，我当向着上帝宣言，我以为这是人类从来未有的幻想中最疯最野的政策。"

总之，按当时的情形，要想在国会中通过撤废《谷物条例》，那显然是不可能的。一八三八年曼彻斯特组成了一个谷物条例同盟会(Anti-Corn Law League)，这个会在全国各地成立了许多分会。全会在理论上及实际上的指导人物，是著名的政治家柯柏登(Cobden)。由他奋斗宣传的结果，对工业资本家不肯让步的自由党的梅本尔内阁于一八四一年的全国选举上失败了。接着以皮尔(Sir R.Peel)为首相的保守党内阁成立。就政党性质而论，保守党较其政敌自由党更要坚持保护政策，然而英国当时的大势，已不许可其坚持了。所以皮尔登台后，即努力于修正税则，减轻并缓和一向的苛刻条例。一八四四——一八四五年，全国相继荒歉，延至一八四六年，爱尔兰又饥馑大作，于是在"同盟会"的宣传之下，全国都视为这是一个不可终日的问题。就这样，几历半世纪的反谷物条例运动，竟在同年得到成功了。[③]

《谷物条例》的撤废，诚然是资本家阶级对于地主阶级的一种决定的

---

① 原书此处为"八〇先令"，疑为"八八〇先令"之排版错误。——编者注

② 原书此处为"一九二〇年"，疑有误，改为"一八二〇年"。——编者注

③ 参照王亚南著《经济学史》(民智版)上卷第381页。

胜利。但这虽是自由放任政策上的一件大事，究不过一切自由障碍事件之一。在这整个时代中，包括有地主阶级势力在内的英国资产阶级政权，大体都是在推行工业资本家所要求的自由放任政策。《谷物条例》撤废后，"格兰斯顿(Gladstone)复于一八六〇年将贸易自由政策推行到大不列颠实际享有自由贸易的程度。至若在一八六〇年以后尚保留的少数课税货品，那不过是为了收入上的必要"①。

英国关税上的自由政策的励行，致法国亦在这方面改变保护趋势，于一八六〇年与英国订立《柯柏登条约》(The Cobden Treaty)。后两年，法德间又成立自由贸易协定。自由主义的空气，在十八世纪②中叶以后弥漫全欧了。然而就在这自由政策大放光彩的当中，却亦不免要在某一方面投下一大暗影。

那就是我们在下面要讲到的劳动保护政策。

第三节　劳动保护政策

资本主义在本期所要求实现的自由放任政策，原在希望政府对于工业资本家的一切经济活动，都让其自由。但政府至十九世纪中叶前后，一方面虽满足了资本主义由旧时封建势力及重商主义政策解脱的自由要求，同时对于资本家的雇佣活动和工厂管理活动，却制定种种关于劳动的法令，这简直无异自由放任政策的一部分的否定。前述《欧洲经济史》之著者曾有以次一段中肯的话说："产业革命之末期，一般认为是在十九世纪中叶。那时，劳动立法与劳动组织已有所成就，经济上的领导，由放任的商业资本主义过渡到放任的工业资本主义。可是，后来不但染了政府规制的污点，且还有允许工资劳动阶级之某种组织的要求。工资劳动者依着几度不大费力的挣扎，已经取得了选举的权利。在十九世纪下半期，他们的活动不仅在支配他们本身之法律上，发生甚深的影响，且在一般的经济政策上，发生了甚深的影响。"③

---

① 见乃特博士(Dr.Knight)等著，王亚南译《欧洲经济史》(世界版)，第624页。

② 原文如此。应为"十九世纪"。——编者注

③ 见乃特博士(Dr.Knight)等著，王亚南译《欧洲经济史》(世界版)，第403～404页。

资产阶级的政权，居然在劳资关系的活动上，对工业资本家加以某种限度的活动，这似乎使我们感到几分意外，然而事实是很自然的依着以次的程序展开的。

当工人随工业发展而进入工业市集时，他们找不到设备较好的房屋，普通是定居于草率搭盖的茅房或小屋中。就说工厂本身吧，那大部都是急于造成，非常简陋，谈不到安全，谈不到卫生，更谈不到舒适。在开始时，大规模雇用到工厂中的儿童妇女，整天要离开他们自己的家庭。妇女劳动的浪费，致使新工厂制度最悲惨的方面，就在一般的使用年轻的儿童。就一般而论，小企业上的劳动状况，较之大企业上的劳动状况更为恶劣。工资任意压低，时间任意延长，当时 14 岁以下的儿童，往往每日由 14 小时工作到 18 小时。工厂设备的简陋，科学管理的缺乏，以及对劳动者之过度酷使，致因机械伤身毙命者极其普通，而折肢残废者，尤司空见惯。然而对于这诸般恶害，资本家叨法律的庇荫，可以不负责任。而处在此等残酷压迫境况下的劳动阶级，当时不但法律不允许其结合，而他们自己在厂内厂外也没有形成任何结合。在十八世纪末及十九世纪初，肯为劳动阶级仗义执言的，只是那些站在人道主义立场的空想社会主义者，他们的大声疾呼，以及一部分同情于劳动者的政治家之较开明的或较有远虑的努力，终于引起了立法当局的注意；然而劳动阶级实际取得法律之保护，还是由于他们此后自己的努力。英国是产业革命的先进，我们顶好先由英国劳动立法的经过说起。

英国在十九世纪最初二十年中，因诺柏特·皮尔（Robert Peel）与诺柏特·奥文（Robert Owen）的努力，虽把工厂规制的需求，展列于英国人民之前，而勉强于一八〇二年成立《健康道德法令》（Health and Moral's Act），于一八一九年通过《新工厂规制法令》（A New Factories' Regulation Act），但那都是局部的主要关于儿童劳动的规制。而且这时劳动者结合的自由，还由英国普通法律及古代传遗下的种种法令所禁制。不过，经过这些人道主义者的宣传与鼓舞，不但社会对于劳动者的合理要求表示同情，劳动者自身亦渐形成相当有力的团结。一八二四年，立法当局考虑各方情势的结果，终于承认劳动阶级之和平结合的法令。劳动阶级能够合法团结，他们的势力乃不可轻侮。就因此故，资本家阶级在前述反地主的选举法改革政治运动中，就想暂时利用他们。这时劳动阶级中的理论家们，亦曾力言与资本家阶级提携的危险，但结局，终于与他们提携了。

在选举法改革运动中，劳动阶级大卖了气力。一八三一年，奥文及其信奉者，曾组成全国劳动者阶级同盟(National Union of the Working Class)。这个同盟揭举了三个目标。其第二项是：在情形许可的限度内，得用一切手段保护劳动者，使不受雇主及制造家的横暴压迫；第三项是，为全国国民计，务必促成英国下院有效的改革，如议会每年开会，一切成年男子皆有选举权，撤废秘密投票方法，特别是撤废那些对于议员财产上的资格限制。劳动阶级显然是以第三项的合作手段，达到其第二项的要求。第二项当非资本家阶级所愿，且以普选权给劳动者，更非资本家阶级所欲。但他们为要对抗并打倒地主势力，乃不得不暂时利用劳动者阶级的帮助。劳资两阶级联合向地主阶级进攻的结果，选举法果于一八三二年达到一部分改正的期望了。资本家阶级参加了政治支配权之后，乃为酬劳劳动阶级，于一八三三年促成劳动“大宪章”即工厂条例之实现。此条例一般适用于纺织工业，而于丝工业则附有若干特许事项。9 岁以下儿童，均禁止雇入工厂。13 岁以下儿童，每日不得工作过 9〔小〕时，每周不得工作过 48 小时。至若 18 岁以下青年，则每天以 12 小时为限，每周以 69 小时为限。夜工确定规定在午后八点半到午前五点半，在 18 岁以下的青年儿童，不许从事此种工作。此外，关于工厂检查制度，亦于此立下基础。

此后，劳动阶级关于普选运动要求(因一八三二年之选举法改正，只将选举权扩张到都市，而未扩张到全国)，虽不曾收到满意结果，但国会却不绝为他们定立了一些缓和其反抗势焰的法令。一八四四年的工厂法令，对于儿童劳动，小有变动；对于妇女，施以(由 13 岁至 18 岁)同样的保护。对于有危险性的机械，要求建筑围垣，并对于因机械防护不周所酿成的伤残者，规定货币的赔偿。一八四七年纺织业上的妇女儿童的 10〔小〕时法案通过了。所有新的工业，最后皆括入此日益增进的规制序列中。至一八六七年，哪怕是小规模的工作房，亦附有同一精神的规则。

法国之产业革命时期，远较英国为迟，而其社会组织及政治状况，又与英国表示许多不同之点，故其劳动组合在一八八四年以前，还不曾取得法律的允认。政府对于一般工业上之劳动状况的规制，亦是开始于一八七四年以后的一〔系〕列法律。不过,法国劳动组合虽未取得法律的正式允许,它却在正式允许以前好久,即已得到了结合的宽容。约在一八二五年左右,工厂制度已开始在法国定立了基础,同时劳动者亦成立了一种称为对抗会(Société de résistance)的组合。顾名思义,这组合显系为了增进其在缔结契约上的力量而组成。在一八四一年,法国已采行儿童劳动法,这种劳动法,虽类似当时英格兰所行的同类法令,但就其全体而论,却是更为认真的。一八四八年紧随国家工厂停办而暴发于巴黎的暴动,致使资产阶级大兴戒心,所以,政府关于一般工业之劳动条件的规制,以及对于劳动组合之合法承认,均是延至一八七〇年法普战争以后才开始的。

比利时在工业上较法国为先进,故它之实施工业劳动规制,差不多和英格兰是同一个时候。至德国关于这方面的努力,我们将在次章予以介绍。

总之,这个时代的劳动立法政策,多少都带有几分保护性质。以资产阶级的政权而从事保护劳动的立法,那与其说是出于人道与良心观念的反省,不如说是由于较有远见的利害关系的打算。诚如一位著者所说:"那些缺乏人道感情的临时雇主,仅有一种顾虑,那就是恐怕可怕的饥饿瘟疫或死亡,会实行造成劳动的缺乏。"①不过,到了这个时代的后半期,劳动者阶级自己的努力,那亦是促成这种保护立法实现的一大动因。

问题

一、重商主义政策有助于新兴工业,何以又不宜于工业资本主义的发展?

二、在产业革命前后,英国政权与法国政权有何不同之点?

三、自由放任政策是否对于工业资本家绝对放任,不加干涉?

四、设自由放任政策完全实现,政府所残下之任务为何?

五、初期劳动阶级之劳动状况,何以会引起劳动保护政策?

六、保护劳动对于资本家之利害如何?

---

① 见乃特博士(Dr.Knight)等著,王亚南译《欧洲经济史》(世界版),第390页。

第四章　金融资本主义时代的经济政策

第一节　本期资本主义的特质及其要求

金融资本主义时代亦称独占资本主义时代。这个时代系开始于一八七〇年以后，直至现在。但因为关于目前各资本主义国家的经济政策，另由次章讨论，故这里所涉及的时期，大体是至大战发动以前为止，大战以后，至此次大恐慌发动以前，则亦由次章顺带论及。整个资本主义的发展演化，原是连绵赓续的，区而别之，不过为讨论的方便而已。

前章讲过，自由主义在一八五〇年以后的欧洲，可谓达于极盛时期。自由主义的广泛推行，工业当得到一大发展，在此工业迅速发展的当中，自然不免发生以次几种现象：

一、重工业扩展。这所谓重工业，即以石炭业及钢铁业为中心的工业。纺织业等轻工业发展的结果，自然会促进石炭与钢铁等产品的需要，从而促成此等工业的扩展。此等工业扩展，不但其自身生产力增进，同时，以此种产业为基础之全产业，势必相因改造，而使全产业之生产力大为促进。

二、银行资本抬头。重工业扩展及以重工业为基础之全产业进于改造，致产业资本趋于高度化，即其中之固定资本部分，对流动资本部分的比例加大；产业资本上之此种高度化倾向，自然不免增进银行资本向产业界伸展的机会。在要求减低生产费和增大利润的竞争局面下，企业规模与其组织，将不绝要求大量化集中化。此种情形下之产业资本，乃日益屈伏于银行资本，而为其所支配。

三、生产过剩。产业资本中之固定资本（即凝结于机械设备中之资本）对流动资本（即用以支付劳动报酬的资本）的比例加大，势将相对的减少总工资额，即减少社会购买力，而造成生产上之相对过剩。而生产力的增进与大量生产规模的扩充，更将直接间接促成此种过剩现象。

四、原料食品需要紧迫。社会资本的分配，不但在固定资本与流动资本方面，发生偏颇现象，即在工业与农业方面，亦自然演成此种趋势。在工业资本主义支配的场面下，社会之财力与人力，皆逐渐集中于都市，结局，农业上之发展，乃远较工业为落后。但工业都市对于农产物的需要，却并不因工业的发展而减少，且必然要随其发展而增大，由是，工业资本主义愈发达的国家，其对于农产物，特别是原料的需要，乃愈感紧迫。

五、资本蓄积的增大与过剩。在工业迅速发展的过程中，资本利润的蓄积，乃随之迅速增大。设生产企业规模能无限制的扩张，则此迅速增大的资本，尚不难设法处置。但资本主义生产的前提，是为获取利润，生产过剩现象发生，即等于资本在国内不易觅得有利用途。

上述诸端，为工业发展过程中必然演成的现象。由于此诸般现象，资本主义已逐渐改变其性质，即使其由工业的过渡为金融的，或更高度的。资本主义的特质改变，其要求当然与以前大不相同。即以前要求自由竞争，现在因自由竞争酿成利润低落乃至生产过剩现象，自不能不趋向化除竞争与限制生产途径。此即所谓独占。唯独占虽为自由竞争转化的趋势，即资本主义的自发的趋势，但独占局面赖以形成的促进动力，却是遮断他国资本在本国竞争的保护关税。独占与保护关税皆为自由放任主义之禁物，然而时过境迁，此禁物正为本期资本主义的迫切要求。

而且，在自由主义盛行的时代，殖民地早被视为一种赘物，但到了原料食品需要紧迫，同时，货物资本用途日益感到窄狭的此一阶段，前一时期的赘物，此时又成为最有诱惑力的对象。

因此，独占的保护关税，与殖民地的掠夺，遂为本期资本主义之显著要求。在实现此种要求当中，政治支配的性质当非改变不可。即以前推行自由放任主义的政权，自不能毫无改变的用以推行反自由主义政策。原来银行资本即金融资本在产业界的伸展，渐致使大金融资本家，同时即为大企业家。在政治势力必得有经济背景的限度内，即政党政治所要求的党费选举费，必须受到大金融资本家之支援的限度内，政治乃成为仰赖大金融资本家鼻息，而为其操纵把持的工具。此种金融寡头政治出现，自然会推行金融资本家所要求实现的经济政策。

所以喜尔斐丁(Rudolf Hilferding)说："金融资本的政策，乃追求三个目的：第一是在可能范围内，获得大的经济领域；第二是由保护关税的壁垒，遮断此经济领域内之外国竞争；第三是由此使此等经济领域，转化为国民独占的企业结合的榨取领域。”[①]这三种目的中之后面两种目的，实密切关联，故从经济政策的观点，即从金融资本家假手于其代理政权所推行的政策的观点来说：促进独占的保护关税为一种政策，即独占保护政策；获得大经济领域为又一种政策，即殖民地掠夺政策。此两者皆为金融资本主义时代之必然要求。至资本家对于劳动阶级的态度，至本期亦大有改变；资本主义每进一步发展，资本家与劳动阶级的正面冲突，亦愈加明确而无可调和。随产业之机械化、集中化与高度化，庞大的产业预备军因以造成。产业预备军虽为低减工资或生产费之必要条件，但其存在亦足予资本家阶级以威胁，故代表资本家利益之政权，乃不能不改变其前此保护劳动的方针，而为防压劳动的方针。我们如其不否认劳动问题为资本主义的致命问题，关于这个时代的劳动政策，就不得不特加注意。

因此金融资本主义时代的经济政策，除前述两者外，更还有劳动防压政策。下面将就此三者分别加以叙述。

第二节　独占保护政策

关于这种政策，须得就以次三点说明：一、独占；二、独占与保护关税的关系；三、各国推行独占保护关税的实现。

独占有两大形态，一是资本形态，一是企业形态。以前者而论，银行资本因种种关系（如重工业和股份公司的发达等）伸展于产业界，或投用于生产事业方面，结局，此种资金乃渐形固定化；此种资产所投用的生产事业，如相互竞夺市场，必危及银行资本或金融资本，所以金融资本势力扩大，定然会排斥自由竞争。金融资本一方面对产业行使独占的支配，同时又导来企业上的独占形态。企业上的独占形态，系由最显著的两种结合方式表达出来，其一为托辣斯（Trust），其一为加特尔（Kartell）。加特尔是同一种类的产业部门的结合，即所谓纵断的结合，此种结合之构成份子，各自保持其独立，为了独占市场，其受拘束的范围，主要限于贩卖方

---

① 见林要译《金融资本论》第629页。

面，对于其各独立构成份子之生产行程的经营，多半不加干涉；若托辣斯之构成份子，事实上都失去各自的独立，而融合为一统一的大企业，此种大企业，不仅为横断的结合，同时且为纵断的结合，即集结于此种独占体下面者，不但为同种类的产业，且为生产阶段不同的各种产业如纺纱业、织布业、染业等等。就一般而论，托辣斯较之加特尔尤能发挥独占的功能，因后者专以市场之规制或整顿为目的，而前者且得进而推行生产的合理化。但此两者究有其共同之点，即：一、两者同为金融资本所促成的结合，且为金融资本构成独占的坚实基础；二、两者的目的，均在提高价格，以期获得较多的利润。

然而市场的整顿与生产的限制，都须有一个前提要求，那就是使市场确定化，换言之，就是使一国国内的市场，不受外国竞争的搅扰，要做到这点，计惟有以保护关税壁垒，遮断外国商品的侵入。所以近人谓保护关税为独占之母。这时代的保护关税，简直可以说是为了避免生产过剩，为了独占，那与初期保育幼稚工业的保护关税，具有绝对不同的性质。故如谓后者为幼稚工业保育关税，则前者为独占保护关税。

以下且就德、美、英三国，以说明此种独占保护关税发展的趋势。

德国以普法战争为其资本主义发展的一大转回点。在普法战争以前，德国之现代的统一的国家体制尚未全备，故其国民经济之成长，亦远较英法诸国为迟缓。国民经济发展的落后，致德国的对外贸易自始就有采行自卫的保护政策的要求。加之德国是以重工业著称的国家，其银行直接对生产事业放款的特性，更加速促成其独占资本主义势力的高扬。所以，在毕斯马克(Bismarck)治下的新德意志帝国，虽于一八七七年，废止铁关税，而使自由贸易政策，一度达于极盛顶点，但因一八七三年以来的长期不况，和海外廉价谷物输入之损及其农业，以及其他种种原因，终不能不于一八七九年七月实施保护的新关税，此种关税延至一九〇二年，又发布更高水准的关税法。此种关税法将农业关税与工业关税全般提高，且对于四种谷物(小麦、裸麦、大麦、燕麦)设定二重税制。此后德国至大战勃发以前的关税，皆以此为骨干。在此保护关税掩护下，德国产业界之加特尔化趋势，乃异常显著。在一八七九年之保护关税尚未实施之一八七五年，全国之加特尔数尚只 8 个，至一八八五年，为 90 个；一八九〇年为 120 个，一八九六年为 260 个，一九〇三年第二石炭组合出现，一九〇四年钢铁业组合出现，至是加特尔运动达于极点，至一九〇五年，其数竟达 385 个。

美国是一向以保护关税见称的国家；其保护关税的基准，为一八六四年之关税条令，此种条令的主旨，即对输入税的全般提高。当时提高关税的动机，大体虽为救济南北战争时之财政困难，但此后则与国内托辣斯之发展相关联，而成为美国传统的政策。即一八六四年之关税条令发布后，因对内对外的种种关系，对于某种特定商品的税率，有所更正，由是形成一八八三年之修正关税条令，但在共和党掌握政权中的一八九〇年，又有一般增大关税的关税法公布。至一八九三年，恐慌发生，保护贸易者更振振有辞，于是在一八九七年通过更高率的关税法，此关税法在共和党执政十二年的长期中，皆继续推行，直至一九〇九年。在此高率保护关税实施当中，美国独占企业曾蒙到独占与保护的两重利益；致使有利托辣斯成立的一八八〇年代，国内即酿成托辣斯征伐论的抬头。各州且相率制定托辣斯取缔法令。但托辣斯赖以保育的，是保护关税，此后一般大众虽因憎恶托辣斯，而迁怒于托辣斯关税，致令共和党在选举竞争当中，亦不能不誓言改正关税，但选举胜利后，照例总是在关税上做一些无关大体的敷衍工作，由是在十九世纪末了数年中，托辣斯化运动已急速普被于全国，至新钢铁托辣斯成立的一九〇一年，其数已达 400 个之多。

独占企业要求保护关税促进保育的事实，我们还可由英国得一反证。英国为最先进的资本主义国家。凭其老早确立的贸易优势，它在十九世纪下半期还不曾在贸易上感到国外竞争的威胁。所以它至一八九〇年代，除了实施商标保护法，并以疫病为口实，禁止家畜输入外，大体尚能保持其自由主义的招牌。它的大规模企业联合体，当时尚只 2 个，即至一九〇〇年，亦还不到 30 个。因为没有十分感到独占的要求，依此要求而建立的保护关税，自然是无从发生的。但至二十世纪之初，英国的贸易优势，已早不免受到德国强大竞争力的侵越，由是英国资本主义乃趋于独占化，而其保护关税，亦于一九一〇年之关税开其端绪。

至若在英、德、美以外的各国，其关税政策殆莫不具此趋势。在独占保护关税推行的过程中，各国自然都不免感到国内市场的窄狭，因而要求扩大经济领或，扩大其保护与独占的范围。此即殖民地争夺政策所由形成的根本动因之一。

第三节 殖民地争夺政策

资本主义国家争夺殖民地之根本原因，原不外基于其资本价值的增殖的欲望。但他们这种欲望之露骨表现，却是发端于一八七〇年以后，因为在这以前的工业资本主义时代，他们已经造出了必须采行此种争夺殖民地政策的诸般要求：那第一，是由工业农业发展不平等所引起的原料食品供给地的要求；第二是由自由大量生产所引起的制造品畅销地的要求；第三是由资本急速而大量蓄积所引起的资本投泄地的要求。在这三种要求中，以资本投泄地之要求为最迫切而且最有侵略的特质。因为农产品不足与制造品过剩，至多仅在要求某落后地域之经济的独占，即要求确保其农产品之不绝供给与制造品之顺利销售。若资本的输出，则必须取得其资本投用地域之政治支配权力，借以保障其资本之安全。诚如一位资本主义批判家所说："在自由竞争完全行使支配的旧资本主义场合，系以商品输出为典型；若在独占行使支配的近代资本主义的场合，则以资本的输出为特征。"[①]这所谓旧资本主义，盖指称前一阶段之工业资本主义，而近代资本主义，则所指为金融资本主义。

荷柏生(Hobson)氏在其所著《帝国主义论》(Imperialism：A Study)中，亦谓诸帝国主义国家之侵略政策的根本动因，当求之于其资本输出，即对外投资之必要，至此种资本输出之必然倾向，彼以为是基于生产诸力之可惊发展所引起的资本过剩蓄积的结果。一般以帝国主义与独占的金融资本主义相混称，盖不外基于此种事实。因此，帝国主义政策之意识的开端时期，荷柏生认为是在一八七〇年代。这可由各帝国主义国家掠夺殖民地之实际活动并予以说明。

首先就英国来说吧。

英国在自由主义盛行的十九世纪中叶，一般自由主义者，特别是曼彻斯特派，都颇怀疑领有殖民地的利益；底斯勒里(Disraeli)在一八五二年，且以为领有费用浩大的殖民地，简直是母国经济发展的桎梏。然至二十年后的一八七二年，底氏在水晶宫(Crystal Palace)的选举演说中却高唱

---

① 参照日本春秋社"世界经济讲座"伊藤秀一著《帝国主义》第 37 页。

帝国结合政策，主张领土扩张，主张制定帝国关税，并由军事设备，以拥护殖民地领域。一八七四年总选举的结果，格兰斯顿（Gladstone）之“小英国”内阁（“Little England” cabinet）瓦解，以底斯勒里为首领之保守党的帝国主义侵略政策开端。此后英国在非洲、亚洲之殖民地侵略活动，皆系缵承此种政策，而其促成此政策继续且加强推行的最本质要求，无疑是其资本输出的不绝增多。英国对外之长期的永久的投资，在一八七〇年至一八七四年中，每年平均为 6100 万镑；在一九〇五年至一九〇九年中，每年平均竟达 10900 万镑。对外投资为殖民政策推行之结果，同时却又为后者之原因。

次就法国而论。

法国经过一八七〇年普法战争的惨败，其国内政治上掀起了一种变动，但这变动是有利于资本主义的进一步发展的。第三共和国当政的政治家，实质上都是资本家更忠实的代理人。当时法国过剩货币资本的蓄积，使其要求向国外获取有利的投资市场，由是在八十年代，遂招来建设殖民地的狂热精神。一八八〇年之侵略北美洲，一八八四年参加非洲领土分割，及在这前后之伸张其势力于亚洲，要不过为其国内资本提供输出机会，所以热心鼓吹帝国主义思想的保罗·勒洛亚-波路（Paul Leroy-Beaulieu）认为，殖民之真谛，与其说在移民，不如说在移动资本。彼表明法国之海外投资，在一八八二年已达 200 亿至 250 亿佛郎①，且每年有 10 亿佛郎之增加。彼以为以此等过剩资本 1/4 投之于殖民地，法国即很可创造一大非洲帝国，更可创造一大亚洲帝国。彼力言殖民为“法国之死活攸关的问题”。而事实也仿佛正是如此。法国之对外投资，在一九〇〇年为 280 亿佛郎，一九一〇年为 400 亿佛郎，至大战爆发的一九一四年，竟达 450 亿佛郎。资本投出愈多，对于殖民地之利害关系，自愈加重要，一旦其殖民政策在推行上逢到障碍，自然非来一次决斗式的战争不可。所以，世界大战正是各帝国主义者的侵略殖民政策的抵触。

再次就德国而论。

德国资本主义的特质，前面已经讲过了，与英法两国比较，德国之产业革命阶段，虽然落在后面，但其开始登上资本主义舞台，却已显露非常

① “佛郎”即“法郎”的旧译。——编者注

的凶相。其重工业之飞跃发展，正与其独占资本主义的成长，同其步骤。产业集中与独占化的过程，复与银行集中及产业对于银行之依存关系相结合，而唤起所谓金融资本之支配的势力。由是，以重工业为背景之德国独占资本主义的对外活动，当然带有很浓厚的侵略的性质。德国对外投资，在一八八三年，尚只 50 亿马克，一八九三年为 100 亿到 130 亿马克，一九〇五年为 150 亿到 180 亿马克，至一九一四年，更达到 220 亿至 250 亿马克。投资的进展，正是其在非洲、在近东、在太平洋方面之殖民政策活动的结果。

由一八七六年至一九〇〇年，英、法、德三国殖民政策活动的实绩，由次表所列各该国殖民领地面积增加的数字，即可判明。

面积单位：千平方公里

	1876 年	1900 年	增加
英国	22476	32713	10237
法国	965	10985	10020
德国	——	2597	2597

然而在一九〇〇年前后，从事殖民地侵略活动的，并不限于以上欧洲诸国，美国、日本及横跨欧、亚的俄国，亦是登上了帝国主义舞台。美国于一八九八年合并夏威夷岛，以后又获有菲律宾及其他西班牙领地；为行使对美洲市场的独占，它特别提出阻止欧洲帝国主义者侵入的门罗主义，但另一方面却为参加对中国的宰割，而高唱门户开放与机会均等政策。日本自战胜中国及此后战胜俄国以后，它的资本主义的飞跃发展，已使其不能以战利品的朝鲜、台湾、旅顺、大连等领有地为满足，而企图进一步向中国推行其大陆政策。俄国在欧洲及近东方面的南下政策既被阻于英国，在亚洲方面的东进政策又被阻于日本，在一切掠取殖民地的帝国主义者当中，俄国算是最不顺手的。然而它在波斯及土耳其之伸展势力，在中国北满之修筑铁道，那亦不能谓非其殖民活动之成效哩。①

① 本节材料，多参考日本春秋社“世界经济讲座”伊藤秀一著《帝国主义》第二章。

第四节　劳动防压政策

事实上，各帝国主义国家之殖民地侵略扩张政策之积极，或其资本输出之不断增加，那在一方面虽然表示其国内过剩资本之迅速蓄积，同时亦表示了以次一列事实，即：

一、资本主义生产之重工业化、机械化。

二、由机械代替或驱逐劳动，引起劳动者失业。

三、社会购买力或消费力不能赶上生产力，而引起国内市场之窄狭现象。

四、生产力超过消费力，生产过剩。

五、利润减落。

利润为资本主义生产之原动力。利润减落趋势，当不免成为资本主义生产之致命打击。在此种情势下，资本家阶级除了要求海外有利的投资用途，就是在国内进行化除竞争、调整市场、限制生产的独占，同时并以更集中、更大规模和更机械化的方法，以期缩减生产费用。但无论是限制生产，抑是如何缩减生产费用，结局都为劳动阶级的不利。各国在大战以前，虽然还不曾公然采取减低工资与延长劳动时间的方策，但已经在资本主义前一阶段取得有若干保护立法的劳动阶级，他们因为社会地位的增进，社会阶级团结意识的加强，且对于其切身利益认识的进步，于是在当时那种不利的环境下，乃相与从事社会的政治的运动，以期保障他们生活与职业的安全，且还进而要求改变现存的社会经济组织。资本主义蓄积利润的生产，是需要和平的，在劳动阶级势力不能纯用高压手段镇服下去的限度内，唯一可行的方法，就是剿抚兼施，换言之，即施以惠而慑以威，此即所谓劳动防压政策的真谛。以次且就各国施行此种政策的实况，分别说明。

劳动保护政策的推行，系始于英国，而劳动防压政策的实施，则是始于德国。德国的产业发展，虽较英法两国为迟，但正因其产业发展落后，它一方面在企业组织活动上，固可不重覆先进国家的种种尝试的错误，同时对于劳动运动，亦使其能采行许多简便的捷径。以法国圣西门(St.Simon)、富立叶(Fourier)，英国奥文为中心的空想的社会主义，到了德国马克思、恩格斯手中，即开始赋以科学的基础。远在普法战争以前，德国拉萨尔（Ferdinand Lassalle）即已从事劳动运动之指导组织。至一八六二年，且发布“劳动者纲领”；主张组织离资产阶级政党而独立的劳动党，主张普选运动，主张由国家给资设立劳动者生产合作社。次年即根据此种纲领，创立“全德国劳动者同盟”于莱勃兹奇[①]，同时马克思主义派亦在南德方面设立“工会联合会”，提出更激烈的要求。在普法战争中（一八七一年），社会主义运动曾急速发展，战后毕斯马克虽用高压手段予以防范，但却促成此两派的结合。此两派于一八七五年合组“德国社会主义劳动党”，于一八七七年之选举中，竟送12名议员于国会。毕斯马克颇为此劳动大众之发展势力所震惊，乃于次年解散议会，实施社会主义镇压法。但在工会与社会主义运动的联系关系上，这种强硬镇压法一定会引起更严重的结果，所以这位敏感的政治家，立即感到此路不通，而采行了怀柔软化的方策。在一八八一年，他向国会提出了意外伤害者保障案，此案至一八八四年始通过实行。至附随此案于一八八二年提出的疾病保障案，则于一八八三年通过，至次年末见诸实行。他若一般的保障方案，则是由雇主雇工国家合同筹集经费，妥为救济。一八八九年，老年与残废法通过，至一八九一年初，开始实行。这整个计图，在先都带些实验性质，时时加以修正。但至实行证明有效，且为世界一大些国家所效法时，最后乃于一九一一年妥加编整，列为法典。

效法德国社会政策的最著名国家，首当推称英国。美国有名的经济史学者说过：“在社会保障的立法上，德国算是一个先进；一八八三年开始的患病者的保障，至同世纪之末，已扩展而为一最著名的制度。此后二十年中，德国的社会立法制度，虽在大不列颠受到猛烈的批判，但其可惊的实际效果，终于使不列颠走向同一途径。并且不列颠实施这种制度的热忱与澈底，只有德国能与之颉颃。”[②]

英国自一八六七年公布《选举改造法案》，使大部分劳动阶级皆取得选举权利后，各种劳动集团为要保护其自身利益，遂都逐渐从事于正式的政党活动。自由党的候补者一方面固不能不尊重此新选举者的意见，同

---

① 指“莱比锡”。——编者注

② 见美国乃特博士（Dr.Knight）等著，王亚南译《欧洲经济史》（世界版）第513页。

时在对抗保守党的阵线上,同党亦有取得劳动集团之奥援的必要。一八七四年劳动集团因与自由党联合战线,有两个公认的劳动候补者,被选入国会,一八八五年其议员由 2 人增至 10 人,一八九二年更增至 16 人之多,一八九三年"独立劳动党"(The Independent Labour Party)建立,其揭橥的直接纲领,为疾病与老年的保险,为不劳所得的累进税,为减除军备,以后还添上了妇女选举权。劳动阶级的声势,从此益令资本家阶级侧目而视了。

在一九〇五年,自由党因得劳动党之奥援,而大大增厚其政治势力,于是乃誓行一种老年者领受年金的纲领和其他的社会立法。一八八〇年之"雇主责任法案"(An Employer's Liability Act)经过一八九七年、一九〇〇年、一九〇一年之扩充,虽已使全国半数以上的劳动者,都有雇主为其负担意外危险的责任,但至一九〇六年所通过的"工人赔偿法案"(The Workmen's Compensation Act),则为一更澈底更包括的纲领。此法案对于手工业者和每年工资超过 250 镑以上之工人以外的一切劳动者,不问种类,都予赔偿的保障。凡在伤害期间,雇主对受伤劳动者,每周至多须支付 1 镑。至医药费、死亡的丧葬费,乃至其遗孤之抚恤等,均有所规定。

对于老年的救济,以前曾有局部的枝节的办法(如救贫法等),一九〇八年,一种系统的"老年年金法案"(The Old-age Pension Act)通过;此法案经过翌年的修正,简直成为一单纯的年金制度。凡在英国住过十二年与当过二十年市民,其年龄与收入都在一定限度以内的不列颠人民,皆得领受年金。对此年金的支付,完全出自公家的基金,雇佣者与被雇者,都无须捐助。

至关于病患者与失业者的保障,则于一九一一年通过了一种《国家保险法案》(The National Insurance Act),这法案之特色,即在以一种进步的系统的形式,以确定病人与产妇的利益和保护。①

法国之工业组织及其工业资本主义发展的深度与广度,都使其对于劳动立法问题的处理,无须采行英德两国那样繁难的程序。它于一八九八年通过的"雇主责任与工人赔偿法案"(An Employers' Liability and

---

① 参照美国乃特博士等著,王亚南译《欧洲经济史》(世界版)第 513~514 页。(原书此一注释在文中标注为"注六",而"注五"缺失。——编者注)

Workmen's Compensation Act),已使一切工业上的雇主,都负起对于工人的责任。至老年与残废的年金法,系通过于一九〇五年,其费用乃出于市区(The communes)、郡区(The départements)与国家。一九一〇年之"老年年金法案",对于雇主虽都要求捐输,但其额数没有一定。至若不受强迫保障的工人,一般皆听其自由。

此外,其他欧洲各资本主义国家,乃至欧洲以外的若干国家,迟早都采行大同小异的社会政策,其基准都仿照德国。至他们仿行德国社会政策的动机,当然不是由于好奇的模仿,而是由于资本主义之实际的共同的要求。前述那位美国著者推论毕斯马克采行此种社会政策的动机说:"毕斯马克本身具有一种奇异的基督教的斑纹,同时这基督教的斑纹,又与其呆笨的爱国主义异常配合。当这两者一致协作时,其对于国人的影响,必定会使他觉得,以武力处置社会主义的无益尝试,多少不免失之愚笨。如其说,非如此作法,不能有适当的成果,那末,使工人在可能范围内,有如包工一样的不致失业,并保障其疾病与伤害,对于其无力工作的晚年,予以救济的种种方策,就一定确实可靠了。"①

把社会政策解作是防阻社会主义运动的尝试,这是一针见血之谈。而实际确也相当达到了预期的效果。

问题

一、在工业资本主义发展过程中,会发生哪些现象?试一一指出,并说明其理由。

二、金融资本主义的政策,悬有哪些目标?其特征如何?

三、金融资本主义时代的保护关税与商业资本主义时代的保护关税,有何根本不同之点?

四、独占有哪些形态?保护关税与独占的关系若何?试简述之。

五、各国实行社会劳动政策之目的安在?

---

① 参照美国乃特博士等著,王亚南译《欧洲经济史》(世界版)第559页。

第五章　当前各资本主义国家的经济政策

第一节　战后资本主义经济之特质及其恐慌

前面讲过，由大战当时直至现在，依旧是独占的金融资本主义时代之继续。但以空前大战划分的这个时代之前期与后期，在资本主义经济的组织上、机构上，都显现了根本不同的特质。

在大战行将爆发的当时，每个帝国主义国家，都对于战争怀抱着莫大的野望。他们在自利的欢乐的打算上，都以为将要爆发的战争，会使其敌人一败涂地，它由是夺获其殖民市场，使本国过剩的货物与资本，得有一个痛快发泄的机会。德国、英国、法国乃至其他大多数参加战争的国家，彼此都带有这种希望，在"正义"与"人道"的旗帜下，从事狂野的乱斫乱斗。战争的死伤之多，规模之大，时间之长，似乎全都超越了他们预定预期的限度。结局，最有凶悍性的德帝国主义者倒毙下去了。与德国同盟的奥匈帝国解体了，土耳其帝国亦弄到豆剖瓜分。英法诸国诚然由德、奥、土诸战败国分得了一些经济领域与其他物质财源；他们以前的货物与资本的过剩现象，亦诚然因战时的破坏与限制，暂时没有以前那样急迫的要求出路，但由战争解决资本主义矛盾与困难的这种仅有的效果，比较其在其他方面所造成的更大矛盾与更大困难来，那实在是太不值得评量了。

大战对于整个资本主义经济的影响，可就以次诸点予以说明。

第一，殖民地带及后进国家之工业化。在提供农产品与销纳制造品的意义上，以农业生产为特征的殖民地带及后进国家，实无异维持整个资本主义存立及其发展之前提条件。世界大战爆发后，直接参加战斗的各帝国主义国家，既因战时经济变革关系，不克供给其殖民地及后进国家的工业制品，同时这些地域的原料与食品，又不克如以前一样的找到销路，于是在输出输入的阻碍上，必然促使这些地域的工业化。这些地域已经相当工业化了之后，当然不容易使其在战争结束时，重又恢复以前的原状，这一来，资本主义乃愈益缺乏伸缩的弹性了。

第二，日美诸国工业之过度发展。日美两国原是先后参加过战争的。但因它们远离欧洲的战场，故不但未受到战争的严重损害（美国于战争最后一年中，曾调大军驰援欧洲，其损害虽较日本为大，但与英法诸国较量，则颇不足观了），且还大收渔人之利的侵入了欧洲诸帝国主义在非洲、亚洲及美洲的海外市场。由是，它们的工业乃飞跃的过度的发展，使其在战争甫经结束后，即痛感到市场的窄狭。

第三，欧洲诸国之产业上的分工局面与均衡局面的破坏。就整个资本主义世界讲，上述两点，亦不外破坏产业上的分工局面与均衡局面，但其情形的严重与程度的深刻，则当特别数及欧洲。欧洲在这方面的破坏情形，可就诸小国与诸参战国家的事实予以说明。在大战以前，欧洲许多国家（如丹麦、瑞典等）因为国小而民寡，不够享有制造业上之大规模的经济的利益，于是除了特别宜于在本国制造的工业品外，其余皆仰给于其他大制造业国家，而它们自己则集中其全力，以从事农业的发展。大战发动，它们因为不能由原来提供制造品的国家，得到供给，于是乃勉强从事其在正常状况下不会从事的制造工业，迨正常状况恢复，它们却仍非勉强维持这些已经凝结下了大量固定资本的工业不可。同时在那些交战的制造业诸国（如英德法等），它们却又依不同的程序，发生同样破坏经济分工与平衡的现象。即在战争时期中，各国为适应当前紧急的需要，都用全力创建并扩张军需工业或与军需工业有密切关系的工业；就是本来在社会经济条件上，不适于生产这类工业品的国家，或者在平时宜于向他国输入这类工业品的国家，这时亦不得不迫而勉作此种生产活动。迨战争宣告结束，它们也正同那些小国一样，不肯废置其已经发展的生产规模。但无论是在诸小国的场合，抑是在此诸制造国的场合，要维持其生产条件不足的或不相适合的产业，计惟有诉之于高率关税，以防阻他国的竞争。

第四，由新国产生所引起的关税境界的延长。在政治境界足以障害经济自然发展的限度内，欧洲在战后依民族自决原则（事实并非如此），或由德、奥、土耳其领土分割所创立的许多国家，就无异在整个欧洲经济乃至世界经济发展上，平添许多障碍。经济的利害关系，益以政治的民族的对敌感情，致使战后的关税战争问题，比较战前还要严重。

第五，赔款与战债的纠葛。赔款战债是大战直接残留下的遗产。协约各国要予战败德国以永世不能翻身的惩创，同时且为培养其自身在战争中受到严重破坏的经济元气，它们向德国要求巨额的赔款，但这一举两得的打算，显然存有一种内在的矛盾。因为德国的赔款支付力，乃系于其经济复兴的程度，协约各国既以赔款重担阻碍其经济复兴，同时又要求其具有赔款支付力，那自然是一大矛盾。赔款问题不解决，欧洲各国间之敌意的反常的关系，自难纳入正轨。不但此也，协约各国在战时是向美国借有大宗债款的，它们不能由德国取得赔款，对于美国的战债就不肯偿还；美国虽然极力否认赔款与战债的联系，但事实上这两者已形成了不能各别求得最后解决的关涉。赔款战债诚然都只是资本主义矛盾冲突的一种表征，但在战后整个资本主义经济机构中，它却由阻碍货物与资本之自然流通，而扮演了莫大的搅扰作用。

第六，苏俄经济的出现。与资本主义经济正相对立的苏俄经济或社会主义经济，那大体上亦算是世界大战的遗产，但这种遗产对于资本主义的致命打击，却比赔款战债一类问题严重多了。就一般而论，苏俄经济对于整个资本主义经济有三种最有害的影响：一、反资本主义的经济之确立与发展，在资本主义制度本身上是一种侮辱，一种威胁；二、占有世界地面1/6的经济落后的俄国领土，从此不复能为资本主义各国提供有效的市场；反之，苏俄在计画经济下大量生产的廉价商品，且进而朝向资本主义的市场逆流；三、苏俄经济中之劳动形态，或劳动者所享受的优良待遇，那对于各国劳动阶级是一种异常的诱惑。劳动阶级不能安分守己，资本家阶级是最感到头痛的。

上述六点，皆是战后资本主义经济上的险恶征候。这些征候在大战之后若干年中，虽尚因交战各国的元气未大恢复，隐而莫彰。然自经历一九二四年至一九二八年之复兴期间，欧洲参战诸国的生产水准，不但已复战前旧观，甚且驾而上之。战前有殖民地，有次殖民地，有进步的农业国度，且有广漠无垠的俄国落后地域为其容纳过剩货物与资本，而犹感到市场过狭的资本主义经济，到了这些领域都相率趋于工业化的战后，自然比战前更感到制造品与资本的缺乏销路。所以在一九二八年与一九二九年之交，每个资本主义国家虽都迷醉在繁荣无限的达观想像中，但这想像中的黑暗阴影，却竟意外的从“黄金宝座”的美国爬伸起来，接着扩展到整个资本主义世界。

这就是所谓现阶段的世界恐慌。

恐慌在资本主义社会本非罕见；就在战争刚刚完结后的数年中，亦曾发生于许多国家。但现阶段的恐慌特征，虽亦还只是生产停滞，物价暴落，失业增多等等，但其性质，其范围，其时间的延续性，却就远非以前任何恐慌所能比拟其严重了。

以性质而论，前此的恐慌，或为农业的，或为商业的，或为金融的，而当前的恐慌，则普被于全资本主义经济领域；若顾名思义，以前只算是资本主义商业恐慌、金融恐慌，而此次则为道地的资本主义经济恐慌。

再，前此的恐慌发生于特定国家者，不必延及其他国家，而现在则除经济组织不同的苏俄而外，一切国家皆陷在此恐慌的深渊中，而形成一不折不扣的世界恐慌局面。这局面由一九二九年一直延到一九三五年的现在，已经有六年的岁月了，这种持续性，以及由各种统计数字所显示的恐慌深刻程度，实为资本主义所未曾经历过的磨折。

恐慌的根本原因，无疑在生产与消费的失其平衡，而这两者之所以失其平衡，又在制约于资本主义生产关系中之分配制度的失当。在非资本主义地带尚能为资本主义提供市场的限度内，资本主义固然暂时可以不使这种缺陷十分露骨显现出来，一旦这些地带资本主义化了，或其提供的市场日形缩小了；同时其国内市场又因资本主义高度化，即因机械驱逐劳动而益形窄狭了，于是恐慌的恶焰，乃从资本主义体制中发射出来；资本主义体制不经过根本的变革，这可怕的恐慌之火，当然是会一直燃烧下去的。

然而处在这种存亡危急关头，代表资本家利益的各国政府，是不会坐而待亡的。它们都先后讲求了并实施了种种的恐慌对策。把这些对策概括起来，大约不出三项：一、新产业统制政策；二、通货膨胀政策；三、新劳动政策。这三者原是相互关联的，为了叙述便利起见，兹分别予以说明。

第二节　新产业统制政策

在当前资本主义各国企图逃脱恐慌的当中，“统制经济”成为流行的话题了。关于这种经济形态的解释，可因讨论者的不同观点，而大不相同，但经济现象如其不妨大别为生产分配两端，则统制经济似乎可分为生产统制与分配统制。生产统制亦称为产业统制，各国现行的所谓统制经济，实只限于此种范围，至关于分配方面，则都置诸度外。

事实上，资本主义各国如其统制生产而兼统制分配，那将使资本主义的本身组织发生根本变革，所以，在资本主义组织存立的前提下，一般所谓统制经济，实不外生产统制或产业统制之代称。他如金融统制等等，则又不过达成此产业统制之手段而已。

在产业统制过程中，对于司资本主义经济枢纽的货币，特别是对于资本主义经济所由形成的劳动，都不能不连带予以限制，但因这两者关系重要，将由以次两节分别解述，这里且先究明产业统制的性质及其一般特征。产业统制政策原在资本主义初期实施过，但其性质绝对不同，故这里称之为新产业统制政策。

所谓“统制”云云，盖不外对于个人或各个企业之自由竞争活动，予以某种限制。经济活动受到限制，在工业资本主义时代，原为资产阶级所极端嫌忌，但一到金融资本主义时代，特别是在战后第三期恐慌当中，大资本家的要求改变了，他们要求独占，要求避免竞争的损害，且要求制服那些特别在不况时期容易露其头角的劳动阶级的势力。在经济的社会的要求的改变上，以前行使放任政策机能的议会政治，早已不合资本家的口味了。他们需要一个能专门受金融寡头政治支配的“强力政府”，近年风行各资本主义国家的法西斯蒂的专制独裁政权，正是适应此种需求的产物。而产业统制政策，则是此种政权“替天行道”的唯一拿手好戏。现在我们且指出产业统制的几种特征，借以认识其本来面目。

第一，独占保护的加强。关于金融资本主义时代的独占保护政策，我在前章已经阐述过了。但战前的独占趋势，大体虽由保护关税所促成，然各种独占体之结合，尚系出于自动。若在目前的恐慌局面当中，政府为了担心那些凝结在产业资本中之银行资本的危险，竟“情不自禁”的由法令予以促成。日本在一九三一年公布重要产业统制法，当时工商大臣曾有以次的说明：“本法令制定的根本旨趣，一言以蔽之，就是鉴于本邦产业的无统制现状，企图予以适当的规律统制，以除去产业之不安定根源，使我产业界由安定而进于繁荣。……从事重要产业的多数企业者，如其依统制协定，一致团结，使斯业除去鲁莽竞争之弊，而求其安定，政府在必要场合,得予以援助……”[①]在这种意义上,统制殆与独占难于区别。政府所以特别要助成重要产业独占的原因,并非因为这些产业易于统制,而是因为它们特别与金融资本保有利害与共的关联。至若中小产业,那不但无妨听其自生自灭,在确立重要产业之独占的前提下,中小产业是有供其牺牲之必要的。然而这是一切实施产业统制政策国家的共同趋势。各国政府扶助独占的方策,实不一而足,如日本之生丝补偿法和谷米收买制,美国联邦农务局所设置的小麦价格调节组织,德国的大农救济策,以及所有这些国家许与其军需工业的种种特殊利益,均直接间接有助于重要产业的独占。但其最有效最普遍的方法,还是关税。试一检视近年关税战争的剧烈,即可窥知此中究竟。

第二,自给自足经济的确立。产业统制一方面固在有效限制生产,但同时却更要求有效的促进生产。即是,一国对于本国已经生产感到过剩的物品,虽不妨以高率关税限制他国同类货品的输入,但本国一向仰赖他国输入的货品,特别是工业国家一向须取给于国外的大部分原料与食品,则非输入不可。此类物品须由他国供给,那在当前的局面下,会有三种危害影响:一、根据世界大战的经验,一个不能自给自足的国家,是颇有受敌人封锁的危险的;由恐慌造成的第二次大战局面的迫胁,使各个国家都对此具有戒心。由是,带有战争准备使命的统制经济,乃不能不在这方面加以努力。二、在各国财政异常困蹶,对外贸易收支要求“量出为入”的场面下,许多货品如需要由国外输入,势将无法收到有利贸易统制的实效。三、原料食品在产业上占有非常重要的地位,统制产业而让此类原产品受供给国之操纵限制,那将大大减杀统制的功用。为了这种种原因,最近各资本主义国家都向“自给自足”的途径迈进。在国际分工的见地上,生产不适于生产或不容易生产的物品,诚然会丧失分工的利益,但当前主唱统制主义之德国法西〔斯〕学者,却有这样透辟的辩解:“输入必须严重监视。国内生产的货物即令看起来不如输入的同类货物低廉,那亦不应当输入,因为从国民经济的见地看来,对外国货物支付十分之一的价格,与对国内货物支付十倍的价格较,仍是损失。”[②]然而高度工业化的国家,究不容易

① 见竹内谦二之《独占恐怖主义批判》,日本《中央公论》1934年9月号第2页。

② 见向坂逸郎著《统制经济论总观》第172页。

满足自给自足的要求，而况事实上，有许多物品，虽所费再多，亦无法生产出来呢！由是它们由此种要求，引出更进一步的要求了。

第三，布洛克经济的形成。在自给自足经济单位不能有效完成的限度内，大资本家的独占，或者澈底的产业统制，皆不容易收到圆满的效果。所以在恐慌的过程中，即在各国实施产业统制的过程中，对于扩大经济领域，扩大独占与统制范围的要求，重又很积极很活跃的提出。所谓“布洛克经济”，就是这时的产物。“布洛克经济”(Bloc economy)就动态上讲是一种侵略的经济政策，就静态上讲，则是由施行那种政策所造成的一种经济形态。在殖民地分割殆尽的现阶段，各帝国主义国家对于这种方策的推行，是采取几种方式：一、对于既经受其支配的殖民地准殖民地，要求更密切的结合，或要求以关税或其他种手段，实施更澈底的排他的独占，如英国对其殖民地缔结的《渥太华协定》，美国召开的泛美洲会议，皆属此类；二、对于其势力圈或准殖民地，以武力强迫其绝对的排他的隶属，如日本对于中国满洲及华北的强占，及最近意大利对于阿比西尼亚[①]之武力迫其承认委任统治，皆属此类；三、对于已经失去的殖民地要求回复，如德国对其战前在太平洋及非洲之殖民地，请求各国返还者是。现在德国的布洛克经济，虽尚未顺利形成，而英、日、美、法各帝国主义国家，却各各独占有广大的殖民领域。它们连同其属领，当然比较容易造成自给自足的经济单位，即比较有效的推行产业统制。但帝国主义的自给自足，并不只是消极的。它是企图依此锻炼更有力的武器，以便在经济战争舞台上，作更有力的竞斗。

第四，倾销活动的增进。如前面那位德国统制主义者所说，“对外国货物支付十分之一的价格，与对国内货物支付十倍的价格较，仍是损失”。设从反面说来，则由外国取得1/10的价格，与由国内取得10倍的价格较，仍是利得。在实际，各资本主义国家不但是如此打算，且是依此原则推行其对外贸易。以德国而论，德国金属卡特尔制品的国内价格，一般皆超过其输出价格1/2以上，有的且超过1倍。其实不仅德国，所有一切资本主义国家，或“布洛克经济”的领导国家，殆莫不采行此种途径。在国内助成独占，确立自给自足的布洛克经济单位，虽皆为倾销活动的必要条

---

① 阿比西尼亚，即当今的埃塞俄比亚。——编者注

件，但对于此种活动发生了莫大作用的，还不能不数及通货膨胀，因为在通货膨胀的烟幕之下，所有社会倾销（即加强劳动剥削的倾销）等等手段，将更易发挥其功能。

第三节 通货膨胀政策

通货膨胀政策与产业统制政策有不可分离的联系。单从财政的立场讲，在产业统制的过程中，需要实行通货膨胀，以资辅助促进的地方，实在太多了。产业统制是政府对于产业行使干涉的权能，换言之，即政府之职权与任务的扩大。为求此种职权或任务之有效施行，政府的机构，即适应此非常难局之统治组织，势不能不大有更张，以致增加财政的支出（而在意、德诸国的法西斯蒂统治下，其开支尤为浩繁）。不但此也，产业统制中所要求政府支出的补偿金、救济金，以及为安插失业工人而兴建的社会土木工事等，亦皆为政府增大预算的项目。此外，产业统制与军备扩张是有本质上的关联的。军需工业上的繁荣景象，恰好与政府之军费增大，财政枯竭，为一有内在联系的对照。政府之财政支出尽管不绝增大，而其收入，却因贸易的衰落，税收的折减而不绝减少。在这种入不敷出的场面下，各国在不能增加资本家阶级的赋税致危及资本蓄积的限度内，计惟有增发国债。国债的消容力，是有时而穷的，于是最简便的办法，就是增发货币。货币发行到流通需要限度以上，就演成通货膨胀现象。

然而通货膨胀现象，是不能单从财政观点来解释的，把通货膨胀当作政策来推行，那实在还有其最本质的要求在。关于这种最本质的要求，我们可就以次诸点来予以说明。

第一，提高物价，恢复繁荣。恐慌当中的显著现象，即物价惨落，致资本家的利润没有着落。由是专为资产阶级利益设计的经济学者，遂认定“易如反掌”的提高物价之法，就是通货膨胀，因为他们以为此次恐慌的发生，一大部是由于通货收缩，黄金缺乏。若增发通货，把通货对货物的价值贬减下来，则物价必然提高，由是资本利润有着，而一般经济状况，乃可恢复繁昌。——这虽是太肤浅的理由，但此中实在预伏增进资本利润的有力因素。

第二，加强劳动剥削。在恐慌发生后，不，就在战后实行合理化的复兴期间，大多数国家的劳动工资，已经低减到不能进一步的低减了；而且劳动大众势力的抬头，要彰明较著的低减工资，那亦是颇费周折的社会问题。所以聪明的资产阶级，乃通过政府，通过正需要大宗款项以补偿救济其产业的政府，施行这种杀人不见血的通货膨胀政策。不错，通货实行膨胀，劳动者所需的日用品价格提高，劳动者的工资亦必提高，但我们试一考察实行此种政策的各国的劳动工资状况，其共同的趋势是：物价的提高，通常皆超过工资的增涨。美国、日本、英国乃至其他许多国家，殆莫不如此。

第三，转嫁恐慌损失。通货膨胀实不仅加强对于劳动的剥削，同时还"迫使一般小量定额收入者，给独占资本分担恐慌中的损失。所谓小量定额收入者，就是那些薪水生活者和恃储金、养老金、公债利金及银行存款利息为生者。这一般小有产者虽然资力的蓄积，对于国民资金的供给，经常是居于中坚部分，但在生产行程中，却居于从属地位。……独占资本家无论用停止通货本位或其他方法以抬高物价，都是要给他们以致命的打击的，同时这个方法正好减轻独占资本对于他们的负担"。[①]

第四，增强对外竞争力量。在国内市场日趋窄狭，生产感到极度过剩的恐慌中，通货膨胀之对外的意义，与其对内的意义，是同样重要。各国在恐慌发生后，相率停止其本位货币（最大部分为金本位），压低其货币之对外汇价。货币之对外价值低落，将在某种限度阻止输入，促进输出。但一国货币价值与他国货币价值是互为高低的。大家都停止其金本位，都依膨胀方法降低其货币价值，那在结局将失去其促进输出作用，即使汇兑倾销的实效无从发挥。在这种情形下，有些国家则设法进一步降低其币价，如日本是；有些国家则筹集巨额的汇兑平准资金，使其汇价经常处于有利地位，如英、美是。以目前而论，日本对外汇价，已较其停止金本位前，跌落63%，英国跌落32%，美国跌落40%。不过，日本近年出口贸易的胜利场面（今年已经呈现逆转趋势），那并不完全是由于汇兑倾销，同时且由于其更恶劣劳动条件的社会倾销。

由上述种种理由，我们知道各资本主义国家在恐慌当中所以必须采行通货膨胀政策的究竟了。然现在不还有维持金本位制的少数国家存在

---

① 见彭士彤《通货膨胀政策之经济基础》，《中山文化教育馆季刊》第一卷第二期。

么？法国现还在作维持金本位的挣扎，德国亦还保持其“无金的”金本位国家的场面。但这类事实，各有其特殊的原因在。德、法都是尝过战后通货大膨胀的苦味的。人民一谈到通货膨胀，俨如战争一般的可怕。然而这还不过是它们坚持金本位制度的一部分原因。法国比较持有农业的优越性，即它的工业化程度，不若其他资本主义国家来得厉害；就因此故，恐慌在法国的爆发，远较德、美诸国迟缓多了。并且，它在一九三二年始渐感到威胁的恐慌，亦不若其他国家之岌岌不可终日。它对外的输出，因其工业化程度的较为缓进，而比较没有他国要求迫切，由是，其国内一般拥护金本位的势力，乃能在通货膨胀要求不甚迫切的情势下，更显得有力了。若德国的情形不同。德国工业之突飞猛进的发展状况，我们已在前面讲过了；其工业过度发展，又益以《凡尔赛和约》所曲加的种种破坏、担负与束缚，故其恐慌程度异常深刻，从而，其通货膨胀的要求，乃较任何其他国家为迫切。但德国因为赔款债务及其他种种关系，事实上不许可它明目张胆的施行通货膨胀政策。它于是一方面严格统制输入，或管理输出入贸易，另一方面以限制对外汇款，以所谓“登记马克”(即对旅游者予以折扣之马克)，并以停付外债等等方式，施行变相的膨胀；事实上，法国亦在某种限度采行此类膨胀方策。

要之，通货膨胀为现阶段资本主义的必然要求。但各资本主义国家借以打开其恐慌难局的这种通货膨胀政策，究否能达到其预期的目的呢？这个答案是否定的。不但如此，它并会进一步加深恐慌的程度。在通货膨胀的烟幕之下，事实上非一直限制减缩下去不可的生产，一定会在某种限度恢复并扩张起来。但国内国外的市场怎样呢？我们即令把其他的原因抛开不讲，而单单论及通货膨胀在这两方面所生的影响，那已就够不可乐观了。就对外市场说，通货膨胀诚有助于汇兑倾销，但在各国同时都感到市场窄狭的现状下，高率关税、输入统制或贸易管理一类方策，那都是用以防卫倾销的武器。由货币战争加强的关税战争所导来的国与国间之仇怨与恶感，结局定会相互使国外市场窄狭到未行膨胀政策以上的程度。

更就国内市场说吧。对小量收入者转嫁恐慌损失，对劳动阶级加强剥夺，那虽是通货膨胀政策的大手法，但构成国内最大部分市场的这两阶层的收入减少，他们对于资本家阶级特意为其制造的物品的爱顾能力，亦必相应减少。用这种方式的剥夺多一分，用他种方式的剥夺，就要少一分，资本家阶级是颇精于算计的，但在这种擘划上，他们“利令智昏”了。

第四节 新劳动政策

在经济恐慌后，各资本主义国家最难处置的问题，与其说是过剩的资本与货物，毋宁可说是过剩的劳动。原来在战后由一九二四年至一九二九年的复兴期中，各资本主义国〔家〕都先后采行机械代替劳动的合理化政策，即都分别制造出了大批的产业预备军。产业预备军诚然是资本主义生产上的一个必要而且有利的条件，但在战争前后已经形成一大政治社会势力，且由种种立法取得社会保险的劳动阶级，那却不是资本家阶级所能任意对付得了的。特别自恐慌发生后，由限制生产所不绝增加的失业者人数，逐渐形成一大社会问题。资本家阶级这时不但要间接担负失业者的保险救济金，同时对于在业的劳动者，且还不能任意的依利润的低减而削减其劳动报酬。不但此也，自苏俄劳动阶级政权确立后，各国劳动阶级早已蕴蓄有“不安分”的思想，在资本主义恐慌中，他们的这种思想更曝露得厉害。阶级意识乃至阶级行动的诱起，对于处在支配地位的资产阶级，当为一最不利的威胁。但处在此不可终日的恐慌情势下，战前用以缓和并防压劳动阶级的政策，显然是不能收到多大效果的。由是具有二十世纪之智慧与技巧的资产阶级乃知对付劳动阶级，必须采行一种新的政策，即首先须克服其阶级意识的政策。

要克服阶级意识，当然须提出一种代替的超阶级意识，那就是由国家主义精神促成的国家意识。同时，以前建立在阶级利益上的政权，乃改建在“全体国民利益”上或“国家利益”上，这样，议会政治解体，而代以高唱“国家利益”的法西〔斯〕主义政权。意大利是战后受到劳动阶级最大威胁的资本主义国家，就因此故，意大利乃成为法西〔斯〕主义政权的先进国。它在一九二七年发布的“劳动宪章”(Carta del Lavoro)，就是以次这样一种基于劳动阶级与资本阶级之协同主义的国家观，即：“意大利国民是一个有机体，这有机体对于其组成的个人或个人集团，具有更高的生命，更高的目的与手段。这个有机体，是在法西斯蒂国家能够完全实现的道德上并经济上的统一体。”

意大利法西〔斯〕主义者创导的这种协同主义的超阶级的国家观，以后由德国法西〔斯〕主义者作过更有力的发挥。德国目前高唱的"统一国家"(Einheitsstaat)、"全体国家"(Totalitätsstaat),乃至破除一切阶级界限而"造作"的"职能身分组织"(das berufsständische System),皆是此种劳资协同的超阶级的国家观的表现。德国国社党的领袖人物舒曼(Schumann)说过:"国社党从未想要把国家社会的团体,变成一个工会。国家社会的团体,不是工会,而是帮助领袖们占领工厂的政治斗争的集团。它扫除了德国工人的唯物主义的思想而把德国工人变成一个唯心论的人,为国家服务。"[①]这是很澈底的话,劳动者如不"变成唯心论的人",许多带有理想的诱惑名辞,会都听不进去,而一心一意要拥护他们切身的利益的。美国所谓"社会和平"(即劳动阶级资产阶级不吵不闹,和和气气的生产),英国所谓"举国一致的协力",日本所谓"非常时,非常时",都是叫劳动阶级以"国家利益"为念,应当保持安静和平。我们现在且不管劳动者是否"变成唯心论的人",先要看看资本家是否"变成唯心论的人";也不管国家究否代表全体国民利益,先看它对于资本家的要求,作如何的处置。

事实上,资本家是把许多神圣名辞看得透穿的。政府当局尽管真情实意的在那里高呼"全民利益"、"国家利益",他们在当前恐慌难局下,仍想把他们的恐慌损失,转嫁到其他社会层,特别是劳动者身上,他们对于劳动者,一方面要求减低其工资,一方面要求减轻其由社会保险立法所加于他们资本上的负担。当前以代表"全民利益"自许的各国政府,却在多方设法满足他们这些要求。

先就减低工资说吧。

在恐慌发生后不久,各国资本家雇主们,当然颇知道径行减低其被雇者的工资。但这个方法的施行,是颇有所限界的。在劳动组织严密,劳动阶级政治势力不可忽视的今日,要想直接予劳动工资以大减特减,那是难于做到的。前述通货膨胀政策的实施,无非是为了变相低减劳动工资。然而资本家感到最困难的,与其说是这些在雇劳动者的工资问题,却宁可说是一般非在业劳动者(失业者、残疾者、老休者)的救济与豢养问题。因为一个资本主义国家无论有无完密的劳动保险制度,由资本主义本身造出的失业军的负担,终归是要直接间接加担在资本身上的。而况这些失

---

① 见瓦加尔《德国法西主义的真面目》,《时事类编》第一卷第十一期第49页。

业军又最不能安分守已呢!

世界社会政策最称完备的国家,第一是德国,其次是英国。在恐慌怒火开始燎原的一九二九年十二月,德国全国工业同盟,即向政府提出觉书,要求:一、社会保险法的改正;二、失业保险的改正;三、调停制度及强制工资制度的改正。嗣后布鲁宁内阁、巴本内阁,都曾对此下过"改正"工夫;至希特勒取得政权后,更于此点从事大刀阔斧的"改正"。一九三三年六月,联邦内政部长佛里克曾说:"我国人民所负担的国税,社会利息,既极深重,我们不应该再不懂得国家应着手改订全部立法及减少无价值的社会的负担了……"①这所谓无价值的负担,乃指着失业保险及社会保险一类负担。空养着一些不做事或不生产劳动剩余价值的劳动者,当然是无价值的了。但这"无价值的"负担,到了总理希特勒口中,却竟成为"不道德的"负担了,他曾说:"不道德的失业工人补助费,必须停止。政府主张把失业工人补助费变成工资。"②这位总理是说做就做的,在一九三四年的预算中,失业工人补助费减少四万一千万马克③,即将近减少一半。英国在一九三一年因"改正"失业保险法案问题,致引起劳动党内阁总辞职。自举国一致之"国民内阁"于同年八月成立后,此法案乃于十月在国会通过"改正"。至"改正"的轮廓,不外是减少失业补助费用,与加严领取失业费之条件而已。延至一九三三年十一月,英国又成立有"新失业保险法案",此法案与旧案不同之点,亦不过进一步"改正",进一步缩减补助费用。

在英德如此,至若在其他未有完备社会失业保险制度的国家,对于此种"无价值"或"不道德"的支出,自然是可以悉听"尊便"了。

然而广大失业军之存在,即令仅予以半饥半饿的救济,其所费(不能生产剩余价值的费用)实亦不赀。由是"消灭失业",就成为各资本主义国家一致呼喊的口号。至失业如何始得消灭,各国政府所取的方策,当然不尽相同,但下面这四项,却是他们已经实施或正在实施的。

第一,公共事业的振兴。筑路、疏通河道、增建住宅、修筑官衙以及进

---

① 见瓦加尔《德国法西主义的真面目》,《时事类编》第一卷第十一期第 50 页。

② 见瓦加尔《德国法西主义的真面目》,《时事类编》第一卷第十一期第 50 页。

③ 应指"4.1 亿"。——编者注

行其他类此的公共事业(对于私人建筑房屋亦予以补助津贴),都为各国赖以容纳一部分失业工人的努力对象。美国政府曾为此提出33亿美金,德国、日本、英国亦都在它们万分支绌的财政状况下,勉强挣出一笔款项来安插那些失业游民。不过,政府肯对于失业者这样慷慨,那除了把“不道德的失业补助费用变成工资”的目的外,他们知道由此获得临时职业者的仅有工资,结局终归是要以某种形式支出的。况且,对公共事业所支出的资金,不仅是用以购买劳动者的劳动力,同时还得以较大一部分或最大一部分购买产业资本家们的生产工具及种种材料哩!

第二,军需工业的促进。当前许多国家,正嚷着军需工业的繁荣。这实在不曾怎样过分的夸张。我们一看各国庞大的军事预算,以及由此庞大预算所造成的飞跃增加的军需品的数字,就不难相信军需工业在暂时换回资本主义机体总崩溃的场面下,扮演了怎样重要的角色。诚然,扩张军备是为了对付国外敌人的,但安插失业工人的理由,亦曾为各国军事当局所大声疾呼,即各国政府,在某种限度亦予以默认。如其说国内无恒产无恒心的捣乱份子,比国外敌人更加可怕,那军需工业之位置[①]失业人口的作用,不是比上述公共事业还要来得有力么?

第三,劳动工作的配分。失业人数实在太超过了各国公共事业及军需工业所能容纳的范围,由是,对于可能的就业机会,乃不能不加以“合理的”安排。这种安排大约可分为三种方式:一、更严格限制或禁止童工,这无疑可以根据人道的保护的理由。二、禁止有丈夫工作的妇女从事工作。这于“平均分配原则”以外,还可养成社会纯良风习。德国要妇人回到教堂,回到厨房,并回到儿童傍边的三K主义,即寓此意。三、对在业者减缩其工时,此虽为劳动阶级过去誓死争求之点,但可惜当前实行此种办法,系为分出在业者之工时或工资,借以安排一部分失业者。这算是“吃不饱饿不死”的均贫主义。

第四,义务劳动的规制。义务劳动原是封建社会领民对领主所提供的一种肉体负担。但当前各国复古运动虽然做得有声有色,这却与倒退到封建社会的“纲领”无关。如德国的劳动征集,如美国的造林军以及如其他国家类此的准义务劳动规定,无非是为了处分过剩劳动,或最经济的

① 应为“安置”之意。——编者注

安置失业者。因为照当前各国的情势，白养一个闲着不做事的工人，虽然要比较给予他们以工作经济（因工作需要工具与原料或材料），但广大失业群的存在，究不免要在维持治安上添加一大笔费用。于是以仅够维系他们生命的最低生活费，叫他们去从事不需要多支出生产费用的造材筑路一类工作，使他们无闲暇作非非之想与非分的行动，那是百分之百的效率主义了。

以上各种消灭失业的方策，乃各国共同采行的方策；但如像在德国那一类国家，它还有驱逐异族异教并铲除不安分分子的消灭失业方法哩！

但各国对于消灭失业的办法，尽管倍极奇妙，然而经过官方多方编制粉饰，借以"安定人心"的失业统计数字，依旧异常庞大；到现在，德国仍有300万以上，美国仍在1000万以上，英国总无法少到200万。同时，各国除了在军需工业方面表现一点活气外，一般产业的恐慌，仍是日益趋于深刻。这是很显然的。构成资本主义社会的最大阶层，是那些广大的劳苦群众。劳苦群众以资本家为顾客，同时资本家亦以劳苦群众为顾客。当前各国政府尽管在"国家全体利益"的名义下，叫劳苦群众看在资本家利润减退的"苦况"上，锻炼一点忍苦耐饿的精神，但无奈劳动者要将其劳动力多卖一分，他们才能对于资本家为他们生产的货品，多买一分，即是说，他们要能由资本家多取得一点酬报，他们才能对资本家多尽得一点消费义务。

因此，当前各资本主义国家，抬出"全民利益"、"国家利益"的大题目，来制服劳动阶级的政治努力，无疑是收到了相当效果，因为近年各国的劳动运动，已经没有表现昂扬气象，劳动阶级遇事皆在听凭资本家阶级摆布了。但资本家阶级的最切迫问题，究不仅在要求劳动阶级平静或和平生产，同时还要求他们空囊充实或大量消费。

然而矛盾就在这里，这不但是现阶段新劳动政策的矛盾，且是整个资本主义制度的矛盾哩！

问题

一、大战对于整个资本主义经济之影响如何？试分别说明之。

二、当前恐慌与资本主义过去曾经发生的恐慌，有何不同之点？

三、产业统制有哪些特征？其效果如何？

四、施行通货膨胀政策，究是为了财政问题，抑还为了其他更本质的要求？试分别予以解释。

五、法西〔斯〕主义与资本主义经济恐慌有何关系？

六、消灭失业的方策，有哪些种类？其效果如何？

七、新劳动政策之着眼点安在？劳动阶级的总工资及个别工资即令大减特减，是否可以解决当前资本主义的经济恐慌问题？

第六章　苏俄的经济政策

第一节　苏俄经济制度的特征

在前面几章中，我们已经知道资本主义是那么一种经济制度，适应那种制度的，为那些经济政策。现在，我们要讲到苏俄的经济政策了。有如资本主义各国的经济政策，系依资本主义经济制度上之需要而产生的一样，苏俄的经济政策，亦系依其经济制度或经济组织上的需要而产生；所以，在讨论苏俄经济政策以前，须举述它整个经济组织所由树立的基本原则。这原则之切要者，有以次各项：

一、一切基本生产力如土地、矿山、铁路、工厂等之社会化。

二、生产力在一个统一的科学的计画上之组织与指导。

三、私人利润之取缔与一切经营剩余之公用。

四、健全成年之从事生产与有益事业之普遍义务……“不工作者不得食”（《苏维埃宪法》第十八条）。

五、工人对于经济组织之热烈参加。

六、从事生产与有益事业者，有以次各项最可能的规定：a.衣、食、住、卫生事务；b.教育、运动、文化的机会。

七、人剥削人制度之取消，人民之阶级制度的完全取缔，剥削者之压抑，一个社会主义社会的建设，与一切土地之社会主义化（《苏维埃宪法》第三条）①。

设我们把上列诸原则加以概括的综合，则苏俄经济对于资本主义经济，就是从以次三方面来予以根本的变革：

一、废除私有的财产制度——社会主义化。

---

① 见 Scott Nearing 与 Jack Hardy 合著，张明养译《苏俄经济组织》第 1～2 页。

二、废除无政府的自由竞争制度——计画组织化。

三、废除剥削压迫的阶级制度——劳作待遇平等化。

这三者是密切关联的，但在目前，还只算是苏俄经济制度的原则，或其经济活动所企图实现的目标。在一九二一年，苏俄有一位革命领袖，曾力言苏维埃联邦的社会经济形态，系由下列五个阶段的要素而形成。

第一，家长的，即大部分自给自足的农民经济。

第二，小规模的商品生产（变卖其谷物的农民的生产，属于此种阶段）。

第三，私经济的资本主义的生产。

第四，国家资本主义的要素。

第五，社会主义的要素。

远在十余年后的今日，苏维埃联邦的社会经济，严格讲来，恐犹不免包含有此五个阶段的要素，特其第一要素差不多归于消灭，而后面两要素，特别是最后一要素，则日益进于最优越的境地。

我们在此所应注意者，与其说是看苏俄经济包含有哪些杂合的成分，毋宁说是看那种经济形态，究竟要求怎样的经济政策。我们在前面一再讲过，经济政策是特定社会支配阶级，借以增进其经济利益，或确立其经济利益攸关的经济制度的手段。苏俄经济的根本原则，虽在废除财产制度及由财产制度导来的人剥削人的阶级制度，但社会经济组织由一种形态过渡到另一种形态，那并不是一蹴可几的。欧西各国由封建社会转换到资本主义社会，其间实经历了一个颇长的期间。法国经过几次革命以后，尚有许久不曾完全铲除封建的残余势力；英国在几百年的商业资本成长过程中，旧时封建基尔特的组织，竟犹强固存续着，延至产业革命发轫的当时，仍成为资本主义制度拥护者诅咒攻击的对象。由是可知，苏俄经济里面参杂残留一些过去社会经济阶段的要素，那是由资本主义制度过渡到社会主义制度的转换期间的必有现象。从而，苏俄这时期所采行的经济政策，我们是不难了解其实质与动向的。

封建社会的支配阶层是僧侣与贵族，资本主义社会的支配阶层是资产阶级，若在纯粹社会主义社会中，因为私有财产制度不存在，以私有财产为基础的阶级制度当不存在。但在此种纯粹社会主义出现以前，即在私有财产制尚未完全铲除以前，那还是一种阶级社会，特此种社会的支配阶层不是资产阶级，而是劳动阶级。劳动阶级把握着政权，它所施行的经济政策，当然是在消极方面，力图破坏并铲除资本主义经济要素（至自给自足生产和小规模商品生产等要素，无疑都在破除之列），同时在积极方面力图增进社会主义经济要素。——这是苏俄在此转换期间推行经济政策的根本原则。

特苏俄经济在确立与发展的过程上，曾经历种种阻挠和波折，就因此故，其经济政策的推行，自然不免要顺事势之推移，而有所改变。在革命之后数年中，苏俄因为应付内乱与外国的包围攻击，曾采行澈底的军事共产主义政策，迨内外乱事渐归平息，此种政策即遭遇到莫大困难，由是乃改行新经济政策；新经济政策实施后，苏俄经济状况始渐走上稳定之途，而努力从事建设。

故关于苏俄经济政策，可分为以次三点叙述：一、战乱时期的经济政策；二、新经济政策；三、第一次五年计画与第二次五年计画。兹先顺序述及第一点。

第二节　战乱时期的经济政策

这所谓战乱时期，是指着苏维埃取得政权的一九一七年十一月，到新经济政策实施的一九二一年以前，其间整整有三年岁月。在此时期中，苏俄逢到了夺取政权以上的困难。

苏俄工农阶级于一九一七年十一月取得政权后，它的唯一任务，当然是在进行国内经济的根本改造。但对于这艰巨事业，领袖们在先是在采行慎重的渐进的步骤。例如，对于国立中央银行，开始只更换其总裁，而并未改变其内部组织。同年十二月十三日，新政府对于中央银行以外的银行进行国有化，但那也非经济没收性质，而是出于政治的顾虑，因为它恐怕那些银行以资金接济反政府派。同月最高经济会议组设于莫斯科，关于经济组织（特别是工业）的统制，工厂委员会活动的统一，国有化的实行等，皆以为最高的执行机关。翌年二月，农业与仓库国有化；五月，糖业由最高经济会议特设糖业委员会统制；六月，煤油业亦依此方法统制，以后顺次及于咖啡、香料、绵丝等产业，并使外国贸易移归国营。特此类统制与国有化，与其说是非常的革命手段的执行，毋宁说近似当时参战各国实行的所谓“战时社会主义”；国家的干涉，主要只及于财政及某种商业，而未及于一般工业，至对于其他经济产业方面，亦不过加以某种统制或监理而已。在一九一八年七月以前，由中央命令没收的企业，尚只一百，由地方团体命令没收者，亦不过四百之数。

然而，在同年六月二十八日，政府已发布命令，要求百万卢布以上的工厂、公司、大商店，即时移为国家财产。这是国有大原则积极实现的一个猛烈步骤。不过政府当时还不曾立即采行一般共产化的程序；它仍是企图把这个大原则逐渐推行去。但国内国外的一般情势，已经不许可它从容实现社会主义的理想了。

经济的改造与建设，都需要和平。新政府树立后，虽然以无线电向交战各国提议停止前线战争，但各国因根本不承认这种政府，故不予以答覆，德国是答覆了，但却提出了非常苛刻的停战条件。一九一八年三月，苏俄在德国大军压迫之下，签订了《布勒斯特-立托甫斯克》(Brest-Litovsk)的屈辱和平条约。可是在这次屈辱条约签订后，苏俄并未获得它所期待的和平；内应外合的战乱，就在这前后开始了。联盟各国实行对苏俄封锁，凡属来往俄国的船舶，都不予以税关执照。在法国煽动下的捷克斯洛伐克人（他们多半是战争的俘虏）于同年五月在契利亚平斯克(chelyabinsk)开始向俄人攻击，占据西伯利亚铁路的一大部分和东部俄罗斯的许多城市；同时美日联军以援助捷克人的名义，占据海参崴；英美联合军队占据阿堪遮(Archangel)，德国亦借扑灭“红军”而袭击乌克兰。在外国军队四面八方攻击的当中，其国内贵族与旧时官吏，又因取得联盟诸国之供给，到处发动叛乱，引起怠业罢工等现象。在此种情势下，国家经济的统一，几乎全被破坏。每一区域只能赖其自己区内的供给。外国制造品无法进口，工业无法取得其所需的原料。由是，前此逐渐的从容的实现社会主义的步骤，显然是“此路不通”。所谓战乱时期的经济政策，即战时共产主义时期的经济政策，乃于此存亡危急的关头产生了。

此种政策的中心点，就是把军事的强制统一方法，应用到工业与农业中去。在工业军事化和极端集中的要求上，一切重要工业都依法令收归国有。在一九二〇年，凡属雇用 5 个工人而有机器的企业，或无机器而雇用 10 个工人的企业，都须收归国有，由国家分别设定组织管理。

货物之自由交换停止。每种工业的产品，都交给国家，由国家先充用军事上的需要。每个人都规定其“不工作不得食”的劳动义务，其工资以实物支付。以粮食票的形式，摊给市民以必需物品。各种工业所需之燃料与原料的供给，也是由国家分配。对于生产物之强迫征收，并不限于大工业，即家内工人与手工业者之原料和制品，亦被国家没收。

国家只准许农民保存其自己及其家族所需之产品，其余剩部分，统由国家取去，国家给农民所需之制造品（如布料、鞋袜与器具等），以为交换条件。不过在实际上，工厂方面之全部出品，强半皆移充军队之用，农民所分得者，极其有限。所以粮食征发，实无异变相没收。

以上为战时共产主义经济政策的大体轮廓。此种经济政策施行的结果，军事上发生了莫大成效，国外国内的敌人相率平定了。苏俄的国际地位，亦随其在战场所表示的威力而顿形增高。它从此渐形与各国恢复通商关系，国境的封锁大体都解除了。

但在此战时共产主义时期的生产，却日趋于萎缩和低落。在一九二〇年煤的生产减至战前的 25%，矿产减至战前的 4.5%，引擎与耕犁约降至战前 14%，化学用品则降至百分之 5%～6%之间。[①] 生产数字之如此惨落，虽不能完全归因于此时实行的军事共产主义政策，但此种政策继续推行下去，却似显然无法使一般经济得到恢复的改善。

不但如此，在此工业生产衰落的过程中，农业生产已较战前减半。生活资料的缺乏，燃料供给的不足，都市与村野联络的杜绝，复益以战祸与天灾的损害，以致国内为饥寒疾疫所磨折的一般人民，皆思政府在荡平国内国外敌人之后，能予他们以昭苏的机会，即是说，他们要求政府改变其战时实行的那种政策。

他们这种要求，由农民在各地发生的暴动，以及工厂工人在莫斯科等地酝酿罢工的活动，即可征知。在代表工农利益的政府统治下，居然有工农不稳的事态发生，这当然不是以武力所可处理的简单问题。所以政府当局盱瞩当时的情势，知道要满足工农大众的要求，要培育社会主义的经济基础，势不能不采行一种“以退为进”的和缓的经济政策。

这即是所谓新经济政策的由来。

---

① 见 Scott Nearing 与 Jack Hardy 合著，张明养译《苏俄经济组织》第 28～30 页。

第三节 新经济政策

新经济政策是发端于一九二一年。当时迫切期望实施此种政策的，究还是占俄国人口15/16的广大农民群众。他们以前赞助革命，为的是从事革命运动的领袖们，一再宣言给予他们以他们所急需的“和平”与“土地”。在新政府树立之始，他们暂时颇引为满足，因为前线战事停止，政府并且实行把土地由贵族地主手中移交他们。但事隔不久，更可怕的战争由国内及边境爆发起来，他们耕种所得的仅有剩余，都被政府征发去了，他们又像是回复到了从前农奴一样的地位。但他们当时唯一光辉的希望，是政府在乱事平定后，停止其谷物征发政策。一九二一年三月在坦波夫(Tawbov)等地发生的骚扰，那不过〔是〕他们那种希望没有迅速得到满足的积极表示。其实依当时情况而论，就是为了恢复工业，亦有实行与农民媾和之必要。所以列宁说：“在小农的环境中，除了小资产阶级的观念外，没有一样东西能够通行……大多数‘穷苦’农民，已经变成中产阶级的农民，并且在此以外，小资产阶级与私有财产运动，已经高涨起来……要改进工人的地位，必须要有面包与燃料……除了改进农民的地位和增加其出产外，没有其他可以增高生产品及增加谷米与燃料的贮蓄方法了。……不大大改变我们的粮食政策是不行的……”①

在一九二一年三月二十三日，全俄中央执行委员会颁布取消谷物征发的法令，对于农民的全收获额，只征收约10%的现物税，农民的剩余农产物，一听其自由处分。此为新经济政策的起点。特承认剩余农产物自由处分，势必认许交换，恢复商业，更进而对于工业生产者，亦允许其以生产物5%乃至10%，去直接交换食粮品。由是被容认的自由交易的范围，次第扩张。至同年五月二十日，人民委员会〔会〕议训令发布，此训令经过八月九日之修补，始关于自由交易确定一般原则，其中有如次两要点：

一、凡现物税完全完纳后之剩余农产物，听其交换、购买及贩卖。——此交换、购买及贩卖的权利，对于家内工业及小工业生产的商品和物品，亦可适用。

---

① 见Scott Nearing与Jack Hardy合著，张明养译《苏俄经济组织》第62～63页。

二、交换、购买及贩卖，得由私人及农民消费合作社家内工业制品的协同卖店等协作团体进行，且得在市场、在卖店甚且在公卖局进行。①

此等法令公布后，各地农民不满的情绪与异动，已全归平息。然同年夏季数月不雨，以致窝瓦河流域一带饥馑大作，食粮感到极度缺乏。政府对于饥荒地带，虽免除其现物税负担，但燃料与原料的不足，终使工业随之衰落。由是新经济政策乃适用于工业方面。依一九二一年十二月法令，雇用劳动者20人以下的小企业，不受国有法令限制，即从来在事实上未经国有化的大企业，亦听其继续维持私有状态。

此外，在同年十月，政府曾发布国立银行令，十二月又发布私营商业令，由是一般个人经济活动自由，农工商诸关系，大体恢复旧态；国民经济全般，皆呈现异常的活气。至一九二二年五月，更对一般市民容许其动产所有权，使私有财产一部分复活。在一九二三年三月，政府又发布命令，表明不论何种大企业，只要履行利权让渡契约手续，皆得暂时停止国有。一九二四年秋季以后，新货币制度实施，以前的现物税，一律变为金纳税。至是，战时共产主义时期强制施行的自然经济，几全无踪影，货币经济复又扩大起来。货币经济扩大，当然有资本活动的必要，然而资本则是甚感缺乏的。资本缺乏，商业流通发生滞碍，以致各地有商品饥荒之苦；所以政府这时又考虑由国库补助商业，诱发利润，使产业界得有充分资本流动的金融政策。②

但苏俄是拥有广大的天然富源的，从事社会主义的经济建设，尤不能不设法尽量利用其富源，扩增其工业生产。然而要仅靠它国内的资本，是不够成就这种任务的。因此在新经济政策中，又有依特许制度，以吸收外国资本的方策。苏俄的特许制度，原是基于一九二〇年十一月人民委员会的法令，以后在新经济政策实施过程中，更逐渐扩充为以次所示之范围：

一、开发联邦之自然生产的特许权。

二、苏维埃市场上迫切需要之制造品的工业特许权，在同一业主

---

① 参照日本《经济学全集》第十六卷(改造社版)第492页。

② 见Scott Nearing与Jack Hardy合著，张明养译《苏俄经济组织》第252页。

下，并准许其得建筑与装置最科学的与最专门的各种工业工厂。

三、贸易特许权。此特许权准许外人在苏联内开设为经营输入输出事业之目的的机关，但每个单一交易，须受国内与国外贸易部之批准与许可；此外，又须得特许当局之批准。

四、农业特许权。其目的在投新资本于农业方面，其结果是更科学的耕种方法之介绍。

五、运输特许权。给外国商界以建筑新铁道与组织其他运输机关之权利。①

综合以上所述，新经济政策的主要事项，是取消谷物征发，代以现物税；是允许谷物自由交易，是废止小企业国有；是允许未经国有化的大企业继续私有；是依照一定让渡契约，将大企业让渡于私人经济；是恢复货币经济；是由国库补助商业资本；是颁布外人经营各种企业之特许制。所有这些项目，可包括为两大要点，即：

一、允许商品的复活。

二、奖励资本的活动。

如其说这两点正是资本主义经济的特征，那整个新经济政策的推行，就无异对于资本主义的屈伏。但苏俄政府当局是不忌讳这种批评的。他们曾明白表述其实施新经济政策的三大旨趣：

一、为维持苏维埃政权，达成最后目的，故对于农民让步。

二、为恢复并充实国内经济力，故断然与外国资本妥协。

三、由国家资本主义的充实，以便作出完成社会主义之经济的前提条件。

苏俄政府当局因为抱着这种愿望，他们对于此种新经济政策的实施，就不是无条件的屈伏于资本主义。国外贸易依然把握在国家手中；铁道、矿山、土地一类基本生产手段，力求由国家经营；对于私人的种种企业经营，亦并非完全放弃其某种限度的统制，不过是废止从来命令及管理的形式，而代以自由指导的形式，使其“作出完成社会主义之经济的前提条件”。

可是问题的焦点，不在新经济政策对于资本主义屈伏到了什么程度，而在那种政策的实施，究否达到其预期的效果。

---

① 见《国际政治经济年报》（神州版）第132页。

第四节　第一次五年计画与第二次五年计画

经过战争、革命与灾荒的摧残破坏的俄国经济，至新经济政策开始实施的一九二一年度，可以说是达到了衰落的顶点。设就工农业的生产数字考察，以战前一九一三年为100，则由一九一七年至一九二一年的生产减退情形如次：

	工　业	农　业	产业全体
1917年	75.7	92.3	85.3
1918年	43.4	91.5	71.3
1919年	23.1	76.3	53.9
1920年	20.4	68.9	48.5
1921年	24.7	63.9	47.4

由上表所示，工农业生产合计，至一九二一年已减至一半以上，若单就工业生产而论，则同年度还不够战前1/4。俄国原本就是一个工业不甚发达的小农国家，而其仅有的工业基础，又复衰落到此种程度；要径直由此建立起社会主义经济，那就无异违反由资本主义过渡到社会主义的社会进行定则了。故当时新经济政策的主旨，与其说是在从事经济建设，毋宁说是在企图经济恢复。在一九二一年开始实施此种政策以后的五年间，经济恢复的目的是逐渐达到了。设仍以一九一三年的工农业生产指数为100，则如次表：

	工　业	农　业	产业全体
1921—1922年	30.1	54.4	44.2
1922—1923年	39.5	73.6	59.2
1923—1924年	48.0	79.9	66.5
1924—1925年	67.0	84.0	76.8
1925—1926年	89.9	101.3	96.5
1926—1927年	103.9	106.5	105.4

自一九二一——一九二二年度以降，工农业生产皆在毫无例外的增进，至一九二六——一九二七年，且超过战前水准。这是新经济政策很显明的效果。但新经济政策的最后目的，乃在“作出完成社会主义之经济的前提条件”。单是把经济恢复到战前水准，究还不够达成此种“前提条件”。由是苏俄经济上的努力，就要由恢复进而从事建设了。所谓第一次五年计画，就是沿着这个程序下来的。

这次五年计画，系开始于一九二八——一九二九年度。其主要目的，虽不外依前此恢复的经济基础，尽量扩大生产，但在此扩大生产过程中，同时却要不绝缩减以前新经济政策所包含的妥协成分。因为如依照新经济政策的纲领一直行去，则苏俄经济中的资本主义要素，将随经济发展而益形扩增起来，结局，新经济政策所企图达成的最后目的，将莫由实现。因此，五年计画的消极积极意义，就是一方面极力减缩资本主义生产要素，一方面极力增进社会主义生产要素。若究其大体内容，则不外工业化政策和农业集体化政策。换言之，即把苏联从落后的农业国家，改造成为社会主义的工业国家；把它从私人的小农业改造成为集体化的大农业。

五年计画于一九三二——一九三三年度告终。它在工业、农业以及其各方面的实绩，我们用不着在这里详细举列其数字。而且，我们如其注意它在“量”上的惊人增加数字，就毋宁过细玩味其更关重要的“质”上的变改。“创造社会主义的经济基础，就是联合农业与社会主义工业，而成‘单一的经济’(Single economy)，且放农业在社会主义工业领导之下。”[①]因此，农业发展虽关重要，而工业发展则尤关重要。在五年计画开始的一九二八——一九二九年度，工业产额占产业总生产额48.7%，农业产额占51.3%，但至一九三一年度，工业产额已占全产额60%，农产额只占40%。即在五年计画中，苏联已由农业国一跃而为工业国了。[②]

不但此也，就苏俄经济的立场讲，经营社会化、国有化的倾向，那比工业化的倾向，尤有意义。在一九二八年十月一日，国营农业占51.0%，合作企业占1.7%，私营企业占47.3%；至一九三三年十月一日，国营企业增至63.6%，合作企业亦增至5.3%，同时私营企业则减至31.1%。

---

① 见《国际政治经济年报》(神州版)，第132页。

② 见《国际政治经济年报》(神州版)，第133页。

单就上述两点而论，五年计画的“质”上的成功，已大可想见。但正如新经济政策的实施，是为了作第一次五年计画的准备一样，此第一次五年计画施行的结果，却又正是为了作第二次五年计画的准备哩。

建立在第一次五年计画成果之上的第二次五年计画，系开始于一九三四年。现还在实施的过程中，我们不用预先来判断它的后果，但试一考察苏俄当局所宣称的第二次五年计画的任务，我们就知道苏俄当前的经济政策，该与它前此实施过的新经济政策，采取了怎样不同的动向。那种基本任务有三：

第一，此计画的基本政治任务，是澈底消灭资本主义的成分，及一般的阶级，在经济及人们意识中克服资本主义的残余。

第二，此计画的基本文化任务，是进一步提高工人及集体农民的福利，并把劳动〔者〕的消费水准增加至二倍半或三倍。

第三，此计画的基本技术任务，是以最高的技术，改造苏联的整个国民经济。

第二次五年计画能否澈底消灭资本主义成分及一般阶级，当然还是问题，但在资本主义成分及由此形成的一般阶级还残存的限度内，苏俄依旧是阶级社会，而其处在支配地位的阶层，依旧是运用有利于他们，而不利于其被支配阶层的经济政策。

问题

一、苏俄经济与资本主义经济有何根本相异之点？试比较言之。

二、苏俄经济中包含有哪些要素？就中以哪种要素最占优势？

三、战乱时期何以要采行军事共产主义政策？以后这种政策何以又行不通？

四、新经济政策的目的及其实行的成效如何？

五、第一第二次五年计画与新经济政策有何相同相异之点？

德国之过去现在与将来

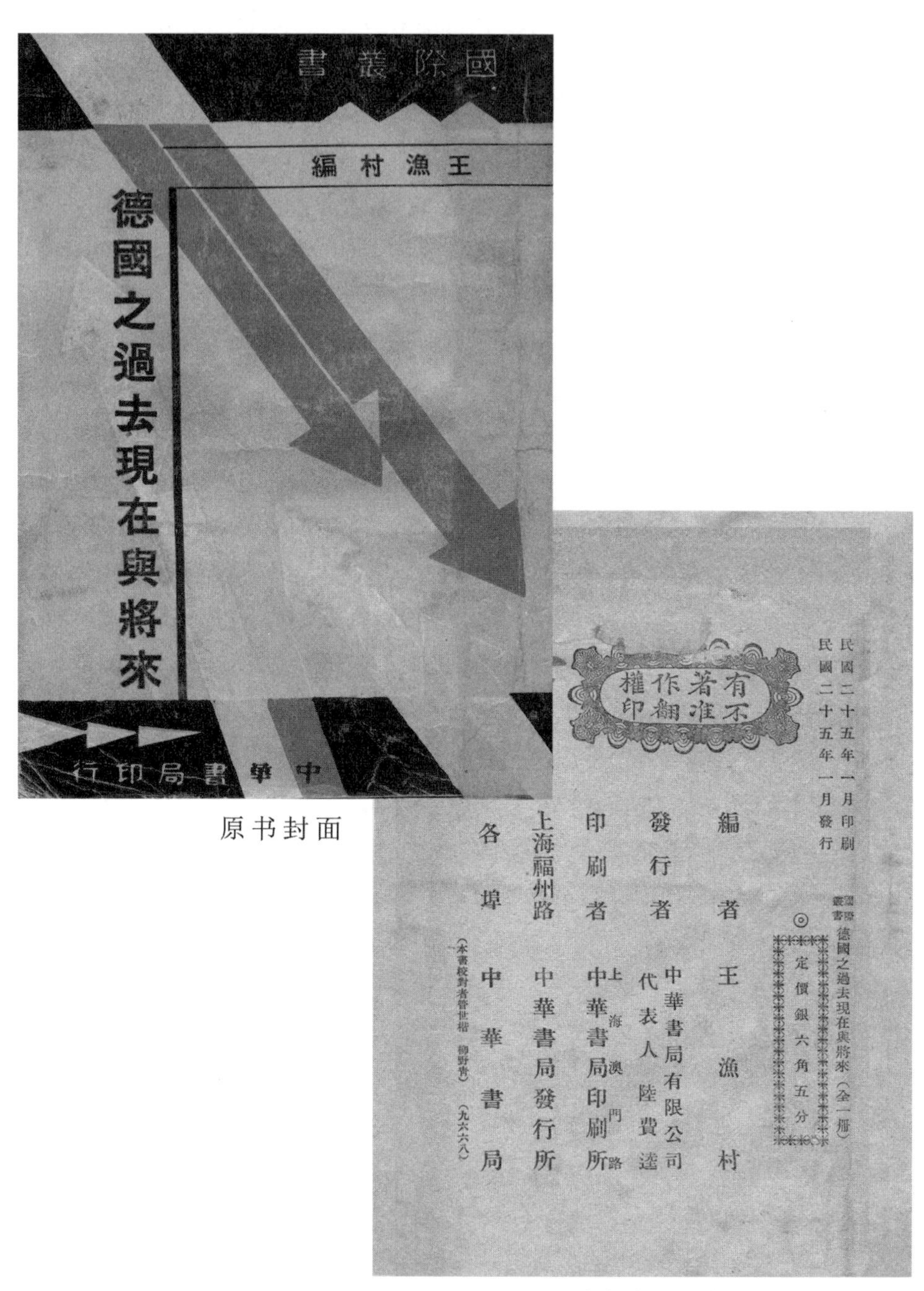

原书封面

有著作權 不准翻印

民國二十五年一月印刷
民國二十五年一月發行

國際叢書 德國之過去現在與將來（全一冊）

◎ 定價銀六角五分

編者 王漁村
發行者 中華書局有限公司 代表人 陸費逵
印刷者 上海澳門路 中華書局印刷所
上海福州路 中華書局發行所
各埠 中華書局

（本書校對者曾世楷 柳野青）（九六六八）

原书版权页

序

本书虽题称为《德国之过去现在与将来》，但大体上只算是一部《现代德国政治经济简史》。

由十九世纪上半期以迄现在，德国经济形态曾经过几度变更，相应着，其政治形态亦曾经过几度变更。在普法战争前后，德国封建经济已逐渐移向资本主义经济，由是，其专制主义政治，亦紧随着移向民主主义政治。此后空前的欧洲大战虽阻害了德国资本主义的发展，却不曾根本改变其本质，故德国在大战告终时发生的政治革命，亦只能在历史法则许可的范围内，把君主立宪的招牌，掉换为共和体制；其名义虽经改变，其为现代民主主义政治形态则一。但延至战后资本主义第三期阶段，资本主义对于政治方面的要求，已经不能由此民主政治形态得到满足，由是，被称为独裁主义的新政治形态产生；德国这种新政治形态，系发端于布鲁宁，中经巴本与施莱辄之促进，而完成于希特勒①。

以上是几十年来德国政治经济发展的全般轮廓。本书的任务，不过是准据历史法则与史实，一方面阐述其由过去演化至现在之连续关系，同时并证示其今后之必然推移。

至本书的撰述，系开始于留德期间，迨转至日本始告完成。在迁流生活中，率尔执笔，知多苟简乖误之处，诸祈读者谅而教之。

一九三五年三月编者志于东京野马轩

---

① 原文为希特拉，现多译为希特勒。下同。——编者注

第一章　现代德意志国家之形成

一、十九世纪中叶以前的德国政治经济情形

德意志以现代国家资格出现于历史舞台，那是十九世纪中叶以后的事。所以严格意义的现代德意志国家，还只有数十年的历史。在现代西欧诸国中，德国较法国发展为迟，较英国发展更迟。这种迟迟发展的原因，历史学家曾提出许多说明，但归根结蒂，仍不外政治之组织或形态，乃受决定于其经济的客观的环境。特社会的政治构造，虽然是以全般的经济构造为基础，但我们在肯定这个前提原则之下，同时还得承认前者对于后者的重大作用与影响。德国不能提前完成其现代国家形态，那固然是因其资本主义的迟迟发展，但一究其资本主义之所以迟迟发展的原因，则又由于其阻害生产力发展之封建社会关系的牢固存在。

原来德国旧帝国时代之封建制度，是由第十世纪至十三世纪当中完成的。封建制度一经形成，在此种制度下之庄园经济，乃迅速发达，由是导来中世都市经济之勃兴。当时德国全领域的商业，皆表现兴旺气象，就中尤以西南部及北部商业为最活跃。在北海及波罗的海一带之德国北部地方，俨然成为欧洲北部之商业中心。这些地方的德国商人，曾组成许多称为"汉撒"(Hansa)的贸易组合(Kauffahrergilden)。此后在成立此种贸易组合诸都市之间，又结成攻守同盟的"汉撒同盟"(Hansabund)；"汉撒同盟"曾在各地设立商馆，垄断北欧一带贸易，从而蓄积有大量商业资本。而在西南部繁荣起来的商业，且还积极促进了产业——特别是纺织业及矿业——的资本化。当时的情势，仿佛德国应当可以由商业资本形态，过渡到产业资本形态。不过，德国这时的商业资本，还只是孕育于封建生产关系的母胎中，而尚未发展到足以破毁其胎盘而脱出的程度。十五世纪末期前后的地理上之大发现，以及十六世纪初期的农民革命战争的失败，

那对于德国正在欣欣向荣的商业手工业，曾给予致命的打击。中世欧洲之商业中心舞台，大体在地中海、北海及波罗的海沿岸一带，东西印度之航路发现后，此商业中心舞台骤转移至大西洋方面；由是北海及波罗的海一带之德国北部商业，和地中海沿岸之意大利商业，乃颇形衰退；而同时介居德国北部与意大利间之德国西南部贸易，亦惨临同一衰落的命运。加之农民革命战争之失败，一般农民大众所受之压迫与榨取，更使商业手工业在国内市场上间接受到打击。商业不况，手工业自无从发展。商工业由这两方面所遭逢的阻害，封建领主们在某些方面，虽然亦会感到多少的不便与不利，但整个的封建制度，却无疑由其反对势力——商业资本与革命的农民运动——的削减，而相对增大了不少持续的底力。因此，世界航路之开辟，在英法诸国虽为促进资本主义发展的一大关键，而在德国则竟成为阻碍其资本主义发展的原因。降及十七世纪上半期中，德国又不幸为三十年战争（由一六一八年到一六四八年）中的主角。照德国有名历史学家加尔·伦卜列希特（Karl Lamprecht）所说，这次战乱所丧失的人命，约计有1200余万；德国非经过两百年的岁月，殆不易恢复其惨遭破坏的物质文化水准。然而在这空前大破坏的战乱中，德国的封建势力，不但不因此摧毁，却反赖以苟延了。

至十九世纪之初，法国拿破仑（Bonaparte Napoléon）席卷全欧。德意志帝国治下之诸领邦，纷纷脱离此有名无实之帝国，另组莱因同盟（Rheinbund）。由是德意志帝国根本消灭。迨拿破仑于一八一四年惨败，此依附拿破仑之莱因同盟瓦解；所有德国领土内之三十四君主国及四自由市，乃在维也纳组织德意志联盟（Deutscher Bund）。在此联盟中，各参加盟邦都保有完全的主权，其中央机关，不过是在佛兰克福特（Frankfurt）所开之联盟议会（Bundestag）。此联盟之盟主，虽为抱大德意志主义（即主张全德意志诸邦的团结）之老大的奥地利，而其有力的实际活动者，则为抱小德意志主意（即主张奥地利以外的德意志诸邦的团结）之新进的普鲁士。普鲁士于一八一八年实施新关税，规定领土内一切内地关税完全废止，同时并对国外输入之原料免税。这种税制的改革，其商工业乃受到一大鼓励。普鲁士商工业的发展，结局必然要引起其他各盟邦之注意，由是促成各盟邦彼此间相互撤废关税的要求。一八三四年德意志北部十八邦所结成的关税同盟，盖不外此种要求之必然结果。关税同盟结成后，所有同盟各邦的经济，乃顿呈活跃气象；至十九世纪五十年代，新兴的工商阶级，已渐感到封建政治形态，不能保障其利益，满足其要求。所以，一八四八年巴黎二月革命的怒火，不旋踵间即蔓延到了维也纳与柏林，而形成历史上有名的三月革命。三月革命与一五二五年的农民战争，虽同为德意志历史上有重大意义的解放运动，但据恩格斯（Engels）所说："由一五二五年革命得到利益的是谁呢？各邦的诸侯；由一八四八年革命得到利益的是谁呢？普奥两大诸侯。"

三月革命在维也纳诚然吓走了欧洲十九世纪上半期中的反动主帅梅特涅（Metternich），但其终局目的，即推翻封建权力，建立立宪君主制的目的，无论在维也纳、在柏林乃至在德意志其他地方，都没有完全实现。此次革命失败的原因，第一是因为德国当时资产阶级的势力，还未发展到足以克服封建势力的程度；第二是因为在这次革命运动当中，除了扮演主角的资产阶级外，且还包含有一大群反对政府，同时也反对资产阶级的都市劳动者。这些劳动者感染有当时流行的社会主义共产主义思想。在羽翼未丰的资产阶级看来，封建势力固当摧毁，无产劳动者的势力，尤不能不加以阻制；与其在推翻封建统治的运动中，让无产劳动者抬头，毋宁赞助封建的权力，同国王来进行妥协。所以在巴黎二月革命失败的消息传来不久，德意志领土内的三月革命，亦因资产阶级与封建君主的妥协而告终了。

在三月革命以后，德国资产阶级的势力，无疑的有了一大进展，但他们所要求的，尤其是普鲁士资产阶级所要求的，不仅是各邦分别地成立立宪政体，而且热望全德意志各邦（除奥地利）完成统一的宪政。一八四八年在佛兰克福特所召集的国民会议，其目的原在制定统一宪法，但一八四九年所制定的统一宪法，终莫由使其实现。普鲁士在同年与萨克森（Saxony）及汉洛威（Hanover）结成三王同盟，其用意亦无非是想以此同盟为基础，缔结德意志联邦。但这种企图，乃至一切其他统一运动，都因老大的奥地利的阻碍，而继续归于失败了。

二、普奥战争与普法战争

在德意志联盟诸邦中，普奥两邦立于正相对立的地位。普鲁士代表新兴自由主义势力，而奥地利则代表保守的封建势力。在一八四八年三月革命后，奥地利因反动魔王梅特涅之逃遁英国，与国内诸属领如匈牙利、意大利等地之要求独立自由，暂时虽有改组内阁，编订宪法之举；但自文狄希格纳泽（Windichgrätz）将军得俄罗斯军队之助，削平匈牙利之叛变，同时并镇服意大利之独立运动以后，其反动保守政策，更变本加厉；新内阁希发泽柏格（Schwartzenberg）之顽固保守，较之梅特涅有过之而无不及。而在普鲁士方面，则因一八三四年之成立关税同盟，一八三五年之开始修筑铁路敷设电线，乃至一八四八年之变革政治组织，其经济政治上之新兴锐进气象，与奥地利恰为相反的对照。惟其如此，奥地利希望维持现状，而普鲁士则希望改革现状。

特普奥两邦势不两立的焦点，与其说是在它们进取与保守的倾向不同，却毋宁说是它们对于其他德意志诸邦所取的笼络方策不同。奥地利所抱的是大德意志主义，它期望一切德意志的联邦，都各别维持独立，而共同拥戴它为盟主。它始终抱定此种方策的最大原因，盖不外其领土内人种过于复杂，如由维也纳以西至瑞士及巴斐利亚（Bavaria）为德国人所居住之地，南部卡尼奥拉（Carniola）、斯体利亚（Styria）、卡林西阿（Carinthia）诸省，类多斯拉夫人；其北部为波兰人与捷克人（Czech），此外还有意大利人，以及匈牙利领土内的杂多种族。奥地利领域内既有如此复杂的民族，要想由民族的立场，把全德意志诸邦统一起来，绝无希望。所以它对于这些小邦的要求，只是在形式上不脱离它的羁绊。但普鲁士的政策不同：普鲁士知道就国力讲、就民族观点讲，都以不把奥地利包含在德意志国内为有利。因此，它主张小德意志主义。在此种主义之下，它对于其他诸小邦的要求，就不是貌合神离的羁縻，而是名实相符的统一。因为统一之实不举，新兴工商业的发展，仍存有极大的障碍。但普鲁士的这种小德意志主意的实现，却正是奥地利之大德意志主义的消灭——这是普奥势不两立的症结。

普鲁士有关税同盟作武器，对于一大部分德意志盟邦，虽然便于联络操作，但其实质统一或在统一组织下，消灭各邦之独立的政策，颇为各小邦所不欲；加之普鲁士在经济上虽占优势，奥地利在当时的政治势力，仍为普鲁士所望尘莫及。各小邦不满意普之政策，而又畏奥之威，故其向背实非常了然。

但普鲁士知道问题的关键,不在各小邦的态度,而在奥国所保有的政治优越势力。故打倒奥国,实为完成德意志统一的初步。由组织关税同盟之一八三四年,至威廉第一即王位的一八五八年,其间计历四分之一世纪。在此时期中,普鲁士的国力,已渐形充实膨胀。威廉第一之得以实行整军经武,盖不外当时普鲁士之经济实力,已足供应其庞大的军备。迨一八六二年俾斯麦(Otto von Bismarck)出任宰相,解散反对扩张军备之议院,高唱铁血政策,于是以武力摧毁奥地利的策画,乃迅速完成。奥地利斯时执迷不悟,竟在一八六四年二月,协助普鲁士击败丹麦;丹麦既败,普鲁士因无后顾之忧,乃对奥开衅,于一八六六年七月,大败奥军于沙多瓦(Sadowa)。

当普奥宣布开战之始,德意志诸邦除麦克伦堡(Mecklenburg)及北部诸小邦外,莫不助奥以攻普鲁士。迨战争结束,所有梅因河(The Main)以北诸邦,悉并入普鲁士版图。但梅因河以南诸邦,则仍保持原状。由此可知普奥战争结果,德意志统一大业已完成一大部分。

普奥两国战争,大体上是德意志诸邦之内讧。当时想站在傍边趁火打劫的,是奥地利统治下的意大利人,而想坐收渔人之利的,则是法皇拿破仑第三。拿破仑第三一向标榜自由主义,在梅特涅主政的当时,对于奥地利早没有好感。但普鲁士之勃兴,于法国亦颇不利。普奥两国既发生战争,拿破仑第三自然认为交绥者两败俱伤,法国将拱手坐大。但出乎意外的,是战事继续不到两月,在奥国方面虽大丧元气,而普鲁士则是所向披靡;其声威与实力,顿形增大。由是拿破仑第三于失望之余,隐然对普鲁士已怀抱有对敌与戒备之意。同时普鲁士在发动普奥战争之前,亦经安排对法作复仇战争的准备。况且普奥战争结局所造成的北德意志联邦局面,在普鲁士是认为颇不满足的。南德意志诸邦毗连法国,一向对普鲁士统一运动,表示冷淡。普鲁士要用武力强并这南部诸邦,势将不免促使其归附法国。因此,如谓北部德意志统一的障碍为奥国;南部德意志统一的障碍就为法国。普鲁士既扫除了前一障碍,当然接着要扫除后一障碍。这是普法两国在战争发动以前的一般情势。

至普奥战争结束后四年的一八七〇年,普法战争终于因西班牙王位继承问题而爆发了。拿破仑第三举措失当,及其军队统率非人,致一败再败;而在拿破仑第三期望或为己助的南德意志诸邦,至是反参加北德联军，而形成奥地利以外的全德意志对法国作战。结果拿破仑第三被俘，巴黎几被攻破。

普鲁士既战败法国，其统一运动乃告成功。南部德国诸邦如巴斐利亚、如惠尔敦伯格（Wurtemberg）、如巴顿（Baden）相率加入北部德国联邦之中。经各邦协商结果，北部德国联邦易名为德意志帝国。威廉第一乃被拥戴为德意志皇帝。

三、现代国家之出现

德意志统一大业告成，当为近代政治史上一大关键。但吾人所当注意的，与其说是此种历史事件之政治影响，毋宁说是它的经济意义。德意志从前是有过帝国的。此新德意志帝国与旧德意志帝国根本不同之点，就在前者为适应时代要求而产生的国家，显言之，即为适应新兴资本主义要求而产生的国家。而旧德意志帝国，则系与封建社会的生产关系相适应。故同为帝国，其本质与机构判然各别。

德国自一八三四年之关税同盟结成后，北部德意志诸邦由各别繁重关税所桎梏的经济，已得到一大解放与跃进机会。但当时阻碍经济发展的，并不仅只关税一端；紊乱的货币制度，乃至各种封建的规制与义务，均为新兴工商业难堪的障碍。至个人私有财产之没有法律保障，尤为资产阶级致命的打击。资产阶级知道摆在眼前的许多阻碍，只有全德意志统一，及在此统一局面下，树立他们亲自参加的民主政体，始有撤除的希望。因此，他们对于政府统一运动的大业，曾尽过不少的力量；统一大业告成，他们所期望的民主政体，也跟着实现了。

德意志帝国之政治组织，系根据一八六六年普奥战争后所制定的北部德意志联邦宪法；因此联邦宪法制定时，原已期望南部诸邦之加入。所以四年后全德意志统一帝国成立，其宪法上无所变更，其唯一之变更，不过以普鲁士王威廉第一改称为德意志皇帝罢了。照宪法规定，德意志帝国之统治权，理论上，不在皇帝，而在联邦议会（Bundesrat），此联邦议会系以二十二邦君主及自由市之代表组成。其议员乃政府之代表，而非人民之代表；表决议案，一照君主之意旨。全议会中之表决票数为 61，就中普鲁士王有 17 票，再加亚尔萨斯-洛林（Alsace-Larraine）3 票，共 20 票。

巴斐利亚王 6 票，萨克森王及惠尔敦柏格王各 4 票，其余诸小邦类为 1 票。联邦会议表决票数如此分配，故普鲁士得在议会中处于左右全局之地位。皇帝对于帝国国会所议决之议案，虽无直接否认之权，然因有他种权力，故形同专制君主。帝国总理及海陆军官由皇帝任免；帝国海陆军由皇帝统率，由皇帝调遣。皇帝有如此大的权力，无怪美大总统威尔逊对德宣战时，力斥德国政府为“自由仇敌”的“专制政府”。像这种政府，当然非德国新兴资产阶级所殷殷期待的政府。

但帝国组织中，究还有一民主的政治机关，此即所谓帝国下议院(Reichstag)是。下议院议员共 400 人，各邦所选之数，以人口多寡为标准。凡年逾 25 岁之德国人，均有选举下院议员之权。议员任期为五年。然皇帝得联邦议会同意时，得随时解散下议院；且帝国总理，由皇帝于联邦议会普鲁士代表中选任，皇帝并可不过问下议院政党之消长，而任意免除总理之职。总理仅对皇帝个人负责，联邦议会之主席及联邦官吏，通由总理任命。由此可知下议院在帝国政治机构中的作用实甚薄弱。然宪法使商工资产阶级心满意足之点，即凡关于商业，关于各邦间及与外国之交际、国币、度量衡、银行、铁道、邮电诸业，均由帝国国会规定。此外，并得议定全国之刑民法律等等。

因此，帝国成立不久，国会即行使宪法所赋予之权力，于一八七三年议决国币统一案；又于一八七七年议决关于法院之组织，民事刑事诉讼之程序，破产处置及注册专利之规定等议案。所有这些议案，均为商工资产阶级切望实施的案件，即均为铲除其业务障碍，并保障其利益，促进其利益的案件。所以帝国宪法赋予皇帝过大之权力，虽为他们渴望实现之民主政体的美中不足之点，但他们在国会中既得到了这些权利，亦算是相当满足了他们的要求。无怪德国经过多次磨折顿挫，以致蹒跚不前的资本主义经济，直至统一大业告成，帝国宪政确立，方才开始一大飞跃的发展。

第二章　由资本主义到帝国主义的推移

一、产业之发展

产业革命是资本主义发展的前提条件。德国产业革命之发轫期，约在关税同盟结成的一八三四年前后，而其急进期，则在普法战争结束的一八七一年至一八九〇年间。普法战争结局所给予德国产业发展的助力，实异常巨大。煤铁区域亚尔萨斯-洛林之占有，50 亿佛朗赔款之获得，已大有造于德国产业之振兴。至德意志帝国由此统一，由此确定其保护产业宪法，并由此得到产业所不可缺少的和平机会，皆于德国产业资本主义之成育发展，成就了非常的贡献。所以，无论工业、农业、商业，乃至任何其他方面的事业，都是到了一八七一年以后，才表现飞跃的进展。

从工业方面之纤维工业说起罢。纺织业之发展情况，可从此种事业上所消费的棉花量，予以说明。由一八四六到一八五〇年，其棉花消费量为 16000 吨；由一八六六至一八七〇年为 68000 吨；由一八七一至一八七五年，则竟增加至 116000 吨。纤维工业在德国工业上所占的地位，本不甚重要，我们且看其重工业的发展情形吧。普鲁士蒸汽机关使用数，在一八四〇年为 634，其马力为 12273；但至一八七五年，其使用数为 35684，其马力为 2519519。至与蒸汽机关使用数相关联的炭矿铁矿的产额，亦同样表示了一八七一年以后的突跃增加的趋势。其数字如次表。

年　度	石炭产额（吨）	铁矿产额（吨）
1850 年		838400
1860 年	16370500	1400800
1870 年	34003000	3839200
1880 年	59118000	238700

至于制铁业的情况，可由生铁产额而征知。把卢森堡包含在内，其产额在一八六〇年为 529100 吨，在一八七〇年为 1391100 吨，在一八八〇年为 2729000 吨，在二十年中，将近增加五倍。

工业迅速发展，当然要引起农业的繁昌。农业技术上的进步，就采用人工肥料所需要的加里盐之产额数字，即可知其梗概。在一八六一年，此种加里盐之产额为 2400 吨，在一八七一年为 375300 吨，在一八八〇年为 665900 吨。至其农业机械之采用，在一八八二年，则有如下的数字。计普通打禾机 268367 具，蒸汽打禾机 75690 具，刈除机 16934 具，播种机 63842 具，蒸汽犁 836 具。农业技术改进，当然要导来农业生产力的增加。所以，以 1 公顷（Hectare）土地，在以次两年度之收获相比，大相悬殊。

年度	小麦	裸麦	大麦	燕麦	马铃薯
1878—1879 年	13.5	10.4	13.6	12.5	71.1
1899—1900 年	18.9	14.6	18.1	17.2	124.5

生产力增加，其产额自相应增加，而与农业保持有交互关系之牧畜业，亦大体显示同一趋势。

工农业发展的结果，在国内乃至对国外的商业，皆极度繁昌。在十九世纪六十年代，德国尚是输出农业国，至七十年代以后，乃一变而为输出工业国，且因输入农产品，而形成入超的倾向。此种事实，已充分证明德国由农业国转变为工业国了。

就交通事业而论，亦是以一八七〇年代为兴隆期的起点。其造船业所投的资本，在一八七〇年以后的增加趋势如次：

年　度	造船资本额
1870 年	4000000 马克
1888 年	15300000 马克
1890 年	36100000 马克
1900 年	66000000 马克

由一八七〇年到一九〇〇年的三十年中，造船投下之资本额，竟增加十六七倍。而其中用以从事汽船制造的资本部分，且对帆船制造的资本部分，在不绝增加。如一八七一年的汽船只数为147，至十年后即一八八一年，其只数增加至414，而同时帆船的只数，则反由4372减到4246。铁路的建筑，系开始于一八三五年，至一八五〇年，其全线长度为6000公里，一八六〇年为11026公里，一八七〇年为18560公里，一八八〇年为33856公里。

随着产业及社会其他各种事业之发展，银行业务亦相应扩张。但德国把银行钞票发行权，集中于中央银行，亦还是一八七五年以"银行法"改造普鲁士银行为德意志帝国银行以后的事。国家银行愈能发挥其机能，民间银行乃愈能有健全的发展。所以在十九世纪八十年代的后半期中，德国金融界实呈现了非常景气的现象。

总之，在普法战后的数年或十年之间，德国已为其产业资本主义立下了强固的基础。

然而德国在此产业发展过程中，感到美中不足的，或者随产业发展而益增大其不安的约有以下诸点。第一，人口过剩。——在一八七一年，德国领土内的居民，计为41058792人，至一九〇〇年竟增至56367178人。人口增加虽为产业发展的必然结果和其必要条件，但在有限的领土上，不绝增加起来，那不能不认为是一个非常苦恼的问题。第二，制品市场和原料供给地的缺乏。——此两者为资本主义发展的前提条件，但资本主义愈发展，此两者又必然要愈感到缺乏。第三，劳动阶级的抬头。——德国刚走上产业资本主义的旅途，世界其他先进国家，如英如法等国之资本主义，已早酿成了种种恶害，从而产生了种种不利于资本主义的社会主义学说。不幸德国又正是这些危险学说的产源地。所以在其产业资本化的程序一经开始，劳动大众便迅速感染了种种不能安分守己的思想，而使资产阶级感到麻烦。铁血宰相俾斯麦虽然根据着"贫富必然论"——彼始终认定贫富阶级乃必然现象，无可变更，——作出了缓和"斗争"的劳动社会政策，但人口过剩与制品过剩问题一旦发生，劳动问题就会闹到不可终日。

上面三个问题，通为资本主义发展的必然产物。要使这三个问题得到最后解决，惟有推行世界殖民政策。

二、世界殖民政策

德国于一八七九年实施保护产业的新关税。此新关税实施，德国制造业即呈现异常的活跃；而蒙受此保护利益之制造业者，因预期其前途发展无限，乃进而要求政府推广本国制品之销场。俾斯麦对于经营海外的殖民事业，本来不甚踊跃，为了应付此等制造业者及商人们之嚣嚷，他虽不能不派人往非洲乃至小亚细亚一带从事探察经略，但他的全部精力，却是集注在他的大陆政策上面。大陆政策包含有全德意志主义（All-Deutschtum）与泛德意志主义（Pan-Germanismus）两种意义，据全德意志协会（All-Deutschbund）会长哈塞（Enst Hasse）所说，前者是乡土政策，后者是边境政策，边境政策当较乡土政策推进一步。所以"泛德意志主义"云云，不仅是想把德意志帝国版图内，多少具有日耳曼种族起源的民族团结一起，同时还是一种纯粹的大普鲁士主义，不问言语，不问种族，凡属认为于荷亨佐伦（Hohenzollern）王家势力有利的各方面的地域，通予以合并。俾斯麦大陆政策的这一方面的解释，当然带有极浓厚的帝国主义性质，但那毕竟是限于大陆的一种欧洲制霸政策，而非侧重海上霸业的世界政策。

从积极侵略的帝国主义立场看来，这位老政治家还算是保守的。他的这种保守趋势，乃由以次诸种原因所形成：（一）在他秉政时代，德国产业虽在迅速发展，但对制品销路与原料供给，还未感到急迫要求；而且使资本家社会感到麻烦的劳动问题，亦因实行社会政策而暂时解决；（二）帝国统一局面告成后，俾斯麦的主要任务，一在从事国内的基本建设，一在从事纵横捭阖的外交折冲；（三）海外殖民地之获得，虽于帝国之声威与实力上都有帮助，但可惜世界比较有经济价值的殖民地带，都被英法诸国攫掠殆尽；要费大力气去拾得人家残下的不毛之地，实利主义十足的俾氏，当然认为不太合算；而且（四）经营海外殖民，不能不有航行远洋的汽船，以及保护殖民利益的庞大舰队；这两者在俾氏秉政的当时，还没有充分的准备，所以这也不能不说是他着重大陆政策的一个原因。

然而在俾氏推行其大陆政策的当中，德国乃至其四周的环境，却在不断的改变。至新皇威廉第二（William Ⅱ）践祚的一八八八年，德国产业已颇有所成就，其膨胀的金融资本，亦已在非洲在小亚细亚各方面找寻出路，而同时英法等国之帝国主义政策的积极推行，更使后进德意志的金融资本产业，在各方面受到局限。依此诸般实际事势的推移，俾氏在新皇即位的当年二月，虽曾为扩张军备，募集 2800 万马克之新公债而作大规模的演说，而进行帝国主义政策的准备。但他的政治主张，仍不能脱却老套的大陆政策。

新皇威廉第二是锐进而果断的。老政治家的专断行为，固为彼所不悦，其陈旧的政治主张，亦非彼所能接受，所以在新皇践祚仅及两载的一八九〇年，俾斯麦即由政界隐退。俾氏隐退后，德国大海军论者及殖民论者更气焰万丈，他们都认定德国的兴隆命运，不系于陆上的霸业，而系于海上的霸业，在这种认识下，一面积极扩大充实海陆军备，一面则向世界各地从事殖民活动。但在德国开始从事殖民活动的时候，世界可供榨取的殖民地带，都差不多分割殆尽。于是德国的殖民政策，就只有三个途径可循：第一是拾获其他帝国主义者视为无甚经济价值的不毛地带；第二是用经商或煽动土人或贿买土人的毒辣方法，在其他帝国主义者殖民地内作分离或露骨的抢夺活动；第三是在其他帝国主义者相互发生争执，或在它们与其势力圈内弱小民族发生纠纷的领域，乘机而入，伺隙而动。德国在开始其殖民活动时，比较是采行第一个途径，以后则完全采行第二第三两个途径。至其全般活动的地域及其所收效果，可分述如次：

(一)非洲及南洋方面之殖民地的获得

一八八四年德国纳西体哥尔(Gustav Nachtigal)博士在非洲北岸发现塔果兰(Togoland)及喀麦隆(Kamerun)两地，经其活动结果，此两地土酋皆愿受德国保护。在同一年度，德国柏列门(Bremen)商人于利兹(Lüderitz)树德国旗帜于非洲西岸之安格那·培魁纳(Angra Pequena)，此后经商人及政府之经营扩充，总称为德属西南部非洲。与前两地合计不下五六十万方英里，特土地虽广，究无甚经济价值。且土人好勇斗狠，德国在一九〇五年与一九〇六年平定土人叛乱所用经费，计达 1800 万马克，而此诸殖民地进出口货之合计价值，则不过 400 余万，两相比较，实得不偿失。在南洋方面之凯撒·威廉岛及俾斯麦群岛，系于一八八五年获得；次年，又占领所罗门群岛及马尔夏群岛。所有这些岛屿，均不适于白种人居住，且物产甚稀。至一八九九年德国利用美西战争之机会，又在南洋方面领有东西卡罗林群岛、马利亚群岛、柏里群岛及萨摩亚群岛。

(二)胶州湾的占领

一八九七年十一月,德国利用本国两传教士在山东被中国人杀害的机会,立派巡洋舰四艘占领胶州湾,由是取得九十九年的租借权。胶州湾不但可为其东洋舰队的根据地,且为对于中国经济侵略之立脚地。此种有极大军事商业价值之殖民地,既为海军所获得,大海军论者益振振有词;故在抢夺胶州湾以后十日(即一八九七年十一月二十七日),数年间不能解决的海军扩张案,即在国会通过。

(三)在小亚细亚及波斯湾方面的侵略活动

德国想在波斯湾头之米索不达米亚从事殖民活动,由来已久,但要向波斯湾方面进出,势不能不结托土耳其帝国。土耳其自一八八三年以来,即借助于德国军官,改编其军队。在一八九七年希土战争中,土军大胜;由是土耳其对于德国已抱有莫大的好感。加之,土耳其皇帝亚多尔·哈密德(Abdul Hamid)素有统一世界回回教徒之远大企图;因忌英俄两国之干涉与压迫,急欲结托一强国,为其支援,德皇威廉第二知机不可失,乃于一八九八年十月率皇后及宰相以下的文武百官,躬访土都,在达马斯卡斯途次,且寄发土皇一电,谓“愿陛下及以陛下为教主之全世界回回教徒,永远信赖我之友谊”。礼重而言甘,当然使土皇心悦诚服,所以在翌年六月,德国安拿特利亚铁道公司,即由土耳其政府获得敷设报格达铁道之特许权此后,德皇复利用土皇短少资金的弱点,诱之以利,更结托土国青年派,尽量扫除英俄等国在土耳其的特殊权利,而同时德国则由土国政府获得商业上、交通上乃至其他种种利益。

(四)摩洛哥的窥伺与侵夺

摩洛哥之气候温和,地质膏腴,矿脉丰富,其广袤则优于德国本土。加之人口稀薄,待开辟的土地,非常辽阔。从经济价值上讲,固为一极好殖民地。况其地与直布罗陀相对,而形成地中海之西门,在交通上,特别在军事上,具有无上的价值。此种地方若为德国所占有,不但可以解决国内经济上许多问题,且可以制英国海上霸业的死命。但可惜这样一座宝库与炮垒，早经成为法国北部非洲大领土的一部分；且法国还与英国成立有协定，约定前者允许后者在埃及的自由行动权，后者则承认前者在摩洛哥的自由行动权。然德国不顾这种协定，德皇威廉第二乘一九〇五年日俄战争之俄国失利机会，即法国不能由俄国取得帮助之机会，竟赴摩洛哥之但吉发表保护摩洛哥之独立与主权的宣言。由是德法冲突，而有阿尔泽西那斯会议(The Meeting of Algeciras)，于一九〇九年二月成立德法协定，由法国尊重摩洛哥之保全独立，并不阻害德国商工业在摩洛哥的利益，而同时德国则承认法国在摩洛哥之政治利益。这个会议，因在国际监视下进行，故结果于德国原来目的无所成就，但德国工商业既得在摩洛哥无所阻碍的进行，德国商人就可在政府的教唆与指派之下，煽动摩洛哥人叛变。一九一一年法国由阿尔及利亚(Algeria)派遣军队平定叛乱，德国人大哗，于是派出炮舰，寄淀于摩洛哥之阿格吉尔(Agadir)。卒因英国反对态度的强硬，以及德国当时金融上之暴露缺陷，致促成妥协解决；从此，摩洛哥之管理权全属法国，而德国则取得法属刚果(Congo)之一部分。

(五)在波斯、印度及埃及方面的煽动

波斯向在英俄两国势力之下；其国内反对英俄侵略之党人，因缺乏活动资金，渐渐上了德国"诱之以利"的圈套。后来英俄为阻止德国势力之侵入，乃一变其从来相互角逐态度，而相互提携；把波斯北部划为俄国势力范围，南部划为英国势力范围，其中间则置于两国监督之下，作为波斯人之自治地带。此种协定作成后，波斯人异常愤激，德国乃乘机予以援助，于是有一九〇九年之革命运动。波斯新王国出现后，德国在波斯之势力，乃大大进展。同时，在印度及埃及方面，亦到处有德国阴谋活动之暗影。德国在这一带所用的煽动手段，一是金钱，一是自许为回回教徒的友邦。然因英国颇具有统治殖民地的经验与手段，德国似乎在这些地方没有收到预期的效果。

德国在上述各方面的殖民政策活动，大体(除第一项外)都是威廉第二践祚与俾斯麦去职以后的事。所以威廉第二与俾斯麦之交替，是德国由大陆政策渡到世界政策的一大关键。但此种政策的转变，实际并非基于个人之意向，而是因为在个人意向后面，隐伏有社会经济的实际要求。

三、三国同盟与三国协约之对立

德国的世界政策,与大陆政策,虽是建立在不同的经济要求上,但前者究不过是后者的延展与扩大,在世界政策里,仍利用大陆政策所建筑的政治外交的基础。即如威廉第二借以称霸世界的三国同盟,不还是俾斯麦赖以制霸欧洲大陆的三国同盟么?

三国同盟系于一八八二年五月结成。在普奥战争中,普军本可长驱直捣奥京维也纳,在维也纳饱掠一个痛快。但俾斯麦知道此后还有利用奥国的地方,所以按兵不进,以缓和奥国对普的恶感。普法战后,由普鲁士扩大统一之德意志帝国,势力日形膨胀。而同时奥国则因领内复杂人种问题,常起纠纷,致此老大帝国,渐有分崩离析之感。德国俾斯麦既有意以同一日耳曼民族关系,拉拢奥国,奥国自然乐得捐弃前嫌,结托一强大与国,以壮其对内对外的声威。适会意大利因法国占领突尼斯(Tunis)问题,有求于德奥,德国遂利用此机会,结成历史上有名的三国同盟。照此次同盟条约的规定:法国如侵略意大利,意大利可以得到德奥的援助;法国如攻击德国,德国可以得到意大利的应援;但当奥匈帝国受到俄罗斯侵略时,意大利只要保持好意的中立就行。此外,德奥两国则相互另有所协定。故三国同盟之中,自始就含有利害不尽一致的差别关系。

一八八七年二月,三国同盟续订,此次德国允许意大利种种利益,就中尤以援助意大利取得土耳其之特利波里(Tripoli)一项,最关重要。此后德国与土耳其之反目,即由于此。第三次三国同盟,续订于一八九一年五月,第四次三国同盟,续订于一九〇二年六月,第五次三国同盟,续订于一九一二年十二月,一直继续到大战的发生。三国同盟在第三次以后,其形式虽无大变改,但此三国相互的地位,则在不绝发生变动。德奥两国之关系,日趋紧密,而意大利对德奥关系则日渐疏离。意之加入三国同盟,其主要动机在惧怕法国侵略。自法意关于北非问题相互谅解后,意大利对于同盟已渐发生离心作用,所以欧洲大战爆发,意国即借口维持中立。

但三国同盟之各关系国的意志无论如何分离,德国由三国同盟之助,而完成其在欧洲之霸业,则系事实。三国同盟于一八八二年结成后,首先受到威胁之法国,对俄更表示好感。助俄国改造陆军,助俄国推销公债,而与俄国在一八八九年结成俄法同盟。俄法同盟成立之动机，虽在对抗三国同盟，但法俄两国，究非三国同盟之敌手。适会德国势力侵入非洲，促成英法两国对埃及及摩洛哥问题相互谅解，而结成一九〇四年之英法协约。英法协约结成后，英俄两国过去在远东近东方面所结之旧怨，大可借法国从中斡旋而得到缓和。俄国既在一九〇四年——一九〇五年之日俄战争中为日所败，其在远东之南下政策断念，结果，又重复回头来经营近东，但这时近东方面的对头不是英国，而是德国。德国在巴尔干半岛、土耳其乃至波斯的露骨侵略与煽动，卒使英俄两国相互谅解，而于一九〇七年结成英俄协约。英俄之协约结成，于是英法俄三国遂形成三国协约的局面。英法俄在世界无论哪方面的利益，都是不易调和的。但其共同强敌——德国的强横态度与优越势力，却使它们不能不暂时苟合起来。

三国同盟与三国协约之对立局面形成，势必要导来以次四种结果：第一，这种尖锐的对立，一定会增加两组国家间之恶感，并使它相互发生更多的猜忌；第二，在此种对立局面下，每个国家都知道战争无可避免，而更加速从事军事的准备结局，军备竞争，又成为一促成战争爆发的原因；而且，大家既逆知战争绝难避免，在军备已经优先准备好了的国家，或在不胜军费重大负担的国家，就会觉得战争愈快爆发愈好；而且第三，对三国同盟处于劣势的俄法同盟，一经把世界海上霸者英国拉在一伙，它们就觉得势均力敌了，此后它们与德国或与三国同盟之任何国家发生纠纷，遂没有示弱或让步之必要，由是，战争必然爆发的弹性，就大大减少了；最后第四，相互对立的国数增多，且其阵线又明确决定，它们中间的纠纷问题与牵涉范围，乃愈多愈大，而愈非逼向总解决的绝路不可。

这是战前的阵势。

第三章　世界大战与巴黎和约

一、帝国主义战争之发动者

各方面准备已成的世界大战，最后是在巴尔干半岛爆发的。巴尔干半岛原先有一大部分是受土耳其帝国的统治。在一八五四年——一八五六年的克里米亚(Crimea)战争后，孱弱的土耳其帝国，乃完全在英法俄诸国相互对立的均势下偷生。但半岛中人种之复杂，回教徒对被统治的耶教徒所加之暴行，以及土耳其统治之失策，致半岛中屡屡发生反抗政府之暴动。一八七六年塞尔维亚与门的内哥罗(Montenegro)[①]因俄国之怂恿，竟对土耳其发生反抗。当时英国虽竭力想维持土耳其之统治，但俄国不顾一切，断然对土耳其宣战。一八七八年俄军所向披靡，土耳其迫而与俄订立圣・斯特发洛(San Stefano)合约，承认塞尔维亚、门的内哥罗与罗马尼亚之完全独立，对于保加利亚，亦许其独立，但得入贡土耳其。当时英奥两国因此条约订立结果，势将使俄国在巴尔干半岛之势力大增，于是共同强迫俄国将全部事件提交柏林会议讨论。柏林会议对原和约修改之要点，就是把波斯尼亚(Bosnia)与赫塞哥维纳(Herzegovina)两地划归奥国管理。此即以后世界大战之引线。

俄国战胜土耳其以后，俨然以巴尔干半岛之保护者自居。其卵翼下之塞尔维亚则颇思联合门的内哥罗及由柏林会议划归奥地利管理的两地，以建立一大南斯拉夫国，因此两地人民原属斯拉夫人。但奥国自取得此两地之管理权后，竭力经营。至一九〇八年，更乘土耳其国内青年派之立宪革命，实行宣布合并。奥国断然将此两地合并，塞尔维亚不独大南斯拉夫之计画不成，且其入海之希望断绝；从此塞国的出产，势不能不经过

---

① 门的内哥罗，即黑山。——编者注

敌国以达于多瑙河。又当一九一二年一九一三年塞尔维亚与保加利亚发生战争时，塞国领土之南向扩张，几可经阿尔巴尼亚(Albania)以达亚德里亚海。奥地利又力主建立阿尔巴尼亚予以阻梗。奥国所以屡次阻挠塞尔维亚，盖因塞尔维亚势力之扩张，即俄国势力之扩张。俄国如统治巴尔干半岛，德国须通过此半岛之大报格达铁道计划，即无由实现。所以在赛奥交恶的暗中，隐伏有德国东进政策与俄国南下政策之冲突。但俄国当奥国合并前述两地时(一九〇八年)，恰在日俄战争(一九〇四年——一九〇五年)败北以后，它既无力援助塞国，塞国自不能不隐忍以待时机了。

一九一四年六月二十八日，奥地利皇子斐迪南(Francis Ferdinand)大公偕妻出游波斯尼亚，在萨拉耶福(Sarajevo)[①]城中遇刺。波斯尼亚即为奥国由土耳其强割两地之一。其地之斯拉夫人，甚仇视奥国，故事先塞尔维亚政府，曾劝大公勿游该地，以免为人所暗算。大公既被刺死，奥政府遂根据此种劝告，以为塞尔维亚政府实有暗助此种阴谋之嫌故应负责任。七月二十三日，奥地利致最后通牒于塞尔维亚，要求塞尔维亚禁止一切反奥宣传，罢免反奥之文武官吏，并且奥国得派法官参预审判罪人之事。此通牒限四十八小时内答覆。塞尔维亚迫而承认全部条件，惟最后一项，只允提交海牙和平法庭裁判。当时英法俄之外交家，均主张将奥塞之困难问题，提诸海牙法院解决，惟德国独持异议，以为奥国应予塞尔维亚以惩创。七月二十八日奥地利对塞宣战。俄国遂下动员之令。德国于八月一日对俄宣战，同时并通牒法国，请其于十八小时内表明态度。法国政府之答覆甚为模棱，故德国于八月三日向法宣战。此后英国亦因德国军队侵入中立国比利时加入战争。日本则因与英国一九〇二年结有英日同盟，故继续参战。另一方面，土耳其则于十一月与德奥联合。惟意大利以德奥两国非被攻而为攻人，故认为无援助其同盟国之义务，严守中立。

大战既已发生，德国内阁总理柏兹曼·荷维格(Bethmann Hollweg)在下院声言，此次战争之一切损失，应由英国负责。其意以为英政府果能劝俄国不干预奥塞之争，则欧战可以幸免。当时伦敦《泰晤士报》曾对德总理此言，评论如次："假使英政府果如德人之言，向俄声明，则英政府无异宣言英国将援助德奥以反对俄国。如德人所言，所有交战之强国，均须

---

① 萨拉耶福，现多译作萨拉热窝。——编者注

负责……假如法国不援助俄国,法国可以阻止战争之发生;假使俄国不关心塞尔维亚之存亡,俄国可以阻止战争之发生;假使德国不愿援助奥地利,德国可以阻止战争之发生;假使奥地利不致通牒于塞尔维亚,战争亦不会发生。”要之,参战之国,均当负战争之责任。

特战争责任的推诿,系法理问题。我们所当究明的,不是法理,而是事实。不是偶然的现象,而是必然的动向。换言之,即世界大战为十九世纪末期以来之世界帝国主义政策之必然结果。开始参加大战的主角是英法俄德,而主角中之主角,则是英德两国。英国是资本主义国家的祖宗,同时也是世界最大的殖民帝国。它以这两重资格所决定的对欧外交政策,就是均势主义政策。即使欧西诸国的势力,维持均衡。设有某一国逐渐膨胀起来,由制霸欧洲,进而危及英国的海上霸权,英国就一定要设法把这个国打倒。滑铁卢战争中的法国,克里米亚战争中的俄国,都是在英国均势主义政策下倒毙的。

在十九世纪末期发展起来的德国,其势锐不可当。其经济基础,远非过去法俄所能望其项背。德国构成独占资本主义骨骼的钢铁生产,在一九〇〇年中,已足与英国相埒,至一九一二年,竟超过英国40%以上。其世界汽船吨数,至一九一三年,仅次于英国而占世界的次位。德国不仅要成就“世界工厂”的理想,且要成就它“将来在海上”的理想。加之,吸收有全国贮金一大部分的德意志六大银行(如德意志银行、帝国银行、拆现银行等),一方面结托国内大资本企业团,支配政党,支配国家的一切对外活动,同时更结托其他国家,特别是其同盟诸国之资本企业团与银行,到处获取投资机会,到处抢夺殖民市场。但它们的猛烈活动,随在都会碰着大英帝国的阻碍。在非洲,在小亚细亚,在波斯,乃至在远东方面的中国,大英帝国都像安排了天罗地网,使这个千变万化的毛躁的行者——德国,横受束缚,而不得不作冲破此天罗地网的非非之想。所以,在战争将要发生与已经发生以后,德国一般舆论,都切齿痛骂英国。英国汤玛斯·斯密斯(Thomas A. F. Smith)博士在一九一五年曾出版一部《德国怎样想》(What Germany Thinks),——一名《德国人所见的战争》(The War as German See It)——其中有一章题名为“憎恶之文学”(The Literature of Hate)。他在这章开头列举着德国数十种论著的标题,如“英国之罪恶”(England's Guilt),如“海盗之邦,英国”(England as Sea-pirate State),如

“如欧洲的吸血鬼，英国”（England，The Vampire of Europe），如“打倒英国”（Down with England），如“上帝惩罚英国”（God punish England）等等，接着他很冷静的得出了以次的中肯的结论，他说：“憎恶本身是一种缺陷的表白，在某种限度且是一种失败的供认。一国或一个人的憎恶，可以解作是要求除去或破坏一种已经证明无法除去或不能破坏的障碍物的结果。……在英国与德国的命运之间，已经安置有一块决定其命运的磐石，那就是英国在世界的地位，尤其是英国海军的优越。德国早以为这块磐石阻止了，甚且危及了它在世界上之正当的历史发展。它曾努力用可惊的力量、毅力、牺牲精神与英雄主义，来克服破坏其前途的障碍。……”

英国人这种见解，德国人自己亦是承认的。“打倒英国”之著者法洛伊斯海军上将（Admiral Valois）说：“不管我们的敌人怎样宣扬，我们德国人全体上下，永远相信英国是战争的唯一发动者。……我们深信英国是我们致命的仇敌，……无论什么事体，我们都不妨放在一边，只求达到一个目的：‘打倒英国！’……”

就战争发生的表面现象说，塞尔维亚与俄国算是发动者，但德国人不责备它们，也不注意法国，而肯定“英国是战争的唯一发动者”，这原因，就因为只有英国才是德国“前途的障碍”、“致命的仇敌”，和阻碍其“历史发展”的“磐石”。

要之，英德两国是世界大战的最后指导者发动者，就是英国人德国人自己亦承认。不过在英国是既成势力，故自始即取守势；德国是新兴势力，故自始即取攻势。因其所处地位之不同，世人遂不期然而把战争的责任归诸德国。而战争的最后结果，更足以加强这种信念。

二、战争与革命

但世界大战的发动，德国虽然不能辞咎。而在德国，又当由谁负责呢？德国人民好勇尚武，但此种武勇精神，又由谁灌注促成呢？美大总统威尔逊（Wilson）曾宣言此种破坏力量，并非德国之人民，乃管理德国人民之凶暴主人。

事实正是如此。所以，凶暴主人力能控制人民时，人民不能不迫而从事战事，一旦此种控制力由战争失利而削弱，人民就要起来革命了。革命往往与战争相连。世界大战告终，德国荷亨佐伦王家的命运也随之告终。

四年的空前大战，大约可以分为三个时期：自战争发动至一九一五年终为第一期；自一九一六年初至美国参战（一九一七年四月）为第二期；自美国参战以后至战争终结为第三期。在第一期中，德国占据法国东北部，迫近巴黎，征服比利时，在其国境东部，且驱逐俄军于波兰首都华沙（Warsaw）。以外，更进而占有俄国之柯尔兰（Courland）、立佛尼亚（Livonia）、爱多尼亚（Ethonia）。同时其土耳其联合军又击败攻入君士但丁堡之英法联军，使英国政府自认此举之失策。德国此时之军威甚盛，其海军虽被英国舰队封锁于汉堡、柏列门诸港及波罗的海海口以内，但其海底潜艇犹四出活动，不时击沉英国之商船与战舰。故德国军国主义者斯时尚沉醉于征服世界之狂梦中，而不断以德国之光明前途昭示其人民。迨战争进入第二期中，德国及其同盟诸国虽占有塞尔维亚及罗马尼亚诸国领土，然一九一六年二月凡尔登（Verdun）之役，同年七月至十一月之索谟（The Somme）之役，英法两国之坚强抵御力，使德国之精锐大受挫损。德国军国主义者至是始恍然于征服世界迷梦之不易实现，所以美总统威尔逊之和平提议，德国首先赞成。但协约国方面，因德国几次顽强突击虽不得手，但仍占有法、比、波、塞、罗诸国之广大领土，遂与其商议和约，协约国方面必处于极其不利的地位。由是拒绝和议，战争仍复继续。

在战争开始时，美总统威尔逊本极力主张严守中立，不转入战事漩涡。但自德军在法国及比利时领内之大破毁暴行消息传入美国，美国舆论已颇有改变。此后德国实行潜艇政策，危及美国对外贸易，更使美国人对德怀抱恶感。然激起美国实行参加战争之主要动机，却仍是人道观念以外的实际利益。德国之电气工业、石油业、海运业之迅速发展，在英国从事此诸般企业的大资本团银行团，固然是直接感到威胁，但美国的同类企业公司，亦早受到了德国竞争的莫大影响。欧战发生，美国电气公司，美孚煤油公司等等，虽乐得坐收渔人之利，通过政府，主张严守中立。可是德国在各方面传来的捷报，却不能不使他们另作打算，因为德国果真把英法征服了，他们不但收不到渔人之利，他们已有的利益，说不定要为德国恶魔所侵占。在这种打算之下，由他们支配的报纸、刊物，立即制造出了“为正义人道而战”的浓厚空气；呼吸在此种空气中的人道主义者威尔逊总统，遂感应颇灵的在国会提出对德宣战的议案，此议案在上下院得到大多数议员之拥护，于是在十几个月之内，美国就有 200 万战士陆续运往欧洲。像异教徒样的德国的运命，遂由这些新十字军提早结束了。许多国际政治论者颇惋惜德国不应采用潜艇政策开罪美国，并以为美国若不参战，德国也许不致一败涂地。但这都是似是而非的观察。其实，德国即不开罪美国，美国亦会自告奋勇；美国即不参加战争，德国亦不免于惨败。因为单以后者而论，我们是不能只注意前方的战情，而不参酌其后方的一般实况的。

战争推演到美国参加以后的第三期，德国不仅在军事方面感到力竭气馁，其多年积蓄的物资与军需，已消耗殆尽。英国舰队的封锁，与其东西南三面之发生战争，致德国完全不能由外面取得供给。在战争发动的次年，政府已因食品的缺乏，实行食品比率分配制，翌年又实行食券制。而此凭券始能取得的食物，又只限于粗恶的面包与马铃薯。鸡蛋、牛奶、牛油一类物品，已经不能在市场发现。至一九一七年，食盐告罄，药品断绝。依德国科学家的努力，虽然发明了不少的代用品，但那些关于食品方面的代用品，只可充饥，不适营养，而且每个国民的食料，又减少之 1/3 乃至 1/2。在这种半饿之下，益以过度的劳作，以致德国街头上不容易发现精神饱满面色赭红的人。就在生活比较安逸优裕的大学教授一流人物，其体重皆一般减落，由 60 磅到 80 磅的减落记录，极其平常。而在一般普通的人民，由此战事所受到的磨折，当尤可想见。据正确统计所载，德国前后因封锁而招致死亡的人口，竟有 763000 人之多。而在开战的第三年中，战死者为 294734 人，饿死者为 259670 人。饿死者几与战死者相等。

至食物以外的铜、煤、橡皮、苏打等，殆无不感到极度的缺乏。肥料的匮竭，劳动者的短少，致耕地大减，农产物大减，进一步增加人民的困厄。所以，战争延到第四个年头，德国国内已经造成了一大破局将要临头的严重局面。然而视"战争为人类防腐剂"的德国军国主义者，却仍期望借一个胜仗来挽回大局。

美国参战的前一月（一九一七年三月），俄国发生革命。协约国之一的俄国发生革命，显然使德国在东北战线上去了一个大敌。但俄国革命的影响，却很迅速的传播到德国来，予德国以致命的打击。一九一七年六月，德国普林佐·鲁伊特波尔特军舰上发生之断食同盟，马上以暴动的姿态，波及于腓特烈大王舰；毕洛军舰中 140 名水兵，亦不服休养日的限制，离开军舰。骚扰扩大,怠业流行。至九月一日,普林佐·鲁伊特波尔特军舰之49名机关兵,因观剧特权撤废而离舰。翌日,复有其他军舰之400名机关兵,组成队伍,脱舰上陆。此外,威斯脱甫里亚舰的水兵,莱因兰德舰的水兵,均不服从命令,自由活动。

这种骚扰事件,竟发生于有钢铁般纪律的德国军队中,这不能不使德国军事当局,特别是自信为“天与神授”之威廉第二皇帝,感到异常狼狈。结局,虽然用“军人名誉”与“爱国大义”的怀柔的手段,暂时把这场风波平定下去,但“不安分”的种子,却已撒播好了,只等待威烈的严寒过去,即发扬滋长起来。

德国革命信号之所以发端于海军方面,主要是因为德国舰队都被封锁在自国港湾里面,海军人员比较都有相当知识,闲逸无聊的生活,使他们相互间增加了密切的感情,从而彼此毫无忌惮的闲话政治,闲话国内一般人民的惨状,闲话俄国那边传来的革命消息,并由是议论到当前战争的意义。就这样,他们酝酿起不稳的行动了。

在陆军方面的情形比较不同。延至一九一七年终,德国因东北部对俄战事松懈,乃集中全力于西部,冀以一战挽回颓局。总攻击于翌年二月廿一日开始。德国全国人士都在紧张与焦急中,等候前方的捷报,然而在英法联军及美国新锐军队的顽强抵抗之下,德国不但所图不遂,且从此形势逆转,对于七月以后联军的反攻,简直感到抵挡不住了。当时德国已没有预备兵可调,遂致动员17岁的孩子兵上前线作战。这些孩子兵恐怖战争,不耐战争的劳苦,相率逃亡。逃兵在前线及后方都引起极大的不好影响。延及九月,奥匈相继向联合军请求休战。至是德国全军动摇,鲁敦道夫(Ludendorff)大将且有“军队今日虽可支持,明日如何,却难担保”的声明。

在此种紧迫形势下,以前在军国主义压制下的潜势力,渐渐昂起头来。波罗的海诸军港的海军,重又唱起黑花脸,他们因反抗命令的水兵被捕,大开会议,且进而与陆军及劳动者结队游行。他们的要求,不单是释放被捕的水兵,且提出了荷亨佐伦王家退位以及普选制采行等十四个条件。这种酝酿,不旋踵间即扩大到了全国,全国各市都发生罢工和暴动的骚扰。以前拥护政府为“祖国而战”的社会民主党,这时遂到处宣传,说战争是由军国主义者独裁者所促成,非驱除独裁的军国主义者,成立民主政党政治，不能阻止以后的战祸。适会以战争调解人自居的美总统威尔逊氏，又在德国请求其出任调停的时候，询问德国是否尚在旧政府的治下。他这种探问，就是暗示德国不推翻旧政府，绝无调停可言。

在此内外夹攻的难局下，桀傲顽强的德皇威廉第二，还以为可借军队的力量，镇压反动，使他做停战以后的太平皇帝。然而在决定荷亨佐伦王朝命运的五十个高级军官的御前会议中，视察过柏林情形的格洛奈尔(Gloner)将军虽大胆作凯撒非退位不可的陈述，兴登堡元帅以下的所有军官，竟没有一个表示"勤王"的意见。最后席伦柏格(Schellenburg)为提起凯撒颓唐沮丧的苦闷，表示军队或可为皇帝效忠，此不可一世的皇帝，乃像得到赦旨，立即改容询问"兵力是否充分?"但格洛奈尔的回答是："陛下，军队都在士官指挥下，整队向故乡移动，但他们已不受陛下的指挥。"德皇跳跃起来，怒不可遏，然而他只能说："军队不是对余发过誓的么？不忠者啊!"这是"固一世之雄也"的皇帝最后的怒鸣。他离开议场了，十一月十日五时，他乘一辆汽车逃往荷兰，从此德国政治史上没有皇帝的字样。德皇常激励国人，谓"战争能创造事物"，但他却从未梦想到战争能创造"革命"啊!

三、在和平条约下支解的德意志帝国

德皇遁走荷兰的消息传出后，社会民主党领袖腓特烈·爱柏尔特(Friedrich Ebert)氏，乃被推为临时政府总理，出当休战讲和的大任。

在德皇遁走前二日(十一月八日)，德国政府已因国内革命危机迫切，派代表越战线与法国福煦(Foch)大将会晤，并探得休战条件归来：此休战条件规定德国在两周内，撤退占据比利时、法国东北部、卢森堡及亚尔萨斯-洛林诸地之军队。德国军队须退出莱因河西岸以外。其河西之德国领土，则由协约诸国之军队占领。所有在奥匈、罗马尼亚、土耳其及俄国境内之德国军队，均应立即撤退。此外，德国并应将所有的战舰、海底潜艇及军用材料，交给协约诸国，其铁道亦当交由协约国处置。此等条件之目的，原在使德国无再战能力；但德国既迫而承认此等苛刻休战条件之后，协约各国却又进而讲求如何可以使德国永难再起的方法。

本来履行了休战条约的德国，已无再战能力了；被诅为"凶暴主人"，为大战发动者的威廉第二，已由政界退隐了。“仗义兴师”的协约诸国，尤其是美国，对于德国新政府，对于重为战祸苦折的德国人民，理应有所爱惜。在休战以后的数月中，德国人民确在这样期待着。但自一九一九年一月至五月，由美大总统威尔逊、英总理路易乔治（Lloyd George）、法总理克里曼苏（Clemenceau）“三巨头”（Big Three）所包办的巴黎和平会议，却竟是一幕毫不顾惜德国人民的分赃把戏，五月六日的和平条约，于翌日提交德国代表，德国代表虽因条件过苛，屡屡提出抗议，但徒刑已经判定，只好忍痛于六月二十三日签字。和约中关于宰割德国的部分，计有四点：（一）领土割裂，（二）军备铲除，（三）损害赔款，（四）殖民地瓜分。

关于领土割裂部分，规定德国割亚尔萨斯-洛林于法国，割优本（Eupen）、马米底（Malmedy）于比利时，割西勒维格（Schleswig）于丹麦，唯后者须征求当地人民之同意。依路易乔治的主张，上部西勒西亚（Upper Silesia）依国民投票方式，让渡于波兰。西普鲁士大部分割让于波兰，东普鲁士亦有一部分依国民投票方式让给波兰；从此，在东西普鲁士之间，插入一个隔离的大楔。条约并还规定东普鲁士对西普鲁士确然保持政治的独立。但泽[①]为波罗的海岸的重要港市，条约上规定改为自由港，此后由国际联盟指定英国委任管理。构成德国关税同盟之一单位、在经济上俨如德国之一属邦的卢森堡，此后永由关税同盟分离，并且德国与卢森堡联络的铁道统制权，亦概被剥夺。至德国国内所有的河川，几乎都变成国际共管性质。

条约上对于德国武装之解除，实丝毫不留余地。2500门重炮，2500门野炮，3万挺机关枪，3000具地雷，2000架飞机，通通引渡于联合诸国。（在战胜国方面，不包含美国，称协约国；包含美国，则称联合国，下仿此。）海军飞行机全部解除，最令英国头痛的潜水艇，全部引渡，6只巡洋艇，10只战斗舰，6只轻巡洋舰，50只驱逐舰，则规定在联合国监视之下，沉于海底，并规定沉于苏格兰海海底。此点使德国海军人士惊异不置，然俎上之肉，只好由其宰割。至德国将来的海军，以战舰6只，巡洋舰6只，小型舰数只为限。不得有一只海底潜艇。其陆军之军官与士兵，总数不得过10万人，海军官兵不得过15000人。参谋部解散，军火制造亦加监视限制。

---

① 但泽，现为波兰城市格但斯克。——编者注

关于大战中损害赔偿的数目,因一时难于确定,先规定德国在短期中赔出20亿马克之现金与货物。此外还有以次诸款:(1)联合诸国以德国潜艇击沉其船舶之理由,要求德国引渡771万吨之船舶(其中含有511万吨之优秀船)。并且此后五年间,德国还得提供20万吨的新造船舶。此种用意,无非是要降低德国的造船能力,使其不克与联合诸国,特别是不克与英国竞争。(2)根据德国侵入法比诸国破坏其产业之理由,德国人使用中的机械,没收30%。在此后五年中,德国应向联合诸国引渡其染料及染料产物25%。(3)条约对于石炭的要求,每年为4300万吨。此种数量,竟超过德国每年能够产出之最高额的10万吨。法国在此后三年内,每年得向德国要求黑煤油50000吨,亚姆尼亚30000吨。此外,还要求德国在条约实施当时存在的化学品50%。德国之萨尔煤矿区,由法国管理。至十五年后,则由投票决定,究返还德国,抑仍由联合诸国嘱托法国继续管理。

德国本国的领土、军备、产业既经支解破坏,其殖民领地当然应当瓜分。但这种赃物是不容易分得妥当的。于是凭"人道正义独占者"的智慧,发明了一种所谓"文明神圣信托"办法,把德国所有的殖民地,分别委托他们自己代管:德国东部非洲,委托英国管理;德国西南部非洲,委托南非联邦管理;太平洋中之德国属地,在赤道以南部分,划归新西兰与澳洲代管,赤道以北部分,划归日本代管。至塔果兰德与喀麦隆两地,则由英法瓜分。此外,德国在中国山东之一切权利,概移转于日本,而成为此后华盛顿会议中争论问题之一。

德国经过这次支解手术的结果,其欧洲领土丧失13%。炭矿丧失23%。铁矿丧失74.5%。锡产额丧失60%。人口且分裂去10%。食粮产额亦大大减少。

然而,在四年长期战争磨折过后,又经过这样无情宰割的德国人民,并还课加有异常艰重的赔偿负担呢!

第四章　战后德国的难局

一、开蒲政变前后

战后德国社会的一般现象，全部轶出常轨，显示极度不安，而在此极度不安的社会状况下之政局，尤有飘摇不定，无所适从之概。当时德国政治上相互倾轧的，有三种势力，一是主张采行苏俄式之社会主义体制的极左派，以独立社会党为代表；一是主张恢复荷亨佐伦王朝之帝制的极右派，军人方面以鲁敦道夫，官僚方面以开蒲（Kapp）一流人物为代表。此外，就是反对苏维埃制，同时也反对帝制，而主张实行民主议会制度的中间派，此派以多数社会党为中坚，如中央党一类比较稳健的派系，皆赞同这一个政治路线。中间派在反对极左主张上，可与极右派合作，在反对极右主张上，可与极左派合作。德皇威廉第二遁走后，一般军国主义者暂时低下头来，临时内阁的六位阁僚，独立社会党与多数社会党各得其半。此两党对于德国以后政体的决定，意见悬殊，由是政府内部发生龃龉而予帝制派以复活的机缘。所谓开蒲政变或开蒲骚动（Kapp-putsch），就是在这种政情下发生的一种反动的复辟运动。不过，在叙述此种运动之经过及其意义之前，须得把此种运动之反对对象的社会党（独立社会党与多数社会党），弄个明白。因为德国这个党派，曾在政治史上扮演了一个相当重要的角色，但其名称屡易，离合无常，很不易令人摸着头脑。

德国最初的劳动党，系由拉塞尔（Lassalle）于一八六三年创立的全德意志劳动者协会（Der Allgemeiner Deutsche Arbeiterverein）。此会的纲领，单为要求普通选举，其会员只限于普鲁士及北德意志；同时，在萨克森及南德意志，亦存有以教导劳动者为目的的劳动者组合。此等组合以前本没有政治目的，迨北部由拉塞尔所领导的“协会”成立，此等组合始开联合大会，于一八六九年组织社会民主劳动党（Die Sozialdemokratische

Arbeiterpartei)，以建设自由人民国家为目的。北部“协会”信奉拉塞尔主义、国民主义，而此南部“社会民主劳动党”则比较信奉马克思主义，带有浓厚的国际主义色彩。因之，此两派间之斗争颇烈。一八七一年德意志帝国建立后，资本家阶级势力渐增强固，此两派渐知无产者政党内讧之失策，乃于一八七五年哥达(Gothaer)大会中，并合为“德意志社会主义劳动党”(Sozialistische Arbeiterpartei Deutschlands)。两派并合之结果，其对资本家政府之斗争势力，顿形增加。俾斯麦知其势不可侮，乃借社会党人谋刺威廉第二未遂口实，于一八七八年宣布所谓社会主义镇压法，使其不能公开活动。一八九〇年，俾斯麦去职，威廉第二撤废社会主义镇压法，于是社会党为刷新阵容起见，乃改“德意志社会主义劳动党”为“德意志社会民主党”(Die Sozialdemokratische Partei Deutschlands)，并把《哥达纲领》改为纯粹立脚于马克思主义的纲领。至一九一二年，社会民主党在帝国议会中之议员，竟有 110 名之多。一九一四年七月大战爆发，全体社会民主党议员，虽于八月四日之帝国议会中，通过 50 亿马克之战费，但对于此后第三第四次之战费预算讨论，已有人表示不满。对第五次战费，竟有 20 名社会民主党议员投票反对。当一九一六年三月之紧急预算票决时，此 20 名议员中，复有 17 名投票反对。由是爱国主义的社会民主党干部，乃开除彼等之党籍。彼等遂另组独立社会民主党(Die Unabhängige Sozialdemokratische Partei Deutschlands)，简称独立社会党，而同时因旧社会民主党人数较多，故相对称为多数社会民主党或多数社会党。

在一九一八年十一月成立的革命临时内阁中，此独立社会党与多数社会党之阁员，虽同为三人，但后者势力较大，所以对于德国正式政治制度及当时其他重大国策之决定，大体仍是依照多数社会党的意见。此后之柏林三月骚扰及开蒲政变均系由此发端。

照独立社会党之主张，由劳兵会所支持之新政府，应当澈底打倒旧军阀及官僚，开始社会主义的统治，根绝一切反革命运动，然后始可召集宪法会议。而多数社会党则主张从速召集宪法会议，由宪法会议确定新政权后，然后再徐图社会主义之实施。即前者以社会主义的经济革命为第一义，而后者则以民主共和主义的政治革命为第一义。前者企图确立单纯左翼的权力，而后者则有意与中央党、民主党提携，以反对立即树立无产阶级之革命政府。

结局，独立社会党之三名阁员，脱去临时内阁，而著名的斯巴达团(Spartacists)之领袖——李卜克内西(Liebknecht)与卢森堡(Rosa Luxemburg)复遭毒手。由是多数社会党之主张胜利。于一九一九年二月召开制定宪法之韦玛国民会议(Weimarer Nalionalversammlung)。有名之《韦玛宪法》，即于同年八月制成。然而在独立社会党阁员离去(一九一八年十二月)后不久，左翼之反政府高潮，即由是激战。一九一九年三月在柏林东部发生的巷战，同年四月在敏亨树立的苏维埃共和政体，同为多数社会党之主张与措施，不能满足当时革命大众要求的结果。全国各地之反政府暴动发生后，多数社会党为要维系其政权，乃不能不乞怜于当时还拥有军力的军阀：一方面借军力以靖难，一方面则借旧时的军事长官，以统率其日在酝酿暴动的兵士，就这样，旧军阀势力乃至与旧军阀势力想结托之一切反动势力，遂渐渐昂起头来，而为此后开蒲政变开一端绪。

开蒲政变颇类似中国之张勋复辟。其中心人物为开蒲(Wolfgang Kapp)。全事变的发动，虽只五天工夫(一九二〇年三月十三日至十七日)，但此次事变却是德国极反动势力或帝制系军国主义势力之最后一次的反攻。独立社会党离去后之多数社会党之政权，一方面固为左翼社会主义者所不满，另一方面亦为极右倾的反动势力所不满。政府虽然可以利用右倾势力阻制左翼运动的抬头，但此种政策不但增添了反动势力的气焰，且减弱了自身应付反动势力的力量。一九一九年六月《巴黎和约》调印后，由协约国苛加惩罚条件所激动的德国爱国主义者，以及须依和约解除武装之德国军人，遂益对新政府表示不满，而酝酿政变。开蒲为东普鲁士边鄙地方之农业财务署主任，他一向反对共和主义及社会主义。他与鲁敦道夫大将互通声气，并与前柏林警察总监雅果(Traugott von Jagow)及当时卫戍司令于特维兹(Lüttwitz)相结合，企图乘机推翻政府。一九二〇年三月十日，于特维兹偕同反政府派奥芬(Oven)等共访爱柏尔特临时大总统(非根据《韦玛宪法》选举的大总统)，要求由国民投票改选议会及大总统，设立专门家之超然内阁，并停止实行解除武装条约。当时国防大臣洛斯克(Gustav Noske)见此事态严重，乃于翌日罢免于特维兹卫戍司令之职。同月十二日，由爱尔哈尔特(Ehrhardt)大尉所率领之反政府军队，忽进迫柏林。政府于仓皇中迁驻脱勒斯登。由是开蒲为先锋的叛军，乃于十三日晨入柏林。奉旧贵族马克司(Max)公爵为首相，威廉第二之第二皇子爱特尔·腓特烈(Eitel Friedrich)为大总统，冀与政府方面妥协。迨开蒲因此妥协不成，乃自为首相，以于特维兹为军务大臣，而从事复活帝制的准备。但开蒲自身为一无能政客，国内除东普鲁士若干地域外，又无何等积极之应援。同时政府则与其他左翼社会主义派、中央党结成一气，发动全国总罢工，以反对开蒲一派的反动势力。在此广大民众力量威胁下，开蒲不能不遁逃瑞典。全国总罢工于同月二十日宣布停止，旧政府复归柏林，约定于七月改选议会，改造内阁，普选大总统。自经此次变动以后，德国劳动阶级势力，乃更为一切反动派所忌惮。致不绝如缕的共和政制，得苟延下来，此后，负责签认《巴黎和约》之马哲斯·尼尔斯卜泽(Matthias Erzberger)，虽于一九二一年八月为反动派所暗杀；政府中坚人物之雷田努博士(Dr. Rathenau)，虽亦于次年六月为反动派所刺死。但自一九一九年三四月之极左革命运动失败及此次极右倾的开蒲政变结束后，德国政府所最感困难的，与其说是政治问题，却毋宁说是经济问题。

二、恶性膨胀与货币经济解体

德国的政治形态，虽由战争所导来的革命运动变更了。但那种革命运动，终于没有动摇德国的经济组织。即战后的德国经济，依旧是资本主义经济。

特德国资本主义的体制虽无所更改，其实质却与以前迥不相同。四年大战的摧毁，包含在和平条约中之殖民地的瓜分，煤铁矿区域的割让，交通工具之引渡与限制，许多重要化学工业品之强制夺取，在在皆为德国资本主义之致命打击。而联合诸国所课加的苛重赔款负担，尤足以制其死命。至战争结束后之国内政治上之骚扰，比较起来，还算是一个无大关重要的原因。

带着这许多创痕，同时又带上这诸般枷锁的德国经济，将怎样走上复兴之路呢？在一九一八年十一月十二日，临时革命政府关于经济上的重大工作，就是设立一个动员解消局，使战时经济回复到平时经济。战时经济的特征有二，一是强制的，一是计画的，这两个特征，都有使经济趋于社会化或社会主义化的功能。不幸标榜社会主义的革命政府,竟在这种“解消”工作上,把战争的这种可贵的遗产弃掷了,且进而把战前已经社会化或由国家行使统制的若干重工业或大企业经营,都返还或付与私人企业家。这第一步经济工作铸成了大错,以后当然是顺着同一方向进行。即所有关于私人方面的企业,都让私人自行处理,自行设法恢复原状。由是,德国由战争改变了原形的资本主义经济,至是又得到一重新确立其基础的机会。

本来私人企业让私人自己设法恢复,政府方面是省事多了。但由战争破毁的许多小规模企业经营,仍非仰赖政府的助力不可。而政府本身在战后所需的庞大支出,试一览其一九二〇年之全年岁出总额及其项目即可明白(表列后)。

1920 年之岁出总额

(单位:亿马克)

为履行和平条约的支出	为旧军队解散的支出	从军者及遗族扶助费	国债利息	为廉卖食品饲料肥料的支出	新建筑促进费	铁道邮政事业损失补助费	其他	总计
425	41	51	117	111	34	175	150	1101

德国战后这种非常的支出,究将怎样弥缝呢?对于超过岁入以上的额数,通常多半是采行增发公债与增税的两种方法。但德国大战中的战费,只有 6%是求诸赋税财源,其余则悉由长期短期公债填补。公债的积累,致一九二〇年(见上表)的国债利息,竟占其战后非常岁出总额 1/10 强。政府鉴于国债增积过巨,战后乃从增加税收入手。一九一九年七月,开始增加以金为基础之关税。同年九月,对战时利得课加重税,并创设高率累进承继税。此外对于火柴、骨牌、烟草,通通课以重税。同年十月更对土地买卖实行新国税。至同年年终,又设定一种国家非常时捐款(Reichsnotopfer)名目,对资本课税。一九二〇年三月,复改革税制,将从来各邦之邦税所得税改为国税,同时并创设资本利子税。延及一九二二年四月,又全般改革现行税制,并增添不少新税,此诸般增税政策实施结果,战后国家财政上之赋税收入,虽颇有增加;无奈支出过巨,致维持预算上之均衡的收入,约有 60%(在一九二三年竟有 90%)是靠发行短期公债

（主要为财部证券）。政府为填补战时战后财政赤字而增发的巨额短期公债或所谓政府证券。通由国家银行发行。国家银行依此种公债或证券为准备基础，再发行银行钞票。证券增多，此银行钞票亦因而增多。

本来，国家银行如采行公开市场政策，即能使其手中所持的政府证券或财部证券，向其他商业银行或市场发卖，则发行多少证券，就可吸收多少通货，这一来，证券增发，并不一定就会成为助长通货膨胀的原因。然无奈政府信用扫地，致民间所收受的财部证券额逐渐减少，而国家银行所保有的额数，反逐渐增加。至一九二三年年终，财部证券的 99%（计 18980146818740 亿马克），皆保藏在国家银行手中。国家银行有权发行三倍于其准备额之银行钞票。由是，以这巨额财部证券为基准所发行的纸币，就如狂澜一样的泛滥起来。

通货膨胀之必然结果，即是物价腾贵与对外汇兑低落。物价腾贵，势必刺激产业，唤起更多的通货需要；而由汇兑低落招致原料及其他输入品的腾贵，亦会使原有的通货量感到不足。此外，政府方面对于物价腾贵与汇兑低落，又必然要由财政膨胀，而促使赤字公债增加，从而加速的增殖通货。所以通货膨胀直接造成的结果，同时又会成为通货膨胀的原因。据一九二三年度德意志帝国《统计年鉴》所载，德国自一九一四年以来的纸币增加趋势，有如下表。

德国纸币的增殖

（单位：亿马克）

年　度	纸币总额	纸币增加率（1913 年为 100）
1914	35.96	152
1915	67.85	286
1916	91.61	387
1917	143.73	609
1918	226.54	956
1919	409.24	1673
1920	677.18	2859
1921	904.32	3817
1922	3517.39	14848

据上表所示，一九二二年对一九一三年之纸币增加率，竟达148倍。然而纸币增加达于极顶的年度，还是一九二三年。一九二三年诸月份的国家银行钞票流通额，显出为以次反常的进度。

1923年度之国家银行钞票流通额

（单位：十亿马克）

1月	1280
2月	1984
3月	3513
4月	4956
5月	6096
6月	7587
7月	13092
8月	43595
9月	643200
10月	28228815
11月	524330557

仅是国家银行的钞票，即膨胀到上表所列举的程度，无怪该银行总经理夏哈特(Schacht)氏说："一九二三年为国家银行制造纸币的印刷所，计有一百三十三处；其印刷机为一千七百八十三台；至专门为同银行制作钞票纸的制纸工厂，则有三十所之多。"为填补财政赤字而增发纸币，纸币因增发而低减货币价值，而反过来增大财政赤字，更进而要求增发纸币。在这种恶性循环上所造出的恶性膨胀，结局乃使德国整个货币经济归于瓦解。就汇兑率言，美金1元在一九一五年值4.86马克，至一九二二年则值1885.78马克。降及一九二三年，其变动竟达到次表所显示的程度。

1923年之汇兑率

月份	美金1元等于马克数
1月	17972
2月	27917
3月	21190

续表

月份	美金1元等于马克数
4月	24456
5月	47670
6月	109996
7月	353411
8月	4620455
9月	98860000
10月	25000000
11月	2194000000

至一九二三年十一月以后，德国纸币对外几一文不值，而其对内由物价指数所表示之价值，则如次表：

1923年度之物价指数(1913年＝100)

1月	2785
2月	5585
3月	4888
4月	5212
5月	8170
6月	19385
7月	74785
8月	944041
9月	239(以下以百万为单位)
10月	7100
11月	725700

由以上物价指数及对外汇兑率的两种数字所示，德国货币经济，至一九二三年度，已经完全解体。

在此恶性膨胀或货币经济逐渐解体的过程中，社会各阶层间之财富，无异重经一次分配，受害最烈的，为工资劳动者、自由职业者、官吏、公司职员及其他一切薪金生活者。他们的工资与薪水,虽在随货币价值的跌落而增加,但其收入增加的程度,往往总是落在其支出增加的程度以下。并且,他们由多年勤劳所得积下的少许贮金或保险金,都化为乌有了。金融资本家无疑的要因货币价值的暴落,而在对产业资本家融通资金的关系上,蒙到莫大的损失。但当时最感困苦的,除都市工资劳动者外,究还是农民大众。他们卖出的农产物,尽管因中间商人的垄断与捉弄,只卖得低廉的价格,但其购入的肥料与生活必需品适用品,却不能不付给高价。不但如此,他们对于地主的债务,且还要迫而偿付现物。在另一方面,地主自身所负的债务,则可因货币价值的低落而激减,而其由地租形式由现物收回债权形式所获有的食料原料价格,又不断增加。故在此种场面下,地主实受到了两重利益。然而当时还有得到三重利益的产业资本家呢。

产业资本家对于金融资本家是债务者,对于劳动阶级是雇主。实质债务的减少,实质工资的减少,都是他的利益。此外,生产品价格的腾贵,由汇兑下落所促成的输出增加,亦都于他有莫大的利益。所以通货膨胀在一方面使劳动者工资及薪金生活者之薪金实质低落,从而,使产业资本家之榨取率强化,使其利润额增加,资本蓄积额增大;而在另一方面,则使产业资本家对于金融资本家之支配力强大化,并由是促成中小资本家之没落。

产业资本家在此恶性膨胀中,虽然获得非常利益,但德国全般的经济状况,却显然由此蒙到了莫大的损害。据一九二四年度之《统计年鉴》(Statistisches Jahrbuch)所载,大战后数年中之德国生产指数,乃如次表:

由 1920 年到 1923 年之德国生产指数

年度	石炭及褐炭	铁矿	生铁	钢	农产物	碾铁完成品
1913	100	100	100	100	100	100
1920	113	98	65	64	63	62
1921	119	91	81	76	64	78
1922	116	92	99	92	71	89
1923	64	81	53	52	72	56

上表除石炭及褐炭因联合诸国强求实物赔偿结果,虽在一九二〇年、

一九二一年、一九二二年有超过战前水平的增加，其余则概行减落。至一九二三年，各种生产指数皆大减特减。一九二三年为比法联军因赔偿问题进占鲁尔（参照次节）的年度，同时亦为德国货币经济完全解体的年度。这两件大事体紧相关联。我们不妨说德国货币经济解体，系由比法进占鲁尔所促成；我们尤其可以说，战后德国的恶性通货膨胀，一大部是由于赔偿问题作祟。

三、赔偿问题的纠纷

《巴黎和约》所苛加于德国的诸般惩罚条件，有许多是可以马上执行的，如领土的割让、殖民地的瓜分、武装的解除以及船舶和其他实物之引渡等，皆属于此类；但同时也有许多条件，不容易切实执行的，如德皇的处罚、军备的监督限制，以及赔偿之决定和履行等等皆是。德国在强敌威压之下，虽不能不迫而承认这一切苛刻的条件，但对于其中不容易履行的部分，却就难免不提出异议和抗拒，因而发生许多纠纷。然在协约诸国认为无可让步，而在德国则认为无法履行的最关重要的条款，即为赔偿的条款。此种条款不但为战后德国经济困厄之症结，同时且为全世界经济复兴与发展上之一大障碍。

当决定赔偿问题时，联合诸国颇费了一番斟酌。把一切战费都推归德国负担罢，在英法诸协约国固然是利莫大焉，因为：（一）它们可以借此严厉惩治德国，以雪其愤；（二）德国在赔偿的重压之下，不会与它们作商工业上的竞争；（三）它们有此巨额赔款，可以恢复并振兴其工业商业。然而它们就令专从本国利益上打算，究也不能不顾虑到对方的支付能力。所以，美国总统就人道主义的立场，主张德国所担负的赔款，应只限于私人方面的损失，它们终于勉强承认了。

然则协约各国人民私人方面的损失，究有多少，德国究应赔偿多少呢？这个数目是难于马上概算出来的。由是在签订和约当时，各协约国只是决定在一九二一年五月以前，德国应向各协约国支付 20 亿金马克。至于赔款的总额，则留待后来估定。迨此总额已经估定后，这 20 亿金马克，得从总额扣出，作为德国已经清偿的部分。此外，和平条约并设定一个赔款委员会（Reparation Gommission）。此委员会仅由联合国的代表所组成,在一九二一年五月一日以前,委员会应将德国赔款的总额规定。

赔款委员会既单由战胜诸国代表组成,赔款的数目,当然可以由它们任意决定。但比较维持几分公正精神的美国拒绝参加后,赔款委员会的实权,便完全落在英法手上,最后且为法国一国所操纵。法国是主张严惩德国最力的,现在由它来决定赔款的总额,当于德国极其不利。然而问题的焦点,究还是在德国的支付能力。在总额还未明确规定出来之前,德国对于一九二一年五月以前应支付的20亿金马克,已经发生了不履行条约的问题哩!

德国对于这宗款项,是用煤、车辆及其他物品,缴纳于协约各国。照德国估计,它已经缴纳的物品,至少要值21亿金马克,较其应支付额数为多;而在协约各国估计,则还不足12亿金马克。彼此估价相差过远,其中又缺乏一种仲裁的规定。延至一九二一年三月二十二日,赔款委员会乃宣告德国不履行赔款条约。接着,协约国军队即奉令占领德国的杜易斯堡(Duisburg)、杜塞尔多夫(Düsseldorf)和鲁洛尔特(Ruhrort)各处,并在莱因一带建立起高率关税,使德国运往协约各国的货物,非在此等地域上纳税不可。在这种纠纷发生不到两个月中,赔款委员会即在同年四月二十七日把德国应支付的赔款总额宣布出来。

赔款总额较之巴黎和会时为专家所建议的总数多了三倍。其数字是1320亿金马克。赔款委员会大发慈悲,对此巨额赔款,并不要德国一次清偿,同时也不令其担负全部利息。其规定是:德国政府应发行三种公债:第一为甲种公债,其总额定为120亿金马克;第二为乙种公债,其总额定为380亿金马克;第三为丙种公债,其总额定为820亿金马克。在此三种公债中,德国首先只发行甲乙两种公债,至于丙种公债,则可俟赔款委员会认定德国已有余力时,然后发行。对于甲乙两种公债(共500亿金马克),德国政府须付利5%。照此计划,德国政府每年当支付30亿金马克。在此额数中,赔款委员会又特别体恤德国,只要它支出之20亿金马克,其余1/3,则由其出口税收——税率定为值百抽二六——抵销。

赔款委员会定出的赔款总额及其偿付办法,虽然是多方面体恤与周到,但战后德国异常疲竭的经济状况和其罗掘俱空的财力,每年究难支出20亿金马克的巨额赔款。在德国不能由国外挪借新债偿付赔款的限内,巨额赔款的本身,便含有一种不能存立或"否定"的意味。因为按照现代国际经济原则:一国对于国外支付的基本手段,一是现金,一是外国货币,一是货物。德国现金在战时战后消失殆尽,故其对外支付,只有用外国货币与货物。但外国货币不用金去交换,就须用货物去交换,所以要德国支付巨额赔款,计惟有使其工业恢复,使其对外贸易发展。但工业恢复,势必致其军事基础重新确立;对外贸易发展,又必致侵夺他国市场。这两种结果,都是协约诸国,尤其英法两国所非常畏忌的。它们所以必欲课加德国以非常苛重的赔款负担,无非是要借此阻害其商工业的复兴。但是这巨额赔款在消极方面成就了"绞杀敌人"的功能,在积极方面就无由实现其"滋润自国"的效果。这是存在赔款本身的一种矛盾。在赔款总额宣布后,在德国强迫承认偿付此总额后不久,赔款的这种内在矛盾暴露出来了。

当赔款委员会以赔款总额及其偿付办法通知德国,引起德国几次抗议时,协约各国即商定一种强硬办法:即德国如违拗不肯承认,即出兵占其工业中心区域鲁尔。德国政府在这种恫吓下,屈服了,随即着手准备偿付第一年度——由一九二二年到一九二三年——的赔款。但在政府从事此种准备当中,德国经济界财界即感到一大重压的紧迫。同年度预算表上的亏空数目,竟因此达到了 900 亿纸马克之多。要填补此亏空,政府只好利用专印纸币印刷机。纸币就由此大跌特跌了。

在此种情形下,德国自然要要求协约各国允许其展期支付;协约各国当局不反省巨额赔款对于德国经济界财政界的影响,却责难德国不增加税率,改良财政,但结局,终于附上这两个条件,允许了德国的请求。德国延付赔款的请求邀准后,嫉恶德国最深和待望赔款最切的法国人民的舆论,乃一致攻击德国偿付赔款的缺乏诚意,和其政府当局的软弱。结果,百里安内阁倒台,普恩加赉出组内阁。普恩加赉虽是克里曼苏一流人物,主张对德采取强硬高压政策,但延付赔款既为各国所承认,他要惩治德国,只好另寻口实。一九二三年一月十一日,法国借口德国未缴足一九二二年度之电线杆——规定须缴 200000 根,而德国至同年末尚只缴纳 59000 根——煤及畜类为理由,竟不商之表示异议的英国,与比利时合同占领鲁尔。鲁尔是德国的命脉,其煤与铁的产额,占有全国总产额 80%,而铁路收入,则占全国铁道总收入之 70%。法国立意占领这种重要地域,一方面固在借此强制德国屈服,同时还打算:德国万一不肯屈服,它可以自行开发鲁尔的富源。结局,德国果然以消极的不合作的方法,对法国表示反抗,而法国也居然毫不客气的暂时把鲁尔当作殖民地,它自己是开发殖民地的主人。

由一九二三年一月起至八月止,是德国赓续反抗法国的期间。在此时期中,鲁尔地方有 14.7 万德国人,以不服从法比联军命令,而被逐出境。当地一切煤矿工人拒绝发掘,一切铁道人员拒绝运输。法比当时虽用高压手段强迫德国人劳作,同时并以自国兵士,接替铁道运输业务,但最后终不能不承认这种高压政策,实际并没有多少好处。它自己开发鲁尔所得到的煤额,仅相当于一九二二年由德国输供额数的 1/4。

然受祸最强烈的,究还是被压迫宰割的德国。在法比开始占领鲁尔的一九二三年一月,兑换 1 块美金,须 16240 马克,但至同年十一月,兑换 1 块美金,竟要 4460000 马克。从此德国的财政与货币经济,完全瓦解。活动资金迅速外流,工业衰退,失业大增,全社会已陷入极度凄惨与混乱不安之景象中。

财政上经济上毫无办法,致内阁时常更迭。一九二三年八月,斯特莱斯曼博士(Dr. Stresemann)出组一包罗各党各派的联立内阁,即所谓"大联合政府"(Grosse Koalition)。国会为打开当前难局,作成一非常议案,使内阁总理在财政、经济、社会三方面,得自由采取任何手段。斯特莱斯曼博士既取得此种得便宜行事的大权,乃毅然决定采取两种打开危局的方案,一是停止对法的消极反抗,一是设法稳定货币。在几个月中,德法关系渐复原状,而新货币政策亦渐形确定了。

第五章　复兴之路

一、通货安定与道威斯计画

在斯特莱斯曼出组内阁的一九二三年八月，德国的货币状况，乃至一般的社会经济状况，虽然尚在向着险恶的程途迈进，但自斯特莱斯曼博士宣言愿与法国妥协以后，此险恶之前程，似乎已显示几分转机。然资本主义经济，系以货币为根基，在支持资本主义体制的限度内，首先是非安定通货不可的。

斯特莱斯曼为安定通货，曾经考虑许多专家关于货币制度改革的建议。一九二三年十月十五日，政府制定并颁布关于永敦银行(Rentenbank)设立的法律，随即根据此法律，创设德意志永敦银行(Die Deutsche Rentenbank)。此银行之创立，不外是以救济政府财政难局并稳定国民通货为目的。其出资者为农工商业及金融业者之代表。故对于银行之业务与管理，政府不得过问。新银行发行之新货币，称为永敦马克(Rentenmark)，此新货币发行之办法，系以农地所有者与商工业者之土地及其他财产所抵押之土地抵押证书(Grundschulden)和财产抵押证书或金债务证书(Goldschuld Verschreibungen)为基础，发行附五厘息之永敦债券(Rentenbriefe)。此债券以 500 金马克为一单位，总额为 32 亿金马克。新货币永敦马克之发行额，与此债券额相等。永敦银行负有贷借政府 12 亿永敦马克之义务。每一永敦马克，规定值一兆纸马克。

此永敦银行及永敦马克之创立与发行，原是一种安定人心与“骗取信用”(Confidence trick)的过渡办法。此办法虽然在实际收到了预期的效果，但德国财政上致命的难关，究还是巨大的赔款，永敦马克不能用以支付赔款，德国的危难依旧无法解除。在此种情形下，所谓道威斯计画(The Dawes Plan)应运而生了。

德国在一九二三年九月，宣言取消对法之消极抵抗后，德法间之对敌关系渐趋和缓。同年十一月，赔款委员会即聘请各国专家，组织两个专门委员会：第一个委员会的任务，在讨究如何使德国预算均衡，并如何使其通货安定。第二个委员会的任务，则在调查德国流出海外的资本，及此种资本如何可以由本国收回，前一委员会之委员长为美国所派出之查理士·道威斯(Charles G.Dawes)，经过许久之审议与考虑，该委员会于一九二四年四月九日向赔款委员会提出报告。此即所谓道威斯案或道威斯计画。

此计画专从经济上着眼(虽然在道威斯委员会本身，亦承认未忽视政治上的困难)，其原则在企图不破坏德国财政经济之限度内，尽可能的获取多额赔款。至赔款的来源，该计画中决定有两种：一是通常财源如岁计剩余、铁道债券利息、运输税及工业债券利息属之；一是特别财源，如酒精、烟草、砂糖、关税属之。把此等财源精确核计，权其缓急轻重，作成德国在最近五年的支付表如次：

道威斯案支付内容

(单位：百万金马克)

源泉 年度	预算	运输税	铁道		工业债券	公债	合计
			铁道债券	铁道优先股变卖			
第一年度：1924—1925年	——	——	200	——	——	800	1000
第二年度：1925—1926年	——	250	595	250	125	——	1220
第三年度：1926—1927年	110	290	550	——	250	——	1200
第四年度：1927—1928年	500	290	660	——	300	——	1750
第五年度：1928—1929年	1250	290	660	——	300	——	2500

由上表所示的支付轮廓，须加以下面这几种补充解释：

第一，赔款的支付，大体是逐年增加支付额数。前四年为过渡年度，至第五年，才是标准年度。德国在标准年度须付出25亿金马克。至此年度以后，则视德国经济复兴之指数如何，而追增其额数。

第二，特别财源为德国政府预算中之重要收入部分。为缓和德国政府之财政困难，第一年度第二年度之预算中，不列入赔款部分。至第三年度以后，则因政府财政可渐入佳境，故其预算中之赔款支出，亦逐渐增加。

第三，第一年度之赔款支出，虽只10亿金马克，但因政府财政预算中不能列入，同时铁道债券及运输税方面又不能有多大期待，故德国在本年度须向外国借入8亿金马克。

第四，铁道运输及工业，平均负有逐年赔款总额一半以上之负担；此后德国之厉行产业合理化，盖不外此重压下形成的必然结果。

第五，为保证德国按期支付上表所记的赔款，道威斯委员会还创设有两种制度，一是收入抵押制，一是国际共管制。收入抵押制的意义是：德国应将酒精、烟、啤酒、砂糖和关税几项收入，特别划出，在它没有把额定赔款清偿之前，这几项收入不得移作别用；至这些税收的管理权，也须由德国让交各协约国，由各协约国委派收入监理委员，直接监视。此外，关于德国铁道债券及工业债券之利息支付，乃至铁道之行政管理，皆须受赔款委员会及其所直接委派之机关人员监督。

第六，在道威斯计画中，还特设定一个发行纸币的银行。此银行为独立性质，其任务有二：(一)管理纸币之发行，使德国纸币能应实际经济需要而伸缩，不得滥发；(二)承办赔款的支付。这个银行的管理权，得由德国人组成，但此管理部须对于一个由总部——总部部员之半，由外委派——所选举出来的外国银行负责。

第七，有了这个承办赔款支付的银行，还不够解决赔款移送的问题。因为德国的货币并不能直接充当赔款之用。它要支付英法意诸国之赔款，须将马克转换成镑、法郎和里拉。或者把德国货如铁、煤、钢、制造品等换得此类货币。为应此种转换需要，道威斯计画中又特设一转账委员会。德国政府先将它筹得的款项，交付其发行纸币的银行，然后再由此银行转付转账委员会，此委员会则将马克兑换法郎、金镑以及其他的外国货币。

这个计画的最后目的，虽然不外是为了多挣得几个赔款，但同时也还算顾及了德国的困难。所以道威斯氏在此计画草案的序言上说："此种计画乃树立于正义、公正及共同利益的原则之下。""正义"一类名辞尽管有多种多样的解释，但在德国人看来，终不免有许多疑虑与难堪的地方。赔款的总额，计画案中全未道及；至一九二九年度以后，且须视德国之繁荣程度，而在25亿巨款以外，酌量增加。这无异在德国经济复兴前途上，投下一大暗影。况且外国人管理监督德国的财政，那是德国人所非常痛心疾首的。然在当时的形势下，却又不能不隐忍接受此种计画。一九二四年夏季，德国与协约各国在伦敦开会，签订一采纳道威斯计画原则的协约。此协约签订后，法比即宣言至相当时期撤退鲁尔的驻军。

道威斯在前述计画草案序言上说："此计画案的性质，公正而合理，如其采用，则终局的永久和平可期；若德国政府拒绝此提案，那就无异故意选取经济解体之路，而使其国民立即陷于绝望的深渊。"假使德国当时不采取此种计画，其结果是否如道威斯所云，吾人殊难测知。但既经采行过道威斯计画的德国情形，该是怎样呢？桑脱(Sonter)在一九二八年出版的《新德意志帝国主义》(Der Neue Deutsche Imperialismus)中，曾有以次的说明："以一九一九年到一九二三年的德国，与一九二五年到一九二七年的德国相比较，实有可惊的差异。在前五年间，其政治与经济的基础，根本扰乱。由是生产力减杀，国际竞争力削弱，……国家组织濒于崩溃。然至今日，与此完全相异的德国出现。德国资本主义乃得与其他资本主义国家为伍，而演着重要的经济斗争。"

这是事实。但这种事实里面，满含有凄惨毒辣与危险的成分。浮在"道威斯景气"表面的肥油，乃是由道威斯计画促成的合理化政策，向德国劳动大众榨取的精血。这种精血一旦被吸尽了，马上就要露出残骸枯骨的凶相。不过，在叙述德国产业合理化的实况以前，我想把德国在道威斯计画实行后的对外关系，画个轮廓。

二、罗加诺会议

如其把道威斯计画的终局结果暂置不论，则这种计画在实际上，就不仅应视为德国经济复兴的枢纽，同时且应视为其外交局面打开的起点。

战败后的德国国际地位，是一落千丈的。法比军队侵入鲁尔，致促成其经济破局以后，德国大有“国几不国”之概。当时人民及政府在对外关系上，形成两大派别：一是强硬派，他们不承认德国应负战争的责任，从而《巴黎和约》所苛加的一切条件，都当由联合姊妹国苏俄，而徐图予以推翻。由是他们的外交政策，即所谓东向政策。同时与此派相对立的，则为妥协派，此派相当承认德国过去的错误；协约各国对德国那种错误所加的惩罚，他们虽亦认为过苛，但他们以为要减免惩罚或翻改《巴黎和约》，势须与协约各国妥协。由是他们的外交政策，就是所谓西向政策。主张对法比占据鲁尔军队作消极反抗的，是强硬派；主张取消对法比反抗的，则是妥协派。斯特莱斯曼是妥协派的代表人物。所以在斯特莱斯曼出组内阁及他此后继续掌握外交实权当中，德国的外交政策，都是向着妥协一途迈进。这种妥协外交的成果或实效，可由罗加诺会议及德国实行参加国际联盟而得到解释。

原来在法比占据鲁尔以后，在德国的外交动向，固然有上述之推移，同时法国人民方面对于德国的态度，亦逐渐有所改变，他们认为，法国对德采取高压手段，德国固蒙受大痛苦，而在法国实亦有害无益。鲁尔纠纷发生后，法国法郎一落千丈，政府财政更弄到无法开交。设长此与德立于对敌的战乱状态，法国的经济前途亦是不堪设想。加之，德法虽为世仇，《巴黎和约》及此后实行和约对于德国所加的种种难堪的惩罚，实亦够发泄法国人的旧怨。在法国不能完全消灭德国的限度内，法国人究有与德国维持相当友好关系之必要。此外，法国在鲁尔的举动，曾引起世界各国的非难，就在其协约的英国，亦始终表示法国操之过切。在这诸般情势下，一味主张对德蛮干到底的普恩加赉，终因违反一般人民的意向，而于一九二四年五月的选举中失败下台。继普恩加赉撑持法国政局的，是急进派社会党首领赫里欧（Heriot）。而当时英国执政者则为劳动党党魁麦克唐纳（MacDonald）。这两位比较开明人物出登英法政治舞台，同时德国的斯特莱斯曼又主张采行妥协的西向政策，故战败国与战胜国间之僵局，乃容易打开了。

一九二四年七月，国际联盟第五届大会开幕。这次会址仍在日内瓦。因为到会的人物有赫里欧和麦克唐纳，故会议的结果，遂产出了有名的日内瓦和平草案。赫里欧和麦克唐纳出席此次会议，本来都具有改善国际关系之决心，但因他们各代表的国家的实况不同，致使他们谋世界和平的见地，颇不一致。照麦克唐纳所说，只有在各国肯将彼此争议移付法庭或其他机关仲裁的唯一条件之下，世界和平才有达到之可能。赫里欧所见不同；他以为仲裁的规定虽关重要，但如其一国不顾国际条约拘束而妄兴兵戎，则被侵犯的国家，何从得到保障。所以为要保证各国之安全起见，各国应即商定一种国际司法制度，借以维护公约之效力。英国为一岛国，不虞四周外敌之骤施侵略，故麦克唐纳主张仲裁，法国位于大陆之核心，其边境又多半为历史的敌国，故主张安全保障。结局，前者的仲裁理论与后者的安全议论，都被融合在和平草案中，此草案规定：一切侵略战争，都是国际的罪恶。为防止此种战争起见，各国间一发生争议，即当将争议移付国际法庭和其他仲裁机关。此外，并规定：各会员国只有在以次两条件下，方得从事战争：一、纯属自卫；二、奉国联之命，应付“侵略的国家”。至“侵略的国家”之界说，和平草案中不曾规定明白。只此一个缺点，全案几乎否定无余。况此草案发生效力，还待各国政府批准。英代表麦克唐纳回国后不久，他的内阁塌台了；由他极力支持的和平草案，竟被保守党内阁的外交大臣张伯伦(Austen Chamberlain)完全搁置了。

特和平草案虽如此变成废纸，但这次草拟和平草案的精神，却在此后数年间之国际关系上，发生了极大极好的影响。在罗加诺会议所产生的《罗加诺条约》，盖不外此和平草案之继续、修正与扩大。

一九二五年二月，德国路德(Luther)政府鉴于法英诸国在道威斯计划及和平草案上，有意改善彼此间之相互关系，且进而图谋世界的永久和平，遂正式向协约各国提出以次的建议：(一)法、意、英、德四国应即成立一互不侵犯协约，特此协约须请美国作担保；(二)各国对于莱因兰的现在法律地位，应予保障。此建议首先得到英国赞同。法国因德国主张互不侵犯，即无异承认亚尔萨斯-洛林永归法有，故亦大体认为满意。一九二五年秋，各国——英、法、比、意、波兰、捷克斯拉夫及德国——代表齐集于瑞士之僻静城市罗加诺，共同协议制成了五个条约，就是最关重要的，是互相保障条约。参加这个条约的国家，计有德、比、法、英、意五国。其大体的规定是：(一)对于德比间和德法间的国界，和莱因兰禁止军事行动的区域，予以不受侵犯的保障；(二)德比和德法互作不相侵犯的允诺，但在下列三种情形之下，此种规定不能适用：(甲)正当防卫；(乙)奉国际联盟之命，抵御侵略的国家；（丙）对于引起战争的争议判决，国际联盟并未曾取得各会员国之一致可决。

在这个条约（一）项中，德国虽然取得了协约各国对于莱因兰现状保证的允诺，但德国须对亚尔萨斯-洛林表示绝无夺回的野心，这是罗加诺协定所由成立的焦点。因为会议中尖锐对立的德法两国，一方面是怕莱因兰再度被侵，一方面则是怕亚尔萨斯-洛林得而复失。有此交换条约，两方面都得到了保障。

除上述"互相保障条约"外，关于德国此后与其邻国的争议，还由一个条约定有种种和平解决方法，参加此种条约的，计有比、法、波兰和捷克斯拉夫诸国；它们彼此约定，此后彼此间如发生争议，应由各国领域中常设之调解委员会（此委员会由五关系国各派一代表及其余中立国派代表三人共同组织）和平解决。如其该委员会的解决方案，不能取得各方同意，则应将此争议移交国际联盟理事会或国际法庭依法判决。

由上面两条约看来，罗加诺会议对于侵略的限制和安全的保障，已算审慎周详了。但小心谨慎的法国，犹恐怕其夹袋中之波、捷两国横受侵略，同时又与此两国订立保安协约，规定波、捷两国如受他国侵略时，法国允即出兵援助。这一来，本来像是友爱满堂、光明透顶的罗加诺协定，不期然又投下了钩心斗角的暗影。

然而，从大体看来，这次会议总不失为战后比较有效果，比较保持有几分平等精神的会议，战败的德国，从此得与战胜诸国立于对等地位，而为德国加入国家联盟辟一捷径。一九二五年十一月二十七日，德国路德代表由罗加诺携归的诸种协定，虽然在国会中痛遭强硬派的攻击，但因新大总统兴登堡（于同年四月选出）的支持，和外交部长斯特莱斯曼的奋斗，卒以 271 票对 174 票通过，国会通过此决议后，随即议决德国应即作加入国际联盟之请求。

德国加入国际联盟，本为罗加诺协定之必然结果。但它对加入国联所提的附带条件中，第一项就是以永久会员的资格，参加国际联盟理事会。这项要求，在德国是最关重要的，因为国际联盟事实上系为英、法、日、意四个常任理事国的代表所操纵。德国如不能以常任理事国资格参加理事会，它将来不但不能取得种种要求修改和约的便利，且不免仍然要受战胜诸国无理的宰制。但德国要求为常任理事，古巴、西班牙及波兰诸国亦相继作同一要求。常任理事席既不能为无限制的增加，操纵国联的英法诸国自然不免要感到头痛。然幸而波兰系由法国所撑持，西班牙系由英国所嗾使，古巴又是不足轻重，可以任意抑制的国家，所以这场风波，结局仍由英法调解下去了。被视为战争元凶之德国，其代表竟与“正义护持国”之代表，欢然团聚于国联理事会中，德国之国际地位从此提高了。

但一国之国际政治地位，是不能与其经济地位分开的。德国之加入国联，是罗加诺会议以后的事。罗加诺会议之召集，虽然是由于协约诸国在日内瓦和平草案中已对德国透露有协调的友好的精神，但此种精神里面，实潜伏有根本的物质利益的要求。工商业家在物质利害冲突时，固然最容易惹起恶感，在那种利害关系需要调和时，亦最容易捐除夙怨。德国在争夺海外市场的场合，诚为英法的劲敌，但德国本身，同时又是英法的市场。为了前一目的，它们固然希望对德国加以无情的破毁，为了后一目的，却又不能不予以复兴的机缘。“大仁大义”的日内瓦和平草案及此后之罗加诺协定，盖不外基于此种动机。诚如一位德国著者所说：“此种和平运动的促进者，实为商业；唯有商业，才是实现和平运动的要件。”

但此种说明，一方面固可适用于协约国，同时尤可适用于德国。事实上，德国是罗加诺会议的发起人。德国西向政策派之所以能制胜东向政策派，要不外德国代表工商资产阶级利益的政权，势不能不迎合工商资产阶级的要求。发展对外贸易为复兴工业必由之路。而对外贸易的发展，又必待对外政治关系的改善。所以在罗加诺协定签订后几个月中，德国国内工商业即呈现异常的活跃。国际钢铁组合于一九二六年十月成立；美国的大量资金，亦在这前后源源向德国流入。已经受着道威斯计画束缚的德国经济，益以这诸般事体的促进，遂使德国产业的复兴与改造，不能不趋向合理化一途。

三、产业合理化政策

国际关系的改善，以及前述道威斯计划的成立，都是使德国的全面问题，由政治方面转换到经济方面之极大关键。但德国的经济复兴，是有许多困难的。一九二五年十二月，“德意志全国工业同盟”(Reichsverband der Deutschen Industrie)对于全德国资本家阶级，曾发表一种宣言式的

《德意志工业纲领》，其中有云："战争及战后的损害，破坏了我国经济的基础。"10%的领土割让；15%的燕麦、小麦耕地面积和20%的马铃薯耕地面积的失去；75%的铁矿，68%的亚铅矿，26%的石炭产额的丧失；殖民地的全部瓜分，千百吨以上之船舶的全部引渡，……"所有《凡尔赛和约》中的诸条件，莫不妨害德国经济的复兴。"不但如此，道威斯计划规定德国每年付出的25亿马克（此系标准年额，即一九二八——一九二九年度以后，每年至少应支付的额数），其中就有3亿马克直接由工业债券利息支出。25亿马克巨款所给予德国工业的间接不利影响，即令暂置不论，至少这3亿马克，每年是非由工业利润方面挤出不可。况且在货币经济解体后，一方面形成固定实物价值之巨大堆积，同时又使一切流动的经营资本感到异常缺乏。所有这些情形，都是德国在经济复兴路上痛切感到的难关，所以德国工业资本家在前述《德意志工业纲领》中，提出自己须待解决的以次诸般问题，说："我们对于国外价值全部的丧失及内地资本一部分的丧失，必须补偿；对于战时及战后无比消费所扩张的生产设备，必须应经营资本的减少与贩卖市场的狭隘化，而以有机的方法缩小；在另一方面，为要能与其他生产诸国在世界市场上作成功的竞争，又必须重新编组生产设备；最后，我们还得重新树立战时及战后中断了的对外通商关系。"

在这诸般问题里面，存有三个基本的要求：（一）资本的补充与蓄积；（二）工业的整理与改造；（三）对外贸易的重新树立。如其说资本蓄积，即资本利润的增殖，要靠贸易扩展，而丧失了全部殖民地市场的德国对外贸易，又要靠其制品的低廉与精良，那蓄积资本与扩张贸易之间，就存有一个矛盾：即价廉物美与高率利润是正相背离的。加之德国工业所负担的赔款重担，更使此种矛盾增大，换言之，就是使利润增殖与价廉物美的现象，愈加不能并存。然而在事实上，价廉物美又成为增殖利润的必要条件，而德国工业资本又非挣得较高率的利润不行。在这种进退维谷的情况下，德国资本家当然知道解决困难的关键，就在削减工资。

然当施行通货膨胀时，资本家虽颇容易利用货币价格的跌落以减低劳动者的实质工资；可是通货一旦由膨胀转到收缩，资本家即令只想保持实质工资的原状，亦非低减其名目工资不可；若要低减其实质工资，其名目工资就不得不大减特减了。故资本家想用此种方法增大利润，实属万分困难。为图此种困难的解决，他们遂发现了一种比通货膨胀还要容易朦蔽劳动者的削减工资的方法，那就是全般产业改造过程上之技术合理化。

产业合理化，原为战后资本主义经济的显著特征之一。然在一切资本主义国家中，却以德国为最有推行此种方策之必要。因为在前述《德意志工业纲领》中，德国资本家虽然把合理化解作是“为提高人类劳动生产性，对于一切技术及组织手段之合理的使用”，其实是为提高企业利润所使用的一切手段，或使提高利润的事体变为“合理”。我们已经知道德国非特别提高利润不可的事实，同时又知道德国资本家不能直截了当的由缩减工资而增加利润，所谓“杀人不见血”的合理化政策，就恰好适应德国资本家阶级的要求，无怪在推行此种政策的一切国家中，德国算是首屈一指了。

德国推行产业合理化的实相，可以从生产行程及流通行程两方面加以解说。在生产行程上，有三种方式增大剩余价值，增大利润。其一是延长劳动时间，其次是缩减必要劳动时间，第三是增进劳动强度。延长劳动时间，是最直接有效的增大利润的手段。德国自着手实施合理化政策的一九二五年起，各种工业上的劳动时间，几乎是一般的延长，就中尤以化学工业、纺织工业、金属工业为最甚。例如每周超过 48 小时以上的劳动者，在化学工业上，一九二四年五月，占其全体总数的 38.8％，一九二七年五月，则为 45.5％；在金属工业上，一九二六年四月占其全体总数 32.1％，同年十月为 48％，至翌年十月则为 53.3％；在纺织工业上，一九二六年四月占其全体总数 27％，同年十月为 63％，至翌年五月，且达到 75％。在工业方面如此，在农业方面亦有同一趋势。

至于缩减必要劳动时间和增进劳动强度，则是从改良技术机械，并以最科学的方法，改组企业和劳动入手。关于德国实施合理化期间的一般技术发达情形，可就其特许专利统计而征知。据《德意志帝国统计年鉴》所载，在一九二五年终，全国有效的特许件数为 64914，一九二六年终为 64236，一九二七年终为 66982，一九二八年终为 70951。特许件数不绝增加，一般劳动能率当因而不绝增大。

特种种技术改良与机械发明的结果，必要的劳动时间固会缩短，劳动的强度亦会大大增进。因为技术与机械一旦改良，机械的配置变动，劳动的组织亦因而变动。例如合理化中通行的新劳动组织方法，即所谓流动劳动(Fliessarbeit),就是把劳动者联系于流动传送带,而使其随流动传送带流动的速率,而支出其劳动力。流动传送带的速率加大,劳动者在一定时间内所支出的劳动力,亦不能不相应增大。然此不过一种适例而已。德国在实施合理化期间的劳动能率增大及劳动强度增进情形,可由以次二表而知其梗概。

(一)铁矿及岩盐采掘业之劳动能力增大指数

	指数				以生产额指数为100时之劳动者数	
	铁矿采掘业		岩盐采掘业			
	生产额	劳动者	生产额	劳动者	铁矿采掘业	岩盐采掘业
1913年	100	100	100	100	100	100
1924年	64	68	72	72	106	100
1925年	79	79	102	76	87	75
1926年	62	53	86	66	44	76
1927年	87	68	110	□	78	59

(二)劳动强度增进指数

	镕矿炉事业		碾铁业		麻纺织业		制纸工业	
	生产额	劳动者	生产额	劳动者	生产额	劳动者	生产额	劳动者
1913年	100	100	100	100	——	——	100	100
1924年	33	58	57	70	——	——	86	112
1925年	43	56	90	73	100	100	102	117
1926年	39	49	91	60	175	95	102	108
1927年	54	51	95	72	100	82	152	116

上二表所提示的一般概念,即各种工业之产额大体不绝增加,而其所用劳动者数,则大体不绝减少。此种事实,皆足说明劳动剩余价值即企业利润之非常增大。

然以上还系就生产行程上之合理化而言,至与生产行程相关联的流通行程之合理化,那还可从两方面增大企业利润。利润在生产行程中系与工资相对立,而在流通行程中,则在由剩余价值形成之总利润中,又引起产业资本利润与商业资本利润在分配上之对立。即商业利润之分额增多,则产业利润之分额减少。为要从这方面增大产业利润,每种企业都从事独占的组合,而一切大规模的独占企业体,几乎都备有自己的商业机关。比如德国钢铁业上之合同制钢股份公司,就为国内市场及国外市场设有相异之商业机关。产业而兼营商业,不但原来应由总利润中分割去的商业利润,可以大行缩减或消灭,即可大大增加产业利润;同时产业独占体因免去商业资本家之操纵与牵掣,且因增大其规模与势力,更可在生产行程的合理化上,尽量发挥其功能。即是一方面由其资本力的丰富,容易采用新技术与机械,另一方面则可因其促使能率差的经营中止作业,使生产集中于比较优秀的工厂之中,而益增大劳动之生产性。德国的独占事业是向称发达的,在一九二三年,全德国的工业加特尔,已达1500个,至一九二五年,则增加至2500个,此后更续有增加。独占组织与合理化之相互作用,致德国安定期中之剩余价值率和剩余价值量,皆异常增大。德国资本家们尽管动辄宣称资本缺乏,以为其加紧蓄积资本之口实,但据德意志国立统计局的推算,由一九二四年到一九二八年,其货币资本形成的总额,约如次表(单位10亿马克):

1924年……………………… 5.6
1925年……………………… 5.8
1926年………………………10.1
1927年……………………… 7.2
1928年……………………… 7.5
合　计………………………36.2

据上表所示,德国于此数年间在国民经济内形成的货币资本量的纯增加额,计已超过360亿之巨。若把同一期中,由外国融通的长期信用总额54亿及短期信用总额61亿加算起来,则对德国经济新提供的货币资本量,合计有480余亿。然此系就货币资本考察。若从生产资本及商品资本方面予以推算,则如次表所示。

1924—1928 年间之德国经济上之“实物资本”增加额

（单位：百万马克）

年份	设备新投资	贮存品之增加	发券银行之金保有量增加	合计
1924 年	2701	5511	296	8508
1925 年	4532	2703	455	7690
1926 年	5156	2450	624	3330
1927 年	7168	4104	33	11305
1928 年	7273	2624	866	10763
诸年度合计	26830	12492	2274	41596

此 416 亿总“实物资本”中，有 268 亿马克，是对固定设备的投资额，亦即是主要用以充当技术合理化的资金。据德意志国立统计局出版之《一九二四——一九二八年间之德国国民经济之资本形成及投资》所提示，德国资产阶级在此期间蓄积的剩余价值总额，将近 22 亿马克。这是德国经济复兴之全貌，同时亦是德国合理化政策之实绩。

赔款偿付总监督巴尔克・基柏尔特(S.Parker Gilbert)在一九三〇年五月提出的关于道威斯案履行监督之最终报告有云：“……此后(按即道威斯计划成立的一九二四年以后)数年间，德国经济已成就了显著的发展；德国国内国外的信用恢复，产业再建，生产能力复兴，一般生活水准大加改善。此种成果，主要固由德国国民之勤勉与精力所完成，而其他诸国国民为德国经济之再建，而提供其贮蓄之基金，亦有不少帮助。”在这段报告里面，除了“一般生活水准大加改善”一语，须予斟酌以外，其余都是事实。但可惜造成“此种成果”之“德国国民之勤勉与精力”以及其他诸国国民所提供之资金，在某种限度内，势将不免发生相反的作用哩！我们试一考察德国资本主义第三期的险恶形相，就知道德国借用外资，以榨取“国民之勤勉与精力”的合理化政策，自始就是一种不合理的尝试。所以，甫经走上“相对安定”的坦途，随即就陷入困难万分的苦境了。

第六章　资本主义第三期中之挣扎

一、杨格计画与合理化政策之破绽

道威斯计画中之标准年度，是由一九二八年到一九二九年。在此标准年度以前的诸年度，如一九二五年、一九二六年、一九二七年，统为过渡期间。德国在过渡期间所应支付的赔款，各年度多少不等，但都少于25亿马克；25亿马克是标准年度应当支付之数。至此标准年度以后，则视德国之经济繁荣指数而增加其额数。——这是我们在前面叙述过的。

这所谓过渡期间，恰好是德国的经济安全期间，故德国逐年都能按期支付其应当偿付的赔款。然到标准年度的前一年，不但支付赔款的德国，发生困难，就在领受赔款的英法诸国，亦对赔款问题感到踌躇。姑先从这些国家说起罢。

前面讲过，协约诸国要德国支付赔款，就无异要德国振兴产业，发展对外贸易，亦就无异让德国的货物，侵夺它们国内国外的市场。而事实正是如此。德国产业上厉行合理化政策的结果，其低廉的货物，乃如洪水般的向外倾注，首当其冲的英法诸国，特别是大英帝国，立即感到其未经改造的主要产业，大受压迫。因而对于道威斯计画的偿付方法，已隐露不妨修改之意。

同时，在支付赔款的德国方面，则更有此种要求。道威斯计画未规定偿付的年限，德国常为此感到不安。加之由一九二四年至一九二八年，德国的长期、短期外债，已经突破了100余亿，每年差不多要增加一两亿的负担。道威斯计画规定过渡期间诸年度的赔款额，逐年递有增加。在一九二六——一九二七年度，德国财政均衡上的不足额，已经超过9000万马克以上。政府在多方保育产业资本的情形之下，既不便对资本课税，于是国家费用的大部分，就只好直接、间接加在贫困与失业的劳动大众身上。

不向可以征税的地方征收，而向无可征税的地方征收，在资产阶级社会中，虽仍不失为“合理的”收入政策，但事实的逻辑，却总不免要从政府的财政预算方面证明其错误。延至一九二八——九二九年度，财政的不足额数，竟超过 10 亿马克。以上这个财政年度，正是道威斯计画中的标准。年度德国在标准年度应支付的 25 亿马克中，有一半是规定由政府预算中支出。德国这一年度的预算既亏欠 10 亿马克以上，次一年度的不足之数，势必更大。照此推移下去，不到两三年之内，德国的经济状况，不免又要陷于安定期以前的险状。在此情形下，改订道威斯计画的运动，自然要成为德国非常紧迫的要求了。

德国的实情如此，同时英国乃至其他协约国家又因本身利害关系，觉得应对赔款问题作一个完全的最后解决，于是修改道威斯计画的会议，乃于一九二九年二月开幕。经过多方的折冲与几次的停顿，卒于同年六月七日成立新的赔款协定，即所谓杨格计画(Der Young Plan)。杨格计划的大体轮廓如次：

赔偿期间　58 年 7 个月(内分第一第二两期)

赔偿总额　1139.057 亿马克

第一期(由一九二九年九月一日到一九六六年三月三十一日)　36 年 7 个月

赔偿金额　794.832 亿马克

平均年金　19.888 亿马克

第二期(由一九六六年四月一日到一九八八年三月三十一日)　22 年

赔偿金额　344.225 亿马克

平均年金　15.64659 亿马克

第一期赔偿金额有几点值得注意：(一)第一年度系由一九二九年九月到次年三月底，只七个月，所支赔款额为 7.24 亿，至次年则为 17.7 亿；以后逐年度递增，至本期最后一年度，则达到最高支付额，计为 24.28 亿。较之道威斯计画之标准年额还少。(二)第一期的年金，分作两个部分。其一是每年支付的金额中，有 6.6 亿马克为无条件支偿部分，即不论在任何情形下，皆不得延期。此无条件支偿部分，有 76%，即 5 亿马克系支给法国。除此无条件支付部分外，其余为有条件支付部分。这一部分在一定条件下，得延期支付。

照上面所说看来，道威斯计画的改订，即杨格计画的成立，比较于德国有利，但这终是一种比较“更不利的”有利而已。况杨格计画规定德国每年应当支付的赔款，除上述一定年次金额外，还有两项必须分期支付的金额：一是对于履行道威斯计画所借外债本息的摊还；一是对比利时马克协定中之金额的摊还。这两项金额，再加上杨格计画本体的年次金额，至第一期第二年度，就须支出18亿以上的巨额。18亿较之道威斯计画标准年度的25亿，虽然少了几亿，但仍非德国的经济财政状况所许可。况在杨格计画成立的前后，德国赖以恢复其资本主义经济，赖以支撑赔款重压的合理化政策，已经暴露了不可弥缝掩饰的破绽咧！

产业合理化的积极目的，虽然在增大劳动剩余价值，增大利润，增大资本蓄积，但在完成此种积极目的的当中，却显然要造出种种矛盾：第一，合理化的推行，必然要促成资本的高度化，即固定资本对流动资本的成分加大；不幸剩余价值即利润，又只有由流动资本的使用而获得。德国尽管在安定期间对固定设备投下了260余亿的庞大资本，但我们并不能由此测定其利润的膨大程度，反之，在流动资本不能与固定资本以正比例增加，却反而以反比例减少的限度内，那恰好会显示其总利润额的相对减少。利润相对减少的趋势，是合理化过程中必然要暴露的现象。同时亦是与合理化原来目的正相反离的现象。要克服这种矛盾，当然是进一步削减劳动报酬，德国资本家确也是向着这方面努力，但无奈这里又产生了第二个矛盾，就是劳动阶级对资本家是以两重资格贡献其牺牲：在生产行程是生产者的资格，在流动行程则是消费者的资格。资本家在前一场合榨取愈多，在后一场就榨取愈少。我们就以次的统计数字说明罢。

（一）全国就业者所得

一九二七年十二月十五日　　539787500马克

一九二八年十二月十五日　　471563370马克

（二）全国失业者数（领有津贴者及未领有津贴者）

一九二七年十二月　　2619000人

一九二八年十二月　　3461000人

（三）全国就业者及失业者之全所得

一九二七年十二月　　559105000马克

一九二八年十二月　　495632000 马克

(四)就业者及非就业者之周期工资

一九二七年十二月　　32.89 马克

一九二八年十二月　　29.15 马克

由上列诸数字,我们知道,德国就在经济复兴正旺期间,即一九二七年与一九二八年,其失业人数已达到数百万,一九二八年对一九二七年,尚是产业昂进的时期,而其失业者竟增多七八十万,由此可见合理化对于劳动阶级压迫的程度。特此两年度中全国劳动者总所得的减少,并不只是由于技术机械之驱逐劳动者,使一部分劳动者失去其取得总工资之分额的资格,而同时还是由于在业劳动者之不绝减少其报酬。由(四)项数字所指示,劳动者在一九二八年十二月之名义工资,要较其一九二七年十二月之名义工资,减少 10%。若其实质工资,亦将近有同一程度的减退。设以一九一三年之实质工资为 100,则一九二六年七月初为 56.3%,一九二七年十二月为 61.4%,一九二八年十二月为 55.7%。照此推算,战后经济复兴期安全期的实质工资,差不多仅及其战前之一半了。

总工资额及各个劳动者之工资报酬,如此大减特减,我们即使暂时可以不要顾及劳动阶级的苦况,但具有消费者资格之劳动阶级的困乏,究不免要成为新技术机械加紧加速造出的大量商品的障碍哩!

城市劳动大众的景况如此,再看另一个构成国内市场之主要部分的农村罢。在都市推行合理化的过程中,农村亦在努力进行此种程序。特农村在这方面的努力,与其说是由于农业者的自发,不如说是由于金融资本家的敦促。金融资本家为要保证其恢复战后农业的投资,乃极力宣扬"农业工业化",合理化机械化,但这种"工业化"的结果,农村中遂造出了大批的失业者以及大地主大经营压迫小农业经营的现象。而就整个农村与都市相对待言,在都市各企业之强固独占组织下,农村不能不购买高价工业品,同时因为农村不易形成独占局面,其所出卖于都市的农产品,又大抵只取得低廉的价格。所以,据德意志国立统计局的《统计年鉴》所载:战前德国农民之所得为 84 亿乃至 101 亿,而在一九二六——一九二七年,各为 33 亿,一九二八年为 30 亿,一九二九年亦为 33 亿。经济复兴期的农民所得,竟较战前减去 2/5 乃至 2/3,一部分虽由于领土的丧失,但主要原因,还是由于农业工业的合理化,以及与此相关联之独占金融资本家的压迫。在农村为工业品之主要国内市场的限度内，农民所得的大减特减，那不能不说是工业制品的又一个难关。

工业品因国内市场的缩小，而影响其生产，结局，农产品之国内市场，亦相因而发生缩小的现象。在此种情形下，德国由合理化努力所生产的大量工业品与农产品，就只好以比较低廉的价格，向海外各国倾销。然而“第三期”的命运，是一切资本主义国家所共同遭遇的。在德国开始其合理化之复兴程序时，其他一切资本主义国家也都不期然而然的从事此种努力，特其厉行合理化之社会经济条件与要求，不若德国之完备，故其成效和规模亦不若德国之惊人。不过，它们实行合理化的程度虽不同，其对合理化的要求，及由实行合理化所得到的经验则一致。换言之，就是各国都会感到国内市场的窄狭，都会在对外贸易政策上，不约而同的要求推广国外市场，和防阻他国货物的倾销。德国货物尽管再低廉，德国资本家们尽管更残酷的压低国内劳动大众的生活水准，借以增强其对外的竞争能力，但在各国自我防卫的关税壁垒下，不久又发现不能畅通了。德国由一九二五年到一九三〇年的输出数字，充分指证了此种事实。

德国输出贸易额(由 1925—1930 年)

1925 年	8798000000 马克
1926 年	9873000000 马克
1927 年	10222000000 马克
1928 年	11367000000 马克
1929 年	11663000000 马克
1930 年	11328000000 马克

至一九二九年止，德国输出贸易额逐年递有增加，但这种增加，与德国希望恢复并发展对外贸易的程度，乃至与德国生产扩张所实行要求扩张对外贸易的程度，显然大相悬殊；不但如此，至德国开始支付杨格计划中的赔款的一九三〇年度，其输出贸易额，却转落到一九二八年的程度，较之一九二九年的输出额，竟减缩 1/10。

然而德国之感到国内国外市场窄狭，感到生产过剩，还不是始于一九三〇年度哩！消费资料工业部门的生产，至一九二七年达于顶点，一九二八年则开始衰退。在一九二九年之末，重工业生产部门已显示非常显然的生产过剩，而着手限制。延至一九三一年，重工业部门的生产能力，只利用到39％～45％，消费资料工业部门的生产能力，亦只利用到50％～57％。而重要诸生产部门的生产量，如以一九一八年为100，则一九二九年一月为96.9，一九三〇年为93.7，一九三一年一月为67.7。在工业开始衰退的过程中，农业亦显示异常的衰落。一九三〇年度对其前一年度的农业上的购买力，低减5亿马克以上，而一九三〇——一九三一年度对其前一年度的人工肥料消费量，则减退35％。

以上是德国工业农业合理化的成果。合理化把德国的工农业恢复起来，马上又使其沉滞下去。在这种盛衰的转变上，寄托其全生命于工农企业的德国金融资本，乃首先暴露出整个德国国民经济的破局。

二、金融恐慌

在战后通货膨胀时代，曾形成了许多以商业资本为中心的康载尔[①]（Konzern），商业资本家对于产业资本家的支配势力，随膨胀程度加深而益形强化。因为在德国未恢复其国际信用关系的当中，只有与外国有关联的大商业资本家，才能具有借入巨额外国高价货币的势力与机会。然自马克一经安定，此种以商业资本为中心的康载尔，乃因通货膨胀到货币经济解体的程度，而大部分趋于崩溃。商业资本势力衰微，代之而起的，则为银行资本或金融资本。本来在通货安定时期，产业资本是占着极大优势的，但产业扩张的过程中，终究不能不与金融资本相结托，以致仰承金融资本家的鼻息。加之，德国复兴经济之唯一手段，就在合理化，合理化非增进固定设备不行，即非仰赖巨额的资金不行。在这种关联上，金融资本势力，乃随产业合理化的增进而加强。换言之，就是产业合理化的过程，即大银行资本对产业资本支配的过程。

---

① 康载尔，现多译为康采恩，是垄断组织的高级形式之一。下同。——编者注

以上是就典型的产业即工业方面的情形而言。而在农业方面,则尤属如此。战前德国的农村合作社,亦颇发达。农村合作社曾为自己金融上的周转,设立有农业信用合作社。自经狂乱的通货膨胀后,此种经营遂相继归于瓦解。迨通货进入安定阶段,农村金融异常枯竭,于是银行资本乘机侵入;为保证其资本并增大其有效的榨取,金融业者乃极力鼓吹"农业工业化"。他们于一九二六年组织"农用动力机金融股份公司",直接供农业以金融,而强制其合理化机械化。此外又有肥料公司以及谷物贸易公司的设立,对于农业上之生产过程及流动过程,简直予以全面的控制。由是,农业之合理化过程,亦就是大金融资本对于农业资本支配的过程。

金融资本在工业农业领域内的深入,诚然是金融资本家莫大的胜利。然而在他们正期望由合理化撒下的种子,获取非常美满的收获时,合理化本身暴露破绽了。合理化虽然在一方面能产生出大量的廉价产品,同时却形成了无从销纳那些产品的窄狭市场。工农业上发生生产过剩的不况,在合理化形式下,凝结在农业、工业固定设备上的金融资本,随即感到威胁。这种情形与当时国际间之不安的经济政治状况,连同作用起来,遂使德国整个金融系统不能不暴露它本身的一切弱点。

德国金融资本的弱点,可由以次三方面来说明。

第一,德国贮蓄的基础是薄弱的,银行资本的周转,颇需要国民贮蓄的不绝增加。在赔款的重压之下,德国国民的一般贫乏,以致把他们的贮蓄基础,大大剥夺了。在一九一三年,每个国民在贮蓄金库中的贮蓄额,约为803马克。至战后经济兴旺达于顶点的一九二八年,却仅只500余马克。然而这还是平均额数,若加以类别,其贫弱状况犹灼然可见。据普鲁士的调查,在贮蓄者中,有50%,不足100马克,75%～80%,不过800马克,85%～90%,不足1000马克。即在一九二七年,全普鲁士超过3000马克的贮蓄者,不过3.32%。贮蓄事业既不发达,而复兴途中对于资金的需要又甚迫切,故只好仰赖外资。

第二,仰赖外资,为德国金融资本的又一缺点。柏林五大银行对政府及各种产业所融通的资金,计如次表:

柏林五大银行之信用①

（单位：百万马克）

	票据之财部无利证券	信　用	贸易支票	
1913 年末	1776	2949	510	760
1926 年末	1555	2448	457	718
1927 年末	1857	3796	775	530
1928 年末	2482	4289	1397	1125

银行融通的总信用既达到如此可惊的巨额，然则其财源如何呢？这可由下表而知其究竟：

柏林五大银行之资本与债务

（单位：百万马克）

	债　务	支付支票	公司资本及公积金
1913 年末	4852	1330	1491
1926 年末	5969	324	721
1927 年末	7608	394	770
1928 年末	9444	404	757

照上表所示，银行之资本与公积金，在安定期间的各年度，均仅及战前之一半，而一九二八年之银行资本及公积金之合计，尚不及其所负债务 1/12。由此可知银行之巨大势力，非存于自己的资本，而是存于其由借入资本对产业所行的支配。其债务随其势力而增大。德国国民之贮蓄基础既甚薄弱，而德国银行所借入之庞大债务，当然要仰给于外国。在一九二八年，柏林五大银行的外国债务，竟占其全预备金的 43%。银行资金将近一半由外国供给，已经是德国金融上之一大缺陷，况且

第三，德国主要是借入短期资本，以供给生产信用哩！一九二六年，德国向外国融通之短期信用，计共 41 亿马克，翌年增至 66 亿，延及一九二九年，竟增至 117 亿马克，皆系短期外国信用。此种短期信用，因系由拥有巨大银行资本之外国银行所供给，其利率甚高；并且德国借入之短期

① 原文如此，作者未对最右一组数据作出说明。——编者注

外国信用,内中还有一大部分是经过伦敦金融家之中介,而由巴黎或荷兰转借而来,故由德国银行所支配的德国国民经济,实受到两三重之榨取,一般国民经济困蹶,势将不免反过来影响金融资本。不但如此,短期外国信用,是最不稳定的。国际间某一部分金融发生破绽,此种不稳定的外国短期信用,立即会引起动摇的收回资本现象;不幸,德国银行资本的投资形态,除一大部分义务的凝结于政府公债中以外,其余就是在合理化的场面下,凝结于工农业之固定设备中。工农业上之生产过剩情形,或其产品之市场窄狭情形,前面已经讲过了。但我们讲过的,还是就其对外贸易之输出方面立论,若将输出与输入一加比量,则更可显示德国金融资本深入工农生产事业之危机。

德国之对外贸易

(单位:百万马克)

年份	输出	输入	差额
1925 年	8798	12362	—3564
1926 年	9783	10001	—218
1927 年	10222	14228	—4006
1928 年	11367	14051	—2684
1929 年	12663	13447	—783
1930 年	11328	10393	935

除了一九三〇年因输入激减而表示些许的出超外,其余都是入超,即都要资金输出国外。德国对国外是负有庞大的债务与赔款负担的,其对外贸易又复一味入超,故德国金融资本上的漏洞,完全是靠借外债来弥缝,换言之,就是德国金融的安全,完全要依存于外国金融的安全,及其与借资国之政治关系的协调,这两个前提条件一旦发生问题,德国金融就会陷于破局的绝地。而事实的逻辑正是如此。

早在一九二九年之秋,夸称"永远繁荣"之世界资本主义王国——北美合众国,首先由交易所的恐慌,为资本主义第三期开一序幕。在此种恐慌爆发的场面下,构成整个资本主义连锁之最弱一环的德国经济,乃从种种方面受到极其不利的影响。例如美国金融上既暴露破绽,它马上就对国外停止借款，这对于靠外债——特别是靠美国外债——维持其周转活动的德国金融，当为非同小可的打击。况且，以美国资力的雄厚，尚酿成恐慌现象，对德国融通资金者，自然会神经过敏，而忙于收回其对德的短期借款，同时德国国内的资金，亦殆难免不预先寻找稳固场所；而各国在此情形下，为稳定本国金融所施的高银行利率政策，尤足以促使德国短期外债的收回与国内资金的逃避。单就前者而论，在一九三〇年，其短期外债已由一九二九年之117亿减落至103亿。非经常增加不可的外债，竟被提40余亿之巨。而同年由杨格计画规定的18亿以上的赔款，乃至长短期积累的外国借款利息，亦非支付不可。在这种金融紧迫的情形下，与德国有密切关联之奥国最大银行即信用所（Kreditanstalt），忽然在一九三〇年度的决算上，表露非常大的缺损。这对于德国之内资逃避与外资收回，发生了莫大的促进影响。一九三一年五月，耸动世界听闻的德、奥关税同盟成立；德、奥两国携手，在法国是极度感到不安的。法国曾经直接、间接借与了德国巨额的短期借款，这时它当然要发挥其金融上的威力，予德国以惩创。自是德国资金愈益向外流动，以致演成金融上不可收拾的破局。

同年六月五日至十五日的十日间，德国国家银行之金保有额，竟失去5.344亿马克，即正货准备额，由59.2%激减到48.1%。延至六月十七日，国家银行之金及汇兑之丧失，居然突破10亿马克。为挽救此种危机，兴登堡大总统乃向美国胡佛（Hoover）大总统电诉德国破产的危局。同月二十日，胡佛发表赔款及战债延期一年的宣言，一时曾使德国金融界惊喜若狂，即世界一流政治家如麦克唐纳之流，亦高嚷“胡佛景气”。然短短一年期间的附有条件的赔款支付的延缓，那对于德国固定资本的过剩问题，对于其商品市场窄狭问题，乃至对于德国金融资本之根本缺陷问题，究不能有所期待，所以，延至七月六日，民间外资之收回，约达10亿马克，而国家银行准备金的丧失，竟及15亿马克，法定准备金，激减到40%的程度。为防止外资收回与内资逃亡，一方面发布确保经济之大总统令，一方面则由国家银行总裁亲到伦敦巴黎作5000万镑之借款活动。当这种活动宣告失败，外国债权者乃纷向国家银行收回其债权，至七月十一日，同行之贷方计算，竟一举而丧失1亿马克。由是金融危机爆发。次日虽为星期日，柏林交易所仍不能不迫而召集紧急理事会，决定交易所停开两日，此后又决定继续停开一周。就在交易所停闭的当中，支配德国产业1/3，且在全国主要都市拥有62支店之塔拿信托银行亦宣布停业。此种巨大银行没落，致德国全般信用发生无可弥缝之破绽。由是，政府发布紧急令，禁令向该行提起请求支付的诉讼。同时并命令全国金银机关，在十四十五两日概行休业。德国全国之金融机能，至是乃完全停止活动。此后虽接二连三发布紧急命令，如停止一般支付，禁止汇兑买卖，并取缔新闻杂志关于助长国民不安之记事的揭载，然此等强心注射手术，只能使病体暂时表示昏迷假眠的平静，而其致命的患处，则日见其沉重。

在金融恐慌压迫下，工业生产一般减退。固定资本利用之比率，竟由一九三一年七月之48.6％，减至十一月之40.3％。其结果，失业大增，在同年八月之失业人数为420万，至十二月则增至570万，几及工资劳动者总数2100万之1/3。产业全般萎缩，国家财政收入已大形减退，同时其失业救济费用，又续有增加，致财政困难日甚一日，而短期资本停付协定与胡佛延缓赔款战债一年的期限，转瞬（一九三二年二三月）即将届满。在此经济万分危难的局面之下，德国资产阶级对于其御用的政府机关，究作怎样的期待呢？而后者又将怎样完成其任务呢？其实，经济之实质变了，经济上之政治要求亦随之改变，早在经济发生破绽的一九二九年，德国资产阶级的政权，不已经是在逐渐改变其本质么？

三、由经济危机到政治危机

在所谓经济安定期的德国政治，确曾在民主议会制的形式下，保持了几年的小康局面。拥护议会制度的党派，为社会民主党、中央党及民主党，就中社会民主党常在议会中拥有大多数的议席。在政府内阁的更迭上，虽然只拥有少数议席的党派，也曾出组内阁，但那种内阁往往总不免因社会民主党的反对，而无法继续维持。故事实上，社会民主党成了德国民主议会制的台柱。社会民主党势力的盛衰，遂无形决定了德国议会制度之命运。

社会民主党在《韦玛宪法》制定以后，一方面尽管是和其他资产阶级政党一样，忠实的曲尽其对资产阶级所赋与的使命，但同时却仍宣言是代表无产劳动大众的利益。这种两面讨好主义，在资本主义安定期间，虽然不妨根据所谓劳资协调理论，圆滑运行，并赖以博取两方面选民之拥护。但一到资本主义经济发生破绽，即劳资利害关系发生无可调解之冲突时，这自命为代表劳动大众利益之政党，遂逐渐显出其本来的面目，而大大失去劳动大众的同情。结局，这失去了劳动大众拥护的社会民主党，同时，其本身亦相因而失去了可供资产阶级利用的功能，由是在劳动大众固视之为“内奸”而在资产阶级亦弃之如敝屣。德国社会民主党是在这种转变下没落的，德国议会制度亦是在这种转变下瓦解的。

在事实上则是依着以次的顺序而展开。

德国合理化运动在一九二八年已经充分暴露了破绽，这是我在前面讲过的。合理化之直接恶果，即是造出大批的失业者，使国家救济失业的负担加重，使生产品销售市场益形窄狭。市场窄狭，当然会由生产过剩，生产限制，而阻止剩余利润或资本的蓄积。资本蓄积为资本主义经济活动之前提条件，这种前提条件发生问题，当为德国资本家阶级之致命打击。加之，外债的积累，赔款的负担，国内资本的缺乏，均于资本蓄积有莫大的障碍；由是，益加增大资本家阶级之顾虑，使他们感到：加强独占活动，加强合理化活动，固为他们自己必须采行的救济步骤，但同时还不能不要求政府断行有利于他们的社会政策、赋税政策。所以在一九二九年九月二十日之德意志全国工业同盟例会席上，资本家对于政府之优柔寡断的态度，曾多所非难，他们都认为“无力的政治，类于无乐器的演奏”。同年十二月十二日在柏林召集之德意志全国工业同盟之临时会议上，他们更力言德国财政经济之危机，不容掩饰，并敦促政府速筹有效的救济方策。

一九三〇年三月十二日，身任内阁总理的社会民主党领袖米勒(Hermann Müller)氏，曾把他奉承资本家意旨作成的大众税增加案，携进议会，作以次的声明：“我们确信采用杨格计画之一结果，就是向着安定的坚实的情势之复归；特这种复归，一定要在远大的企图之下，从事财政经济的改革，始有可能。……德国政府重复声明：德国的经济，要求切实解除其负担，并要求从速解除其负担。资本家的蓄积，不能不予以促进；政府的支出，不能不在可能范围内，勇敢的加以节缩。……”

这所谓“财政经济改革”的“大企图”，当然是指着“增进”资本蓄积，“节缩”政府支出(按即失业救济税等，非社会民主党所极力反对的官吏薪金!);这对于前面资本家在德意志全国工业同盟会议席上所宣示的意旨,恰好是一种“如响斯应”的回答。然在他的“勇敢”节缩政策尚未见诸实行以前,以他为首班的内阁,终于在7亿以上之财政赤字之前,自行瓦解了。

三月二十七日,中央党之布鲁宁(Brüning)继米勒出组内阁。布鲁宁内阁的财政经济改革计划,大体系蹈袭米勒内阁的原案,不过更表现“勇敢”一点。照此案的规定,啤酒税、贩卖税、清凉饮料税等等大众税之增加与新设,计可增收4.68亿马克。然在实际还不只此数。据酿酒业者的报告,啤酒税表面虽只增加75%,而实际的增加可以转嫁于大众方面者,将近达到五倍六倍。对大众的课税尽管“勇敢”增加,同时对所有者的负担,则“勇敢”缩减。农企业者8500万以上之永敦银行债务,工业上之7000万马克债务,统行钩销。对于附有确定利息证券之资本收益税废止,资本流通税减轻。仅此数项,已贡献所有者1.3亿马克。此外布鲁宁内阁并还保证在一九三一年以前,轻减所有者税6亿马克。

然而这还是布鲁宁内阁的第一部杰作。在同年六月,又有新的赋税案提出。此案除由烟草税等增加收入40800万外,同时还对失业保险给付额缩减17000万马克,对疾病保险缩减3亿马克,对疾病金库与医师组合之支出缩减5亿马克。

布鲁宁氏的这种“勇敢”的非常手段,当为资本家阶级所大大激赏,但在议会中如没有拥有最多数议席之社会民主党的赞助,决不容易见诸实行。德国是一个多党多派的国家。议会中赞成布鲁宁之财政经济改革案的党派,只有布鲁宁自己所属的中央党,其余都表示反对。然布鲁宁组阁之始,即预知数党联立制的议会政治,不宜于当机立断,打破危难局面,所以他声明要使新内阁变为“行动的政府”,换言之,就是独断独行的独裁政府;他的打算,是曲解并活用《韦玛宪法》第四十八条,即政府不能由议会得到信任时,得依大总统之名,断行其政策,此即通常所谓“大总统内阁”。这种“挟天子以令诸侯”的“大总统内阁”实现,即无异议会制的没落。议会制度没落,在议会中拥有最多数议席的社会民主党,自受莫大的打击,但要赞成政府的政策(即前述诸改革案),势必失却劳动大众的同情,在此种进退维谷的情形下,同党终于对政府采取所谓“宽容政策”,冀以挽回议会政治的末运。然而,议会对于政府愈迁就,即愈失却了议会政治的精神,愈加促成布鲁宁的专断。

不但如此，社会民主党“助桀为虐”，出卖民众利益的结果，不久即在同年(一九三〇年)九月十四日之总选举中，完全反映出来。社会民主党在此次总选举中，虽然仍占有第一党的地位，但其得票数与议席数均大减特减。除政府与党即中央党仅增获数席外，其余一切中间资产阶级党派，皆告败北，唯极右翼之国家社会党及极左翼之共产党，则均显示飞跃的发展。计各党派在此次选举中之势力消长情形如次：

	得票数	增减	议席	增减
国家社会党	7640200	增 5592000	107	减 95
德国国权党	2459000	减 192000	41	减 32
地主党	867000	减 137000	41	减 4
保守国民党	314000	——	5	——
经济党	1380000	减 17000	23	——
德国国民党	1658000	减 1021000	30	减 15
中央党	4129000	增 531000	68	增 6
巴阳国民党	1059000		19	增 3
国权党	1323000	减 182000	20	减 5
社会民主党	8573000	减 579000	143	减 10
共产党	4591000	增 1327000	77	增 23
其他	1953000		31	——

这种极右极左两翼势力之飞跃发展，足征德国社会政治经济已临到极度动摇不安的危险状况中。但左翼势力的伸张，在布鲁宁内阁并不十分感到狼狈，因为他在防阻左翼猛烈活动的场面下，不但在在可以取得极右派及包括有社会民主党在内之中间派的支持，同时还可借此造成其进一步独裁的局面。在十月十八日之新议会中，布鲁宁内阁果然以 318 票对 236 票取得了议会的信用。

在一九三〇年下半期中，德国经济状况愈形恶化。为资本家所属望的有力的“行动政府”，又该进行怎样的断然处置咧？自然哪！布鲁宁内阁依旧是照着原有的财政经济改革方针，更“勇敢”的推进一步。同年十二月初，政府对于一九三一年度的预算案作成。这个新预算收入与一九三〇年的收入，在数字上表现了以次的差异：即大众税在一九三〇年之全收入中占58%,一九三一年的预算,则占62%,同时所有者税则由26%,减至24%。然税收上之一增一减,究无多大帮助,所以与此预算同时向议会提出的,还有社会政策费之削减案,此案系以失业保险费用之削减为中心,而傍及战争牺牲者津贴及住宅津贴等,其节约额计达16.93余亿,若把同月一日由紧急令宣布停止的住宅建筑扶助金5.29余亿加算起来,此节约费用,实达22亿以上的巨额。

对于"大总统内阁"的这种新预算与这种社会政策费用的节缩案,除了共产党表示猛烈攻击外,以代表劳动大众利益相号召的国家社会党乃至社会民主党,均投票赞成。延至一九三一年二月,极右翼之国家社会党及国权党,在议会会议进行中,半途退出。此拥有148名议员之两党退出,议会虽不免陷于畸形状态,然社会民主党犹希望与共产党合作,以期造成形式上之左翼多数,勉维残局。迨共产党表示不能与社会民主党携手,且予以痛烈之攻击,于是议会益弄成七分八裂形势,使布鲁宁觉得有进一步行使其"大总统内阁"手段之必要。然当时社会民主党如能改变其对政府之"宽容政策",布鲁宁亦必有所惮而不敢为,至少,亦必不能畅所欲为。无奈该党一误再误,以为宽容政府,即是阻止其趋向独裁,即是对于议会政治的防卫。而不知在此种软弱的防卫过程当中,布鲁宁内阁在事实上已确立其"准独裁"的局面。议会开至尚未满期的三月二十六日,布鲁宁又用大总统之名,发布紧急命令,使议会延休至十月十三日。议会休会后三日,布鲁宁又发布对于结社集会及新闻压制的紧急令。布鲁宁内阁的这些专断举动,社会民主党都在它的宽容政策下默认了。诚如一位左翼社会民主党党员所说:"以议会而像德国永久患着神经病的议会主义这样,一味演着无抵抗的角色,恐怕就在意大利亦不能见到,……把布鲁宁的独裁,看为些细的罪过,在十二月①马马虎虎的接受其高度资本主义的纲领,那就俨然是在对希特勒的独裁纲领,作遁逃的准备。如其说希特勒的独裁为大祸,这种大祸,不妨说是由十二月形成。所谓法西主义,就是因为我们的弱点而成长起来。"社会民主党的自己招供,诚不失为爽直,但希特勒一流的法西主义,与其说是由于社会民主党的弱点而成长起来,却倒不如说是由于资本主义第三期之要求而成长起来。

---

① 这里所说的十二月,系指着前述布鲁宁在一九三〇年十二月所提出的财政经济改革案。

由布鲁宁所导来的那种独裁制，不但在形式上与国家社会党所主张的独裁制相接近，且其内容与性质，亦无多大差异，特程度不同罢了。大总统内阁由布鲁宁所创始，至巴本（Von Papen）而予以强化，延至斯莱辄（Schleicher）将军，亦系依样葫芦。所以此后希特勒党所成就的独裁体制，实系建树在布鲁宁辈所建立的基础之上，而为其继续。

第七章　希特勒政权之确立

一、独占资本与希特勒

经过布鲁宁所操纵之“大总统内阁”的几度大刀阔斧的财政经济改革，德国资产阶级，特别是实际左右德国政权的大资本家们，得到了几种经验：第一，过去拥护他们利益的议会制度，即他们自己实行参加的议会制度，在万分紧迫的场合，并不一定可以顺利的供他们驱使；第二，民主议会制度在某种情形下，固可拥护他们的利益，其他非民主制度甚或反民主制度，亦未始不可以拥护他们的利益。然而使他们得到这种经验的事实，同时却更加强了他们由此经验所形成的信念或倾向。

德国资本主义自实施合理化政策，而加速的进入第三期的阶段以后，其经济上政治上之岌岌不可终日的情形，我在前面已经大体讲过了。布鲁宁内阁纯为资产阶级利益所断行的几种财政案，大众税增加案，社会政策费用节省案，虽然在某种限度缓和了资产阶级的困难，但劳动大众的荷包，如以政治方式多搜括一分，同时就不免以经济方式少搜括一分。结局于资产阶级固毫无裨补，而于无产劳动大众乃至一般中小资产阶级，却增加了不少困厄，且由是激起了他们阶级情绪的昂奋，致予资本家社会（即由资本家势力支配的社会）以莫大的威胁。在此种情势下，德国资产阶级特别是那些独占的大资本家们，显然有以次几种要求：第一，铲除或镇压无产劳动阶级的势力；第二，缓和中小资产阶级的恶感；第三，解除《凡尔赛和约》的束缚。

关于这三种要求的最后一种要求，德国资产阶级是存着“或有可能”的漠然希望，因为他们颇知道在当前的国际局面下，要想完全摆脱《凡尔赛和约》的束缚，势所难能。而且屡作这种主张的，是强调东向政策，想与苏俄携手的极左翼社会主义者，这与强调西向政策，企图与协约国妥协的资产阶级的原意本来不同。不过，当德国资产阶级感到经济恐慌无法应付的时候，他们至少总期望把和约所加于德国的难堪重负减轻。

在这种重负无法减轻，以及德国对外贸易市场无法扩张的当中，他们要自救，要挽救其经济厄运，势不能不把他们在国家财政上课加于他们的赋税重担，转嫁于中小资产阶级方面。而且，他们在恐慌中，愈要行使集中的独占，就愈不免要把中小商工业经营，乃至农业上之小农业经营，逼上破毁的旅程。中小资产阶级在这种毁落的过程中，当然要对资产阶级，怀抱愤怨不平的反感。中小资产阶级本来是无确定立场，而徘徊于资产阶级与无产阶级之间的，一到这种关头，他们自不免要想投入无产阶级的阵营，而大大增加资产阶级死对头的势焰。所以缓和中小资产阶级的恶感，亦成为资本家阶级的相当重要的要求。

然而把以上这两种要求，与其第一要求即铲除或镇压无产劳动阶级势力的要求，比较起来，那却只占着次要的地位。由罗贝尔图(Rodbertus)、拉萨尔、马克思、恩格斯以来，被称为社会主义发源地的德国的民众，多少是感受了一些不大安分的思想。阻止他们这种思想横溢起来的堤防，大体上虽是由于德国经济状况的逐渐改善，但俾斯麦所施行的社会政策，实亦具有莫大的防微杜渐作用。在大战后数年间，德国一般劳苦民众曾遭遇着非常的困境，他们差不多不能自制了。但由一九一八年到一九二三年的数十次的暴动，终不曾在德国确立起苏维埃的政权。这原因，自然要从多方面来解释，但俾斯麦所遗下的社会政策，即以失业保险与疾病救济等等为中心的社会政策，究还不失为范围人心的一种催眠法宝。第三期恐慌发生后，不，就在高度施行合理化的安定期中，劳动阶级所受的几重打击，我在前面已经解说过了。然这时一大部分的失业劳动者，还可赖这点为左翼社会主义斥为“骗局”的社会政策的恩惠，以苟延其残喘。自布鲁宁“勇敢”的消减社会政策费用，并重课大众赋税后，这重压在最下层的劳动阶级，实已不能隐忍吞下其饥饿的怒火。在一九三〇年十月十五日之柏林金属工人大罢工运动当中，在一九三一年一月二日之鲁尔矿业工人大罢工运动当中，他们已给了德国资产阶级一种非同小可的威胁。共产党在一九三〇年九月的总选举中，居然增加其议席至77名之多，那说明了劳动阶级之情绪，及劳动大众势力之昂扬。资本家阶级在此种情势下，一方面知道其向所利用的议会，渐渐增添了反对其利益的敌人,而一向在议会中占有中心势力的社会民主党,又不足以把握或阻制劳动阶级势力的抬头。他们对于其以前拼命争取的议会政治,不但失望,而且表示厌烦了。他们要求一种能保障其利益的新政治势力。这种势力,主要固在为其压伏像野兽般的劳动大众的抬头,同时还得向外对凡尔赛体系斗争,对内能把握住中小资产阶级。如其说德国独占资本或大资本家们当时的问题,对内急于对外,他们就是要求摆成一个全国一致对付劳动阶级的阵势,或者更好是能把中小资产阶级乃至无产劳动阶级,都拉到他们资产阶级的旗下来。

在实现这种要求的过程当中,他们自己也许不免要作否定议会政治的打算,但在维护"社会势力"急于维护"政治势力"的时候,在维护"财产"急于维护"政权"的时候,他们也乐得退居暗中发纵指示的地位,而把正面冲锋陷阵责任,委诸保镖的能手。在一九二九年特别在一九三〇年第五次总选举以后,他们就在开始物色这种能手。"时势造英雄",亚朵尔夫·希特勒(Adolf Hitler)带着时代使命登场了。

亚朵尔夫·希特勒是奥地利一个小农(后曾充当税关小吏)的儿子;他的出身的微贱,使他此后对劳动大众的演说当中,频添了不少精彩。他在身世上最感不快的事,就是他的母亲是一位不会讲德意志语的异种人,[据伦吉耶尔(Lengyel)推定为波西米亚人],这对于他的"民族纯血"主张,为一种致命的事实的反驳。他虽在标榜"不讲谎话"的《我的奋斗》(Mein Kampf)中对此一笔略过不提,借资掩饰,然其隐痛可知也。

在大战告终,德国帝制推翻的一九一八年,他还不过是一个普通的兵士,那时他引以自荣自豪的,则不过是佩有在大战中受过两次伤的十字勋章罢了。一九一九年九月,德国政局颇不安定,国内政治党派林立。希特勒至是始加入一个称为"德国劳动党"(Deutschen Arbeiterpartei)的小政治团体中,而开始其政治斗争的生活。至同年十二月,因党员略有增加,乃对于党之组织加以确定。经多番讨论结果,首先改党名为"德国国家社会主义劳动党"(Nationalsozialistische Deutsche Arbeiterpartei),于"德国劳动党"之上,复冠以"国家社会主义"字样,盖欲以"国家主义"为基础,而实现"社会主义"之目的。同党组成份子,大都为退伍军人;他们一方面痛感国家的破碎,同时又焦心本身生活之压迫,故褊狭的爱国主义思想与奇幻的社会主义思想,不期然而驱迫其作政治上之冒险企图。一九二〇年二月二十四日，这所谓“德国国家社会主义劳动党”（以下简称国社党）最初召开民众大会，宣布其二十五条纲领。此等纲领包罗万状而大体则不外由前述两种思想交织之花纹。反国际主义，反马克思主义，反犹太人，反凡尔赛体系，为前一种思想的发露；反金融资本，反高利贷，反托拉斯，为后一种思想的发露，至若这两种思想有何等矛盾，他们通未计及，而其行动，则又似乎完全不受党纲的限制。

国社党在宣布党纲以后，不到两月，前述（见第四章第一节）开蒲政变发生。开蒲政变之中心人物为开蒲，他是一位与鲁敦道夫将军有勾结的极反动的国粹主义者，他主张推翻社会民主党之共和政治局面，而代以帝制。开蒲事变发动，希特勒一派的国社党，即在德国南部敏亨（Mrnchen）一带为其作极热烈之应援宣传；开蒲后来虽告失败，希特勒与旧军国主义巨头鲁敦道夫将军之政治默契与连系，不能不说是得力于这次“应援宣传”之功。

一九二三年十月前后，德国因法比联军占据鲁尔与货币经济瓦解，全国顿呈混乱局面。十月二十六日莱因临时共和政府树立，其风声波及南部，遂有希特勒与鲁敦道夫将军于十一月八日在敏亨树立国民政府（National Regierung）的暴动。这暴动曾被讥嘲为“酒窖中的革命”（Rovolution in Bierkeller），在次日就被警察一网打尽，希特勒以叛逆罪判处监禁。希特勒入狱后，国社党乃在“国家社会主义自由党”（Nationalsozialistische Freiheitpartei）名义下，与反动的封建的胡根堡（Hugenberg）所领导之国权党（Deutschnationale Volkspartei）相结托，至一九二五年希特勒监禁期满出狱，始谋国社党的再建。

国社党在过去数年间之政治活动，大约不出两个方式：一是联络军国主义的封建的势力；一是从事野战式的暴动。希特勒出狱以后，国社党的这两种方式都改变了，对于后者，他渐渐采取合法的选举斗争方式，而对于前者，则力图建立起民众的基础。这种政治活动方式的转变，虽然是使他与独占资本或大资本家阶级接近的一大关键，但在经济安定期间，即在德国劳动阶级尚不曾给予他们以难堪的麻烦的期间，他们还未感到需要这样一个保镖的能力，同时希特勒也还未造成保镖能手的资格。

二、国社党势力之膨胀

希特勒所领导的国社党的势力膨胀，系与劳动大众之势力膨胀相平行，或者说前者的发展是以后者发展为必要条件。因为没有猛虎，是不会产生打虎的勇敢猎夫的。

由一九三〇年至希特勒秉政的一九三三年初，德国政治危机是在不绝伴着经济危机而益形扩展。资本家阶级在维护自己利益的限度内，其唯一有效的恐慌克服方法，就是立意把恐慌的牺牲，转嫁于劳动阶级。然而，前面讲过，要顺利进行这种一味牺牲劳动阶级的政策，一方面固须利用一个能够镇压劳动阶级的势力，同时还须摆开议会政治之麻烦的掣肘。以“行动政府”相标榜的布鲁宁“大总统内阁”，虽然“勇敢”的成就了几件差可人意的“革改”事体，但他不但不能完全满足当时资本家阶级的要求，且更使资本家阶级觉得有另行物色更勇敢更有能力之政治势力之必要；事实上，就在布鲁宁内阁推行财政上之断然改革的当中，资本家阶级已早认识了希特勒所领导的国社党的真正态度。他们知道，希特勒及其党徒们虽高呼反对大资本，反对金融资本，反对不劳而获，都是口号，而其反对国际主义，反对马克思主义，反对议会制度，反对犹太人，则比较确实。而况在一九三〇年十月十八日之柏林金属工人罢工运动，及翌年一月二日之鲁尔矿工罢工运动当中，希特勒已经明白表示拥护资方利益哩！鲁尔大罢工运动发动后，法国不允德国开正式军队去镇压暴动，希特勒不是自告奋勇，愿以其御用的突击队（Sturmabteilung）开去靖难么？

希特勒与独占资本家的这种暧昧关系，一位左翼社会民主党的议员，曾在一九三一年五月三十一日的社会民主党大会中，作过以次的说明：“独占资本主义已经知道它的目的，不会由民主主义达到，而去依赖劳动阶级之敌‘国社党’了。”然而敌党的意见，也许不尽实在罢，现在不妨看看资本家阶级自己是怎样解说。在同年六月三日，在代表莱因兰·威斯特伐伦重工业者利益的“莱因兰·威斯特伐伦共同经济利益保全同盟”的会议中，海休钢铁工业股份公司常务董事，曾有以次一段演说：“以议会政治的方法，把我们与劳动阶级对等看待，我们不能不表示反对。诚然，那听说是如何美满的家长制的组织呵！……劳动阶级的传统想法，总以为在民主主义的国家组织上取得政治的代表者，是一件不得已的灾难。然而，从国家的见地看来，早已无此必要了。因为在‘反动的’工业者及其同志者们，已有‘有能的国社党’为其好好的守备队哩！”

这种议论明目张胆的出自重工业资本家口中，在多方想获得劳动阶级之同情的国社党党徒看来，诚未免觉得过于率直露骨了，但知遇之感，却不由得不更加卖力啊！

然而一般人对于独占资本家的赏识国社党，总不免发生以次的疑问：即他们为什么不维护布鲁宁、巴本，而必要维护希特勒呢？这是颇容易解释的。布鲁宁、巴本都有主张独裁和拥护资本家利益的决心，但他们却缺乏实现那种决心的社会基础力量。然则希特勒的社会基础力量什么呢？简言之，就是拥护他的一般中小资产阶级乃至一部分无产阶级，其中包括有手工业者、小商人、农民、官吏、职员、年金受领者、小利息收入者、农村工人和一极小部分失业的年青的产业工人。换言之，希特勒的群众的来源，主要是小资产阶级和深受小资产阶级影响的半无资产阶级，受小资产阶级影响特别大的一部分工人阶级（农村工人、家庭雇员）以及流氓无产阶级。希特勒及其党羽所拥护的是资本家阶级，而拥护他们的主要群众，则是与资产阶级利害相冲突的中小资产阶级。把中小资产阶级与大资产阶级联系起来，那诚然是大资本家们的愿望，但希特勒及其党羽们究是怎样成就这种任务哩！论到这里，我们不能不把希特勒成功的三大要素加以解述。那三大要素就是煽动的宣传力、武力及金力。

就第一点煽动的宣传而论，那是希特勒认为最重要的得意之作。在《我的奋斗》中，他曾说：“我加入德国劳动党以后，马上即负宣传指挥的责任。我对于宣传这个部门，认为最关重要。”他又说：“如其运动的目的，在破坏旧世界，而建设新世界去代替，那指导者就不能不熟知以次的根本命题，即一切运动，须先把那些活动于运动中的人们，分为两大群，一为‘追随者’（Anhänger），一为党员。宣传的任务，就在获得追随者，而组织的任务，则在募集党员。”此外他还说：“宣传所能鼓动的人数愈多，从事实际斗争之组织愈坚固，则精神的胜利，愈有提早之可能。”诚如希特勒所云，宣传为获得“追随者”和争取“精神胜利”之唯一有效方法，然则他与其党羽究是怎样进行宣传咧！我们姑不论其杂多的宣传工具，只一述其宣传原则。国社党的党纲是多方面的，它的宣传目的，既在取得“精神胜利”，故对于各社会阶层，都尽量予以精神的满足，对于爱国主义者，提示以军国主义时代之强盛德意志的再兴；对于无产劳动者，提示以先公益后私利以及其他社会主义的意识；对于中产阶级，极力保证其社会的及经济的地位之安定；对于国粹主义者高呼排斥犹太人，以满足其人种的偏见；对于农业者，特为制定农本主义的政策，使其怀抱莫大的昭苏希望；至对于大资本家阶级，则更从反马克思主义与扑灭共产党方面，以证示其忠诚。八面玲珑之高嚷与牢骚，在异常感到动摇不定的德国社会中，当然不难获得多数的"追随者"，但希特勒之基础群众，究还是那些动摇或彷徨于资本家阶级与无产阶级之间的中等社会阶层。他们在政治上面无确定立场，而同时在经济上又遭受多方之压迫与打击，在没落过程中的苦闷，使他们不能不关怀于政治。国社党一方面巧妙的予以精神的满足，同时又保证其困苦的生活，将由该党的胜利而改进，他们当然愿意投在国社党的旗下。

不过，煽动宣传虽为国社党获得群众的有效方法，但这种方法能够顺利施行，究还有赖于武力的辅助。因为国社党在德国开始政治活动的时候，其死对头共产党已在全国各地成就了广泛坚实的组织。国社党由种种宣传刊物所发的空头支票，随时会碰到其死对头之破坏其信用的指斥。而且，民众集会是施行煽动宣传最好的场合，但他们在这种场合的牢骚与狂叫，更容易受到其死对头的破坏与妨害。在此种情形下，国社党之"精神胜利"或成功的第二个要素即是武力大肆活动了。本来德国的政党里面，一方面有种种职业团体为其基础，同时还有直接支持政党本身的政党援助团体，以担当前卫的斗争。就社会民主党说，"全德意志劳动组合同盟"（A. D. G. B——Allgemeiner Deutsche Gewerkaschafisbund）属于前者，国旗队（Reichsbanner）属于后者。国社党之相当于社会民主党之"国旗队"的组织，就是突击队（S.A.——Sturmabteilung）与亲卫团（S.S.——Sohutzstaffel）。但国社党的这种前卫团体的组织，与其他政党所属的同类团体，有许多不同之点，就是，其组成份子，多为退伍军人，而其编制则与正式军队相类似。在正式军队受到了凡尔赛和约限制的情形下，希特勒之党军组织是曾经国防军默许过，甚且加以鼓励过的。这对于希特勒党势力之扩张，实给予了不少方便。在一九三〇年九月总选举的时候，其党军人数，已达到了10万左右。党军活动结果，其声势既壮，而"赤色棍徒"的扰害，又复受到防止；此后对于摧毁左翼右翼政党之支援团体的工作,差不多都是由其党军特别是S.A.所一手作成。就在强调煽动宣传之伟大功能的国社党要角戈培尔(Goebbels),他亦力言彼党之成功,颇得力于党军之组织。

然而煽动宣传也好,个人军队也好,都非有大宗金钱,无从推进。希特勒党的详细财政收支状况,终始未见明文报告。党员的党费,街头巷口邀劫式的勒捐,以及开民众大会的入场金等收入,那不过只占有其浩大费用的极有限部分罢了。然则该党之主要党费来源,究在哪里呢?据奥托·发尔特(Otto Walt)的记载,远在一九二八年,希特勒即由敏亨地方之大出版业者纺织业者,以及著名的洗染业者和大磨石工业家,取得10万马克以上的捐款。在一九三二年七月之德国某杂志中,汉斯·柏特尔极(Hans Betelzen)亦发表希特勒由工业资本家,旧帝政时代之贵族,和其他财阀,取得数百万马克之捐款。其实,莱因柏林等地之产业资本家,爱森之重工业者和矿业联盟,汉堡之合同制钢工厂主,乃至全国的大贵族大地主们,殆莫不对希特勒提供过巨额资金。在大地主之中,单是易北河流域东部一带,就曾提供过2000万马克。此种事实,连希特勒之左右手的党羽奥托·希特勒塞(Otto Strasser)亦不否认。但他不过只说希特勒由莱因重工业家们所通融的运动费,在一九三二年末,已达1200万马克罢了。此外,在金钱筹集上,与德国许多重工业家及旧贵族有来往的胡根堡氏,实有莫大的助力;说者且谓希特勒正式充当大资本家们的警卫,还是由于胡根堡的先容哩。事实究否如此,虽尚存有几分疑问,但国社党运动费用之主要来源,是出自大资本家大地主贵族,那却是千真万确的。

希特勒党有如此可靠的财源,无怪其在更充实的武力与煽动力下"所能鼓动的人数愈多",其"精神的胜利",亦"愈有提早的可能"了。在一九二八年三月第四次总选举中,国社党所获得之议席仅为12席,在一九三○年九月第五次总选举中,增至107席,至一九三二年七月第六次总选举之成绩,且增加至230席,然当同年十一月之第七次总选举,则复降为196席。迨至一九三三年第八次总选举,更突增至288席。国社党这种"精神的胜利",实令人不胜惊愕;然而试一分析此种"精神胜利"之物质基础,则又恍然而悟其无可骇异了。

在第七次总选举以后,国社党开始实质的取得了德国的政权。政权到了手,其第一步工作还不在对民众履行其诺言,而在要求自我政权之强化。

三、议会政治没落与统一国家出现

原来希特勒在一九三二年七月第六次总选举大胜之后，他即与兴登堡大总统作政治的折冲。他向大总统要求“政府之指导权及全国家权力之委任”。大总统不予承认，结局仍由巴本继续维持内阁。同年十一月巴本内阁崩溃，希特勒与大总统之间，又作同一的政治折冲；当时国社党已由第七次总选举（同年九月）失去其议会中绝对多数之地位，故兴登堡对于希特勒之同一要求，更有反对的理由。在此第二度宣告政治折冲破裂的当中，以“社会的将军”（der Soziale General）自许之斯莱辄（Schleicher）将军，乃出组内阁。这位“社会的将军”在议会中虽无与党，且又与共产党、社会民主党乃至国社党之间，不能发现妥协的途径，但他除国防军的武力外，还有“国家非常时”理论（Staatsnotstands-Theorie）。据此理论，“国家非常时”可以无须取得议会或任何政党的同意，而以强权厉行独裁政治。在此种认识下，他于翌年一月二十八日向大总统要求两种权力：一是解散投不信任案之国会的权力，一是防卫新暴行并长期确保国内和平的权力。在国防军的联系上，兴登堡总统是应当对斯莱辄将军特予优容的。但本身即为一东普鲁士大地主的大总统，却又不便过于放任这位不采行拥护大地主政策的将军。结局，斯莱辄内阁崩溃了。

政局动摇不定，极左翼的活动，乃更形猛烈。在此情形下，为独占资本及旧贵族之卫星的巴本与胡根堡一流人物，乃知政局非从速使其安定，并立即唤起国民或国家意识，以期镇定无产劳动大众之阶级情绪不可，他们由是怂恿希特勒出任国民内阁首班。希特勒及其党羽自前两次政治折冲失败，及第七次总选举丧失数十名议席后，其意兴已不若前此之激昂，而其对此后总选举之胜算亦颇无把握。况政局愈成僵局，即愈会予极左翼以活动之机会，而使其被拥护之大资本家感到不快的惊惶。在这多方面的划算上，希特勒软化，右翼联合内阁成立了。

在这个联立内阁中，国社党只占有三席。巴本以副总理兼普鲁士总监，而胡根堡则以经济部长兼食粮与农林部长。事实上，联立的国民内阁，是以希特勒、巴本及胡根堡为三大支柱。所以希特勒于就任内阁总理的一月三十日，曾对其党羽作以次的演说：“我党同志诸君！我们经过德国历史上无与伦比的十四年的政治奋斗，现在算达到一大政治成果。大总统兴登堡任命国家社会主义运动的领袖即我为德国内阁总理。国民的诸团体与诸党派，共同为德国的更生，而团结斗争。”这所谓“国民的诸团体与诸党派”，当然含有两层意义：一是希特勒内阁还是由右翼诸团体党派的凑合，而并非国社党一家的天下；一是为德国更生而从事斗争，只有同“国民的”团体党派相团结，至若那些非国民的左翼诸团体党派，则不过是我们团结斗争的对象。

所以组阁后二日即二月一日，希特勒政府首先解散国会(Reichstag)，更于同月六日解散邦议会(Landestag)，同时并依大总统之紧急令，使普鲁士之布诺(Braun)政府的行政事务，统委之于当时由国社党戈林格充当之国统监处理(按布诺为社会民主党领袖人物，希特勒政府此种处置，盖不外削夺社会民主党政权之第一步)。同日又发布对于集会及出版自由之限制令。且对共产党本部及支部大肆搜查。不但此也，在解散国会的二月一日，这所谓“国民政府”(Die Nationale Regierung)曾发表一篇堂哉皇哉的长“檄文”(Anfruf)，昭告国民及友邦。全文计分三章，第一章系把战后十四年之德国颓废历史，归罪于马克思主义(社会民主党及共产党)；第二章系阐述德国国民经济复兴的方针；第三章则系提倡外交关系之亲善。关于第二第三两点，我们以后还有述及的机会；其实希特勒国民政府发布此檄文的主旨，要不外强调第一点。因为这是“国民的”诸团体诸党派所最齐心努力的。

希特勒对于这造成“德国颓废历史”的共产党及社会民主党，并非同时进攻；他是采行各个击破的策略，首先从消灭前者的势力入手。二月四日，希特勒师布鲁宁的故智，以大总统内阁的形式，发布“关于保护德国国民之大总统令”；据此法令，凡属示威运动及户外政治集会概行禁止，新闻及其他出版物停止，以政治为目的之金钱物品的捐助募集禁止。但这诸般限制，究不足以消除共产党之潜势力。希特勒知道要对共产党作澈底的清算，势不能不找得一个大口实，即举国对共产党表示非议的口实。延至同月二十七日，忽有国会议事厅焚毁事件发生；有了这凑巧的理由，政府乃于翌日发布“关于保护国民及国家之大总统令”。据此法令，政府得限制个人一切发表意见的自由，得检查书信电报电话，且得于必要时搜查家宅，押收财产。政府根据此法令搜查共产党本部即李卜克内西厅

(Liebknecht Hans)的结果,居然认定该党有计画的焚毁国会议事厅的形迹,且发现了他们要在全国发动革命之文件。共产党的罪状昭然,于是政府迅速扑灭其新闻,占据其本部,并逮捕其干部及百余名议员。其首领得而曼(Ernst Thalmann)亦于是逮捕入狱。此后国社党及政府对共产党之弹压与干涉,虽惟日不足,但三月十五日总选举之结果,该党犹因 500 万选民之拥护,而保有其第三党的地位。此种势力,使希特勒政府感到异常狼狈不安,乃进一步在全国各邦作同一之扑灭"赤色匪徒"大活动,自此以后,希特勒政府之隐忧,始在表面上完全消去。

"国民"之劲敌袪除,在其他"国民的诸党派诸国体"也许觉得于愿已足,但希特勒党不仅视共产党为敌人,即挂着马克思主义招牌,而常开资本主义药方的社会主义党,亦因其拥护议会政治,和拥有广大的劳动群众,而早成为国社党之次于共产党的死对头,所以在共产党扑灭之后,希特勒立即着手清除这个保育于第二国际之下的敌人。社会民主党经过数十年的政治活动,其社会地盘比较强固。希特勒虽把对付共产党的前述两大总统令,用以对付社会民主党,停止其新闻,禁止其集会,妨害其选举,但三月五日总选举结果,该党仍有 700 余万选民的拥护,而保持住其第二党的地位。前述国旗队是社会民主党的唯一支援团体。希特勒知道要消灭社会民主党,先须铲除其国旗队。三月中旬,希特勒政府以迅雷不及掩耳的手段,解散国旗队。国旗队解散,为社会民主党之核心的"全德意志劳动组合同盟",乃因毫无防卫,而在多方压迫与诱导的情势下完全落在国社党手中了。然这还是五月初间的事。社民党既无职业团体为基础,又无支援团体作防卫,而其党干部意见丛生,许多负责领袖,且事先逃遁国外,予敌党以攻击的口实。延至六月二十二日,希特勒党以社会党逃往国外份子,与国内党员相策应,而共谋不利于国民及国家的举动为借口,由是社会民主党之一切活动,概行停止,由该党选出的议员,亦停止职务。有六十余年历史的德国社会民主党,至是竟告终结。

造成"德国颓废历史"之马克思主义诸团体诸党派肃清以后,希特勒之魔手,渐渐要向"国民的诸团体诸党派"活动了。这些团体党派既都是站在反国际主义反马克思主义的"国民的"立场,希特勒又曾宣言要与它们共同为德国的更生而团结奋斗,那末,他将怎样向它们进攻呢?我们从这里可以看得出国社党战略的高明了。德国议会中比较有力的右翼政党，当推中央党与德国国权党。中央党领袖开斯(Lud. Kass)在希特勒组阁之顷，曾与希特勒作政治的折冲；开斯因怀疑希特勒对于《韦玛宪法》的态度，而拒绝入阁。在议会拥有70余席之中央党的向背，于政府法案的通过上，实具有举足轻重的势力。所以希特勒在摧毁社会民主党的过程中，即已安排好了对中央党进攻的阵势。原来中央党是以德国南部及莱因等地之旧教势力为中心，而带有浓厚宗教色彩的政党，党内构成的要素，多为与旧教有关系之资本家、劳动者、农民以及中等阶级。其所属的职业团体与支援团体，计有基督教劳动组合，加特力教会及其他诸种加特力教团体。希特勒对于中央党的进攻，首先就是从这些团体入手。他把基督教劳动组合，统一于其新设之"德意志劳动战线"(Deutsche Arbeitsfront)中(前述社会民主党之"全德意志劳动组合同盟"，亦被统一于其中)，而其他加特力教会等组织，则由国立教会(Reichskirche)予以划一之支配。这所谓"国立教会"之表面目标，原不外为全德意志国民作成一路德派教会。然使全国信仰教义不同之诸宗教，统一于单一之教会，当然不免激起国内各种教派之猛烈反对运动。中央党当时自谓利用此反政府运动之得计，而不知正堕入希特勒之计中。六月三十日希特勒利用反政府的口实，命令封锁普鲁士之"德国加特力教徒和平同盟"、"十字架队"、"德国加特力教国民协会"、加特力教青年会等等，所有此等团体之书籍与财产，统行没收。此后，普鲁士以外各地之加特力教会机关，都惨遭同一命运。中央党之根基既拔，当然只好迫而自行解散。七月六日中央党本部之自动解散宣言发布。前此一日，与该党携手而构成其一分派之巴阳国民党(Bayerische Volkspartei)，亦自动解消。

实际上，在中央党正式宣言解散以前，在国民内阁中占有重要地位的德意志国权党，亦经寿终正寝了。国社党与国权党的苟合，其共同目的本在对付共产党。胡根堡兼任食粮农林部及经济部，同时又兼国统监(与部长地位相当)，其腰包人物即钢盔团(Stahlhelm)领袖佛兰兹·色尔特(Franz Seldte)复充当劳动部长。在内阁中国权党居然据有四个重要位置，那在一方面可以说明希特勒对于胡根堡如何迁就，另一方面却又可说明希特勒党对于胡根堡如何必欲去之而后快。果然在共产党势力将告肃清的三月，希特勒即以共党份子混入钢盔团的理由，而开始对该团行使种种压迫。钢盔团团长色尔特为保全其劳动部长之地位计，乃于四月二十七日发表宣言，率其团员加入国社党。为国权党之支援团体的钢盔团既投降希特勒，胡根堡在政府中之政治地位，自不免大大降落。但胡氏恃其过去与希特勒的关系，恃其有德国重工业家及反动大贵族之奥援，尚图作最后挣扎。但他所兼的重要职位太多了，同时，食粮农林部与经济部的职务，在经济恐慌日益加深扩大的德国当时状况下，不独要代国社党受过，且还要被视为阻止国社党之有效经济政策推行的障碍。国社党与胡根堡之间发生龃龉，需要统一的强有力政府的德国资本家阶级，必然认为是一种不能忍受的混乱，为求终止此种不安定状态，他们要一个有力的无条件的忠于独占资本的政府。在种种打算上，他们情愿牺牲其忠实的仆人胡根堡，而给希特勒以全权，令希特勒及其党羽保护资本主义的全责。资本家阶级既有此成算，希特勒更自无须作任何顾虑。六月下旬，政府开始对胡根堡的国权党及其所属的支援团体，执行种种弹压手段。其所持之唯一理由，仍为容混共党及社民党份子，企图"赤化"。同月二十一日，同党之青年部即"德意志国权党斗争团"(Kamp King)被迫解散，并由警察队及S.A.与S.S肆行搜查此斗争团之本部支部，逮捕许多干部及党员。此外，"国权党工业中等阶级斗争同盟"，及国权党经营集团组织，通被禁止。在政府肆行压迫的当中，胡根堡虽曾一度提出辩驳的抗议，但大势已去，无可挽回。六月二十七日，他终于辞去其本兼各职，而煊赫一世的"德意志国权党"，亦于同夜宣告解体了。

七月六日，希特勒在国代理官会议席上，曾有以次的得意的讲辞，他说："现在诸政党(die parteien)都相继排除了。这是一种历史的事实。关于这种历史事实的意义与效果，也许还有人不曾完全意识到。……今后政党(die Partei——即指残留下的国社党)就是国家。一切的权力，皆存于国家支配权的手中。"然在政治方面足为独裁阻碍的，除议会制度外，还有联邦制度。"诸政党都相继排除了"，议会制度算从根本予以否定；然则联邦制度怎样呢？事实上，希特勒党在排除其他政党的过程中，已经在逐渐削除《韦玛宪法》所赋予各邦的权力。

根据《韦玛宪法》，德意志各邦，除了外交、军事、货币、邮政、关税等项立于国政府监督之下外，其余一切皆听其自治，各邦都有独立的政府与议会。这种联邦政治状态，颇不适于澈底推行独裁。而况各邦的议会与政府，又多半是由他党势力所盘踞咧！因此，希特勒党在掌握政权之始，即着手从行政方面立法方面削夺各邦的权力。

在以希特勒为首班的内阁成立后一周间(一九三三年二月六日),即创立所谓国统监制度(Reichskommissariat),首先把社会民主党控制下之普鲁士政府的政权,移归国统监(当时的国统监为巴本及国社党要人戈林格)。至同年三月上旬,希特勒更乘国会总选举的空前胜利,把这种统监制度,扩充到普鲁士以外诸邦及诸自由市。三月廿四日,政府更由议会获得非常时期得自由行使国家权力并得任意制定法律的"国权委任法"(Ermächtigungsgesetz)。由是在四月七日,就有两种重要法律出现,一是"国对诸邦划一支配的第二法律"(Zweites Gesetz Zur Gleichschaltung der Länder mit dem Reich),一是"官吏法"(Beamtengesetz)即所谓"职能官吏制度复活法"(Gesetz zur Wiederherstellung des berufsbeamtentums)。由前一法律,各邦(除普鲁士外)都设一国代理官(Reichsstatthalter),此国代理官乃代理国内阁总理监督各邦行政及立法,并得解散邦议会,制定邦法律及罢免各该邦所直属之官吏;至后一法律及主旨,则不外以国社党党员代换各邦之非国社党官吏。

经过这几种进攻式的法制的变革,各邦由宪法所赋与之独立权限,已经剥夺殆尽,但希特勒尚不敢正式废除邦议会,废弃联邦制度。延至十月十四日,希特勒利用脱退国联,在国内引起一大刺激的机会,由政府颁发脱退宣言,同时附带两种命令:其一是解散国会与新选举,其一则是施行国民总投票。关于国民总投票的花样,以后还有谈及的机会,在此姑且不论。至前一命令,却似有几分滑稽。因为各政党次第清除后,残骸的国会,不过是希特勒党徒清一色的包办机关,解散与再选,至多也不过是国社党内部的升沉变动,于民意无关。但希特勒必欲玩此戏法,盖因根据三月三十一日之"国对诸邦划一支配暂定法",国会解散,地方议会亦相伴解散。但这伴随国会解散之各邦地方议会,希特勒政府并未命其再选,这已大可窥见其废除邦议会之心机。十一月十二日国会选举,至翌年一月三十日内政部长惠尔赫姆·佛利克博士(Dr. Wilhelm Frick)所提的"联邦制度改革法案"(Das Gesetz über den Neuaufbau des Reichs),轻快的在国社党清一色的国会中通过。此法案的序言是说:"一九三三年十一月十二日之国民投票与国会选举,证明德意志国民超越了一切内政上的限界与对立,而融合为紧密的内部统一体。"至其大体内容则是:各邦议会废止;各邦统治权移属于国,各邦政府从属于国政府;国代理官由国内务部长监督;国政府得制定新宪法。依此几项条文,德意志联邦制度已完全废止。俾斯麦企图完成而卒未完成的德意志的实质统一,居然由希特勒实现了。这是希特勒党最得意之作。

然而希特勒由夺取政权到独裁强化,始终是在独占资本的要求与赞助下逐步推行。危害资本家阶级势力之摧毁,虽然在消极方面满足了资本家的要求,但他们在积极方面对于经济改善,和国际关系改善等问题,还颇有赖于希特勒党的势力;同时希特勒党自身对于资产阶级以外的各社会阶层所频发的空头支票,亦需要作某种限度的兑现咧!

第八章　国社党纲领之试炼

一、民族主义与反犹太人运动

前面讲过，希特勒党是非常重视煽动宣传的。煽动宣传除了把事实（歪曲并造作的事实）做材料外，同时还不能不有一定的主张或理论作基础。国社党在一九二二年宣布出来，并在一九二六年附以“永不变更”之决议的二十五条纲领，大概可以视为该党领袖及其党羽所奉为坐言起行之金科玉律罢。在这里，我们用不着把这纲领逐条抄写出来。只要是肯耐性将它通读一遍的人，他一定会觉得这个纲领中的积极成分太少，消极成分太多，换言之，就是只有破坏而无建设。其消极破坏方面的经纬，可归纳而得以次诸要点：

（一）反凡尔赛体系；

（二）反议会制度；

（三）反犹太人；

（四）反大资本家及地主。

奇怪得很，希特勒党做得有声有色的反马克思主义反共产党原则，在纲领中讫未有一字提及。据说这有几种原因：其一是，反马克思主义与反大资本家及地主的原则相矛盾，而纲领则是不便矛盾的；其二是，反马克思主义与其标榜的“社会主义”意识，特别是与“国家社会主义劳动党”这个名称，多少有点冲突，所以只好一笔抹过不提。但这都是从理论上立论，而实际则据说还是因为在此党纲领创建的时候，德国马克思主义的思想，已遍及于资产阶级以外的各社会阶层，如希特勒当时未顾虑及此，一定会使党纲成为其吸收党员及“追随者”的障碍。为迁就事实计，自不妨在纲领上留下此一漏洞，况此漏洞后来已由事实予以弥缝补充了呢！

至若上面四项中之（二）项反议会制度，前章已经解释过了。特反议会制度主张之实现，虽然是纲领一部分的实现，但就取得政权，并使独裁强化上讲，这还只算是取得了实施其他纲领之政治基础。换言之，即国社党之纲领的现实性，乃取决于其反大资本家及地主，反犹太人，反凡尔赛体系的成果。反大资本家及地主，是国社党之"社会主义"的理想；而反凡尔赛体系及反犹太人，则是其"民族主义"或"大日耳曼民族主义"的理想。现在姑先就其反犹太人运动的全般情形，加以解说。

如说，由希特勒所领导的国家社会主义运动，不外是一种反犹太人运动，那虽不免有点过火[其实国社党的台柱奥托·斯特拉塞(Otto Strasser)就曾愤激的说，该党缺乏大众基础，势将成为"一个纯然反犹太人的经济党"]，但他那种运动，至多也只能算是一种反犹太人运动的扩大。整个国社党的二十五条纲领，差不多有一半以上是涉及犹太人，或对应着犹太人而制定的。其中明白直接反对犹太人的地方，为第二十四条："本党反对犹太人之实利主义精神……"及第四条："凡国民之同类，始可作德意志国民，凡属德意志血统者(不论其信仰如何)，始得为国民之同类，故犹太人不能视为国民之同类。"第四条是反犹太人的骨干，由这条引伸出来的，如"非本国国民，只可在德国作客居留"(第五条)，如"倘全德国人口之扶养不能维持时，即应将居留在德国之外国人驱逐出境"(第七条)，如"一切'非德国人'对德国新闻发生经济关系或影响时，均予以法律之禁止，……并将该非德国人驱逐出境"，以及"凡以德文发刊之新闻，其机关中之编辑与职员，均须为国民之同类"(第二十三条)；除此以外，如"扑灭利息的奴隶制"(第十一条)，如"没收一切因战争而获之赢利"(第十二条)，如"主张将大百货公司立即收归市区所有"(第十六条)，如"凡是国民之共同罪人，盘剥重利者及奸人等等，不论其信仰与种族如何，均应处以死刑"(第十八条)。凡此等等，均莫不是或明或暗的指斥犹太人，并剥夺犹太人的权利。

抱着征服世界雄图的国社党，竟对于散处国内的弱小犹太人大张挞伐，殊未免有狮子搏兔之感。至犹太人之所以成为国社党攻击之敌，据国社党领袖希特勒的一再声明，似乎就是为了犹太人之嗜利而忘义；这种嗜利而忘义的气质，不但会在日常生活中，使高洁的德国人受到影响，且会由婚娶的方式，使纯粹的德国人的血液受到玷污。所以排斥犹太人，不外是使日耳曼民族圣洁化。至犹太人根据其嗜利的气质用种种方式剥削德国国民，那当然也是爱国主义的希特勒所难容忍的。要之，希特勒之反犹太主义，完全是立脚于民族主义。

但希特勒党徒关于反犹太人之政策，却又曾以下面这样新奇的论调，答覆其质问者说："试想，如我们的政策，单单反对犹太人，那已不合于二十世纪的精神。但我们是社会主义者。社会主义者与犹太人根本不能并存；如要达到社会主义，即使德国无产阶级得到解放，或使德国民族自由，非反对犹太人不可。我们既希望德国获得自由和社会主义之实现，势不能不打倒犹太人。犹太人当然为人类，但正如苍蝇为动物一样，不是可爱的东西。……我们不惧怕二百万的犹太人，我们要向其拼命奋斗，那样，他们才会惧怕我们这六千万德国人哩！"①

从此看来，反对犹太人，除了为实现民族主义的理想外，还为了实现社会主义的理想。然据说，同时也据国社党的宣传，主张废除私有财产制度的马克思为犹太人，却又是犹太人应被打倒的理由之一。除此以外，主张政党议会制度的爱柏尔特（德国第一任大总统）为犹太人，代表签订《凡尔赛条约》的为犹太人，起草《韦玛宪法》的亦为犹太人，议会制度、《凡尔赛条约》、《韦玛宪法》都是国社党所反对的，故这些通常也被视为希特勒党反对犹太人的原因。然一揆诸实际，这都只算是偶合的皮相观察，或者是国社党借以淆人视听之宣传。希特勒党反犹太人运动之真正的动机，盖不外以次诸点：

第一，提高民族情绪。民族的、国家的或国民的诸意识，那都是缓和一般劳动大众对资本家阶级之深刻不满的有效镇定剂。但要高扬这种意识或情绪，顶好是把握一个反对对象；在此对象上所进行的摧毁工作愈紧张，就愈会使一般劳动大众忘怀于其正面的压迫者；况由糟塌犹太人所陪衬出的德国民族之优越性，更大可给这般物质上之苦恼者以精神的安慰咧！

第二，见好一般民众。大战后的德国中小商工业者农业者，大都是靠借债维持或恢复其业务。在通货动摇不定的当中，在货币资本异常枯竭的情形下，以金利生活著称的犹太人，当然会要求过重的利息，以致增加这些中产阶级的困苦，从而引起他们莫大的反感。当时想拉引中小资产

---

① 见 Living Age, Jan. 1932. "What Hitler will do?" p. 391.

阶级为其社会群众基础的希特勒党，自然知道"反犹太人"是这般民众所要求的口号。

第三，解决一部分的人口问题与失业问题。德国人口是相当稠密的（每方英里为361名）。希特勒在其党纲中虽曾贸然的提出殖民地与土地的要求，但他自己亦知道不容易实现。同时为培养对外实力计，他又严格规定每个家族从事有四个小孩子的竞赛；在这种情形下，把占有德国人口1/30的200万犹太人（关于犹太人在德国的实在人数，其说不一，就前述国社党所举的数字为200万），驱逐出去，当不失为解决一部分人口问题的有效方法。加之，德国失业问题的苦痛，是我们屡经讲过的。"从国家机关中，市政府中，银行中，以及与政府有任何一种关系的工厂中，甚至于在有些与政府有关系的私人企业中，把'马克思主义者'和犹太人驱逐出去，而代以国家社会主义者"①，那不但可以解决一部分失业问题，且可解决国社党内部之位置党羽问题呢！然而反犹太人还有最基本的原由在，即

第四，满足大工业资本家的要求。我们在前面已述及德国大工业资本家们资助希特勒的情形。当时这些工业资本家的"慷慨"，一方面固在要求他代为处罚不安分的劳动阶级，同时并还要求他惩治那些侵蚀的"民族"资本的犹太人。犹太人在德国的资本形态，主要是金融资本与商业资本，这在资本的阵营内，恰好与产业资本相对立。如说希特勒政权的特质，就在对于独占资本从事防卫，那这种排斥犹太人的原由，就算是最本质的原由了。由是可知，犹太人的实利主义精神，不但德国的大工业资本家染上了，就连希特勒自己亦染上了。

然而出乎意外，希特勒党对于反犹太人的前三个要求，都相当有所成就。而对于最后一个最本质的要求，却似乎尚未收到满意的结果。被指斥为犹太人的大学教授、公司职员、衙门官吏，乃至工厂及小铺店中的工人店伙、旅馆使者，都成千成万的放逐出了"光辉的第三德意志国家"，但犹太系的大金融资本家、大房产所有者、大百货公司老板，却仍安然无恙的，在利用其"不劳而获的收入"，以度其为"纯血德意志人"所艳羡不置的骄侈淫佚生活。

---

① 见《时事汇编》一卷三期瓦加尔著《德国法西主义执政后的前顾与展望》。

希特勒党这样宽容有钱有势的犹太人，也许不单纯是因为中了犹太人“拜金主义”的毒，或如国外社会民主党所宣传的，受了他们的贿；而主要是由于犹太系的金融资本与商业资本，早已在德国筑起了不容易颠扑的基础；并且德国犹太系的资本，又与国际犹太系的资本结成了坚固的阵势；希特勒党要动摇这基础，突破这阵势，势必招致政权瓦解的危机。这样，以反犹太人运动为骨干的希特勒党的民族主义，结局不但变成了一种“单纯反犹太人的经济”主义，而且是一种太不澈底的经济主义哩！

现在，我们再看看希特勒党之民族主义向外活跃的成绩罢。

二、反凡尔赛体系与外交孤立

以大民族主义大国家主义为中心，而大施其煽动宣传技俩的国社党，其对内着重在反对“非我族类”的犹太人，而对外则着重在反对束缚其自由发展的凡尔赛体系。《国社党党纲》二十五条中，有一半以上是反犹太人的，这在前面已经讲过，但党纲中最关重要的第一、第二、第三，三条却都是针对着反凡尔赛体系而发的。如

“第一条，根据民族自决权，吾人将促进整个德意志民族之结合，使其成为大德意志。

第二条，吾人要求德国民族之国际地位平等，并要求废除《凡尔赛和约》及《圣日耳曼和约》。

第三条，为扶植吾国民族，及移殖过剩之人口计，吾人要求殖民地。”

第二条系直接反对凡尔赛体系固不待言；第三条要求殖民地，其立意，当在恢复其由《凡尔赛和约》分割去的殖民地。而第一条之大德意志主义之主要动机，则在铲除《凡尔赛和约》对德奥两国间所确立的分离政策。

德国自斯特莱斯曼于一九二四年确定西向妥协政策与协约诸国先后成立种种协定以后，其国际地位，已由一九二六年之加入国际联合会，而逐渐改善。德国最痛恨的赔款问题，在一九三二年巴本内阁时代，虽曾由《洛桑赔款协定》的签订（同年七月八日），大体告一段落（由德国支出 30 亿金马克），但《凡尔赛和约》对德国其他方面所加的束缚，却并不曾有多大的减除。因此在资本主义法则支配下的德国资本主义第三期的苦痛，

确较任何其他资本主义国家深刻。在《洛桑赔款协定》签订的当时及在这以前不久，德国国内要求对《凡尔赛和约》重新予以清算的空气，实异常浓厚。狭义的国家主义者、军国主义者固不待言，就是那些一向支持西向妥协政策的大资本家们，为了无法克服恐慌困难，且为了转嫁其对劳动阶级所加的榨取责任，亦把《凡尔赛和约》看为其诅咒的对象，从而始终仰其鼻息的希特勒党，自然更好大做煽动宣传工夫。协约诸国在洛桑会议中之所以肯对赔款问题让步，一方面固然是深感德国经济困难的深刻，因而逆知非如此让步，不足以阻制其国内极左倾运动的抬头，但另一方面却也期望能由此暂时抑制其极右翼势力的伸展。

然而代表德国极右倾势力的希特勒党，终于赔款问题落着后的几个月间，取得德国政权了。希特勒党无论就履行其十余年来对民众的诺言讲，抑就转移劳动大众乃至中小资产阶级对资本家阶级之憎恶情绪讲，都不能不对外勉作强硬的要求，即不能不打破凡尔赛体系所加于德国的种种束缚。

希特勒党在破除凡尔赛体系的挣扎中，存有两个根本要求，一是扩张领土，一是扩张军备。前述国社党纲领第一条的大德意志主义与第三条的殖民地要求，通为其希望扩张领土之注脚。在大德意志主义企图之下，除了奥地利须并合于德国版图外，波兰及捷克斯拉夫之领土，都须割裂，比利时、法国，乃至瑞士、丹麦，都不能维持其现有国境。但这种变更政治领域的企图，就是言大而夸之希特勒及其党徒，亦知非纯用国内争取政权之狂呼怒吼手段所能实现。在此种认识下，他们要求扩张军备，即破除《凡尔赛和约》所加于德国的军备限制。

原来德国对于这个要求，是从消极积极两方面出发；在积极方面，它期望能让其军备扩张到与他国（特别是法国）相等的程度；这层万一不能做到，它则期望他国缩减军备到与德国相等的程度。这种军备平等要求，在德国本是理直气壮。而且《凡尔赛和约》中，还显然表明德国解除武装，是一般军缩的序幕。至根据此和约所成立的《国际联合会规约》第八条，更实质的保证军备之削减与限度，为国联主要任务之一。此外，在交战各国言归于好的《罗加诺条约》的最终议定书中，还明确规定各国应当“一致同意于努力实现军备之撤废”。但这些条文尽管一再表明各国军备当一般减除，事实上，除德国而外，一切国家差不多都在明目张胆的加紧扩充军备；由是，德国在军备上愈益相形见绌，而其对于军备平等的要求，乃愈益炽烈。在一九三二年七月的军缩会议中，德国曾重申其一九二六年军缩预备会议所提示过的“平等权利”的主张。它以为德国不增加现有军备，必须各国缩减其现有军备。这主张被各国拒绝后，德国即从军缩会议退脱出来。但至同年十二月十一日，德国复因列强承认“在安全确保条件下之平等权利”的基本主张，重新回到军缩会议来。当时英国曾照此主张，作成一具体方案，规定以五年为过渡期，此过渡期终了后，德国即可绝对自由及绝对占有与其他各国平等的权利。

然而德国这种军备限制关系的改进，乃是希特勒未掌政权以前的事。至翌年一月希特勒取得德国政权后，情势大变了。希特勒及其党徒在国内尽量铲除极左翼的势力，自谓可以邀得各资本主义国家的同情，因而允许其充实军备，以便充当资本主义世界一方面的防卫。但希特勒的这种打算，恰好得到了反证；协约诸国不但不酬报其铲除左翼势力的功勋，却反因其对内铲除异党所暴露的横暴行为，而益加疑虑其对外的非常活动。由是，它们不独不允许希特勒即时撤废军备限制的要求，且进而翻改其已经在一九三二年十二月所允许德国的相对平等方案，即经过五年过渡期间以后，德国得绝对自由，绝对与他国平等的方案。在希特勒取得政权的九个月后的一九三三年十月，英国外相西门(Sir John Simon)竟作成一个修改此方案的计画。此计画与原方案绝对不同之点，就是把五年过渡期，改作四年监督期，其大意是监督德国，看德国在此四年期中，是否完全遵照条约，未增加军备；如德国果未增加军备，然后协约诸国乃开始缩减军备。至此四年后，德国究否能取得绝对平等自由权利，其他各国究竟缩减军备到若何程度，皆未明白确定。列国这种态度的转变，它们曾直言不讳的说是：过去所允许的“平等”，现在不能适用与保证，换言之，就是希特勒势力支配下的德国，颇使它们发生疑虑。

以争取国家自由平等相号召的希特勒党，在其取得政权后，反而使国家自由平等的权利，进一步受到限制，这不能不使他们感到愤激与失望；这种对外的碰壁，与前述对内划一政权的要求，加以为要对国民表示对外政策上之强硬的与断然的决意，希特勒政府卒于同年十月十四日宣布退脱军缩会议及与军缩会议相关联的国际联合会。德国退出军缩会议退出国际联合会，已经表示是法西斯蒂外交之孤立，而它这种脱轨的超越举动，却更增加列国的疑虑，使它们更加对德国行使警戒。因此，希特勒党企图借外交上的冒险政策，来加强其国内的“尊严”；且在国家如何危险，列国如何压迫德国的庞杂宣传中，“选出”新国会，宣示“国家的统一”①，诚然是着着成功了，但德国外交上的孤立与失败，却为不可掩饰的事实。

不但如此。希特勒政府一方面与日内瓦切断联络，同时在另一方面却又几与维也纳切断联络。前面讲过，希特勒党对凡尔赛体系的挣扎，原是存着扩大领土与扩大军备的两种愿望。如其说扩大军备是作为扩大领土的手段，那在军备不能自由任意扩张之前，要想借武力扩张领土，显然是没有多大希望的。在此种情形下，势不能不采取比较可能的途径，即扬起大德意志主义的旗帜，而先从奥地利下手了。

德奥合并的企图，在布鲁宁内阁时代本已开其端绪。然自“合并”第一步之德奥关税同盟痛遭法国反对后，希特勒对于强行合并奥地利的念头，似乎知道为国际情势所不许。由是他在取得德国政权后的对奥政策，仅是企图在奥国造成一个完全受德国支配的政治局面，换言之，就是在奥国确立一个奥国国家社会主义劳动党的政权。在此种计划下，受希特勒影响与指导的奥国国社党，乃开始在奥国作夺取政权的猛烈活动。但论到这里，我们应当先把奥国国内的政情，描画一个轮廓。

奥国于一九一八年十一月十二日完成德国式的共和革命后，共和国家的政权，亦和德国一样，大体是掌握在社会民主党的手中。《凡尔赛和约》的结果，奥地利已丧失其大部分的国土与经济资源，从而，德国在战后所经验过的痛苦，奥国实更凄惨的经验到了。沿着历史的自然的趋势，在德国发生的法西主义运动，亦同样发现于奥国。出现于奥国西部诸州的所谓“乡土军”(Heimwehr)，其口号是“拥护乡土”，由奥国马克思主义(Austromarxismus，——按指奥国社会民主党)手中，夺回其乡土奥国。他们这种口号，虽然大体与德国以退伍军人为基础的国社党的主张，若合符节，但其形成决定的政治势力，却是与基督教社会党(Die Christliche Soziale Partei)合流以后。原来在基督教社会党之陶尔斐斯(Engelbert Dollfuss)内阁出现以前，奥国的政局，是受着两种外国势力的支配；这所谓两种外国势力，一是以工业资本为背景的德国势力，一是以金融资本为

① 参照第七章第三节。

背景的英法势力。在希特勒党尚未取得政权，即德国社会民主党尚未完全失势的当时，奥国国内受德国势力支配，从而主张与德合并的，是社会民主党及大德意志党；而同时受英法——特别是法国势力支配，从而反对与德国合并的，则是基督教社会党与乡土军。这对立的两种势力，在前原是前者占有优势，然自一九三一年五月，以奥地利信用所(Kreditanstalt)发端的金融恐慌爆发后，自己正为金融恐慌所苦的德国既无法救济，于是法国及以法国为中介之英国金融势力，乃乘机侵入。法国救济奥国金融所附之唯一条件，就是要奥国放弃亲德政策。在此种情势下，第二次布勒奇(Buresch)内阁卒于一九三二年五月塌台，而代之以陶尔斐斯内阁。

特陶尔斐斯内阁虽有法英诸国之金融资本撑腰，然陶尔斐斯所属的"基督教社会党"及"乡土军"一类右翼团体在国会中所占的席数，还不及其反对党派所占议席之多。加之，德国国社党势力之膨胀，不旋踵即使奥国国社党异常活跃；由是在对外政策上，不啻为其反对派加一助力。"小拿破仑"陶尔斐斯知道要打开此种政治难局，第一步不能不采行德国布鲁宁巴本内阁的办法，施行颁布紧急命令式的独裁，如此种独裁方式发生障碍，则照希特勒的办法，铲除一切反对政党。一九三三年三月七日，政府党与反政府党因铁道工作人员之薪金问题发生争执，结局，政府不问议会意向，自由裁处，同时并调武装乡土兵警戒维也纳全市，押收检查反对党之新闻，搜索反对党新闻编辑所，且逮捕其人员。至同月下旬，陶尔斐斯政府更利用乡土军，断然解散社会民主党之唯一武力"共和国防卫团"Der Republikanische Schutzbund。社会民主党之武力解除后，陶尔斐斯的决定反对党，就不是社会民主党，而是勃然兴起的国家社会主义劳动党了。

奥国社会民主党的亲德政策，照理应为希特勒影响下的奥国国社党所拥护。但因前者系受德国社会民主党的支配，故在国内铲除社会民主党的希特勒党，在奥国亦袖手坐视亲德的社会民主党之挫败，且利用社会民主党挫败之机会，而益扩充其势力。同年春季在各大都市进行的选举，国社党皆对他党占有优势，同时 S.S.及 S.A.则到处横行，并在各地设立褐色馆(Brannes Hans)，以为发纵指示的总部。陶尔斐斯在惩治社会民主党的当时，本对国社党无特别敌视的恶感，他曾说："压迫国家社会主义运动，而与现在击退的社会民主党以再挽回其势力的机运，是乃愚策，吾人决不愿为;存在于国家社会主义中之正当而健全的要素,曾为我们基督教社会党之纲领。”然而陶尔斐斯对于国社党的这种善意的宽容,实足以增加希特勒对奥国行使划一支配的热望。自是国社党的活动,益无忌惮了。

至四月中旬以后,陶尔斐斯的态度突然改变,基督教社会党之机关报《国闻报》(Reichspost)曾作以次的攻击论调说:“指导的国家社会主义者们,竟为推翻陶尔斐斯政府,强行新选举,而在我国设立强有力的德国宣传机关。他们由那种选举所期待的重要结果之一,就是仿照巴阳的方式,把奥地利编为德国的一个属邦。”这是代表陶尔斐斯的言论。陶尔斐斯之所以敢断然与德国反目,乃因他在以前,曾经往意大利旅行过,由慕沙里尼得到了某种默契。然自陶尔斐斯旅行意大利后,国社党因疑虑其或与意大利结有不利于该党的企图,遂益拼命作反陶尔斐斯活动。由国社党指挥之S.S.与S.A.到处与警官及由乡土军编成之补助警官冲突。延至五月上旬,国社党之大暴动计划发觉;适会巴阳的司法部长佛兰克(Frank)及普鲁士的司法部长克尔(H.Kerrl)同游奥国,在维也纳及其他各地作打倒陶尔斐斯内阁的演说。由是奥国之舆论大哗,陶尔斐斯政府乃断然对佛兰克及克尔下逐客之令,同时并阻制国内各地悬挂德国国社党党旗及佩用国社党党章。延及六月,陶尔斐斯政府更因国社党在因斯布诺克(Innsbruck)袭击乡土军干部及在维也纳市内频作暴动企图,乃毅然封锁国社党之发动机关“褐色馆”,拘押其干部,驱逐德国驻奥公使馆之情报部长,即奥国国家社会主义运动指导者哈比西脱(Habicht),此外,并严命解散S.A.及S.S.。凡属希特勒在国内用以对付异己者或异党的手段,陶尔斐斯几乎完全模仿过来,用以对付国社党了。这是法西斯蒂与法西斯蒂的冲突。

希特勒对于陶尔斐斯这种出乎意料的强硬行动,本来跃跃欲试的想加以压力,但因惧怕英法的干涉,特别是疑忌另一个(或第三个)法西斯蒂领袖慕沙里尼的张牙舞爪,他把这口气吞下了,他当时所能做到的报复举动,就是逮捕并驱逐奥国驻德公使馆的情报部长华色柏克(Wasserbeck)。希特勒想吞并奥国的企图,不但变成一场噩梦,且反而逼使其同文同种同盟同患难的奥地利,仇恨德国,逐渐投向德国敌人的怀中。然希特勒对于陶尔斐斯,是不能这样罢休的。

在同年八月(即一九三三年八月)德国敏亨之无线电台,曾煽动奥国国内国社党起而反抗政府,当时虽经英法意三国之共同抗议,未惹起事变,后两个月复有陶尔斐斯遇刺受伤的消息。至一九三四年三月,陶尔斐斯第四次往访意大利,成立意奥匈三国协定;希特勒对此已不禁眼红;六月希特勒与慕沙里尼在威尼斯之会晤,原期对奥国问题有所谅解。但当法国外长历访波兰及小协约各国,提出《东欧罗加诺条约》,以成就其对德包围外交之顷,陶尔斐斯忽于七月二十五日为国社党所戕杀。希特勒党戕杀陶尔斐斯的动机,原冀用暴力确立国社党在奥国之政权,但因英法的抗议,与意大利靖难军的出动,结局还是让反对德国更形激烈的势力统治奥国。

对奥合并企图的失败,由军缩会议及国联的退脱,以及在一九三四年一月与波兰成立《德波协定》,以自行限制其十年内不得作收回波兰走廊及上西里西亚打算的措置,都是希特勒外交正面的结果。此外,他对外所惯用的盲动与空吼的外交战略,还促使其敌国乃至对德本无恶意的国家,相与建立起了包围德国的阵线。德国是异常孤立了。

然希特勒之所以采行这种冒险与轻躁的外交,我们还能由其国内的情形,找出一些答案。

三、经济与劳动的和平

以“国家社会主义”相号召的国社党,在其党纲中,可以引作此种“社会主义”之注脚的,大概是指着以次几条:

“吾人要求,凡属公司组合之大企业(指托辣斯等)都收归国有”(第13条)。“吾人对于健全之中产阶级之创立及其维持,将予以督促;并主张将大百货公司,立即收归市区所有。至于该项房屋,则以低价出租于小营业者……”(第16条)。“吾人要求一适于吾国民族需要之土地改革(Boden Reform),并为公众利益计,制定一无代价没收土地之法律,废止土地租金,且阻止各种土地投机”(第17条)。此外,如“完全没收一切因战争而获之赢利”,如严惩“重利盘剥者”,大概都可包括在国社党的“社会主义”范畴里面。国社党在一九三三年的上半期中,其全力都集注在完成“统一支配”的“国家革命”或“政治革命”上面,自此以后,照理总该可以毫无阻碍的进行其“社会主义”的革命吧。

然而在胡根堡下台及国社党以外的一切政党均告肃清的同年七月六日，那位宁舍弃生命，不违反党纲[①]的国社党领袖希特勒氏，居然对联邦行政长官作以次的演说：说革命已经成功了；说革命不应当成为经常的事情；说以丝毫不懂经济的国社党员来代替学问丰富的经济领袖，以及“理论上的附会”，经济上的实验，均须制止；说政纲和理想并不重要，主要的是征集工作（Arbeitsbeschaffung）；说联邦长官应不许任何党部或其他团体干涉经济事宜，干涉经济事宜，是联邦政府和经济部长的唯一任务。[②]希特勒在这里所说的“革命已经成功了”，当然是指着划一独裁的政治革命的成功；至关于有经济性的社会革命，他则以“政纲和理想并不重要”一语了之，从而，“理论上的附会”、“经济上的实验”“均须制止”；所有经济事宜，当让“学问丰富的经济领袖”去处理。希特勒的这种怀抱，在其同年一月组阁的当时，已经有所表示，财政部长及国家银行总裁两重要职务仍继续让两位对经济行政有高度训练的专家即克洛希克（Graf Schwerin V. Krosick）与沙哈特（Dr.Schacht）分任，那已显示他对德国经济组织的变革了，有了怎样的成算。不过，他在七月六日所说的“经济领袖”，于“学问丰富”外，还含有资产庞大的意思。

所以在同月十三日，新经济部长斯密特博士（Dr.Schmitt）师承党魁希特勒之意，对克虏伯（Krupp）、第森（Thyssen）、斐格勒（Vogler）诸“经济领袖”，很显明表示划一政权，推翻胡根堡一类手段的使用，除了保障私人资本主义经济政策之顺利的和无限制的执行外，别无他意。像克虏伯一流的大资本家或“经济领袖”，都曾因战争获得巨额的赢利，都是国社党纲领载明要移归国有之大企业公司大托拉辣斯的所有者。他们听到希特勒政府中负最高经济上责任的经济部长的这种公开拥护他们的议论，当然表明满意。不但如此，希特勒为进一步表明其心迹，还在这以后不久所开的经济会议中，请这些“经济领袖”帮同他们“丝毫不懂经济的国社党员”设计；此外，大资本家第森且收到北威斯发伦（Westfalen-Nord）等行

① 在二十五条纲领之后，附有希特勒愿以身殉主义这样一段文字：本党领袖谨宣誓，为求上列各条之实现，倘于必要时，以自己的“生命作抵当”，亦所不顾。

② 见瓦尔加著：《德国法西主义的真面目》，参照《时事汇编》第一卷第十期译文。

政区长官致他的函件，说是"自普鲁士总理任命阁下为普鲁士邦顾问的经济代表而后，阁下便是本经济区经济政策上最高的国家权威了。准此，我已通知所有我的服务机关，把所有关于经济政策的问题（农业政策问题除外）完全提交尊处，并通知他们有执行尊处决定的义务"。像这样把一切经济政策之决定权，委之于大资本家，就是布鲁宁、巴本、胡根堡一流人物，亦不敢公然出此；因为如此，大资本家乃宁愿牺牲他们这些"忠臣"，而另行扶植能"保护私人资本主义经济政策之顺利的和无限制的执行"之希特勒党了。

然则第森接到此种喜出望外的函件，该怎样表述其意见呢？他在同月（七月）十九日的通告中，曾有这样的说辞："我因被任命为国务顾问，除其他职务外，有扶助国家改造经济关系的责任和义务。要实现此种责任，只有在经济制度的平稳而有规则的发展，不受任何方面损害的条件下，才有可能。……现在我们最迫切的任务，是提高经济，而提高经济的第一个和最重要的先决条件，乃在于将来使经济的各分子（业主与工人）在平稳的、于法规丝毫没有损害的道路上发展起来。"[①]第森这段话的着眼点，当然是求经济"平稳而有规则的发展"，或"在平稳的、于法规没有丝毫损害的道路上发展起来"。这就是说，他最怕的是不平稳，不守法则法规（他们所定的法规）。他们扶植希特勒党的根本目的，就在于此。其实早在他作这种表示以前，希特勒已经苦心孤诣地喊出了"经济与劳动的和平"的口号，并还成就了种种制造"和平"的社会制度上的变革。

自社会民主党之"全德意志劳动组合同盟"，中央党之"基督教劳动组合"，以及其他一切同性质之劳动组合团体，统被解消，且概行并合于希特勒政府所创设的"德意志劳动战线"而后，德国在事实上已没有拥护本身利益的劳动团体存在。"劳动战线"里面不但包括有在职的劳动者、仆役、失业者、领受保险金者，以及与劳动阶级利益相反的企业家，甚且在国内从事某种业务的外国人，亦得加入。这种扩大"劳动战线"的办法，据国社党所宣称，是把从来扰乱"和平"的阶级社会制度，改变为职能身分组织（Das berufsständische System），在这种组织中，只有职能的区别，没有阶级的分划，劳动者与企业家一视同仁，毫无轩轾。但希特勒党在进行这种

---

① 见瓦尔加著：《德国法西主义的真面目》，参照《时事汇编》第一卷第十期译文。

"提高劳动者身分"的大改革以前,究还不能不顾虑到劳动阶级的反抗。所以当诸般劳动组合解消后不久的五月十七日,政府即宣言在八个星期之内,即在有机组织的经济身分构造成就之前,所有德国之精神的肉体的劳动者,统行休战。此种劳动休战,在形式上,是由国经济总监(Reichskommissar für die Wirschaft)瓦格纳博士(Dr.L.G. Wagener)代表雇主,由"德意志劳动战线"指导者莱伊博士(Dr.Ley)代表劳动者,共同协定成立,双方(其实两者都是代表独占资本利益之国家社会主义劳动运动的指导人物)约定在八星期内,不得缩减工资,不得罢工,同时并由这两位代表作成以次传为美谈的宣言:

"国家社会主义者诸君!精神的肉体的劳动者诸君!现在,国家是我们的国家,……经济是我们的经济,工厂是我们的工厂,机械是我们的机械。……诸君!你们都是国家社会主义革命的先锋队,凡有对于德国国民这些财产加以危害的举动,你们应当毫无顾忌的予以澈底的粉碎和毁灭。休业、原始的罢工,乃至锁闭工厂一类事体,只有破坏我们革命的敌人,才那样主张。我们必须与之对抗。我们不要疏忽,不要宽容,因为这是关系成功胜利,乃至关系国家和民族的事体!"无产劳动者骤然赋有工厂机械一类财产,同时又外铄以"革命"、"民族"、"国家"一类神圣术语的催眠,当然只好遵令不动,而静待"有机组织的经济身分构造"之成就。

在劳动休战的八周内,政府首先创造的是一种"经济与劳动之地方监督者"(Bezirksleiter der Wirschaft und Arbeit)制度;各邦各区之地方监督者,分别由代表资本家利益之国经济总监及代表劳动者利益的"劳动战线"指导者,各任命一国社党党员充任,其责务在调协劳资契约关系,以一切有效手段,阻止经济的怠业。

这种制度,在实际尽管完全剥夺了劳动者直接向资本家争取权益的一切手段,但形式上究还保有劳资通过所谓"地方监督者"而协定契约的关系。然劳资对立关系的存在,对于消灭阶级斗争究是一个障碍,所以仍在劳动休战的八周之内,政府更制定一种"劳动管理官法"(Gesetz über Trenhänder der Arbeit),再根据此法,创设所谓"劳动管理官制度"。照"管理官法"第一条第一项所规定,劳动管理官,纯然是占有劳资双方以上的独立国家机关,其第一任务,在"代替被雇者团体及个别雇佣者或雇佣者团体,以法律的拘束力,为他们两当事者规制劳动契约缔结的条件"。

此外,管理官还占有指挥工厂监督者的地位,在争议勃发的危急场合,他得利用警察,作临机应变的处置。

无论就劳动管理官的名色讲,抑就其职务讲,其主要功用,都不外拘束劳动者,使其不作越轨的行动,换言之,就是要维持资本家们所渴望的“经济与劳动的和平”。从此,劳动者已不复能计较其劳动条件,一切都听政府摆布了。

然根据这诸般法律,“地方监督”乃至“管理官”的“管理”“监督”对象,虽为劳动者,但同时也还在形式上把雇主或企业资本家拉入其拘束范围中。然至一九三四年一月二十日,希特勒政府又颁布一种新劳动法,其根本原则虽仍不外是从限制劳动者入手,但是一步逼紧一步。同法第一条是说:“营业之企业者与工佣,共同工作,图营业之发展,以致国家人民于福利。”第二条是说:“一种营业之领袖,对于其随从,得依本法之规定,而处断营业中之一切事务。”前一条表明企业者与工佣是“共同工作”为国为民,姑且不论。至后一条则须略加解释。希特勒是极力主张领袖制度的,就在经济领域,他亦认为非采行此种制度不可。每种经济单位或经营组织,都行领袖制。从前称企业为雇主,称劳动者为雇工。他现在依次法令改变过来,称前者为领袖(Fuhrer),称后者为随从(Gefolgschaft),并规定领袖有不顾随从意见,而独断的处决一切之权。这一来,以前由“雇主”与“雇工”称谓所显示的物质关系,现在虽由“领袖”与“随从”称谓一变而为道义关系(据希特勒说),但劳动者却更无丝毫表白意见的余地了。他的命运,全由劳动管理官与企业领袖所决定。前述大资本家第森所要求的“在经济制度之平稳而有规则,……不受任何方面损害的条件”,这里算完全做到。

然独占大资本对于希特勒政府所要求的“经济与劳动的和平”,并不仅只关系化除劳资间的纠纷,且还关系消弭资本家之间的竞争,即保证大资本对于中小资本的独占。在“劳动管理官制度”完成以后不久的一九三三年六月二十三日,国经济总监瓦格纳曾在“德国中部工业联合会”的会员大会席上,声言“工厂的生产能率如较需要为大,势不能不有一个合理的计划。加特尔是最好的方法;照那种方法,有两条路可走:第一是不准有独占外的企业,第二是不准成立新工厂”。至一九三四年二月二十七日,希特勒政府更根据这种独占原则,颁布《德国经济建设法》,依照此法令,全德国的实业和商业,分组成十二个职业团体,其中有五个是分属于职工、商业、银行、保险及运输界,而其余七个则都是属于实业界。七个大实业团体的总领袖,是委任克虏伯系的卜伦·哈尔巴哈(Krupp von Bonlen und Halbach)充当。由是我们知道这种"经济建设法"的主要功能,不外是化除内部竞争,与促进资本集中。希特勒政府对于独占资本所赋与的使命,大体总算完成了。但在大资本家方面,却还不能认为十分满足。因为他们除要求"和平"外,还希望减轻资本之政治上的负担与工资上的负担咧!

关于前者,政府曾根据"机器工业联合会"的建议,减轻各种机械工业的营业税所得税;更根据军事的理由,免除汽车税,而政府要人如财政部秘书长莱因哈特(Reinhardt)还郑重声明:减免汽车税是一个端绪,政府此后将继续澈底低减生产方面的税收。不过关于低减总工资一层,希特勒政府始终没有使资本家满意;这原因,一部分虽因工资在布鲁宁内阁时代已减到了不容易再减的程度,但一部分也由于希特勒惧怕劳动者发动挺而走险的反抗。

从上面这种种铁一般的事实看来,我们已不难了解希特勒式的"社会主义"之真实性;希特勒由取得政权而在德国政治、社会、经济三方面所行的"革命",不但未损及资本主义制度丝毫,且还增添了资本主义的气焰。然而资本主义势力增加,其内在的矛盾与缺陷亦因而增加。结局,这建立在独占资本基础上的希特勒政权的危机,终于照着世界有识人士的预料,而形成而爆发了。

第九章　希特勒政权与国社党之分裂

一、暴露在经济复兴计画下的诸般凶相

希特勒政权之产生，原是为应付资本主义第三期的恐慌局面。对于这种局面的打开，他如肯施行其浪漫的社会主义纲领，即实行无偿的没收土地，和把大百货公司大企业经营移归市有国有，那也许可以使现状得到几分改善。然而历史法则是不许可他这样跛行拐步的，他终于还是如前章所述，把全部精神努力都集注在资本主义的防卫之上。

但防卫资本主义，就等于说是镇压反资本主义势力。在拥护资本主义的立场上，希特勒政权虽为布鲁宁巴本政权之继续，可是希特勒政权之形成，却是由于一方面忠实的为资本家服务，而一方面则不断高呼拥护劳动者、小工商、小农以及其他一切中小资产阶级的利益。如其不压榨后者，而能完成其服侍前者的任务，希特勒政府还不妨安然继续其二重人格的生存，但事实告诉我们，危机日益加深加大的资本主义，究非进一步增加扩大其对劳动者、小工商、小农的压迫与榨取不行。这种无可克服的矛盾，正是希特勒政府与生俱来的致命危机。现在姑先看其为资本主义克服恐慌，所给予一般劳动大众的困厄罢！

希特勒政权在一九三三年一月确立之始，即发表了一个长的“檄文”(Aufruf)，这个“檄文”的第二章，系叙述复兴经济的计画；其中曾把全计画的轮廓指示出来说：“国民政府想以以次两个重要的‘四年计画’(Vierjahresplan)，解决我国国民经济再组织的大事业，那就是为确保国民食粮上生活上的基础救济德意志农民；及由一个对于失业的有力而包括的对策，救济德意志劳动者。”然则怎样救济呢？檄文中仅指出了两个基本的简单方法，即“劳役义务”(Die Arbeitsdienst)与“移住政策”(Die Siedlungspolitik)；略加分释，就是以劳役义务救济失业，以移住政策救济农

民。这是希特勒政府经济复兴四年计画的全貌。以前巴本内阁曾有两年复兴经济的计画，现在希特勒政府把时间延长一倍了，盖知如此艰巨事业，非四年莫办也！

然而复兴经济的时期尽管拉长，这个计画的简陋与空漠，就在希特勒党徒亦认为不能满意。因为此种计画的设计者与支持者，大体还算是当时兼食粮、农林部长与经济部长的国权党首领胡根堡氏。胡根堡几乎掌握着整个经济领域的实权，而对于打开经济难局的方策，就是以这样不着边际的“四年计画”来敷衍，无怪他除了代希特勒党受过之外，还要受同党之攻击。由是，这被社会民主党讥嘲为苏俄五年计画之“精神抄袭”的四年计画，竟随胡根堡之下台，而变为无用了。

但胡根堡去后的希特勒政府的经济复兴计画怎样呢？德意志全般经济复兴计画，我们迄今还未见宣布出来，但就希特勒党过去在各方面的经济努力情形说来，似乎其所作所为，仍未大大越过胡根堡四年计画（就说是胡根堡的四年计画罢！）的基本原则，至多，不过是对那原则予以扩充罢了。我们综合其全般经济设施，约可归纳为以次诸点：

（一）“创造工作”计画。这与扑灭失业与繁荣一般工商业有关，其“工作”内容是修葺或修筑地方自治团体的官厅、住宅，与桥梁；普通住宅的修葺与增建；都市郊外小住宅的建筑；河川的疏凿整理；瓦斯水道电气事业的供给；关于道路运河铁道的兴建；此外与军事有关之或明或暗的工程设计，亦包括在此种计画中。

（二）军需工业扩充。德国扩张军备情形，那早已成了一件公开的秘密。此不但为解决一部分失业人口的比较实际方法，同时且为重工业资本家对于政府之积极要求。我们用不着在这里举述德国四周敌人如法波等国所推测的军需工业生产增加数字，但那显然在德国近年工业生产总额中，占有可惊的额数。

（三）农业自给主义。希特勒党在取得政权以前，是给了农民不少的精神安慰与希望的。无代价没收土地这个口号，后来虽经声明是对于犹太人地主而发，致使一般小农与无产农民无端作一场大梦，可是救济破碎农村之刻不容缓，希特勒党是深深感觉到了的。为缓和庞大的入超趋势，为开拓国内市场，以农业自给主义为中心之增大农业生产工作，实为当务之急。然阻止农业改进之大土地所有，不但与希特勒党所竭力维系的大工业资本，有密切联系，且与希特勒党所深深忌惮的国防军、军国主义势力，亦有密切联系；由是，希特勒改革农业，只有在农村既存的秩序下加一些无关大体的点缀，如整理农村债务哪！如使都市一部分劳动者从事农村劳动哪！那在实际都无补于农村状况的改善。至其标榜的农业自给主义，更不难证明是一种散布幻想的企图。

（四）贸易限制政策。德国对外贸易的总额，在一九三一年为16326百万马克，一九三二年为10406百万马克，一九三三年为9075百万马克；至一九三四年，其总额不但更形减少，而在上半年几个月中，已表现了217万马克的入超。工业国而有若是巨额的入超，这已经大可想见农业自给主义，即农业产品不仰给外国那种企图的成绩。政府为图贸易决算上的平衡，乃设定输入对输出的比例，限制输入。在现代国际对立关系下的限制输入政策，就等于自行限制其输出，结局，对外总贸易额进一步缩减，国内输出工业以及一般商工业乃更形困难，国内市场乃更形窄狭。

总上所述，我们知道德国希特勒政府复兴经济的方策，与未标榜社会主义的国家，并没有两样，从而，其所收结果，也大体相同。在希特勒掌握政权的两年当中，德国生产似略有起色。德国内外市场萎缩，而其生产居然有所增加，那显然是由于国家军用品需要的增大；换言之，就是许多大军需工业，是靠着国库支出来维持。国库除了暗作军备的支出外，同时还要供应“创造工作”所需的资金，还要偿付积累的外债。此外，还得填补巨额的贸易入超，以及准备那种为非常时期需要而扩增的政治统治的机构。这一切对内对外的庞大支出，使国库的亏空，在一九三四年三月末尾达到2110百万马克；由是，国家短期债务在一九三二——一九三三年度为2415百万马克，至一九三三——一九三四年度乃陡增至4150百万马克。同时，国家银行的金准备额，则由一九三三年六月之9.68亿，激减至一九三四年七月之4.35亿了。

国库空竭与支出增加的背离险象，除了增课一般大众赋税外，计惟有实行通货膨胀政策，以图挽救目前。而马克价格随金准备减少而跌落，更足以促成通货的膨胀。不但此也，大工业资本家在对外贸易衰落与总工资额无法再行削减的情势下，亦颇希望借通货膨胀而增进输出，以求变相的减少工资，因此，德国目前虽尚维持着“无金”的假金本位，但其马克的价格，已颇有跌落。

膨胀政策与增税政策，通会提高物价；我们如把这件事实，与前述保障独占，及由是引起独占价格，连带加以考察，就知道一般中小商业者乃至自由职业者所受的痛苦，实为多方面的。小农业经营者一面受大农业经营的压迫，同时又受工业品独占价格的剥削，在金融资本与地主势力支配下，他们由农产品提高价格所受到的少许利益，又通被傍人榨取去了。这样，一切中小资产阶级与自由职业者，算都陷在极端困顿的境界中了，他们这时就连精神的安慰，亦不容易由统治者口中得到。

以次，再看无产劳动阶级的状况吧！使德国资产阶级感到莫大威胁的，是庞大的劳动失业军的存在。在希特勒取得政权的一九三三年一月，德国由政府方面统计的失业人数，计已达到 550 余万，一年以后，政府统计又说失业人数减半了。我们姑不论这种数字真确到什么程度，但根据其扑灭失业的方法，至少失业者应该减除不少了。其方法计有六项：

第一，"创造工作"。"创造工作"是我在前面讲过的。希特勒政府对于地方或私人修筑房屋，改建道路，整修河川诸种工作，分别给以补助金或贷与金。但房屋建造者如要取得政府的补助，势须其自己使用在房屋建筑上的资金(无论是自有的或借入的)，为补助金之四倍，即是说，政府如以 5 亿马克作为补助金而支出，结局，可以在扑灭失业目的上，收到 20 亿马克的效果。这是德国政府不能像美国政府那样，直接兴建大规模工事的穷算盘，但其利益，显然是属于有钱建造房屋的人们。

第二，"国内移民"。国内移民是前述四年计画中的移住政策，其大旨是把那些由农村驱往都市的过剩劳动者，再由都市赶回农村去；希特勒党曾编定一种计画，把大都市中一定年龄内之青年，派往农村工作一年，这也许是"使知稼穑之艰难"吧，但迄今尚未见诸实行。至把都市失业者移充"雇农"(Landhelfer)的人数，据"商况研究所"的调查，约有 25 万人之多。这些人是派往大农业区作工，他们除有饭可吃外，不能由大农业经营者得到一个铜板。

第三，劳动服务。"劳动服务"也是四年计画中的一个主要项目。大约由 18 岁到 25 岁的青年，颇不易找到工作，同时也不容易取得失业救济金，他们在这无可为生的场合，遂由政府用"劳动服务"的名义，驱往"劳动营"中，一方面从事军事训练，一方面则从事造路一类工作，他们也是有饭吃，有衣穿，但没有工资拿。至一九三四年底，这种劳动人数，约有 30 万之多。

第四，驱逐异类。犹太人是“非我族类”（但只限于穷苦的小犹太人，而掌握德国金融权衡，乃至拥有大部分大百货公司的大犹太人，仍在希特勒党服侍之列），固当驱逐，即抱有国际思想的份子，亦由驱逐、拘禁、杀戮等方式，剪除不少。这类份子多剪除一个，即失业份子减少一个。其总数是不易统计的，但一定有相当数目。

第五，摊分工作。这就是把已有工作者的工作时间减少，而将其缩减去的工作时间，分摊于失业者。即使以前养活一个人的工资，能养活较多的人。这是一种摊分工作的方式。此外，凡属丈夫有工作的妇女，通须放弃工作；其主要目的，虽还是就家庭做单位来分摊工作，但使妇女囚居家内，多有育儿机会，亦在牧民者深思远虑之中。

第六，缩减失业者范围。失业者数字的庞大，那不独在失业救济金的支出上，要成为政府的重担，而其在心理上造成的威胁影响，在神经敏锐的统治者看来，亦是大感不安的。所以足智多谋的希特勒政府，首先把家庭雇用工人摈出失业保险之外，此后又把雇农、园丁、船夫也排除了，至其他有政治嫌疑的失业者，当然不在救济之列。

希特勒政府曾在取得政权的当时宣言过：失业是最严重的问题，为要解决这个问题，即为要促进劳动者的利益，一切其他不紧急的政策，都不妨暂时牺牲。这所谓不紧急政策，大约是指着没收土地与大百货商店之类，亦即是指着社会主义政策之类。牺牲党纲，而成就劳动者的利益，劳动者应当感恩不尽，但上面举述的几种扑灭失业方法，却几乎没有一样是劳动者所真正希望的。前述中下资产所有者由通货膨胀与增税所受到的不利影响，对于劳动者的打击，尤为严重。政府既以“摊分工作”的名义，缩减劳动者的名义工资，又复以通货膨胀、增税，以及独占价格形成等方式减低其实质工资；在政府及政府所拥护的资本家方面，避直接低减总工资之名，而收其实，成为得计，然劳动阶级的苦况，实不堪言喻了。在一九三三年九月，劳动者每星期之工资平均数，为 21 马克 65 分尼，但当时两夫妇及两小孩（而希特勒总理还要求每对夫妇要有四个小孩咧！）一星期最低的家庭生活费，却需 38 马克 40 分尼，两相比较，可见劳动者所过的生活，已远低于生理的水准（别于文化的水准）许多，何况此后物价还有加无已咧！

从此，我们知道，希特勒党统治下的劳动阶级，无论是失业者抑是在业者,通是在半饥饿的状况下挣扎,他们合理的要求改善劳动条件的权利,由前述的"劳动管理官法"及"新劳动法"概行剥夺了。由是,他们的怨愤,他们挺而走险的企图与活动,连同小农、小工商业者、自由职业者的不满情绪,早经在希特勒政权及德国独占资本所由建立的根基之上,造成了动摇不定的险象,德国第二次革命事变,就是在这里预埋下伏线。

二、第二次革命事变

所谓第二次革命事变,即指着一九三四年六月三十日爆发的事变。就"革命"的原意解释起来,那比希特勒取得政权的第一次革命要有意义多了。

前面曾讲过,希特勒政权与布鲁宁巴本政权不同之点,就在其一方面拥护独占资本(兼拥护大地主)利益,一方面却为吸收中小资产阶级乃至一部分劳动阶级,为其社会基础,而提出一些反独占资本(兼反地主)的口号。由是,在大资本家利益与小资产阶级劳动阶级利益正相对立的限内,完全站在独占资本旗下的希特勒政权,就必然要与其所领导的国社党,即吸收了一大群反独占资本分子的国社党,发生分裂,发生无可调和的冲突。事实上,在希特勒取得政权以后,不,就在希特勒还未正式取得政权以前,其党内早已发生此种破绽。在一九三〇年,被称为国社党台柱的奥托·斯特拉塞(Otto Strasser),早已洞见希特勒的肺腑,力诋国社党逐渐变为"一个单纯反犹太人的经济党",于是愤然脱离,别树一"黑色战线"(Schwarze Front)旗帜,从事左倾的国家社会主义运动。至一九三二年秋季,奥托·斯特拉塞之兄格列戈·斯特拉塞(Gregor Strasser)又上书希特勒,申请辞去党干部职务。斯特拉塞兄弟之离去,皆因不满希特勒日益右倾的行动,然在这时以前,国社党的下级干部和党员,尚未十分察知希特勒之究竟动向。

迨一九三三年一月希特勒取得政权后,其党内认真分子,以为政治革命成功,应当立即实行社会革命,即实现党纲之"社会主义"要素。同时,那些在过去对国家社会主义运动纲领,信以为真的左倾劳动分子,亦以为国社党之政治革命成功,他们的解放机会已到。这两种分子的活动,在国社党执政后几个月中,颇令言论左倾、行动右倾的党首及其他党干部人物感到焦虑。普鲁士总理戈林格所宣布的“保障法治和平”法律，盖不外对付这些党内党外左倾分子；他曾严重声明：“将来凡是应受惩罚的违法行为，无论犯者何人，均一律追究之。”这就是说，无论犯者为非党人，抑为党人，皆同样治罪。前述同年七月六日希特勒对联邦行政长官的演说，亦力言国社党党员，尤其是直接参加工厂细胞组织的党员，干预经济事项之非。对他这次演说，《德国经济家》(Deutschen Volkswirt)报，曾在同月十四日加以这样的引申：

“希特勒总理对联邦行政长官的演说，已明白肯定的把保证德国人民生活的经济任务，摆在最重要的地位。声明不得以任何无理的干涉和实验来妨害此种任务的实行……特别是在经济方面，此种党代表的数量和权限，都不容忽视，至迟须于几个月内，完全结束。如此，方可为企业家的创作，造成相当的安静、清明和自由……”[①]由此，我们知道，妨害“企业家创作”，从而要求作社会主义经济“实验”的，都为国社党的党代表们，但对此点发挥更明白的，是同月十日联邦内政部长福利克(Frick)所颁布的法令。该法令指着联邦行政长官，特别是内政部的属员们说：“他们的任务，照总理于七月六日所指明的，在于用全力去阻止将来任何团体和党部冒用政府的职权。盖因不如此，则国家社会主义的敌人，尤其是共产党和马克思主义者，势将企图潜入国社党，潜入‘德意志劳动前线’或其他团体，以便在这些团体保护之下，不断的扰乱德国经济，使政府及民族革命遭遇困难。”唯其如此，所以该法令认为“非法干涉经济”和“忽视国家权力的规定”，以对“革命怠工论”。

这个法令算完完全全是应付党内左倾分子的。在共产党及社会民主党消灭以后，有不少左倾分子，混入了希特勒领导的法西组织之中，那也许是事实。但受国家社会主义口号与纲领之骗，俨然是为实现“社会主义”理想，而加入此种组织的激进分子，亦实繁有徒。前述斯特拉塞兄弟不必说，即如国社党有名的理论家斐得尔(Feder)，他就积极“反对利息奴隶制”；农民部长达雷(Darrè)，他就坚决主张分割大地主的土地。至漠然对社会现状怀抱不平，对生活感到痛苦，以及为解决失业问题，而投到国社党及其支援团体的群众，他们多少都可与那些比较左倾的激进分子，表

① 见瓦加尔著：《德国法西主义的真面目》，参照《时事汇编》第一卷第十期译文。

示同情的共鸣。随着希特勒政府对于独占资本乃至大地主阶级之过分宽容与爱戴,随着外交政策之着着失败,特别是随着一般劳动大众和中下资产阶级痛苦的逐渐加深,党团外之沉郁、憎怨与不安的空气,遂益发与党团内之不满现状和立意变革现状的倾向,发生对流作用,而酝酿所谓第二次革命活动。

但在另一方面,我们应当知道,希特勒的党团里面,同时还包容了各种各色的极右倾分子。退伍兵士,军国主义者,以前由中央党领导的基督教徒,以前由国权党领导的地主贵族,殆莫不兼容并蓄于希特勒党和其支援的团体之中。特别是以前作为国权党之支援团体而存立的极右倾的钢盔团,那虽在国权党解散时以整个团体投归希特勒旗下,但钢盔团的名义,和率领者色尔特(Seldte),依旧维持原状,不过系统上受S.A.总指挥部指挥罢了。希特勒所领导的党团里面,既存有这种极右倾的保守的势力,而左右希特勒,并掌握着国社党实权的普鲁士主席戈林格将军,又因其充满军阀思想,反对一切左倾运动,而多方培植这种势力。由是,在国社党里面,就隐然有这左右两派势力的对立。

自然,在国社党内部发生分裂现象的当中,代表地主贵族势力的巴本,代表金融资本势力的沙哈特、斯密特,以及被希特勒尊称为"经济领袖"的大工业资本家克虏伯、第森、斐格尔等,都不期然而然地极力扶植党内右倾势力;以前他们利用希特勒党铲除激进的左倾的势力,现在他们又利用希特勒党的右倾势力,来制服其左倾势力了。加以这时与他们打成一片的,还有国防军哩!国防军与地主贵族的渊源,由兴登堡总统对于大地主与国防军的密切关系,可以体验出来。S.A.中的激进分子,往往倡言要改编国防军,或把他们自己改为国防军,那已经使国防军的尊严与威势,受到莫大的挫损;至他们在街上、在公共场所所表现的横行无忌的态度,就连警察亦感头痛,国防军自更不待言了。——这类举动,虽应归罪于整个国社党,但其中比较有知识修养的右倾势力,却很自然地把一切开罪社会的过失,都写在不安本分的左翼分子的账上了。

从上述的阵势看来,有枪杆且有金钱屏障的右翼势力,显然大大的占着优势。不过在冲突开始时,左翼运动总表现着几分猛烈势焰。一九三四年初,社会上正流布着国防军企图解散S.A.的谣言,同时,与国防军站在同一立场的钢盔团,又窃窃私议政府纵容S.A.的过失;S.A.中的青年派左倾派,已经在不满意政府不能实行党的纲领。他们对于这种求全之毁,当然不免异常激怒,而首先把钢盔团作为其发泄愤恨的对象。由是S.A.与钢盔团时常发生冲突,延至三月,这在S.A.系统上保持着独立名义的钢盔团,乃被迫取消此名义,改称为"德意志国家社会主义战士同盟"(N. S. D. Frontkämpferbund)。但此两种势力的冲突,不但不以名义的改易而缓和,却反因名义的改易而加厉。在同年六月间,钢盔团之集会被禁止,以后且有"希特勒青年团"捣毁钢盔团团长即劳动部长色尔特的事故发生。但钢盔团与S.A.的冲突,还不过表示左右两翼斗争表面化的端绪,实际在此两派斗争演化的过程当中,酝酿第二次革命的左倾运动,已经在暗中达到了非常激昂的程度。所以,在六月下旬,代表右倾势力的普鲁士总理戈林格及党代表赫斯(Hasse)在演说中,已经露出"第二次革命"字样,他们并郑重警告的说,在领袖希特勒未决定以前,大家不许乱谈"第二次革命"。[①] 可见第二次革命的酝酿,在当时已成为党内非常普遍的事实。问题好像还要待领袖的决定。

由于戈林格的怂恿,以及国防军的枪杆和"经济领袖"们之金钱的"威"与"利"的作用,希特勒最后乃决定采取巴本的献议,对S.A.的左倾运动或第二次革命运动加以制裁。这是所谓"六卅事变"的背景。至此次事变的经过,据宣传部长戈柏尔在无线电中的报告,是下面这样:六月二十九日,希特勒正在莱因区域之戈得斯堡(Godesberg)参观劳动服役的时候,柏林敏亨之间,陆续传到紧急消息。希特勒知事不可缓,乃带同戈柏尔及亲信数人,乘飞机飞向敏亨。这时已是三十日清晨的三四点钟。敏亨的S.A.已经被谋叛的领袖,召集在街上,他们用的口号是:"领袖现在反对我们,国防军也反对我们,S.A.冲上前去。"巴阳邦内务部长瓦格格因反对此种运动,乃立刻将领导此次叛变的S.A.领袖即集团长(Obergruppenfüher)斯莱胡柏尔(Schneidhuber)与群团长(Gruppenfüher)斯米德(W. Schmid)免职,并遣散S.A.群众。这时希特勒正亲自赶到,在盛怒之下,将为首者的肩布扯去,严加训斥,并予以拘捕。他随即乘汽车到S.A.全国领袖罗姆(Röhm)所在的魏塞(Wiesse),当在罗姆住宅中将其逮捕,立即又乘汽车转到敏亨,拘拿那些正在敏亨开会的(由罗姆所召集)S.A.的上级领袖。

---

① 见黄立维著:《德国最近政潮的因果》(《申报月刊》第二卷第八号)。

罗姆及这些参与密谋的领袖，统被枪决。在柏林方面，希氏则命普鲁士总理戈林格对于参与密谋的人，迅速逮捕处分，由戈林格逮捕杀戮的"叛党"，始终没有宣布，官方所宣布的，只是前总理施莱辄与罗姆串通谋叛，因拒捕被击身死。[①] 此外，巴本亦曾暂时被捕，但不久即予释放。至 S.A.全体被杀的人数，传说不一，有的说 200 余，有的说 700 余，而据官方公开的报告，则领袖人物除罗姆外，还有 2 个集团长，4 个群团长，1 个旗团长，及队员 70 人。

我们姑承认事实的经过，都是如此。就叛逆分子的口号"领袖现在反对我们，国防军也反对我们"说，就戈林格前此演讲的"在领袖未决定之前，大家不许乱谈第二次革命"说，这次事变的形成，当然是由于希特勒政府的右倾举动，即帮同独占资本、大地主贵族压迫一般劳动大众的法西主义政策，不能满足其党内青年左倾分子的要求。希特勒这次对于其十余年来之患难同志的残忍处置，盖已逆知自己不能领导第二次革命，即不免成为第二次革命的对象。至于六月三十日事变，究是 S.A.先在敏亨发动，抑是希特勒与戈林格商同分途在德意志南部北部先发制人，那迄今还为一部分人推测的疑问，不过在整个问题中，谁先发动谁后发动是无大关重要的。

经过这次事变，希特勒政权至少会发生以次几种变化：

第一，希特勒过去赖以夺取政权维系政权的武力，是 S.A.(S.S.当然也有不少力量)，而此后则是国防军。所以他在事变后的七月一日，即命令 S.A.全体休假，在休假中，任意予以改组(即铲除其中有左倾嫌疑的分子)与缩编，且以十二条训令致 S.A.新总指挥洛泽(Lutze)，声言 S.A.对国防军须采取绝对公开与忠诚的态度。

第二，左倾分子都被屠杀清除结果，希特勒以后将不复有任何顾忌，而一心一意的忠于独占资本之利益；而其不时尚当着劳动大众背诵的"社会主义"纲领，此后也许不会常常提及。因为他既自行向"经济领袖"们及国防军缴械，当然非处处遵循其意旨行事不可了。

第三，国社党在本质上，虽是应独占资本需要而产生，但德国资本主义第三期的特殊情况，却在其党纲内注入了一些浪漫的"社会主义"的要

① 见黄立维著:《德国最近政潮的因果》(《申报月刊》第二卷第八号)。

素,从而在党内吸入了不少的浪漫社会主义信徒。这类信徒的掺入,使国社党频添了许多动力与活气,连带着,国社党的政权,也像在世界成为格外引人注意甚至惊羡的目标。然而在“六卅事变”以后,这一切都消失了;国社党现在是一个抽去了灵魂的躯壳。

因此,在扑灭第二次革命的过程中,希特勒是胜利了,但真正的胜利者还是“经济领袖”们和国防军,而希特勒自己则在国人及世人面前完全暴露了他凶残与卑怯的本体。

三、一党领袖·一国领袖

希特勒惨杀同志的消息,传诸国外后,各国舆论对于希特勒痛加非难,由是,德国有一个时候,曾禁止大部分或全部的外国报纸入口。但希特勒不论如何掩饰,其众叛亲离的事实,终不免要大大减杀其在国内与国际方面的威信。为图补救此种缺陷,他于是企图在国外成就一件恢复并增加其威信的事体;奥国希特勒党徒之戕杀陶尔斐斯,那多少与希特勒这种动机不无关系。然而,如我在前面所讲过的,这件事的最后结果,不过是把他那已经坠落的威信,进一步促成其扫地而已。

陶尔斐斯的戕杀,系在七月二十五日,此后一周,即八月二日,兴登堡大总统忽然与世长辞。希特勒在此国内国外沉闷局面无法打开的当中,这恰好是一个大做文章的机会。因为兴登堡死后,第一个要解决的问题,就是后任大总统问题。这时希特勒虽自认大总统“舍我其谁”,但他究有几种顾虑:(一)大总统是根据《韦玛宪法》产生的,由犹太人编制的这种宪法,希特勒屡思予以破坏,现在自己又据此取得总统地位,殊未免遭人物议;(二)大总统至少应备有年高望重的条件;小兵的希特勒,决不能像大元帅兴登堡那样受人拥戴,况刚在国内国外两件不名誉的凶杀事件之后,希特勒纵令有煽动宣传的本领,究不能断定人民会一致投票拥护;加之(三)人民即令一致拥护,因而取得总统的地位,但其握有实权的内阁总理一职,却非让给别人不可。在这几种考虑之下,他终于还是贯澈其领袖制的主张;一方面谦恭盛德的表示大总统地位崇隆,非有德者不配充任,一方面却又力言国家不能不有一最高领袖。言外盖表示他不配当大总统,但不妨作最高领袖。这种掩耳盗铃的方术,原是希特勒的拿手好戏。不过以内阁总理兼充最高领袖，是没有法律根据的，为补救这个缺陷，他又应用以前曾经为测验民众对于国社党政策是否赞成而应用过一次的国民公决方法，由国民公选。但选举领袖与选举大总统不同之点，就是领袖的候补者，只有他一个，赞成他的，就投赞成票，不赞成他的就投否决票。投票期决定在八月十九日。

在预备投票的一个星期中，希特勒系的报纸（事实上几无一种反对派的报纸存在），都著论力言德国国势如何陵夷，如何需要有魄力有手腕的领袖；希特勒总理如何勤劳为国，如何怕因家事牵累国事，而苦守独身；此外更从反对方面严防投否决票的活动，并以驱逐惩罚等等恫吓方法，预先警告投否决票的分子。不但此也，在投票举行前三日，即八月六日，全国各报忽然刊出了兴登堡总统的遗嘱，这遗嘱最后一段是说："予对于以至诚援助德国复兴之人士，深致感谢。总理希特勒，使德国各阶级人民捐除嫌怨，归于统一，其功绩足以昭垂史册。但德国前途，急待整理者，其事尚多；予竭诚希望德国于统一及复兴之后能有一日使德国全体人民，均能和衷共济，共谋国家。予一九一九年希望之事，至一九三三年一月三十日（按即希特勒出任内阁总理之日），逐渐成熟。予今希望此后仍能继续完成，俾德国民族，能完全尽其历史上所负之使命，果能如此，则予虽死，当亦含笑九泉。"这段遗嘱系出于希特勒党之矫造，德国国内乃至其邻国有识人士，殆皆认为毫无疑义。但人们不注意其矫造民意，却只讥嘲其矫造遗嘱，殊未免轻重倒置。

就在发表此遗嘱的前后，柏林（全国各地大概一样，不过作者只在柏林躬逢其盛）各车站，各大街头，各公共场所，皆悬有惹人注意的大标语，上书："一个意志！一个民族！一个领袖！"而挨户铺店门口，则贴有希特勒的两尺多高的雄姿英发的印像，其旁边则很技术的写着"我们追随你！我们都说'是'"的字样。至希特勒前此与两个褴褛工人合摄的照片，这时也到处悬挂着。一切都安排好了；雄赳赳的 S.A.、S.S.，乃至御用警察所把守的投票机关，乃开始让市民诚惶诚恐的进去表示对于希特勒总理可否兼摄领袖的意见。这是十九日的事。

据二十日的报告，德国人民绝大多数赞成希特勒兼任总理及领袖两职，为德国元首。总投票数为 43529701 票，其中赞成者为 38362760 票，反对者为 4294654 票，弃权者为 872296 票。希特勒当然是大大胜利了。

但却也有美中不足之点，就是反对票居然占投票数 10%，而且这次投反对票的人数，还较上一次为多；不但如此，投反对票的居民，大都为柏林、汉堡两大工业区域的居民。工人阶级的这种执拗性，当然使这位新领袖在举觞自祝的当中，多少感到几分不快。

但无论如何，他毕竟是胜利了。

希特勒党之宣传部长戈柏尔在一九三三年五月十九日之大柏林地方部务会议席上说过："国家社会主义运动，其自体就是国家。为国家争取生存的这种运动，同时还可占有国家的权利。……国家社会主义与德意志国家，是对于一个概念的两种说法。"这段发生逻辑问题之议论的必然逻辑，就是要把国社党扩充为德意志党，把国社党领袖，提升为德意志领袖。现在他们是如愿以偿了。依兴登堡之存在而维持住的共和体制的残垒，至是算完全崩落。同时，这已经变为一国领袖的希特勒，国社党在他已不是怎样重要，也许可说，这正是党国融合为一之理想的实现。

然而这所谓国，是"资本主义王国"哩！

第十章　第三帝国之前途

一、萨尔收回后之外交动向

由希特勒取得政权的一九三三年一月，到萨尔(Saar)收回之一九三五年一月，恰为两个整年。在希特勒政权存续的这两个整年当中，足为第三帝国(Der Drittes Reich)外交史上特书一笔的，还只有萨尔收回这件事体。

然据报纸所载，当萨尔已由公民投票归属德国之顷，德国政府中人虽狂欢大喜，从种种方面作外交胜利之空前盛大的庆祝，但一般市民却并不甚起劲。因为在他们看来，萨尔是于《凡尔赛和约》所规定的期间票决，而投票的公民，又有百分之九十几为德国人，故萨尔之归德，当为事势之必然。然吾人试将萨尔归德之全般经过情形，略加考察，则知事实殊不如此简单；而各国报纸所推测之德国人民心理，亦不一定十分正确，因为我们与其谓德国人民对于萨尔归还之漠不关怀，毋宁谓其对于政府之任何举措，皆缺少兴趣。

现在姑先概述萨尔问题之症结，然后再看萨尔复归德国后，对于德国外交动向上，能发生何种决定的影响。

萨尔是德国毗连法境的煤矿区。萨尔与鲁尔之煤，与亚尔萨斯-洛林之铁，是德国重工业的两大营养素，德国在战前得加速跨上独占资本主义的程途，主要可说是受了这些地方的煤铁之赐。在《凡尔赛和约》缔结的当时，法国为要重惩德国，并占有德国的煤铁区域，所以于索回其由普法战争割去的亚尔萨斯-洛林外，同时还想染指于鲁尔、萨尔，这也许是由于铁与煤的关系过于密切吧！但收回亚尔萨斯-洛林，是理直气壮，若索取鲁尔、萨尔，却未免招人物议，于是它借口德国在战时破坏了它北部的矿区，要求将萨尔全矿区划归其采掘，以资赔偿。至萨尔之土地人民，则置诸一种特别制度之下，即由国际联盟组织行政委员会管理之。不过法国之货币制度关税制度，均得施行于萨尔。这样，萨尔在政治上虽由国联负责，在经济上由法国负责；但因国联是受法国所支配，故萨尔实无异完全为法国所宰制。不过，《凡尔赛和约》对于萨尔有以次之规定：即自条约实行之日起，至十五年后，由萨尔居民投票，以决定其最后所属主权，看是维持现状（即由国联法国分负政治经济责任）？是归并法国？抑是返还德国？

在两年以前，布鲁宁内阁曾要求萨尔提前返还德国，此后以反凡尔赛体系相号召的希特勒政府，亦曾重申前请，但均遭拒绝。希特勒政府自去岁第二次革命及对奥外交失败后，其国内国外的威信，一落千丈。为挽回其威信，并稳定其统治计，希特勒及其党徒乃以全力应付这将届票决期间的萨尔问题；事实上，希特勒政府之能否撑持，就要看萨尔之能否返还。这种重大关键，不但国际有识人士如此揣度，即希特勒党亦不能不有此警觉。

照理，萨尔居民既有百分之九十几为德国人，只要法国及国联不违反到期票决之规定，萨尔之归还德国，应无问题。但希特勒党很知道，在法国统治下 15 年的萨尔居民，对于爱护祖国究有如何的热情，殊无把握，况他们自己统治德国两年所给予萨尔居民之反感，尤足以大大减低那种热情咧！就职业上讲，工业区萨尔的 80 余万居民中，劳动者占有一大部分；就信仰上讲，加特力教徒几乎占有 70%以上。劳动阶级与加特力教徒对于德国希特勒政权，是抱有极大恶感的。此外，如犹太人，如社会主义者，固不必说，就是那些中小资产阶级的自由主义者，他们因为不在希特勒势力统治之下，比较能够洞悉国内的真实情况，他们虽愿意复归祖国，但却非常不满意希特勒的政权。加之，萨尔一旦返还德国，即无异割断了萨尔煤矿与亚尔萨斯-洛林铁矿之联系。德国国内由产业衰沉所加于一般劳动大众之失业与增税的压迫，当然不免要施之于萨尔（当时萨尔虽亦有不少失业者，但与德国全国较量起来，其比率要算最小），在这种种顾虑之下，萨尔之德籍居民纵不投票合并法国，却颇有赞成维持现状之可能。

希特勒党也许能自知其统治所生的恶果。所以自去年冬季决定投票日期后，一方面尽管告诫其党徒力持镇静，借以缓和法国及国际间的空气，一方面却另编组一种所谓“德意志前线队”，在萨尔作种种利诱威吓的活动。对于加特力教徒,他们运动本国的加特力教会长老,劝其毋诉之于宗教感情,而诉之于爱国良心,且允许萨尔归德后,对于当地加特力教徒不加迫害;至对于工人,对于社会主义者,对于犹太人,他们都分别施以煽动诱惑与离间的方法,结局,他们这些方法奏效了。投票于本年一月十三日开始,十四日完毕,十五日由投票委员会报告的结果,是:在发出票数528005张中,赞成归还德国者,有477119票,约当总票数的90.08%;赞成维持现状者,有46513票,约当总票数8.87%,赞成归并法国者有2124票,约当总票数0.4%。其余废票占2249张。

投票者由90%以上赞成归还德国,在某种意义上,不能不说是希特勒党活动的成果(其实以德国人投票返还德国,而尚待运动,这已足证其统治之失败)。例如在十三日投票之顷,法国巴黎《时报》记者有这样一段记事:"'德意志前线队'至公民投票最后时期,犹作猛烈之攻击及宣传,到处分发传单,预期国社党之胜利……火车经过处,沿途多张贴布告,辱骂法国,并指斥维持现状派为叛徒。"又云:"十三日之投票,选民系在压迫下举行,而此等压迫,则全系'德意志前线队'之所施。"

不过,我们在此应发生一种疑问:"德意志前线队"在萨尔既频作种种违反投票规定活动,其对手法国何以不加干涉呢?实际上,法国如其抱着一九二三年占领德国鲁尔时的强横态度,利用其在萨尔统治15年的经验,用各种手段阻制当地居民投票返还德国,同时并严厉禁止希特勒党之一切活动,则萨尔究将谁属,殊难说定。那一来,至少总会弄到维持现状的结果罢!由是,我们就说萨尔之返还德国,主要是由于法国采行宽容政策,或者说,法国已有让萨尔返还德国之用意,亦不为过。然则法国为何采取此种态度呢?在解答这个问题当中,我们不但会征知欧洲各国之钩心斗角情形,同时还可明了德国今后之外交动向。

法国肯对萨尔问题让步,计有以次四种原因:

(一)法国之由德割取萨尔,其动机与理由,实已不能为世界所共谅。若复以种种强制手段,使萨尔保持现状,则德法之仇,将愈结愈深,而此后萨尔居民间,毗连萨尔之德法边界间,将不断发生不详事件,致萨尔地方之秩序与和平,陷于不易维持。

(二)萨尔之煤产额,在一九三四年度,计已增至1130万吨。萨尔归还德国后,法国虽不免丧失一个重要财源,但根据去年十二月三日之《罗马协定》,德国应支付法国9亿法郎,以收买法国在萨尔投下之资金;这巨额的款项,在金融枯竭的德国,固为一大重压,而在法国方面,却大可借此以资周转,并益增大其对德之金融优势;况德国除此9亿法郎以外,在五年之内,还须为法德毗连之伐恩脱矿的采掘,每年应付法国200余万吨煤斤哩!

(三)法国对于萨尔不归还德国的结果,固已预料到,但萨尔归还会增加德国希特勒党势焰,而益促使其向外发展的趋势,法国亦已预料到。法国在过去半年中,曾努力从事包围德国之外交活动,去年九月之苏俄加入国联,俄法两国之日益接近,《东欧罗加诺保安公约》之进行,在在皆系法国包围外交之策动;至萨尔投票前数日签订之《法意协定》,其第二部分居然对德国企图吞并之奥国,作以次规定:"法、意共同建议,凡奥国各邻邦及奥国应相互订结不干涉不侵略协定,法国、波兰、罗马尼亚亦得加入该协定,俾奥国土地完整遭遇威胁时,各国得与奥国举行磋商,此种磋商办法,以后得扩充至其他各国,以期获得其协助。"法国既如此步步为营的对德设定了包围阵势,故在萨尔问题上,不妨表示一点绅士的宽容态度。——然而这里还有一个促成其采取此种态度的原因在。

(四)抱持均势主义外交传统的英国,在战后对德的态度,往往总表现几分宽容。这除了抑制法国势力过于扩张外,同时还系阻止德国逸出资本主义的轨道。萨尔如不返还德国,在英国眼光中会看出几种严重结果:第一是德法愈形交恶,愈会促成法俄的亲近,而使反俄战线陷于一大混乱;其次是法国已有小协约诸国的支援,若更取得俄国的极力帮助,和意大利的相当谅解,势将增益其在欧洲的威势;最后第三是万一希特勒政府因萨尔问题失败而瓦解,德国也许不易再建立一个防卫左倾运动抬头的有效势力。无论哪一个结果产生,英国都认为极其不利,从而,它对于萨尔问题极力主张妥协。在某些地方还须利用英国牵制德意的法国,自然不能不相当尊重英国意旨。

在这种种原因的错综作用之下,法国遂对于萨尔问题让步,而希特勒党乃得庆其收回萨尔运动的成功了。

希特勒党经过此种成功运动以后,其国内及国际间之威信,自然会相当恢复过来,因而益增加其对外挣扎的勇气。特在当前国际局面下,即在法国已经对德施行封锁包围的外交策略之下,德国想要进一步发挥其扩张领土的野心，首先就要具有扩张领土的实力。换言之，就是它在萨尔收回后的对外奋斗，不在马上进行合并奥国，及收回波兰走廊，而在力求对列强的军备平等。

而事实却也正是顺着这个途径而展开哩！

二、第二次大战与第三次革命

德国自一九三三年十月退脱国际联盟及军缩会议以后，其对《凡尔赛和约》所加于德国之军事束缚，虽未明目张胆宣布撤废，但德国国内整军经武活动，已远超过和约所允许之限度，盖早为各国所公认之事实。由是，在大战中受过德国军事教训的协约各国，乃用三种方式来防范德国此种活动。第一是增强自己军事设备，第二是巩固对德防卫战线，第三是拥护《凡尔赛和约》。它们的用意(法国尤属如此)，盖以为德国纵不完全遵守和约，只要前面两层做到，亦属有备无患。在最近两年中，德国尽管在暗中从事军扩活动，法国则明目张胆充实兵器，建筑工事，增建战舰，且于萨尔问题解决之倾，通过二年兵役制；此外，更在德国四周建立起保安阵线。前述法意协定于一月七日成立后，同月三十一日，法国总理佛兰亭及外交部长拉伐尔即偕赴伦敦，与英国首相麦克唐纳及外相西门交换种种意见。至二月三日，法总统即以无线电播送两国之公共宣言，其中有云："……最近在罗马签订之法意协定宣言，法意两国政府拟发展两国传统之睦谊；对于此项宣言，英国阁员今代表英国政府表示诚信之接受。……英国政府认为罗马协定规定遇奥国独立及完整遭威胁时，多数国家应互相咨询。英国亦当在此多数咨询国家之内。英法阁员希望由罗马协定所得之满意进步，得因德国之直接有效合作，而继续不辍。为此，英法两国同意向德国声明，无论任何国家，其军备已由条约规定者，决无以单方面行动变更是项义务之权利，但以为欲谋恢复国际信任，增强和平希望，则最善之策，莫过于由德国及其他列强间，举行自由谈判，以使军备问题获得普遍之解决。惟此种解决办法，同时必须顾及安全问题，因此有关系各国间，必须以自由谈判之方式，订立在东欧方面互相协助之公约。……同时德国军备问题，则当依照一九三二年十二月十一日英法意列强宣言中之规定以解决之。此项宣言，承认在安全制度中，德国得享军备权利之平等。其解决之方法，乃在拟订一般的军备措置，以代替《凡尔赛和约》第五部分限制德国军备及军额之条款。此种解决方法有一要素，即德国须重新出席国联会并积极合作是也。……更有进者，英法阁员举行谈话时，认为晚近航空事业之发展，对于和平前途甚多危险，……为担保不发生此种危险计，英法阁员曾审议，是否可由若干国家以互相之基础，成立一种区域协定，由签约国相约，遇其中有一国突遭天空袭击时，应立即调遣各该国空军，以援助该被侵略国之空军。……"

这个宣言，很可解作英法共同对德宣言。为法国所企图实现的东欧保安协定，为英国所渴望成立的防空区域协定，在表面上，它们虽然都期望德国及其他国家参加，而实际则均系想借此防卫德国。至英国加入担负法意对于奥国领土及独立主权之保障，尤为针对德国而言。此外，"英法两国同意向德国声明，无论任何国家，其军备已由条约规定者决无以单方面变更是项义务之权利。"此种论调，盖明白警告德国，使对军备问题毋遽作破坏和约之轨外行动。

但英法两国亦知德国对于军备平等要求，异常积极，于是隐示"限制德国军备及军额"之《凡尔赛条约》第五部分，不妨取消，但"德国须重新出席国联会，并积极合作"，因而"谋军备之一般措置"。换言之，就是英法企图以一种限制德国军备的新约，代替此旧约。

德国亦颇知道此种圈套，乃于二月十五日之复文中，于接受缔结防空协定外，仅声言赞成军备问题之澈底解决，至关于重返国联及缔结东欧互相公约事，则一笔不提。此种态度，在法国虽感到非常不满，但英国犹希望德国能勉强就范。英国西门外相拟于三月间访德之举，盖不外抱有此种决心也。

在西门赴德之前，英国政府忽发表一白皮书（即关于国防之宣言，）其中对陆军预算，较上届增加400万镑，员额则增加二千数百名。据英国政界人士声称，英政府此种宣言在西门赴德前发表，盖不啻予德以警告，使知英国努力国际和解事业，并非对德国重整军备表示退缩。但英国这种先发制人之陈旧外交战略，不但未收到预期效果，却反而促成德国之脱轨行动。德国希特勒政府利用英国白皮书在国内引起之不满情绪，一方面称病请西门展缓赴德行期，一方面则预备自动撤废《凡尔赛和约》之对德军备限制。

同月十二日，德国已公然不顾《和约》中(第五部分)禁止其空军复活之条款，声言自四月一日起，整备航空部队，分全国为五个空军司令区，并分别设置海军航空队。然此尚是一个初步试探工作。至十六日下午，希特勒政府突然正式宣言撤废《凡尔赛和约》之军备条款，同时并发表重整军备与复行征兵制的意旨。此外，德国且以国军扩充至50万之计画，通知英国。

这种爆弹宣言发表后，全欧当感受一大震动；但因德国之重整军备，早为公认事实，而和约之军事条款废弃，又只系时间与手续问题，故英法等国在接到此项宣言时，虽不免感到异常周章狼狈，但彼此都未打算采行任何有效之制裁举动。英国之紧急阁议，英意之折冲；英法意三国会商之决定，诚然都在讲求对德方策，但其最后结果，恐不外在某种条件下，承认德国撤废和约之军事条款为既成事实。而这所谓某种条件，大概不外(一)德国重返国联，(二)对奥之安全保障，以及(三)德国加入《东欧罗加诺条约》一类之保安公约。

照目前情势而论，法国似颇激昂。它不但忿恨德国之越轨行动，同时且大不满意英国之妥协态度。英国外相西门声言对德一本友好方针，并提议德国参加英法意三国协商之举，已使法国对英发生疑虑。但法国要对德施行某种限制或取得某种交换条件，却又不能不与英国采取一致步骤。

至于英国，它的欧洲外交政策，一向在联法以制德，联德以制法，此外，并合同法德诸国以包围苏俄。即在阻制德国或法国之势力膨胀的目的上，它利用其矛盾；在包围苏俄的目的上，则又化除其矛盾。目前法国既不能离开英国而单独对德作制裁的活动，同时德国又知道非联络或迁就英国，究不易打开包围的难局，于是英国乃居于举足轻重地位，而益能发挥其外交指导原理。

在英国外交指导原理活动下，德国一定非暂时放弃其合并奥国企图，重返国联，并参组于某种新保安公约不行，这一来，德国扩张军备的目标，就不期然而然的要东向求得发展；德国果能暂时放弃合并奥国，和收回亚尔萨斯-洛林野心，则法国必会减少其联俄要求，从而，英国所企图造成的反俄阵线，就大可实现了。英国西门外相在尝过长揖见拒的滋味以后，最近仍拟访德磋商，盖不外存有这种愿望。

在领土割裂，殖民地丧失，以致人口过剩的德国，只要让它具有扩张领土的武器，它一定是肯“负驽前驱”的。就德国目前的趋势，以及环绕它的国际情形言，它确有成为征俄先锋之可能；在不久希特勒与西门的商谈中，希特勒定然会对此自告奋勇，西门也定然会暗示“第三帝国”此后发展的途径。“让一个征讨资本主义敌人的势力武装起来，有何不可哩！”西门先生在如此划算着。但这势力被武装起来了之后，究是作征俄先锋呢？抑是在资本主义阵营内自相火并呢？这却尚待事势的推移啊！

总之，德国撤废和约，戮力整军经武，那已成为无可挽回的事态；德国如备有相当军备，即会发动对外战争（无论是对俄抑是对法或其他国家），那亦是德国国势国情上所无可避免的必然要求。至民穷财匮的德国，在大规模军备扩张上，无疑要加重一般劳动大众的压迫与榨取，从而，要招致无产劳动者更强烈的反抗。然有日益增大的国防军或国家武力作防卫的希特勒政府，在战争未发动以前，它是不难从容应付国内任何暴乱的。不过，财政的竭蹶和人民的穷困与骚动，势将加速促成希特勒政府从事冒险战争。战争无论以哪种方式爆发起来，要使受过四年大战痛苦，及具有战后诸般革命经验的德国人民，还像前次大战那样再接再厉的为祖国，为希特勒所拥护的“资本主义王国”而战，恐怕不容易做到吧。况且现在德国人民之穷困状态，亦实在不能忍耐战争的大破坏大牺牲哩。

因此，关于“第三帝国”的前途，我们不妨作这样的推论：就是世界大战，迟早总会爆发，但重新武装起来了的德国，却又会在这次战争中立于主要发动者的地位；战争一旦发动起来，全部或一大部分资本主义国家的命运，将由此得到最后决定，但构成整个资本主义体系之最弱一环的德国，又将首先结束其历史。所以，《凡尔赛条约》的撤废哪，海陆空军的重新整备哪，都可以说是安置第二次大战的基石，同时亦可以说是撒种第三次革命的种子哩！

主要参考书

- Gooch G.P:History of Modern Europe(1923)
- Schmitt B. E:England and Germany,1740—1914(1916)
- Moulton H. G:The Reparation Plan(1924)
- Brandenburg:From Bismarck to the World War——A History of German Foreign Policy 1970—1914(1927)
- Smith T. E. A:What Germany Thinks?(1915)
- Hitler:Mein Kampf(1927)
- Derselbe:Was Will Adolf Hilter?(1931)
- Sombart:Deutscher Sozialismus(1934)
- 有泽广巳、阿部勇著:《世界恐慌与国际政治危机》
- 平田富太郎著:《希特勒运动史论》
- 四宫恭二著:《纳粹斯》(日文原書名为《ナチス》(1934)。“纳粹斯”爲日语ナチス的逐字音译。——编者注)
- 何炳松编:《近世欧洲史》
- 王亚南著:《现代外交与国际关系》
- 加田哲二著:《德国社会经济史》

现代世界经济概论

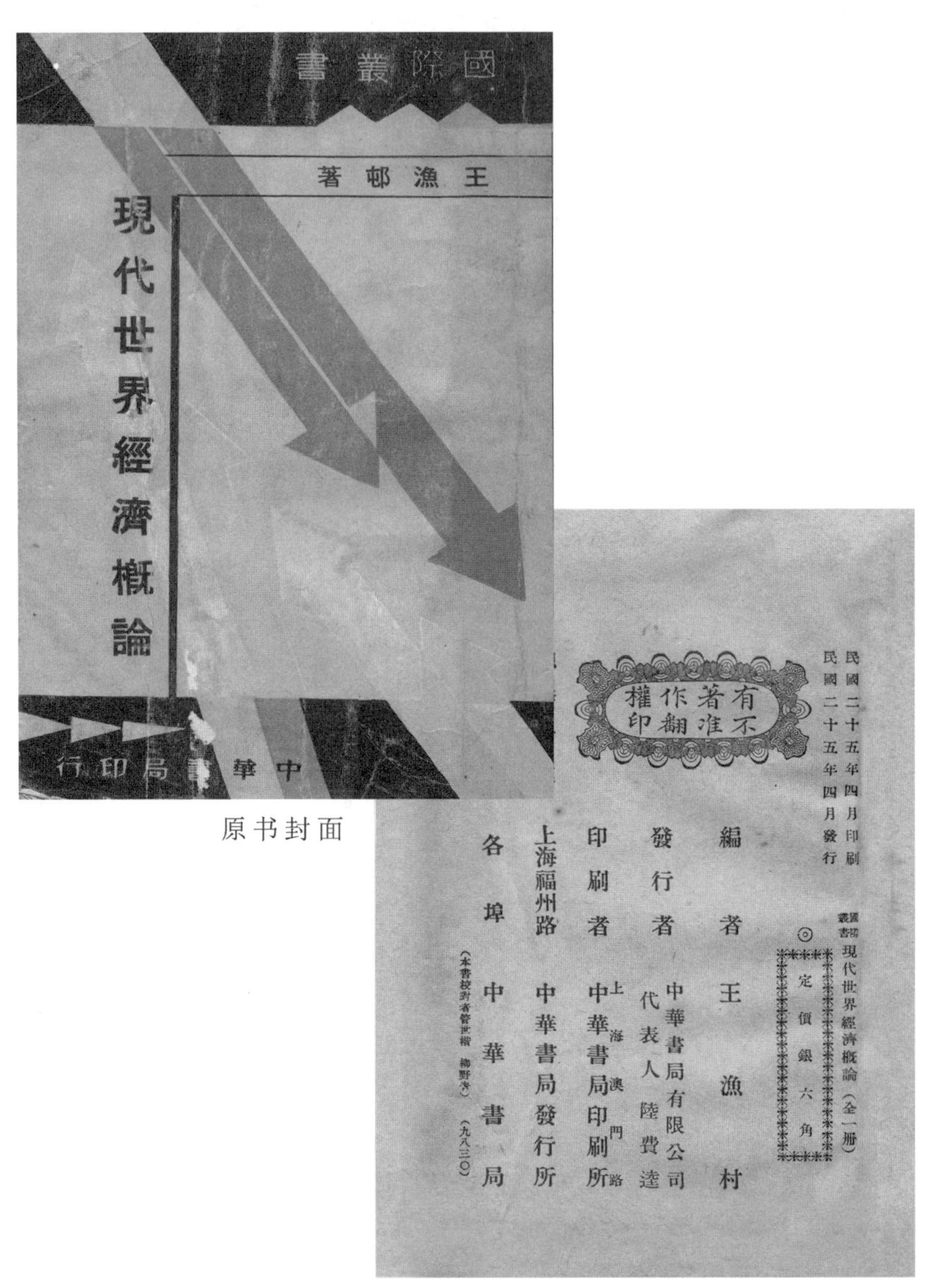

原书封面

民國二十五年四月印刷
民國二十五年四月發行

國際叢書 現代世界經濟概論（全一冊）

定價銀六角

有著作權 不准翻印

編者 王漁村
發行者 中華書局有限公司 代表人 陸費逵
印刷者 上海澳門路 中華書局印刷所
上海福州路 中華書局發行所
各埠 中華書局

（本書校對者管世榕 柳野冷）（九八三〇）

原书版权页

序 言

本书原来撰述计画，共分四篇，第一篇绪论，第二篇世界经济状况，第三篇世界政治状况，第四篇结论，而其书名则拟称为《世界政治经济概论》。迨第一篇第二篇撰成后，书局因编印上之关系，觉以政治经济两部分分别成立独立专书为便，于是此既经撰成之第一第二两篇，乃独立出版，而题称为《现代世界经济概论》。

第一篇绪论，原系就政治经济两方立论，但因政治与经济之关系异常密切，且经济实况，得依政治作用之分析，而益加明了，故作者对此绪论，仍不欲因政治部分之分别出版，而有所改变。

本书之撰著，原为供高中及大学教本用，故解述现代各种经济问题时，例将其根本原则加以阐明，然后再论及其实况，而各章各节之次第，则皆依照实际经济推移变动之因果关联，使成为一循序渐进之论理的体系。

王渔邨

一九三三年六月

第一编 绪 论

第一章 政治与经济

第一节 政治经济之意义与本质

政治经济是两个各别的意识形态。虽然我们通常把这两个语辞联在一起来说，但它们各别的意义与本质，是显然两样的。

一切属于意识形态的语辞，都是总摄诸种实际现象而成立的抽象观念。这种观念是一般的，同时又是历史的，即是说，它在某一时空间有其特定的内容，在不同的时空间复有其各别的涵义。政治经济亦复如此。

中国早前与政治密切联属的语辞，不是经济，而是道德，诚意、正心、修身、齐家、治国、平天下，那是数千年来儒家"惟精惟一"的道统；泰西早前与政治密切联属的语辞，不是经济，亦不是道德，而是宗教，所谓"政教合一"，所谓"政符于教"，那也将近成了泰西千余年来的一般信条。从这两方面看来，经济在过去并不算是一个怎样被人重视的要素。而且，中国古语"经济"是"经邦济世"，希腊古语"经济"是"管理家政"，两者都是偏于治理方面的，都带有政治的意味。申言之，就是经济的范畴被包摄在政治里面了；这时的政治形态，不但所包者广，且像对经济是立于主位。

但"经济"这个语辞，无论怎样被人忽视，被人看作次要于政治，可是经济的事实是抹煞不了的，我们在今日来论述政治经济意义与本质，当然不能不根本于"现代的"意识，为了便于解释起见，姑从以次诸点来说：

(一)就功能上讲

政治与经济当然各有其任务与范围。照近人所说,“政就是众人的事,治就是管理;管理众人的事,就是政治”。若经济,则是关于财富的事象,即关于生产、分配与交换的事象。此种区别,早被数千年的孟轲氏说得非常澈底。他说,“有大人之事,有小人之事”;又说,“劳心者治人,劳力者治于人”。其意盖以为从政是大人之事,从事农工商贾是小人之事;即政治是属于劳心的事务,经济是属于劳力的事务。事实确也像是如此。特在今日有许多例外。今日工商资本家不但不需要肉体的劳力,甚且无须从事计虑筹划一类的劳心工作,他们终日要劳其清思与肥体的,不过是讲究如何消费,并实行从事消费罢了;而各国专事治人的君主们,如大经济学者亚当·斯密(Adam Smith)所说,他们却反而没有那样清闲,他们“往往从事其他许多商营的企业;也同普通私人一样,他们为改善其财产状况,至不惜成为普通商业部门的投机者”。[①] 这还是百余年前的事,降及现在,政治家与工商业者简直区分不开。可见以劳力劳心事象来区划政治经济的分野,那是颇不充分的,不过,从政者与从事农工商者,无论怎样相互混同,而政治经济终归有各自的限界。

(二)就实质上讲

政治经济不但各有各的涵义,且是两个相互反离的现象。在原始共产社会中,一切成员皆为获取生活资料而从事经济的劳动,故无所谓特殊的、不事生产的统治阶级,从而,也无所谓政治。迨后因分配上的差别,引起了社会阶级上的差别,于是就有所谓特权政治发生,这种政治遂成为保障经济的掠取的手段。大国际法学者奥本海玛(Franz Oppenheimer)说:“求生存的人类,要获得满足欲望所必要的资料,有两个根本相反的手段,这便是工作与掠夺——一己的劳动与别人劳动之强制收取。”申言之,就是“把个人自己的劳动,及个人自己劳动与别人劳动之等价的交换,叫做满足需要的‘经济手段’;把别人劳动无代价的收夺,叫做‘政治手段’。”[②]

---

① 见郭大力、王亚南合译《国富论》下卷第455页。

② 见陶希圣译《国家论》第18~19页。

这就是说：政治与经济的最后目的，虽然都是在获取满足欲望所需的资料，但其实质显然不同。

以上两点，通是比较推进一层的说法；若就一般而论，我们只要说明政治是治人治事的种种现象，经济是生产财富、处理财富的种种现象就行了。而我们时下许多大政治学者、大经济学者的政治经济导论，大抵就是在这方面反覆引申，但要由此究明事理的真相，那是颇嫌不够的。

第二节 政治经济之关联

由前面政治经济之意义与本质的解释，我们已经可以征知这两者的相互关联了。那可就两方面来说，第一，由经济手段所获取的资料，如仅够供应各个人的需求，而毫无余剩，甚或嫌其不够，那寄生于他人劳动的特殊社会群，就不会产生；反之，政治现象的产生，即无异说是由于经济事象的允许。第二，从另一方面讲来，在经济事象异常简单的社会（如像在渔猎乃至初期牧畜社会）里面，对内从事治理，对外行使保护的政治，是不大必要的。迨经济事象趋于复杂，社会人与财产的关系日益错综，于是保障财产，缓和斗争，调处私人利害冲突，更进而促成经济进步的政治机构，乃相应产生，因此，政治现象的发生，又无异说是由于经济事象的要求。但无论就哪方面说，经济是基本的，政治是派生的、副次的。政治与经济的关联，不是对等的，而是前者依附于后者的。

但这里有两种反对的议论：其一是政治主因说，其一是政治经济交互作用论。主张前说的，是德国渊博的社会学者杜林（Eügen Dühring），他以为在历史上说来，政治关系的形式，是最基础的；经济的关系，不过次要的罢了。他的有名的举例是：土地的私有，得由“原始优越民族，向其他弱小民族，作暴力的支配”而说明，即得由“奴隶制度”而说明。但曾有一位著者这样反驳他：优越民族在压迫弱小民族作各种奴隶工作时，他们一定要有劳动手段；他们只有利用这些劳动手段，方始能够利用奴隶。并且在奴隶制度之下，他们一定还要维持劳动所必需的生活资料，这就是说，他们一定先要有超出中等程度以上的财产。可见私有财产的事实，不能一般的由政治暴力的强夺而说明，即运用政治暴力而强制奴隶劳动，首先要在经济上立下基础。渊博如杜林，竟把政治经济的因果关系倒置了。

至若政治经济交互作用的主张，那比政治主因论还能引起人的共鸣。这种主张是说，经济固影响政治，同时亦受政治的影响。这是任谁不能否认的，就是卡尔·马克思亦曾这样说过："法律及政治的制度，是在社会生产过程中，基于人类实际的关系而形成的，在某一个期间，这些制度助长国民生产诸力后来的发达，助长国民经济生活的繁荣。"交互作用说如果是按照这种解释，那是天经地义的真确，但我们在这种解释中所应注意的，就是不要把政治经济相等的看待，就是不要以为经济作用于政治，政治作用于经济，两者循环作用，以致把经济的基本功能抹煞了。然而一般"政治经济交互作用论"的拥护者，往往就陷于这种谬误。这种谬误观念的养成，有时甚至较之政治主因说还要有害得多。

其实，把经济解作是社会一切事象的基本要素，那并不是始于马克思一派的社会主义者，远在十八世纪的意大利学者累那尔（Thomas Raynal）氏，他就认定宗教、政治、道德、法律等观念及各种关系的变化，都是伴随着工商业等的经济组织的变化而来的。此外，对于奴隶制度的撤废，对于十字军的兴起，他都以经济的理由或动机去解释。在他的时代，经济事象还不曾占着今日这样压倒的优势，他居然能见到今日一般政治学者甚至经济学者所察觉不到的真理，我们不能不佩服他的敏感与睿思了。

要之，在现代社会中，政治与经济虽是两种主要现象；并且，每种政治现象与每种经济现象，虽都保有紧密关联，但经济永远是决定的要素，我们要在经济关系中，要在社会之经济结构中，才能探索到一切政治变动的前因与后果。

第三节 所谓政治经济学与经济政治学

"政治经济学"是一个常见的语辞，但"经济政治学"却似乎不曾有人用过。不过前一个语辞既能成立，后者亦当然有其确定的内容，特在此须加以确定的解释罢了。先言前者。

"政治经济学"的英文原名为 Political Economy ，通常与"经济学"（Economics）混称，即是说，政治经济学，乃是经济学的别名。不过"经济学"一语，系由古代希腊沿称下来，而把经济学称为政治经济学，那却是始于现代一个法国学者，此后凡属关于经济学的书名，类皆题称为“政治经济学”。举其著者而言，如李嘉图（David Ricardo）之经济名著题称为《政治经济学及赋税之原理》，詹姆士·穆勒（James Mill）之题称为《政治经济学要义》，约翰·穆勒（John Mill）之题称为《政治经济学原论》等等，不一而足。而批评这些经济学之卡尔·马克思的名著，亦是标题为《政治经济学批判》。如其我们不妨作一贸然的估计，很可说习用政治经济学的比较习用经济学的还多。

经济学之所以要别称为政治经济学，在一般经济学者是认定经济学为政治学的一个部门，即是“理财学”的扩大。这种错误，在资本主义初期的经济学者，更容易冒犯。就是奠定现代经济学基础的经济大帅亚当·斯密，他关于此点，亦有认识不足的嫌疑。他曾经说：“政治经济学，若被视为政治家或立法家的科学之一部门，那就要提示两个不同的目标：其一，是供人民以丰富的收入或生计，更确当的说，是使人民能自给以如此的收入或生计；其二，是供国家或共同社会以充分的收入，使公务得以进行。总之，其目的在富人民而又富其君主。”[①]照他这段话的前一句口气，他似乎还未爽切的，把政治经济学看为“政治家或立法家的科学之一部门”，不过，他生当重商主义非常风行的时代，他的学说当然受了重商主义不少的影响。重商主义根本未形成一种“学”的体系，那至多只是一种经济术或经济政策。斯密的自由主义经济学体系，是在反封建束缚与反重商主义的前提下展开的。他的《国富论》大著是为了向政府建议或“献策”而草成，他带有几分策士的习气。所以，他尽管是经济学建立者，他对于经济学这门学问之本质的认识，却还表示了缺陷。然而这种缺陷，是任何学说的创始者所不能完全避免的。

重商主义在法国大行其道，其末流演为德国的官房学（Kameralwissenschaft），由是德国后期的经济学者，都染有官房学的恶习，视经济学之主要任务，为阐明理财之道，其目的在丰裕国库；换言之，即把经济学看为是政治学或所谓国家学的一个分枝。如新历史学派之领导者希莫娄（Scmoller）在《国家科学辞典》中说：“数百年间，各个私经济及社会经济的事实，为人所注意，所记载；个个的国民经济真理，亦为人所认识，经济上的

① 郭大力、王亚南合译《国富论》下卷第　页。（原文如此。——编者注）

问题，也在道德及法律体系中为人所研究。由十七世纪到十九世纪之间，国民经济诸问题，在国家的统治及行政上，获得从来预想不到的重大地位，以致多数著述家着手于这个国民经济问题，对于青年学生，也有提示这个问题之必要，于是从来散漫的各部分，方才得总合成一个特别的科学。”他这里所谓国民经济，即政治经济之别称。照这位学者的意思，经济学这门科学的成立，是由多数著述家着手于国民经济问题的探讨，他们所以探讨这个问题，又是由于那在国家的统治及行政上占有莫大的重要地位。简言之，经济学就成为国家学或政治学的一个部分了。他这种议论，发于经济学已经被公认为一种独立科学以后，即在十九世纪中叶以后，这是过于荒唐了。

经济学者不能辨认经济学的本质，其主要原因，就是他们把“学”与“术”混做一谈了。今日中国以经济学为货殖学，为谋生学，为悭吝学的学者，通是患着这“学”“术”不分的毛病。

其实经济学之冠以政治的形容辞，自有它的特殊理由。在我们可就以次两点来解释：

第一，在现代社会里面，任何经济的形态，都脱不了政治的影响。例如，对于分配上的地租、利润与工资，政治都在或明或暗，或直接或间接的发生作用。地租关联于私有财产制度，关联于国家所定的土地制度；利润与赋税制度密切相关，工资更是工资制度与劳动立法中的主要对象。设就价值价格而论，那根本就要在关于土地、劳动、资本的生产费上，或在地租、工资与利润的种种规定上，受到政治的或国家法制的影响。因此，纯经济的事实，在实际是不存在的。经济学者当阐述各种经济原理，如价值原理、货币原理、工资原理等等时，虽然为了阐述的方便与必要，把经济事象当中的政治影响、政治作用舍去了，但那些影响与作用仍旧存在着，这是经济学称为政治经济学的一种原由。

第二，经济学的对象，虽然是那些纯经济事象，如货币、价值、利润、工资等等，但关于国家的财政问题，关于赋税一类收入，与便利工商业等设施一类支出问题，都是直接关涉到政治范围的经济事象，都不能不在经济学中加以研究；而且，在国与国并峙的现社会中，国际贸易、国际汇兑等问题，是经济的，但都带有政治的性质。此外，我们要论究劳动，不能不涉及劳动主体的劳动者，不能不涉及人口，而人口又是构成国家的根本要素之一。凡此种种，都是经济上无法回避的政治事象。不过，经济学者关于这类相联事体的叙述，是采行两个正相反对的方法：例如十七世纪之经济学家，总是以有机的整体，如人口、国民、国家、联邦等等开始，但在结尾总是依他们分析的结果所得到的二三决定的，抽象的、一般的关系，如分工、货币、价值等作收束。这种方法，是颇不易把握事体的真相的，所以亚当·斯密，乃至亚当·斯密以后的大多数经济学者，乃反其道而行之，先分析劳动、分工、交换价值、利润、工资、地租，然后再次及于国际贸易、赋税等等。要之，在经济原理的探究上，有许多带有政治性质的经济事象，不能不连带述及，这是经济学被称为政治经济学的又一种原由。

现在，我们要论及本节标题上的另一个语辞，即“经济政治学”了。

“政治经济学”很少人解释过，而“经济政治学”（Economical politics），却似很少人使用过。从表面上看来，在经济学上冠以“政治”二字，其理由既如上述所述，那在政治学上冠以“经济”二字，其理由就可反而求之，但问题是不能这样简单的。

本来，经济学戴上“政治”的帽子，与政治学戴上“经济”的帽子，同是方法的问题，但其间有一个根本不同之点，就是，经济现象离不开政治，是附带的、牵涉的；而政治现象离不开经济，则是本质的、基础的。

关于政治学之研究方法的问题，即政治学所由建立的方法问题，政治学者们提示了种种色色的意见。前述约翰·穆勒氏是以有名的经济学者见称的，他却说政治学的方法有四，一曰试验的方法，二曰抽象的方法，三曰演绎的方法，四日历史的方法。此外，有提出有机体方法的，有提出心理学方法的，还有提出哲学方法的，我们在这里没有过细批论这许多见解的余裕。只想在下面就两种值得注意的方法，略加评述。那两种方法，一是就历史立论，一是就环境立论，试为分述如下：

（一）就历史立论的方法

首先用这种方法研究政治学的，当推亚里士多德（Aristotele），以次则要数到罗马的政治学家西赛罗（Cicero）氏，他说：“历史是时代的证人，是真理的明星，是记忆的生命，是生活的指导师，是往古的传达人。”他认为罗马的政治制度，不是由一个人的智慧计画出来，不是由一个人的勤劳创造出来，而是积累多少年的智慧，多少时代的精力产生出来。此后，法国孟德斯鸠(Montesqueu)一派亦强调此说。此种说法,表面上当然言之成理,但于政治学之本质的认识,有什么大的帮助呢!政治学说的价值,乃在指示出政治制度变革之根本动因,由当前的趋势,以推断将来政治上必然的归宿。历史的归纳的方法,虽然较之抽象的演绎的方法,为注重事实,但拘囚于堆积的事实,与专骛空洞的推想,同无是处。

(二)就环境立论的方法

注重这种方法的人,同时不一定注重前一方法,因为一是从横的方面着想,一是从纵的方面着想。不过,在政治学上以新历史派见称的孟德斯鸠,同时却着意于环境,他以为气候寒冷,空气燥湿,土壤肥瘠,影响于政治社会者颇大。譬如,热带人民如老夫,寒带人民如少年,故寒带宜于自由,热带宜于奴隶;以此推之,凡专制政体,自由政体,贵族政体,民治政体以及大国小国,都是适应气候和地球而生的。所以他认定气候地理是造成政治差异的原动力。但英国白克尔(Bucle)氏的政治环境说,较孟氏所论,尤为包容,他说气候、食物、土地和自然状况,是支配人类的四种物质势力。人类政治社会的形成,自然环境当然具有不少的决定的力量。但这种说法之最大缺陷,就是只见到了自然与人类社会的关系,而不曾顾到人类与人类的社会关系。因此,其所列举之自然要素愈详愈多,结局愈不足以把握住政治制度变革之根本原因。而且,这种意见之蒙蔽真理,较之任何唯心的主张为尤甚,盖完全错误,不若似是而非的议论之妨害真理发现也。

要之,历史说,环境说,皆不足以说明政治制度之形成与变革,人类一切社会制度之最基本的决定要素,仍不外前所阐述的经济。经济每推进一步,政治制度必然要跟着更改一度。照一般的说法,人类经济进步,由独立的家庭经济,进而为地域经济,再进而为国民经济,世界经济,同时,政治组织亦紧密适应着,由部落的奴隶的国家,通过封建制度阶段,而达到现代资本主义体制的国家。政治制度所以定随经济变动而变动的原因,就是由于物质生活之生产方法,可以决定社会的、政治的、精神的生活过程。所以,政治制度的变革,必定要在社会生产关系与生产诸力发生冲突的时候,即旧的社会生产关系,如妨碍生产力的发展,这时必然会产生一种社会变革,以打破此妨碍生产力的生产关系,并推翻附丽于此生产关系的一切法律制度。简言之，就是经济形态，决定了政治形态。从而，研究政治，就必然要以经济为张本，必然要采行经济的方法。

是的，以经济的方法来研究政治，本不必要在“政治学”上，戴上“经济”两字的帽子，犹之乎其他一切社会科学，如教育学、法律学、艺术学等等，都须从经济观点去研究，但都不必要戴上“经济”两字的帽子一样。不过，我在这里提出这个语辞，是认定，(一)与“政治经济学”对称起来，不妨有“经济政治学”这一语辞；(二)今日一般的所谓政治学，几乎十九是翳蔽于唯心的玄论中，我们颇需要一种根据经济观点写成的东西，故觉得提出这个语辞，比较通常以“政治经济学”代称“经济学”，还有意义；(三)本书既为政治经济教程，不是单讲政治学，亦不是单讲经济学，所以，把政治经济学与经济政治学相提并论起来，乃不致在叙述上失之偏颇，而政治依存于经济的关联，更由此得到进一步之认识了。

第二章 现代政治经济之特征及其缺陷

第一节 现代国家与所谓国民经济

这里所谓现代,是指着十六七世纪以后的时期。

在这个时期所建立的国家,与前此的封建国家,在本质上虽然没有什么差异,但其形态,其规模,其组织,却都显得特别不同。这种国家的权力是集中的,其行政是统一的,其机构是完备的。无论从哪点讲,现代国家是较之以前的封建国家,进步多了。然封建国家何以能转化到现代型的国家呢?

这个问题的简单答案是:经济的要求。但许多大政治学者、经济学者,却有其他的看法。例如德国有名经济学者布赫(Bucher)氏,他就在其所著《国民经济学之成立》中,提出了一个曲折得多的答案,他以为"国民经济的形成,在本质上是政治集中的一成果,这种政治集中,当中世纪末叶,是与地域的国家,同时开始,在现代,是与国民的单一国家的创造,同时告终。经济的势力之综合,与使政治上分立的利益,从属于全体更高远目的之下,是相辅而行的。在德国,土地贵族与都市争斗之中,想发扬近代国家理念者,是地域的大诸侯"。这段话中有两个基点:

(一)"国民经济的形成,在本质上是政治集中的一成果。"

(二)"想发扬近代国家的理念者,是地域的大诸侯。"

再把这两点联组起来,就是:因为大诸侯们有发扬近代国家的思想,于是导来政治的集中,再由政治的集中,形成所谓国民经济。

并且,那位经济学者为要使其思想深入起见,他还紧接前面的议论,吐露了以次的深远意见:"……然而诱起诸侯专制主义的这种运动的底里,潜伏了世界史的思想,和人类的新而更大的文化任务,这两者要求诸民族全体统一的组织,要求活泼的一大利害相关的共同社会。"这又是说:

地域的大诸侯其所以“想发扬近代国家的理念”，就是由于“世界史的思想”和“人类文化任务”的要求。

然而这种高见，不但是布赫氏的主张，且是今日一般政治学者经济学者的主张。所以我要特别提出来加以批论。不过，为了集中论点与节省篇幅，我想把他的高深引论抛在一边，只集注到前面所说的，国民经济的形成，系由于政治集中，即由于现代国家成立的那一点。

说到这里，我们应知道这所谓“国民经济”的涵义。“国民经济”是一个常见的语辞。这个语辞如加以严格的分析，几乎难于成立；我们现在姑且退一步承认它的妥当性，并进而假定其简单意义是：指示一国国民的经济总体，即由家内经济、地域经济扩大起来的一个经济单位。它的主体是一国国民，并且要与其他诸国国民经济相并存立，始发生作用。亚当·斯密之大著《诸国民之富》（意译为《国富论》），实际就是尚论诸国民之经济，即国民经济。

国民经济的特征有二：对内要破除一切地域的限制，封建的束缚，对外要一国国民全体，在国家的某种经济政策下，在世界各地从事经济的活动。这样看来，所谓国民经济，就一定要以一个整统的国家，做它的靠山，其推论就是：没有现代型的国家，就没有所谓国民经济，那末，国民经济的形成，就无异说是“政治集中的一个成果”了。

然而问题却就存在这夹缝中。

我们不否认（而且不能否认）近代国家，是近代国民经济不可缺少的前提，但这里应当辨别几点：（一）近代国民经济，不是到近代国家成立之后，才慢慢形成，而是在近代国家成立之前，就已经在发扬滋长；（二）在近代国家成立与近代国民经济形成的过程中，这两者互有促进的作用；可是（三）就本原的讲起来，近代这种国家形态的产生，根本是由于当时新经济事态的要求。

在中世纪末期，即十五世纪末叶前后，美洲发现了，印度的航行成功了。这两者给予欧西社会以异常的刺激。欧西各国在贵金属的输入，土地的占领，贸易的扩大上，对内，感觉有撤除障碍生产的工商基尔特的必要，对外，感觉有充实国力，以与他国在海外市场上争衡之必要；此等需要，迫着近代型的国家之产生，迫着富国强兵的重商主义之出现。

重商主义使近代国家，近代国民经济，都得到非常的发展。它虽是国家所推行的一种国策，但是由于经济的要求，同时且为当时的经济状况所允许。重商主义的唯一目标，就是要由国家统制国民的经济活动，以期在有利的贸易差额上，获取多量的金银。金银增多则国富，国富则可豢养多额的常备军，并积极扩张海军。有了充实的军备，然后乃能保障并扩张海外殖民地和市场，乃能达到获取多量金银的目的。在这循环不已的要求上，近代国家固因而集中了扩大了它的权力，同时近代国民经济亦迅速的趋于发展。

然而我们在这里仍不要忘记一点，即近代国家自始至终是因缘经济的要求与动机，而发生发达的。

前述那位经济学者把近代国家成立之原因，归之于大诸侯们的理念，归之于世界史思想和人类文化任务的要求，那无疑是过于荒谬了，但今日讴歌帝国主义是文明传播者的大政治经济学家，不是随在而有么？

第二节　资本主义与议会制度

如其说资本主义是国民经济的核心，同时亦可说议会制度是现代国家的结晶。因此，我们在本节所要论到的，就不过是对于前节的更深入一层的引论。

近代资本主义的生产样式，无疑是受了议会制度的保育，但议会政治制度的产生，却根本是为了供应资本主义的要求。

在资本主义发展的初期，世界各地对于资本主义生产品的需要，是非常迫切的，为了满足此需要，大量生产遂成了资本主义生产样式的一个特征。特要达到大量生产的目的，这里就有几个前提条件。

第一，财产的保护。在以前封建社会不必说，就在由封建社会过渡到资本主义社会的过程中，即在资本主义体制尚未完全确立的时候，私人财产是没有取得何等确实保障的。我们知道，资本主义的主要特征，就是利润的追逐，就是个人私有资产的蓄积。私有财产若无保障，那将是整个资本主义制度的否定。

第二，资本劳动的移转自由。资本主义要遂行大量生产，对于生产所需的资本与劳动，是不能不要求移转的自由的。但在初期资本主义社会中，哪怕就是十八世纪乃至十九世纪初头的英国，亦尚残存着不少障碍资本劳动自由的旧来工商基尔特的法规，例如，同业组合、学徒制、救贫法等，皆其著者。亚当·斯密曾就欧洲当时妨害资本劳动的规定，分作三个方式：(一)限制某种职业上的竞争人数，使愿加入者不能加入；(二)增进某种职业上的竞争，使超越自然的限度；(三)直接妨害劳动及资本的自由活动，使不能由一职业转到其他职业，由一场所转到其他场所。这诸般障碍，是欧洲一般的情形，英国亦所不免，资本劳动既不能任意迁动，自由竞争根本谈不到，大量生产更无法进行了。

第三，阻制自由贸易之条规的撤废。这所说的条规，有的是在重商主义政策下制定的，其著者有如法国面包法之类。重商主义在某一个阶段，确曾大有造于现代工业资本主义的发育，但资本主义一经发达到某种程度了，那些重商主义法规就成了阻碍其发展的桎梏。例如，面包法一类条规之制定，其本意原在压缩食品原料价格，削减工业制品成本，以期在国外市场竞争上，由廉价而得到胜利。但此种政策纵依廉价而开拓了国外市场，同时却因农产品低贱而缩小了国内市场。又，与法国面包法作用正相反对的，有英国的谷物条例一类规定，这种规定是因保障地主阶级之利益，而限制或禁止谷物的输入。前者妨害资本主义生产是间接的，后者妨害资本主义生产是直接的，两者都有碍自由贸易，即有碍资本主义的发展。

以上三者，都是资本主义在初期的迫切要求，要使这些要求得到满足，就只有让那些从事资本主义生产的人，即资产阶级自己，得到制定法律或取消法律的权力，换言之，就是要建立单纯资产阶级政权。所谓议会政治制度，就是适应前述诸般要求而产生的。资产阶级由议会制度取得了政权之后，一切障害资本主义发展的法规，都分别取消了，而代以种种便利资本主义发展的规定。不过，旧来贵族地主的势力，是不可轻侮的，就在资本主义最先发达的英国，其议会中由贵族地主所占的席数，直至十九世纪中叶始大减落，而所谓谷物条例，亦是延至同一时期始行撤废。由此可知议会政治制度与资本主义之密切关联了。

然而现代许多政治学者，却把议会政治制度歪曲解释，说那是代表人民全体利益，而非代表任何一阶级利害的。例如莱白(Lieber)氏在其所著《政治道德学》中，就有这样的议论："现在宏大的政治社会，如果不行代议制，便不能得到自由，保障自由，故代议制不得不成为社会的和国民的。

就是,代议制不止代表社会的各部分,要把社会看作一个有机体,用代议制来代表社会的全体。”这是这位学者关于近代代议制的颂辞。但这种制度并不始于现代,这位学者亦颇知道。不过,关于近代以前的代议制,他有另一种看法,据他在同书中所说:“中古的阶级代表,很受严重的授意和限制的拘束;每有一个新问题发生,便要更换一次新指令。代表之中,常常互相猜忌、应付和要求,好像对别国的君主一样,一点不照顾他阶级的利益,也一点不照顾公共利益。会议如同现在公使团会议一样,因为他自身是独立国代表,所以各争利益,一点也不根据社会的和互助的原理。”

我们如不否认现代社会,是资产阶级支配的社会,那这位学者对于中古代议制的批评,也可同样施用到现代的代议制,而他对于现代代议制的颂辞,就似乎过于铺张扬厉了。而且,近年攻击议会制度的言论,恰好是莱白攻击中古议会制的言论,可见事实永远是胜。

要之,议会政治制度是现代资本主义的一个副产,它是应资本主义要求而产生,并且在政治上也满足了资本主义的要求。

第三节 帝国主义

帝国主义(Imperialism)是一个政治的语辞,同时又是一个经济的语辞;就其表现上讲,是政治的,就其本质上讲,却是经济的。

一提到“帝国主义”,我们骤然的感觉是:“一个政府无理的向别个政府提出非分要求。”[①]稍加思索,就会以为那是如霍布孙(J.A.Hobson)所说:“是一种坏的民族生活,从很早的几个世纪便遗留下来,它的原动力是兽类生存竞争中的物质的贪得和权力统治之想望,它是一种自利之行为。”[②]帝国主义的代言者,无论怎样宣传帝国主义的种种活动之神圣、之为文明的负担与历史的使命,但终无法掩饰其自利的行为。这位著者,谓其“原动力是兽类生存竞争中的物质的贪得和权力统治之想望”,那是恰到好处的描写,可是说它是“很早的几个世纪便遗留下来”,那却未免多少

① 见美国毕厄尔(B L.Buell)著《国际关系论》第十三章,参照叶启芳、曾豫上合译本中卷第1页。

② 见霍布孙著《帝国主义论》第234页(参照叶启芳、曾豫上合译本中卷第1页)。

误解了帝国主义的现代意义。本来一个语辞,特别是社会科学的语辞是可以有多方面的解释的,如以非法要求及武力侵略的意义,来解述帝国主义,那亚力山大的远征,成吉思汗的侵略,拿破仑的武功,都不妨说是帝国主义的行为,但揆诸实际,那至多只能算是类似现代帝国主义的政治的表现,而全没有具备其经济的本质。

帝国主义是现代政治的,特别是经济的最尖锐、最猛烈、最露骨的积极侵略行为。它是资本主义发展到最后阶段或最高阶段的必然成果。

资产阶级在各国取得了政权之后,即现代议会政治制度既经确立之后,凡属有碍资本主义发展的种种法规,都相率取消了,自是资本家乃得为所欲为的自由大量生产,而资本主义遂得到飞跃的发展。

可是资本主义发展的意思,具体点讲,就是生产品迅速增加,贸易额迅速增大,市场需求日益增进的意思;更从另一方面讲,就是小资本被并合于大资本,大资本复被并合于更大资本的意思。但资本集中与市场需要增进,是两种反离的矛盾现象。资本集中的别解,是利润增积的强化,是劳动大众的贫困化,是中小资产阶级之无产阶级化,简言之,就是社会一般购买力的缩减,就是市场的缩小。市场需要尽管日益增大,但在市场需要增大的过程中,已经含有促使市场缩小的要素与动因。资本主义发展愈速,这种矛盾现象亦愈形显著,资本家为要解消这种矛盾,他们不能不在国内行使种种独占,并把这独占的活动向国外扩展了。

但一个资本主义国家的情形如此,其他一切资本主义国家殆莫不皆然;彼此既都要求向外扩张市场,那它们彼此就都不能不另找出路。也许说,各资本主义国家的工业性质,是不必尽同的,于国际分工的局面下,大家当然可以尽量发挥“截长补短”“以有易无”的功能,但这在同型制品谁都长于仿造的现社会,那显然没有多大的补助。于是,它们不约而同的都向殖民地次殖民地带伸张魔手了。

是的,一切资本主义国家之向落后民族行使政治的经济的侵略,那并不是始于这个时候,不过,资本主义发展到了这个阶段,其侵略方式大有改变了。在以前,它们只是与落后地带进行一些有利的买卖,它们输出落后民族日常需用的制品,而由那里换回或输入食品与原料。到了这个时候,资本主义的性质,渐渐由轻工业而倾向于重工业,即钢铁工业,由是,其输出品就不仅是日常需用的货物,且还有大宗有关交通工业与制造工业的机械;同时,它们感觉到,把资本直接投用到落后地带,利用那里廉价的劳动,利用那里的原料与食品,并利用它们在那里由不平等条约取得的特殊权利,那比较由那里运来食料原料,再运去制品要便捷省费多了,就这样,资本的输出,与重工业机械的输出,恰好相辅而行,造成了殖民地带工业化的局面。

可是,殖民地带工业化的结果,各殖民地便与各该母国造成了前所未有的两种关系,其一是殖民地资本家与母国资本家的反目,和母国劳动者对于殖民地劳动者的同情;其一则是殖民地带与母国的关联更加密切,由是导来母国与殖民地带之间的互惠关税,即殖民地带对于母国以外的资本主义国家的制品,有的限制其输入,有的甚且禁止其输入,这样,就等于说是各资本主义国家对于其殖民地行使独占。

所以,近人谓帝国主义是资本主义的最后阶段,而其特征则从三方面表现出来,即钢铁的资本主义,金融的资本主义,独占的资本主义。

资本主义既发展到了这种帝国主义的阶段,世界市场乃从两方面趋于缩减:第一,殖民地之工业化,就等于说殖民地市场的没落;第二,各帝国主义国家对于其殖民地行使独占,那在相互报复的人为作用上,更将排斥猜妒而招致彼此货物滞销的结果。

于是,市场的竞争,乃不期然而推移到市场的争夺,以致导来资本主义体系的破毁。

第三章　现代政治经济体系的破毁

第一节　帝国主义之政治的经济的两重冲突

资本主义发展到了独占的帝国主义阶段，这时各帝国主义之间的经济冲突，就露骨的在政治上表现出来，而其最显明的事实，就是市场争夺。市场争夺有两个方式，一是各帝国主义对于各自所属殖民地之防卫与扩展；一是诸帝国主义者对于共同宰制的次殖民地带之高压与分割。

以前者而论，不拘就经济观察，抑就政治观察，均当寓防卫于扩展中。对殖民地有效的经济防卫，当然是差别关税，即殖民地对母国制品，是课以相对的奖励性质的税率，而对母国以外资本主义国家的关税，则是课以绝对的禁制性质的税率，这样，在母国方面看来，其殖民地固然得到了有效的防卫，其对于殖民地的侵略，却更由此推进一步了。设从政治上的防卫来讲，那尤非就扩展方面努力不行。诚如毕厄尔(Buell)所说："帝国主义一旦获得了一个落后民族之区域以后，则别些区域又不得不并取之，以为既得区域之保障；或为与母国交通设立一条巩固安全线，又不能不通过路线经过之地方。这就是法国占领摩洛哥(Morocco)，意国占领的黎波里(Tripoli)，英国占领埃及之合理的理由。"[①]但防卫虽然要依照这个方式，以从事扩张，可是，为防卫而行使的扩张，又不能不进一步借扩张以资防卫。英国占有了埃及、印度以及由地中海到印度洋之间的许多地域，它遂根据已经占有了这些地域，或保障这些地域的理由，而要求划阿富汗、波斯，以及中国的西藏，为其势力圈或缓冲地带。最近日本占去中国东北四省了，依据同一理由，它不能不伸其魔手于内蒙、华北，设不幸华北、内蒙都成了它的保护属地，则华中各省，又将依样沦为日本独有的势力圈或

① 见叶曾合译《国际关系论》中卷第12页。

保护国了。这种侵略方式,在它们认为是一种合理防卫,但实际又是一种有效扩张。

至关于次殖民地带,或各帝国主义共同宰割的殖民地带,它们的侵略方式,亦有两种:一方面共同组成一个凌驾于次殖民地政府以上之太上政府(如中国北京的公使团),以拥护各国由不平等条约所获得的非法权利,例如领事裁判权,关税限制等权;在另一方面,它们更分途攫取租借地,并相互划定势力圈。势力圈之局面既成,它们又各各为要保障其势力圈,而有进一步在彼此之间,设定缓冲地带之必要,在这种场合,各帝国主义者差不多是跟踪于它们在正式殖民地所走的路线,即由分割以致于强夺。

帝国主义的性质,决定了它所应走的道路。帝国主义之代言者,并还认定这个道路是最光明的,是造物主上帝替它开拓的。一位美国上议院的议员伯来德(O.H.Platt)说:“我国之每一种扩张国土,都是按着生长之不可抵抗的定律的。……我们应该感谢造物主,它令我们大有机会,以扩展我们之势力,我们之组织,和我们之文化渗入于那些闭关不纳我们的领土。”[①]根据上面所说的,帝国主义的扩张,诚然是按着生长之不可抵抗的定律,但可惜这个定律本身含有矛盾,就是,东西两半球的地面有限,其可供此生长定律运用的地面,更为有限,而要求或实行运用此定律,以期无负造物主所予大扩张机会的国家,又实在过多了。

例如,英国想运用此生长定律,以扩张其势力于土耳其、于波斯、于阿富汗,沙俄亦思成为这些地域的保护者,借以遂行其南下政策,即借以完成其造物主所赋予运用生长定律的机会与权能;同时德国亦同样不愿辜负造物主的垂青,它竟企图从其首都柏林,通过巴尔干,而敷设直达巴格达(Bagada)的铁道,为要保障其铁道的安全,凡铁道沿线的地域,即有些是沙俄南下政策,有些是英国东向政策势在必争的地域,它就不能稍存客气,而不拼命攫夺了,“造物主”这位八面献媚的美人,就只好让它们各人表现一点英雄气概,而诉之于决斗。

在近东方面的情形如此,在远东,在非洲,殆莫不皆然。

可是,帝国主义的争夺战,那颇不是一件简单的事体。在大规模战争正式开幕以前,它们不能不作种种准备。第一要紧的,当然是军备,大战

---

① 见叶曾合译《国际关系论》中卷第17~18页。

以前的军备竞争热，与今日一般无二，各国除了拼命制造杀人的工具，编练庞大的海陆军外，更在各殖民地带建筑军港要塞，征集殖民预备军。而且在军备扩充当中，各国都不能不在外交上从事合纵连横的努力，于是联盟、协约之攻守同盟的集团形成。

特军备扩充与与国团结的结果，在经济上势将造成更严重的困难。以扩充军备而论吧，军事预算之扩大，势不能不由赋税公债的形式，向一般劳动大众作更进一步的剥削，但这个结局，是社会一般购买力的减退，是生产过剩现象的深刻；况加，列强彼此间的裂痕与仇忌，既由同盟的活动，而益加强烈，于是相因导来的差别关税，就相互造成贸易上的障碍，而招致全般的经济危机。这一来，它们自然都觉得非夺取殖民地，无以解决当前的困境，即是，它们愈到困难不能解决的时候，就愈益认定战争是解决自身政治经济问题的唯一有效的方法，它们俨然都像是为正义、为和平、为人道的样子，武勇的向着这个方向迈进。结局，战争如愿以偿的爆发了。

第二节　由战争显出来的资本主义社会的本相

当战争尚未爆发，而即待爆发的时候，各国报纸都极力制造有利于本国的舆论，即都宣扬本国的权利与威望，受到了何等的威胁。其实，这些舆论，与其说是有利于本国，有利于本国国民，就宁不如说是为了本国少数资产阶级之便利。资产阶级把握着政权，有了对外宣战的权力，但他们要一般劳动大众为他们的利益而战，故不能不利用新闻政策，以激起本国民众的热情。说是祖国如何危险，如何受了敌人的侮辱。然而这是十足的欺骗。有一位眼光犀利的著者，即塞林格满（Seligman）氏剖析前次大战的原因说："此次欧洲战争的真正主要国家，尽人皆知为英德，但这场争斗，究竟不外起源于经济上之冲突。……英德二国经过货物输出贸易之竞争，而入于资本输出时代，此即为它们发生冲突的最大原因。……英国在数十年以前，即达到资本输出时代……但德国自工业发达后，曾几何时，亦由货物输出时代，而入于资本输出时代。前此在世界上只有一个英国独占世界市场，然到现在，遂新增一个有力之竞争者，英国的利益，遂日益缩小，而不能不出之以竞争，竞争既起，最后手段惟有诉之于战争，世界大战就从此发生了。”[①]这段话是非常扼要的，但我们应当指明一点，就是，这所谓英国、德国，乃至其他如法国、俄国、意国的竞争，……通是指着这些国家的资产阶级的竞争，而利益云云，也是指着他们的利益。

现在且就诱起战争，并成为争夺对象的市场或殖民地来说吧。照理，一国为殖民地而发动战争，则由殖民地所得利益，应当有助于全国的国民经济。然而事实却是如下面这样："今日的殖民地官吏，如能在预算表上收支相抵，便算万幸，即有盈余，也是留给当地政府。又在事实上，很多政府还须以金钱补助它们的殖民地。所以近代侵略殖民地的观念，并不指该地政府对于地方所直接抽取的利益，而指各个商人所得的利益，或者是其母国的各个消费者所间接享受的利益。”[②]

而且，殖民地不但对于大部分国民没有利益，且还是一个非常的负担，前面那位著者说过："殖民帝国之存在，必定有大量之海军，以保障交通航线，更必要为殖民地之防卫战争，而增加陆军之军费。……所有这些费用，都构成一种直接负荷，而在他方面，由帝国主义所获得的报偿，却是间接的，如在专利权之事件中，只益及少数之商家，而对于全体民众则并无好处。”惟其如此，所以英国政治家约翰·布莱特(John Bright)在其《演讲集》中，有过这样的愤激的论调，他说："除了澳洲之外，别没有一个隶属于王国之领土(假如我们把关于战争及保护所用的费用计算起)，不是令这个国家的人民，蒙受一种积极的损失。……无论你怎样考虑，你必会觉着市场之开辟，新国家之发展，以及用大炮弹售卖棉织品，都是没有用的，愚蠢的，和掩饰战争之罪恶的；凡是稍有知识的人，都不应高兴听到这些事情。”

但一国人民，大部分并没有认清此中消息的知识，他们听从那少数由殖民地独占贸易获得了大利的商人辈之多方煽惑，居然激发起爱国主义的模糊天良，群起保卫祖国。这时，希望扩充其殖民地贸易的少数大商人，因缘战争时会而大发其财的军需工业家，与军需工业和殖民地贸易相关联的一切工商企业者，以及借战争增固其在社会中之地位的军人，乃相率怂恿其所御用的政府，对外发动战争。国家主义精神十足的前次世界

① 见漆树芬著《经济侵略下之中国》第48～49页。

② 叶曾合译《国际关系论》中卷第32～33页。

大战，就是这样促起，这样造成。

当战争发动之始，每个帝国主义国家，殆莫不满怀着希望，以为这是解决它们各自政治经济问题的有效方法，但战争延长四年的结果，却予它们那种希望一个非常惨酷的回答。在这次大战中，死亡者达 1000 万，伤者在 2000 万以上，人民之死于贫困、疫疠和炮火者，亦不下数千万；其所遗下的孤儿有 900 万，寡妇 500 万，无家可归者达 1000 万。若就财产的损耗方面来说，战争的直接消费，约计为 1860 亿金元，因战争引起的间接损耗，约计为 1510 亿金元。

然而蒙到利益的是谁呢？各国军需工业家诚然是大发其财了；战胜国家的少数殖民地贸易者，也许多少沾得了战争的余惠；军人们确实增大了他们在社会中的重要性；但一般为国而死伤的民众，他们究何所得呢？是的，他们得到了光荣的挽词与有限的恤金。

其实，在热心战争的那些操纵政权的工商业者看来，一般劳动大众不过是他们增殖利润的机括，只要他们认定有方法可以达成那种目的，他们就不愿多方考虑其可怕的后果。然而除了极少极少的工商业者外，恐怕没有一个人不曾受到战争的坏影响。若就整个资本主义的政治经济体系讲来，其恶害就更加不堪设想了。

第三节　战争残下的问题与战争造出的问题

如上面所说的，大战的牺牲，诚然是过于可怕，但如其能由这一次战争，消灭一切战争，那这次的大牺牲，尚可说是有了代价。但可惜这种战争即使再延续些时，战争的根本原因，是完全没有除去的。因为现代的战争制度，是现代资本主义制度的一个副产。

前次战争的根本动因，我们已经知道是为了争夺销容过剩制品与过剩资本的市场。但战争结束之后，世界一般的市场，不但不曾增加，却反而相对的趋于缩减。也许说，德国海外的市场与殖民地，都被战胜国家瓜分了，在战胜国家讲来，它们确是增大了销容其过剩制品与过剩资本的场所，但德国所有的殖民地市场，由一国独占起来，虽然不无益助，若由许多国家分有，其效用就微乎其微了。况资本主义是过于贪得无厌的，稍有可以扩充的余裕，它就要拼命的扩充。不错，在四年长期的战争中，各国许多生产机关，都被破坏停闭了；大宗的资本，都用到这种破毁事业上了，至少在一个短时期之内，它们不会有过剩制品与资本的输出，就是说，它们至少有一个短时期会不感到市场的过狭，然而，这就算是战争的效果么？且看另一个方面吧。

直接参战各国在战斗方殷的时候，它们的生产与资本，诚未免萎缩不振，但在欧洲战争圈以外的资本主义国家，如日本，如美国（美国直接参战，是在战争最后一年），却竟因缘此大好的时机，引起了生产与资本的过度扩充；同时，交战各国因无制品满足其殖民地乃至次殖民地带的需要，遂进一步促起了这些地域之幼稚工业的发展。全般的讲来，资本主义由战争缩减的限度，与其由战争增大的限度，究成怎样的比例，我们是无从计量的，但由战后不到几年，各国重又感到市场窄狭一点看来，那已很可判定借战争缩减市场需要，究有何等效果了。

不但如此，这次战争既非什么正义战争，其结果在战胜国家与战败国家之间，势将不免造出一些有害国际政治和平与国际贸易发展的恶影响。由停战协定以至凡尔赛和平条约的缔结，差不多都是根据一种原则，就是一切罪恶在德国方面，战胜国是正义人道的维系者，为了制伏德国这个“罪恶贯盈”，“桀骜不驯”的野兽，那些条约都是对德国所加的桎梏。可是德国虽然暂时制伏下来了，而在战胜的诸资本主义国家之间，却又造出了种种新的政治经济之矛盾与对立。并且，就在它们这些新的矛盾与对立之间，德国渐渐利用机会抬起头来，由是，这新的国际纠纷，乃比过去还要错综复杂，而其表现最为强烈的症结，则是由战争直接产生的赔款与战债的问题。

然而还有比这更严重更麻烦的事体，就是社会主义国家苏俄的出现。在战争正在猛烈进行的一九一七年，俄国发生了空前的大革命，资产阶级的政权倾覆了，代之而起的，是无产阶级的独裁政治。这件事体虽然是发生在俄国，但于一切帝国主义国家，于整个的资本主义体系，有了非常险恶的影响。就俄国讲，这是其资本主义政治经济体系的告终；而就全世界讲，又是整个资本主义政治经济体系破毁的开始。

社会主义国家出现后，各资本主义国家曾作过多次军事政治的干涉，但结局因为它们意志不统一，步调不一致，以致每干涉一次，却使苏俄势力得到进一步的发展。此后，各资本主义国家间之冲突愈演愈烈，苏俄遂得从容不迫的从事基本的建设，以奠定其社会主义的基础，迄于今日，一切资本主义国家都不敢正目而视了。

这种社会主义国家的岸然存在，国际间遂益显出多方面的矛盾冲突，举其显然易见者，就是(一)一切资本主义国与苏俄之间的冲突；(二)诸资本主义国家彼此之间的冲突；(三)资本主义国家与其殖民地乃至次殖民地带的冲突；(四)资本主义国家中之资产阶级与劳动大众的冲突。

我们当前的世界，就是建立在这诸般矛盾冲突的机构上，所以每有一件国际事件发生，这些矛盾都各别发动正反的作用。这些作用相互影响的结果，一方面有牵一发而动全身的危机，但同时亦有相互牵制，使维系现在这种假和平局面的趋势。

日本帝国主义者之占领中国东北四省，那固然那些矛盾冲突导出来的必然结果，可是，它之敢于作此种大不韪的冒险事业，却又不能不说是由于它看清了，且利用了那些矛盾冲突。

然而"九一八"事件以后的世界局面，显然是大异于这时以前的世界局面的。任何资本主义国家虽然在故意表示镇静，但在此镇静的当中，它们却在为了准备从事战斗而忙煞。而且，政治纠纷的扩大，无疑要大大加深经济的恐慌。军备竞争、关税战、货币战，都是恐慌的结果，但同时又变作了恐慌的原因。特在每一次恐慌深刻化的情势下，受害最烈的，当然是一般劳苦大众，劳苦大众在多方压迫与社会主义国家的影响下抬起头来，势将不免给予各国资产阶级以威胁。于是，为有效的保障资本主义社会秩序，而出现了所谓法西主义的政权，这种政权在对外空气的紧张中，在国家主义精神弥漫的氛围中，得到了适当的保育；最近几年来，任何资本主义国家，殆莫不全部的或一部分的带有法西主义的性质。法西主义政治的别名，就是独裁政治，独裁政治的兴起，就等于说是假民主主义的议会政治的没落，亦即典型的资本主义政治体系的告终。

同时，一国政权由政治家或政客官僚手中，转化到军人手中了，在国内对于劳动大众的压迫，虽然够有效用，而在对外的关系上，就必定要弄得日趋恶劣，所以，第二次世界大战的呼声，遂高唱入云了。

这最近将来的大战之后怎样呢？我们此刻虽不一定要按照前次战争的经验去推测，但有一个结果是可以前知的，那就是资本主义政治经济体系之更大规模的更严重的破毁。

不过，关于未来的事态，顶好让预言家去揣度，我们这里只想把现代世界的政治经济状况，以及在这种政治经济状况下的国际关系，作一个系统的论述，使读者明了我们是生在怎样一个世界，并且这个世界会有怎样的前途。

第二编 世界经济状况

第一章 战后经济形势

第一节 经济重心与经济局面的转换

这里所说的战后，是指着一九一九年到现在的这个时期，其间共经历有十五年岁月。此十五年中的经济形势，我们可以就两方面来考察：一是由纵的方面解析其变动推移的情形，一是由横的方面阐述其一般的面相。本节所论，只限于后者，而前者则是次节所要解述的。

比较的讲来，战后的经济形势，是与战前颇不相同的，这可就以次三点来说明：

第一，就经济重心讲，战后与战前显然不同。战前的英国，是大众公认的世界经济的重心。伦敦向称世界金融的总枢纽。英国凭它老资本主义国家的资格，在世界上占有最大最多的殖民地，在世界各地建立了经济基础。为了保障其世界经济网或海外贸易，它不但确立了“均等于两国海军力量”的海军政策，同时并采行了“化强为弱”的均势主义的外交政策。这两种政策圆活的运用，使英国在政治上，特别是在经济上立于非常优越的地位。

德意志在十九世纪下半期成功了统一运动，本来是英国欲借以削减法国势力的结果，但德国统一后的突跃发展，却又成了英国联络法国以压伏其威势的原因。英国从前一位外交大家巴梅史登（Palmerston）说得好:“英国既无永久之敌,亦无永久的同盟,‘英国的利益’,才是永久的目标;我们不能须臾或忘:合此利益的便是友人,反之便是仇敌了。”这是最坦白直截的表示。所以我们前面已经证示第一次世界大战,主要是由于英德经济利益的冲突,换言之,就是一种经济的争霸战。

在英国之意,德国这个强敌如果打倒了,它的海外贸易就不会受到危害,或者说,它依旧不失为世界经济的重心。但事情太出乎意外了,在英法各协约国与同盟国拼命从事大规模破坏战争的当中,美国与日本都利用此机会坐大起来;美日经济势力的迅速发展,使英国处于劣势地位,而遽然失掉其数百年来之世界经济重心资格了。在大战以前,美国尚欠有20亿金元的外债,至战争结束,它已成了世界唯一的债权国家。同时,它对外贸易上的主要输出品,亦由原料食品而转化为工业制品。它凭了雄厚的金融资本的势力,使全世界的金融势力受它操纵,纽约已取得伦敦地位而代之了。而且,英国一向在南美、中美与加拿大的市场,这时几全为美国所占有,而其在远东中国方面的贸易,亦处处受了美国的侵蚀。不但如此,同时还有与美国“平分春色”的日本。

在大战以前,日本的经济势力,虽然已有非常的发展,但尚不足与英国较其短长,可是经过大战中四年的好机会,它的海外贸易乃迅速扩展起来,在中国方面固不必说,就在英国生命线的印度,乃至澳洲、马来半岛各地,几无不充斥有日本的货品。加之,英国资本主义仿佛是过于颓旧了,它的生产机械与组织,都颇不易改良,而在新进的日本与美国,则拼命在这些方面力求精进。这一来,英国更相形见绌了。

可是,战后的这种经济重心的改变,尚犹是所谓“楚人失弓,楚人得之”,而无伤于整个资本主义经济的本体,然美日两国以外的社会主义苏俄的兴起,情形却就别致得多,而且严重得多了。

第二,就经济体制讲,战前战后亦是显然不同的。战前普遍的是资本主义的世界,在战争结束的前一年,1/6 的世界,变成了社会主义的天下。这一来,战后经济就显示一种异彩了。

在当前的情势下,我们诚然是看着资本主义的货品,在不绝向着苏俄流入,同时并由苏俄换回其所需要的各种制品与原料。即是说,苏俄之与各资本主义国间进行贸易,那与这各资本主义彼此之间所进行的贸易,并没有什么不同。而且,资本主义国家把货物向外输出,是为了利得,或者为了抵偿其由输入所惹起的亏损，在社会主义的苏俄，亦不外是为此目的。不但如此，苏俄今日之需要其他资本主义国家之物质的与人力的帮助，那与其他各国之待望于苏俄者比较，也许还要迫切得多。从这种种方面考虑起来，苏俄社会主义经济之建立并与资本主义经济体系没有何等了不起的势不两立之点。

但问题是要进一步考察的。社会主义经济与资本主义经济的根本不同之点，就是私有财产制度之废除，就因此故，苏俄虽亦努力从事生产，但是有计画的，而且不是为了私人利润；虽亦与他国进行种种贸易与交易，但是以国家为主体，所求在国家的利得，而与资本主义国家之私人经营不同。这种根本的不同，遂使社会主义经济与资本主义经济立于正相对立的地位，而且进一步还导出了一种必然结论，就是社会主义经济的发生与发展，系以资本主义经济之崩溃与没落为前提；战后的整个经济事实中，就包容有这两个一面苟合，一面冲突的要素。

第三，就经济趋势讲，战后亦大大不同于战前。战前的一般经济趋势，是资本主义体制之倾向于崩溃，而战后的一般经济趋势，则是社会主义体制之倾向于发扬。从其绝对的关系讲来，这两者虽然没有什么了不起的区别，但其相对的意义是显然不同的。直至大战为止，不，就在大战后的若干年间，即在苏俄社会经济基础尚未趋于稳定的时期，一般“资本主义万岁”的颂扬者，尚不相信反资本主义的经济体系能够存立。可是后来情形愈变愈糟了，在资本主义各国都为恐慌弄到焦头烂额的当中，苏俄式的经济，居然由安定而进于繁荣。到这时，资本主义的乐观派遂有以次这一类的解嘲议论，就是说，苏俄经济所以能成立且能发展，无非是采行了非共产主义的新经济政策；新经济政策之允许工商资本私有，即无异否定社会主义经济，而肯定资本主义经济。由是他们相信，资本主义所引起的恶害与困厄，其咎不在资本主义体制本身，而在运用资本主义的方法，在这一认识上，统制经济运动不旋踵而普行到一切资本主义国家了，就是政治经济两感破碎支离的中国，亦想在这方面曲尽其棉薄。

我们姑承认苏俄经济蹈袭了资本主义精神，而资本主义国家的统制经济运动，则是窃取苏俄所用的方法；以资本主义为体，以社会主义为用，两者并行不悖，相得益彰了。然其结果怎样呢？资本主义国家愈施行统制，其困难愈大，其恐慌愈烈。由意大利以至德国，由日本以至美国，都实验了，并证实了“统制”之无补于当前的困厄。事实既是这样不肯迁就人们的意志，于是他们又转过来说世界经济恐慌之唯一原因，为苏俄之存在，并说苏俄扰乱资本主义经济的唯一计画，就是以生产费以下的价格，出卖其货物。我们在这里没有详论此事的余裕，我们所知道而且为任何资本主义国家所不否认的，就是资本主义经济在日趋衰落。

要之，战后的经济形势，无论就其重心讲，就其体制讲，抑就其趋势讲，皆呈现着一种不同于战前的形相，而这种形相大体上表露了资本主义体系的支离，同时亦表露了资本主义体系的破毁。

第二节　战后经济的四个阶段

上面是从横的方面一般的分析战后的经济形势，而本节所论，则是从纵的方面阐明其变动推移的历程与阶段。特在进行此种论述以前，有一点应该郑重提到，就是，我们探究战后经济，诚然不能忽略苏俄经济的重要性，但是现阶段的经济主流，仍旧是资本主义体系，所以我们一提及现代经济恐慌乃至现代经济状况云云，都还是以资本主义经济为主要对象。而且，苏俄经济既如前面所说的，是与资本主义经济正相反对，其趋势又是分道扬镳，南辕北辙，那我们要把这两者同时包括在战后经济的论题下，依历史的程序，分划其转化演进的阶段，那是势所难能的。因此，为了迁就事实与叙述的便利，我们决定把战后苏俄经济情势，留在本篇第八章叙述，而在本节分划的阶段，以及全篇其他各章的论列，都是以资本主义经济为主体，虽然有时也联带涉及苏俄经济。

由是，这里所谓“战后经济”云云，大体是指着资本主义经济。资本主义经济在战后的情形，大体可以分作四个阶段或四个时期。

第一期是由一九一八年到一九二〇年上半期，这时期正当大战结束之后，百废待举，需要大增，故社会上颇表现一点繁荣景象，但实是虚幻的，我们姑称之为假兴旺期。

第二期是由一九二〇年下半期到一九二三年，这时期承续假兴旺期之后，一切隐藏在虚幻繁荣底下的危机，都暴露出来，造成非常的恐慌，但为别于当前之大恐慌时期起见，姑称为恐慌期。

第三期是由一九二四年到一九二九年，这时期一切都上轨道，货币稳定，生产增加，大有否极泰来之象，故可称为安定期。

第四期是由一九二九年一直到现在，这期的景况，较之第二期尤为严重，故称为大恐慌期。

我们现在且把上面四个时期的经济情形，分别描画一个较为详细的轮廓。

先就第一期即假兴旺期来说。

在大战进展中，每个参战国家的经济，几乎都失了常轨，需要供给的情形，自然不能与平时一概而论。逮战争一旦停止下来，无论是大遭破坏的国家，抑是新建立的国家，对于资本财与消费财都两感缺乏，于是这时的物价，乃迅速飞涨，甚至高出战时的水准。比如以一九一三年的批发价格为 100，则由一九一三年至一九二〇年之物价变动表如次：

批发价格表(1913 年为 100)

国别	年度						
	1914 年	1915 年	1916 年	1917 年	1918 年	1919 年	1920 年
英国	99	123	160	204	225	235	283
法国	101	140	187	261	329	356	509
意国	95	132	201	299	409	326	624
瑞士	——	——	——	——	——	——	——
瑞典	116	145	185	244	339	331	347
荷兰	105	145	213	286	382	287	281
加拿大	100	109	134	175	205	216	246
日本	96	97	117	147	196	240	258
德国	106	142	152	179	217	415	1486
美国	97	107	128	170	201	202	197

据上表看来，各国的物价，至一九一九年一九二〇年，皆加速昂贵起来，就中美国在一九二〇年度，虽因停止欧洲军需品供给及其他关系，其物价较之一九一九年稍有跌落，而较之一九一八年，却仍有涨势。德国物价至同期尤属奇涨：一九一九年对一九一八年增涨 1 倍，而一九二〇年对一九一九年，更增涨 3 倍，设与一九一三年之基本数字相较，将近增到 50

倍。物价一般如此高涨，持有当时所需物品的工商业者，当然要大发其财，而形成一种兴旺的局面。但这种兴旺，不是由于物资的充盈，而是由于物资的过于缺乏；即是说，那不是生产上的兴旺，而是价格上的兴旺。一旦需要物品的国度或私人购买者，表现了购买无力的趋势，那种价格就不得不立即下落，使那种兴旺气象，变成虚浮的泡影，接着，导来一种经济恐慌。

次就第二期即恐慌期来说。

第一期因极度缺乏与过高价格所架起的虚幻繁荣，不旋踵间就暴露了破绽。而且，前期物价之飞涨，并还不完全是由物资缺乏，而大部分是由于货币价格的贬落。此如就物价增涨最速的德国来说吧。德国马克价值在一九一五年平均为票额 86%，一九一七年为 64%，一九一八年为 71%，一九一九年跌到 28%，一九二〇年等于 8%，一九二一年等于 5%，至一九二二年冬，竟等于 1%。由此看来，物价虽然再高，于生产上的繁荣，颇不相涉，不但如此，价格愈高，愈只能显示生产的停滞和一般生活的困难。

所以到了一九二〇年下半期，其危机即显露出来。前此看似趋于昂扬的生产状况，至是已因一般购买力的减退，而陷于艰缩，由是失业者加多，社会到处呈现动摇不安的景象。在欧洲大陆方面，最感困难的，虽为德法两国，但英国因有一九二一年之煤矿大罢工，以及对大陆方面之输出入同时锐减，故其景象亦非常恶劣。日本与美国的困厄，均系由于其在战时及战后假兴旺时期的过度扩张，复加以直接参战各国（美国不过是在战争快要结束时，始行参加）对于其殖民地市场之恢复，但美国资力雄厚，国内市场辽阔，当非日本所能望其项背，所以日本早在一九二〇年三月，即已受到恐慌，至一九二三年，复有一次更猛烈之恐慌的袭击，而在美国方面，它不过感到没有战时那样繁昌罢了。至于社会主义的苏俄，这时正是它最危险的时期，在大战后，在大革命后，在各资本主义国家数次武装干涉后，其困状已大可想见，又益以连年的灾荒，自然更使它感到万分痛苦。总之，在这个时期，世界经济差不多是一般的陷于危难的险境。

为打破此难局，无论是金本位国家，抑是企图恢复金本位的国家，殆莫不欲立即采行收缩政策，但此种政策施行起来，实足以加大那些经济力薄弱的国家的困难，而益促其非采行相反政策即膨胀政策不可。像德国每年要支付大宗的赔款，固不必说，就是那些新起的国家，以及法国和意大利，其政府机关，几莫不以印行纸币，供应当前急需为唯一工作。膨胀政策一开始施其作用于工业部门，于是相因而至，在国内贸易与国际贸易上卷起一大投机活动风潮，此种风潮，由各国币制与币价的差异，而益趋猛烈。至一九二三年，世界所有的国家，差不多皆直接间接受其影响，以致引起全般的恐慌。但这恐慌不久就过去了。

再次就第三期即安定期来说。

货币是资本主义经济的灵魂。为了增积利润而进行的资本主义的生产，没有货币的调节周转，是根本无从达到其目的的，所以，货币系统的紊乱，即无异资本主义经济体系的动摇。

但稳定货币却是一件太不容易的事体。以战后国际纠纷之枢纽的德国来说吧。它在战后的财政状况，已经是过于困难了，而协约国又限定要它每年支出 30 亿金马克的赔款。它处在这种情形上，不大借外债，就只有滥发纸币；纸币即卷起了经济危机，结局遂不能不停付赔款，遂不能不惹起协约国的干涉，莱因河右岸之于一九二二年被占领，鲁尔之于一九二三年被占领，都是这次经济恐慌的附带事件；但法国欲制死德国，借以倡霸欧陆的野心，亦大有关系。就因此故，英国不能一味缄默了。它力主重开赔款会议，于是有一九二四年之道斯计画（The Dawes Plan），在这种计画的实施中，德国的币制得到了稳定，其对外信用逐渐恢复，对于协约各国的赔款，亦能按期支付，这一来，各国的工商业，皆因其币制之依次安定，与对内对外贸易之好转，而顿呈活跃。加之，有些国家（例如德国）根据战时经济的经验，和当前事态的要求，都分别采行所谓合理化经济政策（即增大生产效率，减低生产费用的政策）；由是，自一九二四年以后，世界各资本主义国家的生产，皆年有增加。以最基本的钢铁生产为例，其增加趋势，有如下表：

世界钢铁生产量表

（甲）铁生产量　　　　（单位：千公吨）

各年月平均	美国	德国	英国	法国	比利时卢森堡	与其他各国合计
1921年	1401	655	222	287	77	2907
1925年	3082	848	530	708	210	5936
1926年	3308	804	208	783	246	6065
1927年	3068	1092	618	775	270	6639
1928年前5个月	3163	1112	581	831	——	6814

（乙）钢生产量

各年月平均	美国	德国	英国	法国	比利时卢森堡	与其他各国合计
1921年	1628	772	314	258	64	3337
1925年	3737	1016	625	621	193	7014
1926年	3794	1026	304	703	234	7025
1927年	3675	1359	770	690	258	7834
1928年前5个月	4278	1325	728	765	——	6544

综上钢铁生产量看来，无论就国别讲，抑就全般讲，其增加趋势皆非常显著。至轻工业方面之纺织工业，亦表现了此种趋势。由一九二四年到一九二五年，特别呈现发展状态，此后虽不若此一年余间发展之迅速，但大体仍是增加的。据国际棉花联合会调查，世界棉花之消费量，一九二四年度（至同年七月末之一年）为20014300包，一九二五年跃为23168000包，一九二六年为24579000包，一九二七年为25882000包。

因为生产不绝增加，故社会各方面皆表现安稳气象，而物价亦脱却了以前涨落不定的变态，关于这点，我们看苏俄经济学者瓦尔加(E.Varga)所制之物价指数表①就可明了。

① 见李一氓译《一九二九年的世界经济与经济政策》上卷第14～15页。

物价形成指数表(1913 年作为 100)

年度	英	德	荷	瑞典	瑞士	加拿大	美国
1925 年	160.9	141.8	155	161	161.1	110.3	148.3
1926 年	149.4	134.4	145	149	144.5	156.2	143.3
1927 年	142.7	137.6	148	146	142.2	151.6	136.7
1928 年	140.9	140.0	149	149	144.6	150.4	140

我们把上表与前面第一期之批发价格表一加比较，就可知道这两个时期的景气性质，该是如何不同。前者在一年之中，其价格有涨跌至若干倍的，而后者在数年之间，差不多没有多少涨跌。物价的稳定，正表示货币价格的稳定，同时且表示整个资本主义经济体制的稳定。

但战后的黄金时代，以一九二八年为最后一年，到了一九二九年，重又进入恐慌时期了。

最后，我们要论到第四期即大恐慌期。

这个时期是以一九二九年开始，一直延续到现在；它今后还会继续延长到什么时期，并且会演成什么样的后果，我们此刻无须预为推测，不过显而易见的，是恐慌的一年厉害一年，资本主义经济也一年糟糕一年。

这次恐慌不但在时间上格外持久，就其普及的范围与表现的程度讲，都比以前任何时期的恐慌为普遍、为深刻。在工农业生产方面，在货币信用方面，在国际贸易方面，无一不显示了空前的凋敝与坎坷。但关于这些方面的实际情况，以后各章要分别阐明，所以此刻只想把此次恐慌在这些方面显示的特征，约略举述出来。如：

(一)就工农业生产上讲，大部分工业(例如石炭业、造船业、纤维业等)，生产上的恐慌，乃发生于慢性的衰落之后，而非由于兴盛时期过度扩张之结果。此种趋势，随恐慌演进而益显著。同时，伴随工业恐慌而来的农业恐慌，一部分虽由于生产品的滞销，而主要却是由于工业家为求弥补其损失，加紧压缩成本，低减农产品的价格所招致。工农生产恐慌带有这种性质，其前途的转机，是很少希望的。

(二)就物价变动的情况讲，那亦大可悲观。自一九一八年以后，物价一律趋于跌落，而在此跌落中，复显示出了一种差别，就是趸售物价跌落甚大，而零售物价则跌落甚微，例如前者有的跌至 40%到 50%，而后者则

只跌到2%～3%乃至8%或10%。此种事实，显示了各国高筑关税与货币战争的结果。至于

（三）信用上发生的恐慌，很奇怪的是不一定由于金货的紧迫，而在金货异常充裕的国家（如美国），其金融信用上的恐慌，却反而比其他国家来得厉害。许多现代当红的经济学者，本认定恐慌是起于周转物资之金货的缺少，所以他们断言金货增加，恐慌就可得到救济，但由此信用恐慌的事实判断，这种说法，似乎又过于简单可笑了。

要之，对于这一时期的恐慌事实，尽管有许多"刮刮叫"的经济学者，在根本原因之外，去找一些支离附会的理由来掩饰，但要求得其究竟，终不能不从资本主义发展到了最后阶段的诸种必然趋势，加以解释。资本主义制度中各种利益相互间之深刻的冲突，实是此次恐慌爆发的根源。

特强烈的经济冲突，必然引起强烈的政治冲突，战后各种条约系统之订立，国际债务关系，关税战争以及新军事同盟等，都是那种冲突之露骨的表现。近代一位有名外交家，在他解说了关税战争加深加大了此次经济恐慌的原由以后，复有这样一段警策的议论，他说："除此之外，尚有一点不容我们忽视者，即为战后赔款负担，与所谓国际协约间的战债负担；此两者又为创造并扩大此次恐慌的重要因素。欧洲大部分人民受此种负担之重累，购买力缩小，吸收生产品之力亦因而减低。赔款与战债支付的结果，又发生世界金额之不规则和不平均；少数国家拥有巨大的金额，置之库藏，废而不用，同时使世界其他各国严重的感受金货缺乏的痛苦……"①这就是说，关税、战债、赔款、货币政策，以及伴随这诸般事实而妨害经济安全的事体，都是存于现阶段资本主义制度中的必然冲突，同时也就是当前严重危机所由造成的主要原因，所以，我们要解释工商农业上的生产恐慌情形，不能不先从这些基本原因讲起。

不过，在这诸种恐慌基因之中，我们认定国际债务关系与赔款问题，又有加强其他原因之不良影响的决定作用。固然，反过来，关税战、货币战等等，也同样妨阻了战债赔款问题的解决，但后者在事实上是比较要基本些，所以我们的论述要从此开始。

---

① 苏俄外交委员长李德维洛夫（Maxim Litvinov），一九三一年在国联会议席上的讲演。参照《国际政治经济年报》第一辑《苏维埃之国际经济政策》。

第二章　国际战债与赔款问题

第一节　国际战债问题的发生

在近代国际政治经济关系比较密切的各国之间，殆莫不发生借贷关系，即债权与债务关系。

国际间的借贷，与私人间的借贷，在形式上，在用途上，以及在其他的方面，虽然颇不相同，但一国如在借款成立以后，发生赖债或拒绝偿付的情事，则其影响于国际方面之信用，从而，牵累其国内的各种产业，就与私人债务纠纷所引起的结果没有两样。设此一事体牵涉到多数国家，而这些国家彼此间又相互错综的结有借贷的关系，则其事态的严重，就非其他任何经济纠纷所能比拟。

国际战债之发生问题，始于苏俄对于一九一七年二月革命后之克伦斯基政府所借美国战债之否定。但在整个国际战债问题中，这件事并没有多大的关系。因为俄国在十月大革命以后，对于沙皇时代与克伦斯基政府时代的一切外债，是概行否认，而非单独拒付美国的战债。至若我们在这里所要论及的国际战债，包括有两个部分，一是由英法借出的，一是由美国借出的，兹分别述其概要。

(一)由英法借出的战债

大战发动后，一切参战国家为了财政上的紧急需要，皆竭力筹措资金，至由国内筹措不出的国家，则大借外债。战争甫及数月，俄国即向英筹借1150万金镑。在这个时候，法国不但能自己支持，且还可接济其他与国。但到一九一五年度，法国开始向英国举借大批战债了，此后直至一九一七年九月，英国借于一切协约国的债款，计达9亿金镑之巨。英国一方应付战争中巨大损耗，一方又流出如此巨额资金，至是已感到罗掘俱穷，难乎为继了。同时其他各协约国家，遂都陷于财政万分竭绌的苦境中。

(二)由美国借出的战债

就当这各国财政异常困蹶，而且告贷无门的时期，美国忽毅然对德宣战，财门既开，各协约国自然欣喜若狂，自是美国乃成了它们应急的外府。美国陆续借与各国的债款，一大部分系由“自由公债”的形式，向其国民募集，其中可以说是包含有两种性质的成分：一是战债，一九一八年十一月以前所借出者属之；一是善后债，一九一九年一九二〇年所借出者属之，两者通称战债。借款者共 20 个国家，其各别数目如次表：

各国欠美战债表

（单位：金元）

国　别*	
亚来尼亚	11959917.49
奥地利	24055708.92
比利时	379087200.43
古　巴	10000000.00
捷　克	91879671.63
爱斯托尼亚	13999145.60
芬　兰	8281926.17
法　国	3404818945.01
大不列颠	4277000000.00
希　腊	27167000.00
匈牙利	1685835.61
意大利	1648034050.90
巨哥斯拉夫	51758486.55
拉维亚	5132287.14
利比利亚	26000.00
里塞尼亚	4981628.03
尼加拉洼	431849.14
波　兰	159666972.39
罗马尼亚	37922675.42
俄罗斯	192601297.37
	共 10350490597.20

*：表中爱斯托尼亚、巨哥斯拉夫、里塞尼亚、尼加拉洼现分别多译为：爱沙尼亚、南斯拉夫、美塞尼亚、尼加拉瓜。下同。——编者注

据上表，各协约国所借美国的战债，共达一百余亿金元了。

所谓国际战债问题，就是以美国借与各国的这宗大债款为主体，而英法借与其他各国的战债，则不过因前者发生纠纷，联带牵涉的罢了。

当各国群向美国借款的时候，它们只顾到目前的急需，至日后能否偿还，它们是没有，或者是不能过细考虑的。大战结束以后，每个参战国家的经济状况，都是万分的凋敝与困蹶，它们所求的是借债复兴，而绝未计及如何还债。但在债权者美国方面，它在战争将结束的一九一九年与一九二〇年，虽乐得把它存积在欧洲未用的军需品，乃至各国既经定购的军需品，转作善后债款，但各国延及一九二二年，尚无意与它谈判还债的手续，而且有些国家还大大鼓吹勾销战债的空气，这不能不使它感到失望。

原来美国在巴黎和会中，是极力主张战胜国不向战败国索取赔款的，在英国之意，以为美国既不主张要赔款，各国为战争消耗的战债，当然也可不还。特英国对美是债务者，对其他协约国却是债权者，两两相较，债权还大于债务。但它认定战债不取消，各国经济无恢复之望，从而，国际贸易亦无从发展，所以，它在失之于债权，或可得之于贸易的打算上，主张赔款战债一笔勾销。

法国态度不同。它在战争中损失最大，从而，其所要求的赔款额数亦最多，以赔款与其所负英美的战债较，前者额数还要大。所以它虽非常乐意取消战债，但不肯取消赔款；万一美国坚决要索战债，它的惟一办法，是向德国索到了赔款后，再交到美国，以便从中得到一部分盈余。

但美国认定赔款与战债是两件事。为了表示其坚决的态度起见，它于一九二二年二月，由国会通过组织一个索债式的战债清理委员会。这样，各协约国除了向德国要索赔款外，就企图造成对美赖债的联合阵线。可是局面这样僵持下去，那不独会卷起国际间险恶的风云，同时，各国对内对外的信用，将蒙到非常不利的影响，所以，实利主义者英国，首先在一九二三年与美国成立战债协定：规定债务的利息，与分期偿还的办法。英国单独出此，对美联合阵线，当然莫由形成，由是各国分途与美国成立类似的协定；法美间之协定，则是延至一九二六年才订结成功的。此后，还有许多国家继法国之后，与美国完成此一交涉。这样，战债问题算得到了解决，然而这种解决是暂时的。

第二节　战债与赔款的联系

各国分途与美国成立战债协定，就是说，它们每年要分送大批的债款于美国。但一谈到这里，问题就来了。向美国借款的，是协约诸国，向德国要求赔款的，亦是协约诸国，由是，协约诸国就必然要由德国讨到了赔款，再偿还美国的战债。尽管美国多方否认赔款与战债的关系，但这两者的联系，与其说是理论的问题，不如说是事实的问题。所以不是空口否认所能了事的。

现在姑先略述赔款问题的经过。

协约各国向德国要索的赔款，巴黎和会的当时，并没有定出一个数目。那时只规定：各协约国组织一个赔款委员会，由此委员会于一九二一年五月以前，决定德国应在三十年内付与协约国的赔款数目。不过，德国在此数目决定以前，先须交付 200 亿金马克于协约各国。

嗣后，赔款委员会决定德国应付赔款为 1320 亿金马克，并还决定各国分配赔款的比率。这个委员会由美意日比巨哥斯拉夫五国组成，美国不参加，日本只限于某些事可以参加，该会既完全是由法国操纵，所以定下了这个不顾及德国偿付能力的数目。

可是，赔款数目既非德国现状所许可，当然难避免发生不履行条约的纠纷，由是有占领莱因河右岸诸地域与占领鲁尔的不祥事件发生。在法国，它是要借此机会惩处德国，并破坏德国的，但法国势力由此高涨起来，英国均势主义的外交政策，必然要受到威胁。于是，它提议重开赔款讨论会议，一九二四年的有名道斯计画，就是这次赔款讨论会议的结果。道斯计画实行后，法国撤退了德国工业中心区域鲁尔的驻军。同时，德国由此计画恢复了国民经济的主权，并稳定了以前动摇不定的通货，它按期支付赔款了。赔款问题既有了偿付的头绪，各国战债协定遂得在这个期间成立起来。

可是道斯计画虽有许多实效，但其缺点正复不少，而主要的缺陷，还是没有十分考虑到德国的支付能力，由是又有修改道斯计画的酝酿。一九二九年二月，赔款委员会再开于巴黎，有名的杨格计画（Young Plan），就是这次会议的成果。杨格计画是对于道斯计画的修正。其要点是：

（一）支付年度为八十五年，内分两大期，前期三十六年七个月，每年平均支付 19.888 亿金马克，后期每年平均支付 16 亿～19 亿金马克。前期中最初 10 年总支付额，应为 186 亿。

（二）设立赔款银行，使赔款商业化与动产化。赔款之担保品交由该行管理。赔款交付该行，由该行分配于应得赔款诸国，该行前期中之利润，取一部分作后期 22 年之支付。

（三）赔款内分有条件与无条件两部分。有条件部分之中，复分以马克支付与以货抵价的二种；此类赔款，遇德国经济至最危急时，得于 90 日前通知，延期两年支付。无条件的部分，须以外币支付，并不得延期，并规定其额为 6.6 亿金马克。

（四）赔款之资源，以铁道公司收入作无条件的支付之用，又以岁计剩余作有条件的支付之用，两者均以铁道作担保。

各国对于杨格计画的调印，系在一九二九年六月七日至同月二十四日，斯特兹曼在国会演说上，指出了以次的情势："哈根堡（Hugenberg）及其所领导的国权党，并未述及因拒绝杨格计画而导来的局势，并未述及危机之可怕的影响；它们是想把这个危机指给德国民众，认为是到自由之路。这一危机将使产业中间阶级完全没有。大公司是能够自己自救的，但中间阶级在经济中非有信用借贷不能立足。哈根堡在马儿堡（Marburg）大会所提出的解放之途的危机的结果，必然要使非常强有力的公司，变为完全依赖性质的企业。"①

斯特兹曼所说的杨格计画的危机，虽然没有即时暴露出来，但是过去在道斯计画下育成的危机，却在杨格计画调印不久，就开始显其征兆。迨到一九三〇年乃至一九三一年，杨格计画的恶劣影响，复在工农业日趋低落的生产指数上显示出来。由是失业人口至一九三一年度达到了 500 万以上。产业证券惨落的结果，金融界亦发生空前困厄。在此情形下，国家收入大减，为赔款之唯一资源的铁道收入，一九二九年为 53.5 亿马克，至一九三〇年，竟减收 7.7 亿马克。再加以其他国家收入之减少，遂致国家预算额不敷 10 亿马克。赔款占德国支出预算的大部分，要弥缝这个缺陷，只有由其他方面增加收入，或增加输出，或增加外债。但这三条路都不易行通，产业一般的不况，其他任何方面的收入是有减无增的。至于一

---

① 见瓦尔加著《一九二九年之世界经济与经济政策》，参照李一氓译本上卷第 164 页。

九二七年以来之顺调的对外贸易，至一九二九年以后，复日趋恶劣，其趋势可由下图显示出来：

据下图所示，德国一九二九年以后之对外贸易，输出入两皆惨落。由此增加收入，是显然无望的。那末，最后只有增借外债之一法了。但看美国对于输出资本的额数罢。由一九二四年到一九二八年的五年中，美国输往德国的资本额，计达 3500 百万金元，就中一九二七年与一九二八年，都超过了 1000 百万金元以上。但至一九二九年以后，输往德国资本额数大减，一九二九年为 550 百万金元，一九三〇年竟不到 150 百万金元。

德国由 1924 年到 1932 年

之输出与输入

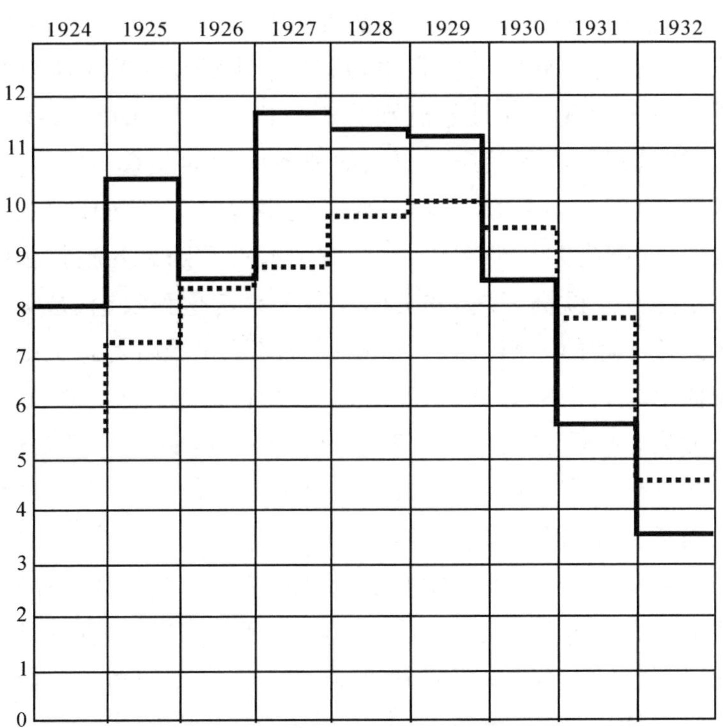

黑线代表输入

点线代表输出

单位 10 亿金马克

德国国家收入减少，对外贸易衰落，外资入口缩短，结局，对于每年应付出之庞大赔款数字，当然非停付不可。

但是，德国所付与协约诸国的赔款，其中有最大一部分是用以偿付战债。赔款如果停付，战债就无着落。美国如其对协约诸国要索，协约诸国就只好向德国强逼。但德国当时的情况，是不允许任何更严重的压迫的。失业军增大的结果，劳动阶级加速趋于左倾，社会到处充满了不稳的空气，在此种情形下，协约国如其再加以落井下石的逼迫，德国定然要出于挺而走险一途。它无论是联合苏俄，抑是直接反对凡尔赛体系，其势不能不引起欧洲的一大变动。美国一方面以欧洲为其市场，同时欧洲又是美国一百余亿金元的债务者。它当然不愿意看着欧洲发生混乱。有名的胡佛(Hoover)大总统的缓债计画，就是美国在这种局面下，大发慈悲似的提出的。胡佛在这个计画的宣言中，郑重声明美国对于战债与赔款的态度。他说："……我现在并且愿意乘着这个机会，坦率的宣布我个人对于德国赔款，和欧洲协约国政府欠美国的债务中间的关系；对于决定赔款的债务，美国政府不是关系方面，而且对于这事也没有考虑任何意见。协约国偿还战债，同善后赔款的办法，并没有按照德国赔款的根据去解决。所以赔款完全是一个欧洲问题，和美国没有关系。"这种议论，是美国政府当局一向所强调不置的。当一九二一年英国路易乔治向美总统威尔逊氏表述赔款战债一笔勾销的意见时，和平正义之神的威尔逊氏，却义正词严的作了一个覆文，其大要是："……战债勾销或减少，美国财部无权处理，且由美国引起其他国家作此希图，或由此而牵及赔款问题，美国国会与人民均难予以同意。战债与赔款，本属二事……。"

同样的声明，我们是听得怪熟了。但胡佛大总统的缓债计画，却竟无法避免的把这二事并作一谈。看缓债计画的要点吧。"美国政府建议，在一年期内，延付各政府间一切债务，赔款和救济借款的本利。但是私人方面对各政府的债务，当然除外，在能得到国会通过的条件之下，美政府从七月份财政年度起，将展缓外国政府对美一切债务偿付一年，不过各主要国家，对债务也须同样展缓一年。"这样，美国允许缓付战债，竟成为协约各国允许缓付赔款的先决条件了。赔款与战债诚然不是一件事，但却是有紧密关联的两件事。

在缓付战债宣言发表之始，各国舆论乃至政府当局都认定这是各国经济，特别是德国经济起死回生的一大关键。而“仗义疏财”的胡佛总统，竟被誉称为“繁荣之神”。然而战债赔款一年的缓期，于实际困厄究何所补呢！所以由一九三一年到一九三二年的世界一般经济状况，尤其是为债务与赔款所厄的德国经济状况，不但丝毫不见改善，却反而向着更险恶之途迈进。于是在一九三二年夏季，即缓付战债期满的前后，各国复有洛桑会议的召集。洛桑会议的最大结果，就是各国允许德国赔款低减至30亿马克。但是这个“宽大”不过的数目，德国且无力偿付，同时更还附有美国减免战债的前提条件。这个前提条件成问题，洛桑会议便将成为一场空谈。

一九三二年满期的对美战债，英国虽支付了，法比诸国却拒绝支付。法国提议的减债办法，美国反对；美国提出的战债总付案，法国否认。大家（指对美债务国）都期望一九三三年六月十二日在伦敦召开的国际经济会议，可以解决此一问题，但会议开幕后，美国始终不肯把战债问题交付大会讨论，就因此故，国际经济会议亦无结果而散了。

由是战债问题，连带着赔款问题，尚成为今后国际间一个愈演愈烈的经济纠纷。

第三节 赔款战债的影响

赔款战债问题之阻害战后各国经济复兴的影响，我们认为估计再大，也决不会失之夸张。因为这两者确是战后牵涉最广，并且表现利害冲突最为深刻的国际纠纷。

这种纠纷之政治的意义，与经济的意义同样重要。特我们这里要提及其政治影响的，不过认定由此招致政治猜忌与不安的后果，势必间接的增加各国间之经济冲突的严重性。例如，由赔款战债引起胜利国与失败国之间的倾轧，欧洲战胜诸国内部之倾轧，以及它们与美国之间的倾轧，在在可以由政治的冲突，增大经济的危机。可是为了节省篇幅的关系，这里仍只好论及其经济方面的影响。

一般的讲来，赔款战债于世界经济盛衰的关系，由一件事实可以明白显示出来。我们讲过，由一九二四年到一九二九年，是世界经济的安定期，这时经济安定的主因，虽然不限定只一两个，但于赔款战债之暂时解决，当有莫大的关系。一九二三年,英美两国成立战债协定,一九二四年,解决赔款的问题的道斯计画见诸实行,接着是德法国交的改善,就在法美战债协定成立的一九二六年,德国参加国际联合会,与战胜诸国立于平等地位。这一切事实,都表证赔款战债之暂时解决,与世界经济之暂时安定有关。

再从反面来证明吧,一九二三年或者一九二四年以前的经济恐慌时期,同时也正是赔款战债纠纷最为热烈的时期。美国于一九二二年组织战债委员会向各协约国催讨债款,各协约国因德国不履行赔偿条件,而出兵占领其要隘与工业中心区域,都是这个期间的事。

但一九二九年以后的大恐慌,又是怎样惹起的呢?我们的答辩是这样:资本主义的经济危机,是存于其制度本身,而在赔款战债问题的限内,则可说是以前的解决方法,都是临时应急的,不是根本的。临时应急方法虽可收效于一时,到相当期间,就不免要暴露其弱点。所以,最后被榨取的德国,于一九二九年发生恐慌后,虽然各国很快的作成了一个和缓而应急的杨格计画,但无奈狂流已决,无可收拾,于是赔款战债的坏影响,仍复在各方面作用起来。我们且就以次两点加以解说吧。

(一)阻止资本移动

战后美国是世界唯一的债权国家,同时它所蓄积的资金,又最为充裕。欧洲各国要复兴,要改造,都不能不仰给于美国。但美国借与各国的战债,如得不到保障,即各国如不能按期偿还美国的旧债,它当然不肯再多流出资本。而且,债务国对于美债的延宕以至于抵赖,并非都无偿付能力,而是有些国家以赔款为搪塞,有些国家则把资金用在扩张军备的破坏事业上面,即用在对美从事军备竞争方面,所以,一当赔款,从而,一当战债发生停付或缓付的期内,美国资金的流出,就立见缩减。美国资本流入德国的情形,我们前面已经讲过了。就匈牙利讲,一九二八年输入资本为91百万金元,一九二九年为38百万金元,至一九三〇年,则降落到24百万金元,波兰一九二八年输入资本为124百万金元,至一九二九年缩落到69百万金元;此外许多其他欧洲国家,乃至亚洲的日本、南美的阿根廷等国,殆莫不因资本输入的缩减,以致影响其金融信用与一般产业。但美国资本之不肯流出,虽然还有其他国内与国际间的原因存在,而赔款战债的牵涉,要不失为一有力的基因。

(二)阻止货物流动

为要偿付赔款与偿付战债,最直接有效的方法,当然是增加对外的输出。但输出输入是相为对待的,增加输出,等于说是加大出超,亦即是如何限制输入,于是,它们不能不采行有效的保护关税政策了。就南欧东欧诸债务国的一般经济情形而论,它们除了采行这种政策外,似乎实难有其他办法。据一九三二年那些国家在斯特列沙会议(Stresa Conference)中的报告,它们的经济状况,是如下表这样:

南欧东欧各债务国家的经济状况

(单位:百万瑞士佛郎)

国度		奥国	比利时	希腊	匈牙利	波兰	罗马尼亚	巨哥斯拉夫	捷克	
货物贸易差额	1929年	-782	-69	-418	-23	-179	-14	-25	-78	-1389
	1921年	-622	47	-309	16	242	192	0	213	-221
对外债务	1931年	-214	-35	-140	-248	-268	-202	-124	-105	-1337
外债在1931年输出价值中所占比例		22	16	49	48	24	28	30	5	
输出入价值减落之百分比(1929为100)	输入	44	43	34	48	53	46	37	41	
	输出	40	7	40	45	33	24	40	26	
预算亏盈之	1929年	15	-11	51	75	21	47	—	17	
	1931年	-234	-34	-16	-116	-118	-197	—	1	

据上表所示,这些债务国的贸易差额,都呈逆调,而其应付债额,有的又几占其输出价值的半数,无怪其预算至一九三一年度,一般(除捷克外)皆大亏短,为补救此缺陷,它们如前面所说,既不能由国外借得资金,当然只好采用保护关税,以冀收得有利贸易差额之效。但一国提高关税以阻止他国货物的输入,他国亦必提高关税以资报复,结局,一切国家不但没有收到增大输出的效果,却反而使输出减退,以致阻碍一般货物之移动,而造成空前的经济恐慌。

以上两者,不过是就战债赔款影响之最直接最大者而言,然其在实际经济状况中所生的恶害,已非同小可了。

第三章　货币战争与关税战争

第一节　各国货币状况

大战以后的各国货币状况，乃是随着世界一般经济情形的变动而异其姿态。在一九二四年以前，各国货币是混乱不堪的，在一九二九年以前，一般的皆趋于稳定；但至一九三三年以前，新的货币紊乱情形又开始了。我们由下表可以知道此种趋势：

欧战以后的通货状况

国度	币格低落最高的程度(与金元的平价，等于100)	低落最甚的年度	渐趋稳定的年度	新通货	1921年1月之货币价格低落程度
大不列颠	133	1920	1925	1925	0.9
法兰西	495	1926	1927	1928	0.4
比利时	589	1926	1927	1927	0.3
意大利	496	1926	1928	1928	2.8
德国	不详其数	1922	1924	1924	0.2
奥国	1450000	1924	1924	1924	0.7
匈牙利	1450000	1915	1926	1926	0.4
捷克	1612	1921	1913	1929	——
波兰	17000000	1923	1924—1927	1924—1927	0.2
罗马尼亚	4176	1928	1929	1929	0.1
巨哥斯拉夫	1800	1922	1916	1921	3.0

续表

国度	币格低落最高的程度(与金元的平价,等于100)	低落最甚的年度	渐趋稳定的年度	新通货	1921年1月之货币价格低落程度
保加利亚	2804	1922	1929	1929	0.4
希腊	1532	1926	1928	1928	58.5
芬兰	892	1921	1926	1926	4.1
爱斯托尼亚	8861	1925—1926	1927	1927	0.3
瑞典	123	1920	1923—1924	1924	3.7
挪威	91	1914	1918	1918	35.5
丹麦	170	1920	1917	1927	16.9
荷兰	119	1921	1925	1925	—
瑞士	114	1920	1915	1925	—
西班牙	202	1921	—	—	57.6
葡萄牙	3192	1924	1921	1921	31.4

上表所显示的各国货币价格的变动状况，与世界全般经济情形的变动推移，若合符节我们前面讲过，货币是资本主义经济的灵魂，货币的安定与混乱，一方面固为整个资本主义经济盛衰兴替的表征，同时亦大可促进后者的安定，或增大其混乱。这个表中所列举的国家，虽只限于欧洲，但在日本与美国，亦莫能逃出这个通则。

一九二九年是这次世界大恐慌的开始年度，各国货币在这年度起，亦开始动摇。那种动摇的情形，虽不若一九二四年以前那样越出常轨，但我们由前表所示，就知道许多国家的币价，至本年初头差不多减低了一半，甚至一半以上。希腊低减了58.5%，西班牙低减了57.5%，芬兰低减了42.1%，就是稳健的大不列颠，亦低减了30.9%。

设我们更从货币本位的变动来看，其情形就更加严重了。在近年以来，世界许多国家皆先后放弃了金本位制，据美国商务部一九三三年初之调查，截至去年即一九三二年止，全世界放弃金本位的国家，共达 45 国，其中 34 国已正式废止，如英国、瑞典、挪威、芬兰、丹麦、希腊、葡萄牙、西班牙、日本、印度、暹罗、海峡殖民地、南美等 12 国，埃及、巴拉斯坦及南非等*；其他 11 国，在实际上，亦已废弃本位制，如奥国及匈牙利等是。至一九三三年四月十九日，以黄金王座见称的美国，亦突然宣布停止金本位，于是，顽固保持住金本位制残垒的，不过法国、意大利、比利时、瑞士、波兰、荷兰等国了，这些国家对于金本位制是否能够保持下去，还大是疑问。

在数年以前，各国相率恢复或采行金本位制，而对这种制度称赞不置的经济学者，所在皆是。何以事隔不久，各国又都放弃此种制度呢？这事实是非常曲折的。设一探其究竟，就知道，那与其说是它们放弃金本位制，就不如说是它们歪曲金本位制；与其说是它们忽视金货，就不如说是它们过于重视金货。自一九二六年以来，世界各国中央银行，都竞相增加金的收藏，试看下表：

世界金货贮量表

（单位：千镑）

	1925 年	1926 年	1927 年	1928 年
欧洲	681051	755950	795250	948600
法国	149200	149200	167800	363000
英国	147700	154350	175650	157400
德国	63700	94850	96500	139750
美国	923450	942900	918600	869600
其他各国	551800	550400	571000	583200
全世界	2156300	2249200	2284850	240400

上表是恐慌爆发前数年度的情形。欧洲各国的金货贮蓄皆递有增加，就中尤以法国增加为最速，美国所贮积的数量虽最为庞大，但至一九二七年一九二八年，却略见减缩。

* 海峡殖民地是指英国在 1826—1946 年间对位于马来半岛的新加坡、槟城、马六甲及马来群岛各殖民化的管理建制。巴拉斯坦现多译为巴勒斯坦。——编者注。

各国增贮金货，原意本是要稳定通货，使金货贮蓄与银行贴现率恢复战前之相互关系。此次世界大恐慌发生以后，各国经济学者政治家们，不忍从正面透视其真因，却造为异说，以为过剩恐慌现象之演成，乃由于流通手段现金的缺乏，申言之，就是如开塞耳(Cassel)一流学者所说，世界之金的产量，对于世界之总贸易所增加的额数，没有保持着相当的比率，所以金日贵而物日贱，要使物价抬高，当然只有增积现金，在这种认识下，各国遂都设法收回其对外所投的资金。法国厉行这种黄金政策的结果，英国的现金乃迅速流出，致使它不能不放弃金本位制，禁止现金出口。

特一国金本位制的停止，其货币的汇兑价格必立即跌落，结果，它在对外贸易上，即对于汇兑价格高昂国家的输出贸易上，必然要占便宜。在此恐慌的年头，外国低廉货物推销于本国市场，那是任何国所不能忍受的，于是它们都设法利用这种有效武器，停止金本位，贬抑币价，一方面向汇价高昂的国家进攻，一方面对汇价代廉的国家防御，这就是金本位制一般被放弃的主因。一九三三年四月英首相麦克唐纳把低价英镑的武器，怀着到美国去讲战债问题，以为借此可以取得有利的交换条件，但当他在大西洋海轮中，凝思这个法宝之无边法力时，罗斯福正披露停止金本位制的法案，于是，这位不远千里而来的国宾，就感到进退失据了。美国差不多是全世界的债权国家，美国金本位制停止，当然给予许多债务国家不少的利益，但美国同时亦是一个大输出国家呢！它的原料充足，它的机器新式，再加以价格低廉，那它的制品与农产品不是会像洪水一般的向各国国内市场泛涨么？

然而大家都不只有一套武器啊！

第二节 由货币战争到关税战争的推移

所谓货币战争，是各国尽量贬抑自国的币价，以期在对外贸易上，即在对外贸易的汇兑价格上，得到多少便利，这样，我们就说这种货币政策，是一种倾销政策的变名，亦无不可，至少，贬抑自国币价，是倾销政策应具的一个条件。倾销政策是取攻势的，于是，这里就必然导来一种取守势的保护关税政策。

通常所称的保护关税政策，实际除保护自国的幼稚工业外，还有一个目的，就是增加收入。大战以后，各国财政困难，以首当战争之冲的诸国而论，其产业更大遭破坏，所以，就在世界全般经济已入于稳定阶段的一九二四年与一九二九年之间，各国关税壁垒还非常森严。一九二七年五月在日内瓦召集的国际经济会议，主要就是为了这个问题，当时满场决议的报告书，系根据以次的旨趣而草成，即："现在各国的关税，皆达于极端；我们今后不能不反其道而行之。关税率之过高与过甚复杂，势必妨害国际贸易之进步，和大大延迟欧洲经济之回复。各国代表依过去数年之经验，皆抱有一致的意见，认定任何国家自国经济的困难，其原由盖不外他国之实行极端的保护关税。"在依此旨趣草成的报告书末尾，复对于各国政府附有这样的提议："各国政府为恢复其战争时所蒙到的疮痍，必得在可能范围内，撤废妨害商业贸易的关税壁垒，至少，要大大减低关税。"①

然而，其结局还不过一种提议。各国代表在会场中非常兴奋，一离开会场，这件事就抛在脑后了。不过经过此次会议后，到一九二九年九月九日，遂导来了一种关税休战运动，此运动系由英国商务大臣威廉·格拉姆(William Graham)所提倡，更由国际联合会作以次的决议："总会劝告赞成此议的各国，在二三年内，不要增高现行的保护关税，不要曲加损害于新的贸易。各国政府应于本年底通知联盟事务总长，表明自国是否愿意参加下次缔结关税休战条约的国际会议。"

开会是任何国家都不大反对的，所以关于关税休战的国际会议，竟于一九三〇年二月二十七日在日内瓦开幕了，并且还收得了相当效果，就是：决议自同年度三月四日起，至一九三一年四月一日止，凡由通商条约决定其关税率的国家，不得废弃其与他国所协定税率的商约；凡由自国国定税率决定其关税率的国家，不得增加其既成的国定税率。这可说是一切国际经济会议中，最有效果的一次会议。但可惜期限只有一年，而且最大部分都是欧洲国家(欧洲国家以外，只有日本、秘鲁、哥伦比亚参加)，而就在这些欧洲国家之中，其殖民领地还不受限制，所以，在关税休战的这一年中，欧洲以外的独立非独立国家，有下面这些增加关税的：

一九三〇年四月三日，印度上院通过棉布保护税案，四日起实施。

同年六月十八日，美国实施新关税法，日本输出品中，二十三种加税。

---

① 参照王亚南著《现代外交与国际关系》第159页。

同年七月十日，澳洲联邦政府，对于全部输入商品，公布增征从价二分五厘之附加税，即日实施。

同年十二月三日，墨西哥公布关税提高，十四日起实施。

一九三一年一月一日，中国实施去年十二月二十九日发表之关税提高率。

同年二月二八日，印度政府提高人造丝织品关税从价 3%，三月一日起实施。

看上面的统计，我们知道首先倡议关税休战的英国，在极力怂恿其所属印度澳洲政府，乘此休战期中，大增关税。然英本国乃至其他缔约国家，究尚能维持条约的尊严。可是自法国为集中现金，收回对外短期公债，致惹起英国停止金本位制以后，英国货物就汹涌到其他各国市场，于是各国除了采取同一政策，贬抑币价，以资对抗外，其他少数想保持金本位制的（即因对内对外之事实要求，以维持金本位制为利的）国家，乃不能不大大抬高关税，一国抬高关税，其他国家又依样葫芦，以相报复；或者进一步贬抑其货币，作为有效的攻击手段，于是货币与关税形成了相互促起竞争的要素。例如，欧洲各国贬抑货价向美国市场进攻，美国不能不抬高关税，美国抬高关税，其他国家只好更贬抑币价，以冲破其关税壁垒，但当美国亦采行贬抑货币的膨胀政策时，它们却又不能不反过来改攻为守，以抬高其关税了。所以，在货币战争白热化的当中，关税战争亦是空前未有的热烈紧张。我们再看各国在关税休战满期（一九三一年四月一日）后的增加关税的情形罢：

一九三一年九月三十日，印度实行提高关税（附加税增额及本税提高）。

同年十月三十日，南美联邦为维持金本位制，决定提高从价五分之关税。

同年十一月十四日，法兰西政府对于禁止金输出国之输入品，公布课最高 1.5%的附加税。

同年同月二十日，英国政府决定自二十五日起，对于输入品中二十三品目，课 5%的输入税，即所谓奢侈关税。

一九三二年一月十三日，挪威政府除本国未生产之商品及依条约所规定之商品外，关税一概提高 2%。

同年同月十九日，德国对于货币下落国之输入品，发布一种命令，赋予政府以得课附加重税之权限。

同年三月八日，德国对于无条约国及差别待遇国之输入品，发表新德意志关税细目。

同年同月十五日，法国一九二六年设定之一律二分之输入从价税，改正为精制品六分，半制品四分，原料品二分之新税法。

同年同月二十三日，南美联邦，几对于所有输入品，皆课以七分半之附加税。

同年同月二四日，爱尔兰发表，对于外国之农用机械课33.3%的输入税，对于英国之输入品，课25%的输入税。

同年四月二十一日，英国发表：自四月二十五日夜实施新关税法，为5%，乃至23.5%之附加税。

同年五月一日，英财政部长发表，绸缎及人造丝输入品，课加附加税。

同年八月三日，中国国民政府，决自四日起，断行提高输入税率。

同年同月二九日，印度政府对于英国品以外之棉制品，决定增税。

一九三三年三月二一日，法国实施提高汇兑关税。

同年同月十一日，英国国会通过苏俄重要商品禁止输入法案。

同年五月四日，奥国公布关于征收关税之紧急勒令。

同年六月六日，印度政务厅发表，提高对日棉花关税2.5%。

同年七月六日，葡萄牙对法行报复关税，附加从价2%。

同年八月二日，德决课英产棉丝品20%。

同年九月二二日，德国报复国税令公布，决于二三日内实施。

据上面的统计数字，及其附带表白的增税简单理由，我们知道这种关税战争的局面之形成，是由于两种原由：

（一）对于他国提高关税之报复；

（二）对于禁金出口国，即币价低落国之输入品之阻止。

但在这大家竞相提高关税的场面下，毕竟也还有若干国家从事低减关税的活动，例如，在一九三二年六月二十日，荷兰、比利时，及卢森堡之间，协议低减关税10%。可是，就是这种凤毛麟角样的仅见事体，我们也不要说是很可乐观的。因为所谓关税战争，原有两种看法，其一是各国相互间一律的抬高其关税，其一是某些国家对于其他若干国家设定差别的关税，即所谓复式的关税制度，例如，就法国复式关税的差别而论，其最高税率与最低税率之差，约有 4 倍。即是说，对于某些国家制品的关税，虽为 100，对于其他国家同一制品的关税，则为 400。在这种意义上的低减关税，即无异相对的提高关税；亦即是，一国尽管对于某些国家的关税，大加特加，同时还可对于另一些国家的关税，大减特减。所以，几个国家之间协议低减关税，其影响比较一律的提高对于一切国家的关税，还要恶劣得多。举例来说吧。法国因为不能由美国得到某些特惠，美国输入法国的货物，就有 34％要缴纳其他互惠国所无须缴纳的关税；巴西不肯优待由美国输入的麦粉，美国就强要征课那些向由巴西自由输入的咖啡的关税。要之，差别的待遇，是最易引起恶感的，关税战争之白热化和普遍化，这种相互报复与相互牵涉，实有非常的促进作用。

关税战争既像这样形成了欲罢不能的情势，其间又复参以货币战争乃至其他政治关系的推波助澜，于是保护主义大行其道，更由保护主义煽起国家经济主义，又进一步扩大保护范围，而演成所谓集团经济主义。

第三节　由保护关税展开的集团经济运动

注重贵金属，保护国内产业，原本是资本主义初期的重商主义的两个特征，但这两者到了资本主义末期，却都改变了原先自足自卫的性质，而带着侵略的面相表现出来。当前各国的吸收现金，不是素朴的认定现金才是国富，而是因为相信有了大量现金，便可放手施行通货膨胀政策，便可操纵世界的金融，即是，当作流通手段的现金，这时变作了侵略手段。至保护关税之施行，更不是要保护国内的幼稚产业，如像美国是资本主义极度发达的国家，它实行保护关税，英国是一向主张自由贸易的国家，它亦实行保护关税。因为现阶段的保护关税，原具有两重作用，一是防卫，一是侵略。关于前一种作用，我们在前节已说明了，这里只论及其后一种作用，即侵略的作用。

各资本主义国家为挽救其自身的经济危机，都不约而同的采行一种所谓集团经济（Bloc Economy）政策，就是，调整并结合本国与本国经济政治相关联的领域——如殖民地，次殖民地，自治领一类的领域——的政策。这种政策表面虽是企图国内经济资源之自给，与巩固自己的市场基础，但其侵略的作用是两方面的：即在一方面，那是对于殖民地与次殖民地的进一步的侵略；在另一方面，却又是靠着这一种侵略，即依赖殖民地与次殖民地之原料、食品与劳动之更廉价的提供，得向其他经济集团作更有效的倾销。所以这种集团经济主义政策，一方面是采行排外的封锁经济主义，同时又是实施突破封锁经济的侵略经济主义。

然则，各资本主义国家是怎样进行这种政策，即是怎样调整并紧密结合它与其殖民地次殖民地之间的关系呢？显而易见的，无非是行使统制，而这统制之核心，又无非是保护关税政策。凡所谓差别关税，特惠关税，关税同盟，在这种场合是大可尽量发挥其能事的。

在资本主义世界之集团经济的中心，即实行集团主义经济的主体，计有英美日法诸国。我们且就前三国分别指述其实施此种政策的概况与效果。

首就英国来说吧。大战以后，日本势力向中国、南洋各地乃至印度的发展，英国在这些方面的贸易，无一不受到威胁，同时，美国势力向南北美乃至欧洲中国等地的发展，英国在这些方面的利益，又颇受妨阻，为了应付此种艰局，它用尽了拉拢并联络其自治领殖民地与势力圈的苦心。大恐慌发生后，这个颓唐的老大帝国，知非与其属领结成更紧密的关系，不足以渡此难关；一九三〇年十月在伦敦召集的帝国会议，决定了大英帝国之经济团结的原则与纲领；一九三二年在加拿大首都召集的渥太华会议，更具体的决定了帝国本国与各属领间特惠关税和贸易关系。这两度会议是实施集团经济主义政策之露骨表现。现在且看其实行此种政策的效果吧。一九二五年以来，英国对殖民地的贸易，是如下表所示：

英国对殖民地贸易表

（单位：%）

年度	输入	输出
1925 年	32.37	42.77
1926 年	30.23	48.09
1927 年	30.10	46.07
1928 年	30.41	45.28
1929 年	29.39	44.49
1930 年	29.12	42.51
1931 年	28.73	43.69
1932 年	35.42	45.31

关于英国对外总贸易，我们以后还有论到的机会。单就上表看来，在经济恐慌日益加深的最近几年中，英国对殖民地贸易还显现昂扬之势，这不能不说是实施集团经济政策的效果。设我们更就英国在加拿大的贸易情形，与美国在加拿大之贸易情形，一加比较，则其效果益发彰明较著了。

加拿大对英美贸易额及其百分比（百万金元）

			1930 年	1931 年	1932 年
英国	输出	金额	282	219	162
		比率	25.2	27.4	30.2
	输入	金额	189	184	99
		比率	15.2	16.5	18.4
美国	输出	金额	515	350	219
		比率	46.0	43.7	40.8
	输入	金额	847	584	328
		比率	67.9	64.5	60.8

从上表来看，加拿大对美国的输出输入所占百分比都在减退，面对英国输出输入所占百分比都在增加，由此一事实，即可明示英国紧密结合其属领的政策，有了不少的成功。但英国的成功，即美国的失败，美国当然也会设法团结它的“准”殖民地带。

美国在北美加拿大方面，虽受英国集团经济政策的攻击，在南美方面，它却竭力运用同一政策，对英国采取防御的攻势。就在英国渥太华会议后不久，即一九三二年十二月，美国亦在南美乌拉圭举行泛亚美利加会议，这个会议的主要目的，当然是要求与它在那里的准殖民地从事经济的团结。我们看列强在南美诸国输入内所占的百分比，就知道美国在这方面的努力，亦并不是徒劳。

列强在南美诸国总输入额中所占的百分比 *

	英国	美国	德国	法国	其他合计
阿根廷	19.8	22.1	11.7	6.0	100.0
玻利维亚	16.4	25.2	17.0	——	100.0
巴西	17.4	25.7	10.4	4.6	100.0
智利	14.7	34.2	16.9	——	100.0
哥伦比亚	12.4	45.4	12.8	——	100.0
厄瓜多尔	18.2	37.5	13.4	——	100.0
秘鲁	12.4	40.9	8.8	——	100.0
乌拉圭	17.7	19.2	10.5	21.4	100.0
委内瑞纳	11.4	51.1	11.5	——	100.0

在所有这些国家的输入贸易中,美国差不多都占有绝对的优势。这与它那由防卫的转化为侵略的门罗主义,是颇有关系的。

最后,我们再论到面目狰狞的日本帝国主义吧。日本之视中国为其囊中物,那是由来已久的。它的大陆政策,就是一种集团经济主义政策更猛烈的表现。大战以后,它对于中国的侵略,虽受到了其他帝国主义者,特别是美国西进政策的妨阻,但它在中国的经济地位,仍是非常优越。所谓"满洲国"建立运动成功,整个东北四省的财源,都供它予取予求了。试看日本由一九三二年到一九三三年的对满贸易吧:

日本对满贸易数字

(单位:千元)

		1932 年	1933 年	增减实数
输出	满洲	25947	82072	56125
	关东州	120583	221069	100486
输入	满洲	51570	147898	96328
	关东州	76720	20161	—56559

* 原文如此,此处仅做由纵向到横向的转换。——编者注

日本对满贸易额之迅速增加，这无疑是它发动冒险事业的收获。最好听的"共存共荣"的口号，也实在最能表现其集团经济主义的实质。

由上面英、美、日三国实行集团经济主义的效果看来，似乎这种主义的推行，大可挽救一切资本主义的灾厄。然而在广大的恐慌怒潮中，这不过是涓滴的滋润而已。

第四章 贸易与金融的惨况

第一节 世界市场之封锁与割裂

各国经济冲突，沿着保护关税的方向而迈进，而导来所谓集团经济运动，这种运动厉行的结果，单就对内对外的贸易上讲，就会演出几种现象：①

（一）真正意义的世界市场，完全消灭。

（二）世界贸易的总额，极度减低。

（三）过度的国内市场保护，在许多点上反而转化为其反对现象。

据老牌自由主义经济学者的论调，一种生产可以助成他种生产，一个市场可以导出其他市场。整个世界市场各部分的相互维系，可以增进全般的繁荣与福利。但其间有一个主要原则，就是货物的移动也好，资本的移动也好，都当任其完全自由，不加任何限制。然而我们当前的诸般困厄现象，却又正是自由竞争的结果。

我们现在无庸清算这种循环而带有辩证矛盾的议论。仅就关税壁垒与集团经济运动说，那对于整个世界市场，是由封锁、割裂以至于消灭。一个国家以等于禁止输入的关税，课加于输入货品，同时又设法奖励输出，那是再蠢笨不过的。在国际间相对的关系上讲，限制或禁止输入，即无异限制或禁止输出。就令说，对于防卫力薄弱的次殖民地国家，这种政策可以收到效果，但是极其有限的。我们现在姑不论各国对次殖民地带的贸易，在其总贸易额中所占比率如何，但次殖民地带对资本主义国家的输出，差不多全是资本主义国家所需的原料品，同时，它们所容受资本主义国家制品的数量，则大大的受了它们输出额的限制。以典型的次殖民

① 参照《中国经济》第一卷第三期，《国际经济会议及其对于我国之关系》。

地中国的市场来说吧，列强尽管利用种种非法特权，在中国市场上大事倾销，但中国劳动大众枯窘万分的荷包，终无法取得其开价极贱的货品，所以，在世界全般贸易不况的当中，它们对于中国这种市场的商业，亦是同样陷于衰落。

贸易障碍既如此的消灭了世界市场，当然会导来世界总贸易全般低减的恶果。

然则高提关税所保卫的国内市场如何呢？照理，外国货品既由关税壁垒阻止输入了，从事国内贸易的工商业，宜可以收到独占的效果。即是说，在对外贸易全般不况的局面中，国内贸易应当获有保护的利益。但我们如果明了现代经济组织之有机的联系，就知道这种期望是全不合理的。在一国国内市场上，从事对内贸易的工商业，与从事对外贸易的工商业，相互密切关联。对外贸易的惨落，势将由这一方面之生产停滞，失业增加诸现象，而影响到国内市场；而且，过度的国内市场保护，又必然在农业上招致更严酷的结果，使农村所提供的市场归于消失。瓦尔加说过："高率保护关税在法国、德国、意大利等西欧诸国，遇到了破灭的失败。因空前的高率关税，农业生产物的国内价格，比世界市场上的价格高至二倍或三倍，这又招来了农业生产的增大——虽然工业恐慌的结果，劳动者的消费正在减退。所以，一九三二年的收获，遂得满足这些国家的国内需要，法国甚且还有小麦过剩。于是，这些国家向来的保护农业制度因之破坏，农产物价惨落；农业恐慌，以完全的尖锐性，抓住了从来得在或种程度上避免恐慌的国家。"[①]这就是说，关税壁垒森严的结果，各国都顾不了国际分工的利益，只要发现国内市场有可销售商品的机会，它们是会立即把它抓住的，然其结果，不外进一步使国际贸易狭隘化，使国内贸易益趋于萎靡。

以上大体是指着货物之国际与国内的移动方面讲。可是，就在货物移动发生障碍的当中，资本的移动，亦当然同样受到妨阻。所以贸易的惨落，必然要招致金融的恐慌，现在且就此两者的一般现象，分别加以解释。

---

① 见瓦尔加编，日译本《世界经济年报》第二十一期。

第二节 贸易的衰落

世界贸易的衰落程度,可惜我们不能靠实在的物品数量测度出来;因为除少数物品而外,许多国家所发表的输出输入的吨位数字,实际并没有讲明什么;所以,我们这里要具体的解说世界贸易的实况,不能不仰赖价格的统计。

不过,由物品价格所显示的贸易衰落情形,与由物品吨数所显示的贸易衰落情形比较起来,前者似乎要显得更加厉害。因为物价的跌落趋势,随着贸易衰退而益形深刻。兹就世界各国批发物价之低落情形,表列如次:

批发物价低落表(假定1929年为100)

(甲)金本位国家

	法兰西	比利时	瑞典	荷兰
1930年	88	87	90	82
1931年	80	74	78	68
1932年	68	63	68	56
1933年(3月止)	62	59	64	51

(乙)限制金本位国家

	德国	捷克	意国	波兰	巨哥斯拉夫	保国	爱斯托尼亚	拉特*维亚
1930年	91	87	86	86	86	81	87	85
1931年	81	79	74	74	73	68	78	71
1932年	70	73	68	65	65	60	71	72
1933年(3月止)	66	70	63	61	67	53	68	70

* 拉特维亚现多译为拉脱维亚。——编者注

(丙)北美各国

	美国	加拿大
1930 年	91	91
1931 年	77	75
1932 年	68	70
1933 年(3 月止)	63	67

(丁)金标准本位国家

	英国	丹麦	挪威	瑞典	芬兰
1930 年	88	87	92	87	92
1931 年	76	76	82	79	86
1932 年	74	78	82	78	92
1933 年	71	82	81	75	92

(戊)其他国家

	奥国	匈牙利	希腊	西班牙
1930 年	90	79	91	101
1931 年	84	78	81	102
1932 年	86	76	98	101
1933 年(3 月止)	82	68	111	99

上表是根据国际联合会所编的统计,这可告诉我们一个世界全般物价跌落的情形,但我们应注意一点,一九三一年以后,大多数国家都宣布停止金本位,实行通货膨胀政策,其结果,遂使物价跌落趋势,由货币贬低抵杀不少。例如根据前面各国通货现状之统计,至一九三三年之初,希腊币价较之一九二八年低减 58%;西班牙币价较之一九二九年低减 57%,这两国币价低落之程度过大,故其物价就希腊而论,反逐渐抬高,就西班牙而论,此四年中前三年反较一九二九年度为高。本表中未列入之亚洲的日本,在由一九三〇年十月到一九三一年十二月的一年中,其物价惨落 12.5%,这正当日本金解禁的期间;嗣后金再禁结果,物价亦表现昂扬之

象。要之,世界物价就贬低的货币来说,一般还是趋于跌落。设以金计之,其惨落趋势,当非常明显。

不过,我们依贸易总价值的增减,来判断世界一般贸易升沉的景象,那是以贬价的通货为准,所以,由此看出的世界贸易衰落的程度,比较由吨数字所测度出来的实际程度,尚没有怎样大的出入。

一九二九年以后诸年度的世界贸易,我们由次表可以看出一个轮廓:

一九二九年以后世界贸易比较表①

(单位:百万金元)

1月至3月	输入价格	输出价格	合计
1929年	7971	7317	15289
1930年	7364	6520	13884
1931年	5154	4531	9685
1932年	3434	3027	6461
1933年	2829	2552	5381

上表也许不十分容易看得出各年度相差的比率,兹由此化为次表,该表以一九二九年作为100,则其百分比是如下这样:

1月到3月	输出	输入	合计
1930年	92	89	91
1931年	65	62	63
1932年	43	41	42
1933年	35	35	35

照这个百分比较数字看来,一九二九年以后各年度的世界贸易,皆是每况愈下;就输出输入分别讲,抑是综合计算,一九三三年内一月到三月的贸易数字,比较一九二九年同时期的贸易数字,几乎都减少了三分之二。这是就世界总贸易方面来说,设更由各主要资本主义国家同时期内的对外贸易加以比较,则其衰落趋势,尤为明了。

① 参见《新中华》第二卷第一期第22页。

1929 年以后的列强对外贸易概况（以各国货币为准）

（甲）输出

	1929 年	1930 年	1931 年	1932 年	1933 年（8 月止）
英	836051	657590	454486	416651	270054
美	5340954	3843818	2424289	1612306	941008
德	13482700	12035593	91598608	5739168	3177096
法	50072348	42835221	30435794	19693236	11987626
日	2148614	1469852	861252	1409991	1171352

（乙）输入

	1929 年	1930 年	1931 年	1932 年	1933 年
英	1220765	1430975	861252	703132	432225
美	4399361	3060408	2090935	1322745	889945
德	13447090	10393149	6727078	4660500	2794172
法	58284624	52510812	42305830	29825844	19475798
日	2216140	1546070	1235672	1431461	1288465

根据上表各国对外贸易数字，我们可就各国情势，分别加以解述。

英国由一九二九年到一九三三年的输出输入，自然一般都是向下的。以八月为止的一九三三年度的对外贸易，较之一九二九年差不多低减了 2/3。就各年度分别而论，一九三二年对一九三一年之输出入低减程度，比较不甚相远，这显然是金本位制停止与渥太华会议的结果，但美国提高关税，并于一九三三年四月禁金出口以后，英国贬低镑价与统制殖民地自治领的效验，又相对减少作用，于是一九三三年的输出入贸易，就较之一九三二年减落了 2/5。

美国在此数年中的贸易衰落情况，较英国更为恶劣。以一九三三年与一九二九年比较，输入方面减退了四倍有奇，输出方面减退了五倍有奇。不过因为它的资力雄厚，且国内市场比较宽阔，故其衰退现象，比较是行之以渐，不像英国之过于参差。

战后德国是一个最多困难的国家。一九二四年马克价格稳定，国际关系改善以后，它的经济复兴事业，最为急进。到了一九二九年最初一季节，它的好况渐渐转向坏的方面。嗣后国际情势日非，各国高筑关税与压低币价的结果，它的对外贸易乃大减特减；一九三三年的输出输入，都较一九二九年低减了 4 倍。

在当前一切资本主义国家中，法国比较算是稳定一点的。但它的输出入贸易，也还是分途减落，就全般讲来，输出比较输入还要减落得厉害。并且，入超是一年比一年来得凶猛的。

除法国外，还有一个经常入超的国家，就是日本。日本输出贸易以一九三〇年与一九三一年减落最为厉害，因为这时日本的币价，因金解禁而提高，同时美货又在中国市场非常活跃。此外，中国东北各地的民族资本工业，这时又因政治上趋于统一，而渐渐昂扬兴奋起来，予日本贸易以打击。自一九三一年九月东北事变发生，日金再禁出口以后，其输出贸易反突向好转。不过到了一九三三年，尽管其对满洲的贸易，比较更能顺调的获得独占的利益，但美金贬价，英属印度等地关税抬高，致使其输出大减，同时输入亦表现十分衰落的趋势。

各国对外贸易既如上述，则在此对外贸易过于衰落的景况下，由关税壁垒所掩护的国内市场，一方面虽为少数独占贸易的商工资本家大辟财源，同时，由对外贸易衰减所引起的生产停滞，失业增加，以及一般劳动大众因工资低减而日趋于贫困化的种种事实，都成为一般购买力减退与国内市场缩小的直接原因。而且，为对外贸易之制造业，提供原料与食品的农村，在一方面固不免受到对外贸易衰落的打击；在另一方面，因为国外原料与食品的输入限制，又加国内由工业上对外贸易上剩余的游资之投用于农企业上，于是农业与都市同样发生生产过剩的恐慌，结局，国内市场与国外市场都陷于闭滞枯萎的绝地。

第三节　金融恐慌

产业资本与银行资本相结纳，是资本主义发展到帝国主义阶段的一个显著特征。世界一般贸易既陷于日趋衰落的绝地，与贸易密切关联的产业证券的市价，当然非狂跌不可。证券市价跌落，银行资本将直接蒙受其不良影响，迨由金融上的剧烈变动，爆发为金融恐慌，如是又反过来促起证券之进一步的跌落。试就下表说明此种趋势吧。

由 1930 年到 1931 年之证券跌落趋势

国度	基年	1930 年		1931 年						下落率（%）
		10 月	12 月	2 月	4 月	6 月	8 月	10 月	12 月	
英国	1924 年	103.0	99.0	94.0	94.0	82.0	82.0	78.0	78.0	16.8
美国	1926 年	27.8	101.9	110.3	100.3	86.5	88.5	64.8	62.5	46.5
德国	1926 年	86.9	78.1	76.7	84.1	67.2	……	……	……	22.6
法国	1923 年	395.0	349.0	369.0	343.0	316.0	200.0	245.0	126.0	58.2
日本	1925 年	92.5	90.8	90.8	89.7	82.4	80.1	78.6	75.5	18.5

据上表，各国证券之跌落，至一九三一年八月以后，乃表现急转直下之势，因为德国在同年七月爆发金融恐慌，在德国证券市场，固因演成混乱而停止交易，其他诸国亦相因发生证券空前跌落的景象。由是，国际间的金融资本，乃有以次的几种倾向：

（一）提高贴现率

证券跌落的结果，资本将不免向外逃逸，或者转用到证券交易的投机上面；并且在各国禁金出口，限制资本输出的场面下，这种临时应急政策亦是非常必要的。

（二）长期投资转变为短期投资

证券价格变动剧烈，资本所有者皆心怀危惧，不但此后不肯作长期投资打算，即既经投出的长期借款，亦设法转化为短期借款，因为后者在紧迫的时候，容易收转回来。

（三）限制资本输出

银行提高贴现率，本是制止资本流出的一个法门；但各国金融市场之紧张，当然要成为限制资本流出的要因。而且，各国政府为了要在世界金融市场上取得操纵的有利地位，亦往往施行种种限制的方法，如美国联邦准备局的限制信用借贷政策，即其一例。

（四）金融资本的臃肿与枯竭

金融资本市场既如货物市场一样的受到了滞塞，于是自然会导来金货的偏在现象，即有些国家拥有过多分量的金货，同时，其他国家又复感到金融的异常枯竭。结局，前者将促起各种投机事业之活跃与信用关系之扩张，后者因为缺乏相当资金之周转，在各种事业施展上固不免横受束缚；设一旦在信用上金融上周转不来，马上便要暴露出非常的危机。

上述这四种倾向，都足以增加国际金融的困厄。

美国是国际间拥有过多资金的国家，而同时德国则感到资金的过于缺乏。研究当前国际经济问题的学者，往往以美德两国为例，而力说此次的经济恐慌，完全是由于美国错用经济政策的结果。美国是一个世界的债权国，同时又是一大输出贸易的国家；它向各国讨回债款，要输入金资；它把大宗的制造品与农产品投售于各国市场，要输入金资。但其他国家无论是偿付其债款，抑是吸收其货品，都只有采行两种方式，一是借债，一是售货，美国对于此两者，总得网开一面：它不借新债，就得开放其国内市场。然而美国近年来的经济政策，却把其他国家的这两条生路都闭塞了。它因国内产业的不况，尽量提高关税，使他国的货品莫由输入；迨这种关税政策引起了诸债务国之输出的困难，从而，引起了停止偿付或延迟偿付的纠纷，它又设法限制资本的流出。一九二九年是赔款战债问题重被提出的年度，自这年起，国际间资本的流动，就突然沉滞起来。德国是需要外资最迫切的国家，它在一九二八年二月以后所融通的外债，是如下表：

德国外债发行额

（单位：百万马克）

1928 年平均月份	137
1928 年 1 月	88
1928 年 2 月	115
1928 年 12 月	65
1929 年 1 月	54
1929 年 3 月	3

外债发行额的低减，就当时情况而论，是由于伦敦银行率的提高，与美国的严格限制借款的政策。德国纵能提高银行率，提高借款利率，以抵制英国，但对于美国的严格限制借贷，却无法可施。所以在一九二九年五月，德国财长黑尔费丁在其预算演说中，就如下面这样的表露了窘态：“德

国所需要的资本(每年约一百万万或一百二十万万马克),很难于靠德国国内资本的形成来满足。工业、道路、宿舍建筑,吸收了大部分的新的国内资本。因此,剩下的很少的部分,决不足以供一切工业、农业、交通、贸易之需,而且国家与联邦甚么也得不到。”从这段话中,我们知道德国政府预算中,拉借外债算了政府填补亏空的一大笔经常收入。

不但如此,德国贴现公司在其营业报告中,还非常伤感的表现资本的缺乏:“假如我们把外国借款除外,来注意金融的低落,则将见资本的形成,是比战前少得很多。他方面,我们所要的,又比战前是多得很多。因为要抵偿十年来的损失,使生产更能获利,增加输出,减少输入,并且最后还要支付赔款。因此,全部的德国经济,都在不断的同资本问题斗争之暗影中,以极度的努力,而尚未奏功。”①

这两段话表明了德国需要外债之迫切,国外经常没有大量资本流进来,不但政府无办法,即一般工商业的复兴,短期外债与赔款的偿付,都成问题。不幸就在世界大恐慌发端的这一年度,各国竞相吸收金资。迨美国证券交易风潮,于同年十月二三日爆发,世界各国金融市场乃突现紧张。同时,各国贸易亦于同年尾翌年初呈现逆转之象,以致产业上引起生产过剩之严重事态。在这当中,各国产业证券一般惨落,尤以德国为甚。延至一九三一年上半期,外国资本家竞向德国收回资本,并且还发生争购外币的风潮,德意志国家银行一周中输出国外黄金,为 3440 万马克,外币 860 万马克,损失 6.5 亿马克。该银行于七月第二周报告纸币之现金与外币准备额,减少到 35.8%,现金与外币准备也减少了 3.02 亿马克,总数为 14.9 亿马克。由是,自七月十五日起,德国交易所不得不停止营业一周,银行闭市两日。此种金融恐慌延及全国各地,政府乃连下三个紧急命令,以期挽回,然而各银行因损失过巨,以致几家银行(如福兰克福银行,南美银行)总经理相继自杀。

此种金融上之破绽既经暴露,各国资本遂都设法抑留国内,在这前后几个月间,英国完全没有资本输出。就连美国输出亦等于零。法国除了以贷金的形式,从金库流出附属国若干资金外,几乎完全停止了对外贷借,并且加紧收回其对外短期投资。结果,就是英国金本位制之停止,就

① 瓦尔加《一九二九年世界经济与经济政策》,李一氓译,第 93～94 页。

是强烈货币战争，与更加尖锐猛烈之关税战争的开端。

由一九三一年七月的德国金融恐慌到一九三三年二月的美国金融恐慌，其间未及两年，但除了极少数国家而外，几乎各国都有金融恐慌的情事；锁闭银行，停止金融交易，停止金本位，禁金出口，那俨然成了司空见惯的一般现象。然而与美国一九三三年三月之大金融恐慌相较，那都显得轻微了。

从表面看来，美国是资金最为充裕的国家，本不应有金融的危机发生，但恰恰相反，它这一方面的危机，却较任何国家来得猛烈。这有几种原因：

第一，国内藏金过巨，势将促成银行资本的发达，与信用制度的扩张，由是产业过度发展，相对的益加感到市场的窄狭。

第二，金资囤积在国内，他国欲购买美国货品，则苦无交换之具，这种金货偏在的恶影响，在实施保护关税的场合，尤显而易见。

第三，金货不仅偏集于美国，在美国国内又是偏集于国库及少数大金融资本家之手，所以，美国许多企业上的缺乏资金，那并不异于其他过于缺少金货的国家的诸般企业。不但如此，多金国之银行业与信用制度之过于扩充，在产业不况的局面下，其金融拮据景象，和金融的危机，自然更为深刻。

由于这些原由，所以，自一九二九年世界全般发生经济恐慌以来，美国金融界常有挤兑情事。延至一九三一年九十月之交，全国二万多银行，已经牵连倒闭了2000以上。后来胡佛总统虽由国库支出二十亿金元，组成复兴金融公司，以图缓和此种趋势，但这样头痛医头的治标救济，终无补于实际危机的万一。

一九三三年二月的大金融恐慌，系爆发于世界第一汽车业中心地密支根州，该州底特律城之联合监护信托公司，因现款不够应付存户提款及复兴金融公司之借款利息，致引起外边不稳的风声，于是州长以全州财政紧急为理由，下令自二月十四日至二十日止，各银行、各信托公司与财政机关，均一律停止营业一周，结果，全州420家州立银行和120家国立银行与证券交易所，连带停止业务活动。后来，该州银行业得到各地现款之救济，虽于同月二十二日，由州长下令开业，但经此次虚惊以后，各地人心浮动，致于二十四日引起马利兰州之挤兑风潮，有两大银行且因而倒闭。

该州州长亦援例宣布全州银行停业三日，于是全国震惊。三月一日吞纳赛与肯德凯两州银行自动歇业，至同月四日，风潮乃遍及全国。

因为各地银行停止提取存款，影响到政府钞票的兑现；兑现的无限要求，惊动了退隐于金库中的金币，于是乃有停止兑现之举。政府一方面禁金出口，一方面停止兑现，恰好成功了澈头澈尾的金本位制之停止。然而用停止金本位制的手段来救济金融恐慌，仍不过暂时应急罢了。

美国既禁金出口，采行限制资本借贷政策，同时又向海外收还短期债券，其他各国为应付国内金融恐慌，亦厉行类似的方策，于是世界的金融资本市场，乃与世界的生产品市场，同样由闭塞以至于消灭。仍以美国为例来说吧，美国最近三年输出的资本，是如下表所示的日趋惨落。

美国最近三年输出资本之比较

（单位：百万金元）

	1933 年	1932 年	1931 年
1 月	64.6	184.9	466.7
2 月	19.6	73.9	205.0
3 月	16.3	160.6	566.2

准此，美国在一九三三年三月输出的资本，仅为一九三二年同月1/10，为一九三一年同月1/25。此种惨落状况，一部分虽因南美及其他地域，不能大量容受美国资本，而主要则由于美国对欧洲各国行使了限制资本输出政策。以美国近年逐渐减少的输出资本额，与其由国外不绝收回的资本额相较量，恐怕后者还要多多了。资本主义发展到金融资本的阶段，而其资本的移动，是如此滞塞与逆转，在资金充裕的美国，固然难免溢血之苦，反之，在急需资金周转的欧陆诸国，特别是德国，就无怪其金融枯窘万分了。现代许多经济学者[①]把此次世界大恐慌，归因于美国之不肯慷慨，不肯仗义疏财，虽亦持之有故，言之成理，但他们如能透视资本主义经济恐慌的真因，则其说就过于皮相了。

① 参见 G . D. H. Cole: The Intelligent Man's Review of Europe Today.P. 442－445.

第五章　工业与农业的破局

第一节　资本主义生产之一般性质

我们屡屡讲过，资本主义发展到了帝国主义阶段，金融资本即与产业资本相结纳，而形成其对于产业行使支配的局面。世界贸易一般的不况，当然会造成产业上的灾难，同时，以产业为其活动营垒的金融资本，遂相因而发生恐慌。由此种情势看来，贸易不况，似为产业困厄的原因，而金融恐慌，则为产业困厄的结果。

可是，整个资本主义经济中的这诸般形态的因果关联，在有些场合，却不允许用如此单纯的逻辑。比方，就贸易与产业的关系而论，我们与其说，产业上的困厄，是由于贸易不况，却不如倒过来说，贸易的不况，是由于产业上的生产，与实际市场的情况不相适应。更就金融与产业的关系而论，那可以说是产业不况，引起了金融恐慌，同时尤可以说是金融资本扩张，助长了产业上生产过剩的程度。要究明事理之真相，我们这里须得把资本主义生产的一般性质，略加阐述。

从事资本主义生产的主体是资本家，他们黾勉作此种活动，其目的不在服务社会，而在获取利润，增积资本。可是这种目的之达到，须根据一种根本原则，那就是听其自由；就各资本家相对的关系上说，就是听其自由竞争。

可是，在资本主义生产受到过去封建基尔特束缚，受到重商主义种种法规束缚的场面下，"自由"诚是他们获得最大利润与加速增积资本的前提条件，但当他们在生产上已经脱却这一切束缚了，自由竞争就转化过来，成了他们获取最大利润与加速增积资本的妨碍。即是说，在自由竞争的场面下，谁想挣得最大利润，谁就要能攫取并把握住容受其生产品的广泛市场，大家抢夺市场的结果，胜利者就只是价廉物美的生产者。可是，价之廉，物之美，都有碍于最大利润的获取，于是，这里便存有一个矛盾，即是，要顺利推销物品，就难得挣取最大利润。

不过，资本家是最会盘算的，他们遇到这种矛盾，马上就发现了克服矛盾的方法。他们认定，价尽管廉，物尽管美，利润还不妨维持其高率。因为求物之美，可以改良生产设备与工具；设备与工具的改良，诚然不免要增大费用，但同时可以加大效率；至物价低廉的困难，那可由削减成本方面得到救济。削减成本有两种方法，一是压缩工资，一是低减原料品与食品的售价。这一来，矛盾解决了，他们仍旧能维持住高率的利润。

可是，工资压缩，工具与设备改良，劳动生产力诚然是加大了，生产成本诚然是减少了，不过在这种改良方式下所生产出来的货品，却就未免发生滞销的问题。因为资本家之产品的大主顾，不是工商资产阶级自己，而是一般工人与农民。工人的工资压缩，农民的农产物贬价，就等于说是资本家之产品的滞销，产品在这种场合的滞销，是由于劳动生产力的加大，与货物消费力的缩小，生产力与消费力间的这种矛盾，又势必成为获得高率利润的障碍。于是，他们又需要采行一种克服此种新矛盾的战术了。

不过我们在这里应注意一件事实，就是，在改良生产设备与生产工具的过程中，必然伴随有三种现象：其一是一部分资力雄厚的资本家，更加扩大其生产部门与组织，一部分资力贫弱的资本家，在这种竞争局面下，转落下来，趋于没落；还有一部分尚可勉强挣扎的资本家，则仰赖信用借款，徐图改进扩张。迨前述新的矛盾产生，于是这些资本家之间，又发生一回淘汰；大资本更进一步集中，中下资本更转向没落，而所谓金融资本，乃逐渐在产业活动的范围内，增加其势力，并发生决定的作用。由于这样一种转变，对于新矛盾克服的方法，遂采行了一种在某种限度内，反乎自由竞争原则的策略，那就是独占。所谓“加特尔”(Cartel)、“托辣斯”(Trust)等组织，皆不外独占的具体表现。

一切独占形成的目的，虽在于排除自由竞争，统制生产品价格，以及获得额外的利润，但同时我们应知道：“由自由竞争成长起来的独占，并不消灭自由竞争，反之，却在自由竞争之上，又和它相并存在，因之生出许多特别激烈的严重的矛盾、轧轹和纷扰。”这就是说，因独占和无组织的资本主义企业同时并存的结果，遂使利润率发生分裂。从纯理论上讲，一切资本的利润，本来因自由竞争而形成相互均等的倾向，但独占局面形成以后，一般的利润率，遂分成独占利润和无组织资本的利润，前者超出后者以上，其高度则受决定于其强度。到此场合，无组织的生产部门的资本，乃进行着二重斗争：一方面与独占资本斗争，一方面与同性质的资本斗争。而在独占资本方面，则由全国的独占，即以一个国家领域为势力范围的独占组织体，推移到国际的独占，即推移到以许多国家领域为势力范围的独占组织体。到这时，所谓保护关税，所谓集团主义经济，就都是独占的最强烈的表现。

独占进到这一阶段，一方面虽似自由竞争的进一步减弱，同时却又是自由竞争的进一步加强。因为从世界全般看去，每个集团经济的主体，都像似丛集着无数自由竞争的细胞，在与其他同样丛集着无数自由竞争细胞的集团经济主体，从事异常猛烈的竞争。但在这种场合的竞争，由层叠的关税壁垒限制自由了。申言之，就是这时已不复有所谓世界的市场。

可是，世界市场尽管受到了多方的割裂与闭塞，但资本主义的生产，在期待上或在必要上，仍是以世界市场为其对象，就因此故，我们当前的生产过剩现象，就澈头澈尾是资本主义生产的必然产物。而前此所阐述过的贸易不况与金融恐慌，则不过联系于整个资本主义生产样式中之附随事态罢了。

上所云云，主要虽是指着资本主义的工业生产而言，但大体可以适用到农企业的场合。并且在各种情形下，工业农业是相互关联的。现在姑先从工业方面讲起。

第二节　工业生产的危机

资本主义生产之一般性质，既如上述，那在资本主义生产的全过程中，就必然要不断发生困难矛盾，不断克服困难矛盾。而每度新的困难与矛盾，且还会比以前厉害。就因此故，周期的恐慌，尚不足以致资本主义的死命，若恐慌一回比一回严重猛烈，那就使资本主义难乎为继了。现在姑先就工业生产之实况，来说明此种趋势。

我们前面讲过，战后由一九二一年到一九二三年，是曾经发生过一度恐慌的。但把那次恐慌与我们当前的大恐慌比较起来，那是和缓而容易救治多了。由一九二四年到一九二九年，是各国加紧克服前一度恐慌的安定期，在这时期中，产业合理化政策非常盛行，且也收到了非常的效果，但这次大恐慌的因子，恰好是由此酝酿出来。至一九二九年，一切好况，都呈逆转之象，工业上开始显示了生产过剩的危机。

工业生产过剩现象，可由各种工业品之存积数量不断增加而征知。

由 1927 年至 1930 年世界存货增加表

（单位：千吨）

	煤炭	铜	亚铅	锡
1927 年底	5700	——	38	16
1928 年底	6000	——	43	25
1929 年底	5000	354	75	28
1930 年底	17000	543	124	43

如觉上表不甚完全，且未涉及一九三〇年以后的存货状况，那我可就比较详尽的次表加以考察：

世界存货表

	1930 年	1931 年	1932 年	1933 年（1—7 月）
棉花（千包）	8098	9897	10193	7793
丝（千包）	190	237	278	191
橡皮（千吨）	213	506	644	644
锡（千吨）	27.4	52.6	61.7	61
铜（千吨）	48	100	148	177
锌（千吨）	72	140	137	140
银（百万盎斯）	572	635	637	699
煤油（百万桶）	624	603	556	552

上表各种物品，有些是半工业制品，有些是供工业上必需消费的原料，这些货品存积数量增加的趋势，一年比一年来得厉害。一九三三年所存积的货品，如棉花、如丝，虽比较一九三二年度为少，但我们要知道那是仅就本年七月以前计算的，七月以后还有五个月的数字没有列入。

不过，工业生产过剩的情况，单从存货方面是看不出来的。我们还得从其限制生产方面来看。资本主义的生产，大体上虽是无组织的，但生产如过于超过消费的限度，势将影响资本家所最关心的利润率，到这场合，他们将从两方面行使救济。其一是积极的扩大独占范围，扩大市场，但这条道路如显然走不通时，他们就只好从消极方面限制生产额数。不过，关于这种消极的限制生产办法，一部分是由于自动加以限制，一部分则是由于破产。这种现象，都是开始于一九二九年。由一九二九年至一九三一年之初，其情形是一天严重一天。就几个主要国家来说吧：美国一般工业生产指数，在一九二九年七月为109.9，至一九三一年一月低到74.9；运输工业减少32%；汽车生产在一九三〇年十二月比一九二九年六月减低59%；铸铁生产额，一九三〇年较一九二九年减26.3%，钢铁则减26.9%。

德国之总生产指数，在一九二九年六月为109.8%，至一九三〇年十二月，则低至78.9%。此与美国情形略同，但其钢铁生产，则较美国犹为惨落。按其铸铁在一九三〇年比较一九二九年低减27.7%，其钢铁则低减30.1%。

英国总生产指数，由一九二九年第四季之114.8，跌落为一九三〇年同季之93.5。其铸铁在后一年度对前一年度低减18.3%，钢铁生产则低减24.5%。

此外如法国、如日本，以及其他所有资本主义国家，乃至它们的自治领与殖民地带，殆莫不一般的低减生产。由一九三〇年末期，至一九三一年底，各国经济斗争剧烈，其恐慌亦日趋严重，日本之强占中国辽吉黑三省，德国之爆发大金融恐慌，英国之停止金本位，都是这个期间的事。故这个时期之工业生产状况，是如下表所示：

国度	基年	1930年		1931年		下落率（%）
		10月	12月	10月	12月	
英国	1924年	94.3	93.8	80.5	78.6	8.5
美国	1925年	78.4	73.9	68.5	65.4	17.3
德国	1928年	77.6	71.5	66.5	62.7	16.8
法国	1923年	107.1	105.5	92.9	90.2	14.5
日本	1927年	87.4	87.0	76.4	71.5	16.4

仅在一年的短时期中，各国生产的惨落状况，已非常严重。然而紧随这一年度的次年度的情形，却更趋恶劣了。那由次表可以看得明白。

工业出产额指数(1928年假定为100)

	美国	加拿大	德国	法国	英国	波兰
1931年6月	74.8	77.5	71.9	99.2	78.6	72.4
1932年2月	60.4	71.7	56.5	77.2	90.0	52.9
4月	57.7	72.0	54.1	74.8	——	54.5
5月	55.0	68.4	58.1	74.0	81.2	54.6
6月	53.2	63.1	54.7	73.2	——	54.4
7月	52.3	62.9	52.3	74.4	——	54.1
8月	54.1	——	51.6	73.2	——	54.6

这一年余的生产状况，以美国、德国为最恶劣。英国因为金本位制停止的刺激，其工业出产额反表现昂扬之象。我们再看一九三二年到一九三三年的各国生产情况吧。

由1932年到1933年之各国生产指数表(1928为100)

	德国	法国	英国	美国	苏联	日本
1932年平均	61	76	88	58	207	117
1932年1月	62	83	90	65	208	106
1932年4月	61	75	89	57	205	113
1932年7月	60	73	——	52	182	115
1933年1月	63	79	90	59	213	127
4月	66	85	91	60	213	135
7月	71	89	——	88	196	131
8月	72	——	——	85	——	——

这个表中所列的数字，除关于苏俄者外，其余在各资本主义国家的经

济学者看来，殆莫不视为是“否极泰来”的明证。德、法、英、美、日本诸国的生产指数，这十数月间，都在上升，尤以日美两国为甚，英国亦表现了稳健的上升趋势。在极度恐慌的紧张情势下，有了这样一次回光返照，当然会使资本主义国家多少感到欣然色喜，并由此断定这是所谓“转机”的开始。但我们如一分析此种“转机”所由形成的原因，则又难免使人更加失望了。那原因可就三方面说：

第一，军需工业生产的增加。日本于一九三一年一九三二年强占中国东北四省后，世界各强国虽因军事上准备未成，暂时表示沉默，但它们在这沉默中，却在加紧从事军备。凡属与战争直接相关的制造工业，交通工业，以及药棉一类的军需工业，殆莫不表现空前的活跃，而在工业生产总指数中，发生几分转向的作用。

第二，假繁荣空气的制造。日本占领东北，以及其币价的极度低落；英国的停止金本位，压低金镑，再加以调整并改善其与殖民地自治领间之关系的渥太华会议；美国的极力推行通货膨胀政策，及与此政策相关联的复兴产业运动，皆对于各该国之工业生产，给予了非常的刺激。

第三，存货的增多。就第一、二两点促成工业生产向上的原因讲来，那在另一方面，都有促起国际关系恶化，国际市场更趋于破灭的作用。所以生产虽由此表现几许上升，同时，存货的数量却仍是有加无已。至生产增大的额数，与存货增加的额数，究保持着怎样的比例，我们在这里虽无从分别加以较量，但由本节第二存货数量表所示的轮廓，就知道一九三三年度生产指数的增大，并不能遽认为转机或佳象。反之，由这种假繁荣空气所引起的生产刺激，势将使今后生产过剩的恐慌，益趋于严重。

要之，我们无论从哪方面观察，工业生产上的危机，是难免日益增大的。设就工业与农业恐慌的相互作用言，则此种趋势更为显著。

第三节　农业恐慌的深刻

战后农业的盛衰消长趋势，与工业保持有异常密切的联系。由一九一九年到一九二〇年，工业上表现了假的繁昌，这时农业亦似有欣欣向荣之象。由一九二〇年末期至一九二三年的恐慌期中，农业与工业都陷于极度的困厄。安定期是开始于一九二四年，大恐慌期是开始于一九二九年，这两期中的农业盛衰兴替情形，又正好与工业若合符节。因为近代的农业，是整个资本主义生产的一个部门，它的变动，全受着资本主义法则的支配。我们一论及资本主义，虽然通常是置重在工业方面，但同时并不能忽视农业这个生产部门。而且，农业与工业之有机的错综补充关联，益使在工业方面的困厄情形，立即牵涉到农业方面，更相互影响，而造成异常严重的局面，造成资本主义全体系趋于没落的暗影。现在且就战后农业发展的一般趋势来说吧。

在猛烈的四年大战中，欧洲的农业生产差不多全归荒废。所以，至大战直后的一九一九年与一九二〇年，农产物价格迅速飞涨；农产物价格飞涨起来，势在必招致农业的投机；抬高地价，抬高农业劳动者的工资，并多方改进农作的方法与技术。此种趋势，以合众国为最显著，而在其他欧美各国，亦都设法复兴农业，改良农业，使农业生产加速增大起来。而同时战后农产物价格的腾贵，又并非大众购买力增进或工业上对农产品需要加大的结果。由是，至一九二一年之初，农产品价格乃加速转落。延及一九二二年一九二三年，农业遂与工业同样进入恐慌状态。此诸年度的升沉消长趋势，从农产物价格变动指数，可以明白显示出来：

各国战后农产物价格指数(假定1913年为100)

	美国		英国		加拿大	
	一般商品	全农产物	一般商品	全农产物	一般商品	全农产物
1917年	177	189.5	204	232	179	214
1918年	194	218.6	225	222	199	220
1919年	206	230.8	235	223	209	234
1920年	226	217.9	283	249	244	287
1921年	149	123.7	181	219	172	178
1922年	147	133.3	159	146	152	148

据上表示所示，各国农产物价格至一九二〇年皆大增特增，一九二〇年以后，则随其他一般商品价格，大跌特跌。以美国而论，其全农产物在一九二一年的价格，几较一九一九年跌落50%。所以据美国农务部的调查，由一九二〇年至一九二三年，全国农民有4%因破产而竞卖其农场，

有4.5%经法律手续强制变卖其农场，总计破产者，达15%以上。更就放弃农场，另谋生路者统计，一九二〇年为4.7%，一九二一年为5.8%，至一九二二年则达7.3%。

美国是农业的中心区域。美国这种严重恐慌的爆发，势将不免影响到世界所有的农业生产，于是，自一九二一年起，恐慌在英法开其端绪，随即延及丹麦、德意志、荷兰、瑞典诸国；日本大正九年的农业危机，亦是受此影响。这样，世界的农业恐慌的局面，因以形成。而这时战败国与战胜国，以及战胜国与战胜国之间的赔款和战债问题的纠葛，益使此种局面陷于严重。

迨各国，尤其是美国与加拿大因恐慌缩小耕地面积，同时赔款战债问题，又由一九二四年之道斯计画，及这前后相率成立的战债协定，进入和协状况，于是，农业与工业，或农业随工业，转入安定期间。工业在这时的相当发展，对于农产品的需要与购买力两俱增进。好况之来，又必然招致农业生产之机械化、合理化、技术的进步以及耕地面积的扩大。

就机械化一端而论，美国在一九二〇年以后所使用的曳引机(Tractor)与马骡的比较，有如下表：

美国之曳引机与马骡比较①

年　度	曳引机	马及骡
1920年	246000	25200000
1925年	506000	22082000
1929年	852000	19295000
1930年	1000000	18762000

马骡之逐渐减少，与曳引机之迅速增多，这已可概见其机械化之猛烈。至美国以外的其他欧亚乃至南北美诸国的同一趋势，我们由美国输这些国家的农业机械的价值数字可以看出：

① 本节引用诸表，参照日本伊藤秀一著《世界农业恐慌》，不过为求简便，大体都缩节过。

美制农业机械输出价值表

（单位：千金元）

	1923 年	1925 年	1927 年	1929 年
欧洲	11266	25230	21501	35951
北美	13717	13828	30469	37748
中美及印度	2945	——	——	——
南美	15191	3847	3396	4448
亚洲	976	22441	19537	40149
澳洲	4072	1346	1705	3019
非洲	2144	6342	6579	6511
合计	50211	77950	90746	140802

一九二九年由美国输出的农业机械总价值，较之一九二三年度，差不多增加了三倍。如我们假定机械化的进度，与此价值增大的程度，保有相当比率，那末，在此数年中，各国农业机械化的进度，就可说是增进了三倍。机械化的另一种说法，就是农业劳动生产力之增大，亦即是农业生产品的加多。

而且，就在各国农业继续机械化的当中，其耕地面积亦在不绝扩大。试看下表：

谷物（小麦及黑麦）播种面积

（单位：百万赫克脱）

	1924 年	1926 年	1929 年	1930 年
欧洲（苏俄除外）	42.3	44.2	45.3	——
美国	22.8	24.3	26.0	25.4
加拿大	9.3	9.5	10.6	10.7
阿根廷	7.4	8.0	6.6	8.3
澳洲	4.4	4.7	5.9	7.3
上四大输出国	44.3	46.5	49.1	51.7
欧洲及四大输出国	86.8	90.5	94.4	——

由上表可知谷物播种面积，一般皆在增加，就中尤以美国、加拿大及澳洲增加为最速，为最多。生产技术既加速改良，而播种面积，又继续增大，故世界各国的谷物生产额一般加多。

世界谷物出产额

（单位百万肯脱）

	1927年	1928年	1929年	1930年
小麦	966.9	1053.6	937.5	1011.5
黑麦	226.2	245.4	255.2	253.1
大燕	303.1	350.6	355.0	341.0
燕麦	510.8	573.2	549.3	583.1
玉蜀黍	1071.8	1048.3	1086.6	873.7
米	853.9	884.3	866.2	992.0

上表所示的一般谷物出产额，虽各年度参差不等，但大体上都是有加无已的。以小麦一宗而论，一九二八年较之一九二七年增加颇多，一九二九年稍见低落，至一九三〇年度又复提高起来。米的产额亦有此种趋势，黑麦、燕麦、玉蜀黍在一九二九年以前诸年度，皆继续增多。至一九三〇年则表示下落。此种事实，除了诸般经济原因外，还参杂有其他年岁丰歉的关系。不过，根据前述农具改良与农地扩增的统计，谷物增加是一种必然无可致疑的趋势。若更就其他农产品或农业副产，如棉花、亚麻、羊毛、生丝一类物品来考察，亦可得到同下表所示各种农产品之生产指数，一般皆在增进。至其他未经采列之咖啡、橡皮、砂糖等，在此安定期内，殆莫不增大产额。但农产物增加最多的一九二九年度，世界全般的恐慌发生了。恐慌在农业上大露锋芒，虽较之在工业上略为迟缓，然其所投暗影，亦同样不是始自一九二九年。

棉花亚麻羊毛及茧的生产指数

（假定1913年为100）

年度	棉花	亚麻	羊毛	生丝
1926年	127	72	106	178
1927年	107	65	110	189
1928年	117	71	112	195
1929年	116	79	117	211

农业恐慌之形成，大体可以就两方面来说：一是发因于农业本身；一是发因于农业与工业的相互关联。以前者而论，那可由以次四点指证出来：

（一）大机械农业经营的增进

农业机械化或资本主义化的结果，一方面固然会加速增大生产，同时，因土地集中，因需要固定资本的农业规模树立，一旦发觉生产过剩，亦难于终止经营。过剩现象加深，价格自趋于跌落，结局，又势将反过来加强对于这种劳动生产力的采用与执着。

（二）贫民小农及失业农民的增加

农业经营大机械化，一般农民将由两方面受到迫害。其一是他们要舍弃其小块的土地，以便于进行大规模经营；其二是他们的农业劳动工作，大部分为机械越俎代庖了。前者表明贫民失却土地，后者表明农民失却职业，结局，农民一般贫困化与无业游民化。农民是农产物的生产者，同时亦是农产物的主要消费者，他们的购买力或消费力的如此减退，当然要大大加重农业的危机。

（三）农业生产统制之困难

在资本主义的社会中，生产统制已经是无法收到效果的。但与工业统制较，农业统制却还要困难。农业是散漫的，气候与土壤的差异性，使各地农产互有不同，且益增大其散漫而无可统制的性质。所以，世界全般恐慌发生后，工业上尚设法限制生产，而农业方面除了笨拙的毁弃大量的剩余物品外，其余简直无法可施。

（四）饲养家畜的谷物需要减退

曳引机次第使用，使一向饲以供给农用的马骡数，大为减少了；马骡减少，饲养马骡的谷物需要，亦当因而大减。这点在造成农业恐慌的过程中，虽没有前述三因来得有力，但据前表，在数年之内，此类马骡竟减少数百万头，其影响亦正不可忽视。

以上几种原因，都是关系于农业性质及农业改进之影响的，设更从农业与工业之相互关联的情形来考察，则知当前的农业恐慌，不但无法救济，且有进一步增其严重之可能。这亦可分作四点来说：

(一)工业消费量的减退

恐慌爆发，工业上生产过剩现象，日益增其严重，于是限制生产，就成了救济恐慌的唯一方法。工业生产既加限制，则以前应工业原料需要而生产的农产物，遂都失其销路。

(二)劳动大众之消费力减少

在紧缩的限制政策之下，受其牺牲的，是一般工资劳动者，他们在业者工资消减，其余许多人就只好由闭锁或停歇的工厂中驱逐出来。结果，这一部份人对于其日常所需的食品，如谷物、野菜、肉类、葡萄酒之类，就都不能不尽量缩减，甚至大部分失其消费的购买能力。

(三)农村失业者之去路断绝

工业上之恐慌发生，工业所集中的城市一带，就不免充满产业预备军，而这时农村的失业者，遂断绝其去路。这大批无路可走的农民，都不能不流为流氓乞丐，他们对其最低限度的食物要求，亦将无法满足。

(四)人工代替品的采用

用作肥料的豆类，是农产物中的一项要品，现在工业上制有一种代替此种肥料的矿物油；生丝是农业上的大宗出产，人造丝销行后，生丝销路乃大为停滞。然而这还不过举其荦荦大者。

农业本身既备有促成其恐慌的四种原因，复加以与工业恐慌发生的这诸般联系，于是，其恐慌的深度与阔度，就较之工业有过之而无不及。

农业恐慌的实际，当然仍可由价格低落、生产减退与滞货增加三方面观察出来。在一九二九年，小麦价格发生惨落现象，以后延及其他工业所需的原料，至一九三〇年，一切农产物皆受其影响。试看下表：

主要农产品市价表

	1930 年 1 月	1930 年 7 月	1931 年 7 月	1932 年 7 月	1932 年 12 月
(纽约)美棉(分)	16.96	12.99	9.09	6.15	6.01
(孟买)印棉(流)	187	185	$168\frac{3}{4}$	$146\frac{1}{2}$	190
(芝加哥)小麦(金元)	$1.3\frac{1}{3}$	$0.9\frac{7}{8}$	$0.54\frac{1}{8}$	$0.50\frac{1}{4}$	$0.47\frac{3}{4}$
(纽约)生丝(元分)	4.67	2.90	2.57	1.30	1.62
(澳洲)羊毛(便士)	28	26	$24\frac{1}{2}$	21	21
(伦敦)砂糖(先令便士)	9.00	$7.10\frac{1}{2}$	$6.02\frac{1}{4}$	$5.09\frac{1}{4}$	5.00
(伦敦)橡皮(便士)	$7\frac{7}{16}$	$5\frac{3}{16}$	$2\frac{11}{16}$	$2\frac{3}{32}$	$2\frac{3}{32}$

这诸年度农产品的市场，一般皆趋于跌落，就中尤以美棉与生丝为最甚。在纽约市上之棉花市价，一九三〇年十月为 16.96，至一九三二年十二月，竟跌落到 6.01，其跌落率约为 70%。生丝在同市的市价，由 4.67 跌到 1.62，其跌落率为 65%以上。这些农产品之如此跌落，其直接原因，不外需要减少，即消费量减少，下表可以指示此种趋势。

世界重要农产物消费表

（中国、苏俄除外，羊毛系就澳洲及新西兰而言）

	小麦（百万布雪尔）	棉花（千俵）	羊毛（千俵）	砂糖（千吨）	橡皮（吨）
1928 年	3809	25881	3561	26967	667027
1929 年	3519	25209	3582	26374	785475
1930 年	3700	22488	3583	27125	684993
1931 年	3714	22323	3825	26510	668660
1932 年	3700	22947	——	——	515540

这各种重要农产品的消费量，至一九二九年乃至一九三〇年，大体皆有增加趋势，此后则相率减落，就中尤以橡皮消费量之减低程度为最显著。消费减退，价格低落，于是在实际上，许多较小的农场，必然不免破

产,其结局便是耕地面积缩减,与生产额的迫而减少。单就播种小麦的面积说吧,由一九三〇年末期至一九三二年初的一年间,世界四大小麦输出国(美国、加拿大、阿根廷、澳洲)的小麦播种面积,就已经减缩了1200万亩,其生产额则减少1.41亿布雪尔(Bushel)。在同一时期内,世界(中国及苏俄除外)播种棉花的面积,减少570万亩,其产额当然在依此比率缩减。据一般的推测,除美国外,如印度、如中国乃至如埃及这些主要的产棉地带,每年的产棉额,皆在不断缩减。至其他农产物之产地及产额,殆莫不显示同一倾向。

可是,价格尽管低落,产额尽管减退,而其积存的货品,却与年俱增。试看下表:

世界主要农产物的存货

			1928年	1930年	1931年	1932年
小麦	世界	(单位公吨)	16278	22084	24253	23110
	四大输出国		6152	9228	11786	11778
砂糖	世界	(单位公吨)	4372	6295	7119	8198
棉花	世界	(单位千捆)	10134	11715	13853	17046
	美国		3948	4970	7625	10170
咖啡	世界	(单位公吨)	1115	1884	1692	1890
橡皮	世界	(单位公吨)	304	437	554	625

上表所列的存货数字,无论就哪一项讲,都是一年比一年增多。生产减退,而存货却仍继续增加不已,我们由此就不难窥知农业恐慌的深刻程度。农业发生恐慌,对于工业的危机,当然只有增大的作用,但工业资本家为救济其目前困厄计,不惜故意贬低原料与食品的价格,以期低减其生产成本。他们以为采用这种办法,那恐慌的厄难,便可转嫁到农民方面来,而全没有想到农民是其工业品的最大顾主,如果农民的出产,只能换得少量的货币,他们用以购买工业品的货币,必按比例减少,从而工业品的市场,亦必相应缩小。

是的,工业品价格低廉,农民在这方面也许可以受到不少利益;但事实告诉我们,世界全般恐慌发生以后,农业生产品的价格,经常的要比工业生产品的价格，更为低落。这原因，一部分是由于工业资本家想转嫁其困厄于农民的浅见，一部分则是由于工业生产上有不少独占组织，而农业的分散性，则只有一味放任的从事盲目竞争，即是说，前者能在相当范围内，人为的防止价格的过于低落，后者却连这点亦不能做到。

要之，现阶段的经济恐慌，无论在农业上，在工业上，都是根源于资本主义生产的机构，而这次恐慌之所以空前的严重，却又正是由于这两方面的危机，不但同时发生，而且互相纠缠。两种危机相互影响的结果，必然使整个经济恐慌剧烈而延长，而其中受害最烈的，又必为农业，因为农业在本质上在机构上，对工业是处于劣等的地位。

第六章　劳动工资与失业问题

第一节　工资问题

工资在资本主义经济中，是一个属于分配的形态。受取工资的劳动者与支付工资的资本家，往往对于工资发生“争多论少”的问题。这个问题的不绝提起，不仅有碍资本主义社会的安全，且会进一步危及整个资本主义体制之存在。而在事实上，这却又是资本主义经济发展过程中的必然无可避免的问题。

劳动者之取得工资，显然是由于他对于资本家提供了劳动，即工资是劳动的报酬。但资本家在决定此报酬之际，并不是把劳动所形成的价值，全都给予；因为资本家的利润，就存在那种价值中，若按照“劳动价值全收”[①]的主张，资本利润就完全没有着落。这一来，各个资本家的存在，乃至全体资本家的社会的存在，都没有可能。这种关键，只要不是过于浅薄的经济学者，也会看得十分明白。有名的经济学者李嘉图(David Ricardo)说过：“商品的全部价值，仅分成两个部分，一为资本利润，一为劳动工资，……利润之高或低，即按照比例于工资之低或高。”[②]他并讲明：工资不能高到全没有利润，利润亦不能高到全没有工资，因为：“劳动者没有工资不能生活，农业家制造家没有利润亦不能生活，……利润低落，若不能抵偿投资的困难与危险，他们蓄积的动机便会完全消灭。”隐藏在他这种说明中的基本概念是：

(一)利润是资本主义社会存在的前提；

---

① 此说倡于英人汤姆斯·浩斯金(Thomas Hodgskin)，他主张全部劳动价值都应属于劳动者。

② 参照经济政治批判会编《国际经济政治年报》第一辑第310～312页。

(二)利润与工资是两个对立的相互消长的形态;从而,

(三)希望多得的劳动者与希望少给的资本家,利害相反,常为工资问题发生龃龉与纠纷。

本来,在资本主义社会中,资本家是占有支配一切的势力的。对于工资的决定,本不难为所欲为;但为了他自己的利益打算,即为利润打算,他不得不有一种顾虑,就是,劳动者虽可同机械一样利用,也可同机械一样的缓慢消耗下去,可是他的劳动力的继续,是以他的生命的继续为前提。即工资再少,亦必要使其能维持生活。

而且,劳动力的再生产,又是以劳动者自身之再生产为前提,在一个劳动者因死亡或残废丧失了劳动能力之后,只有别的劳动者,即劳动者之后裔来代替之一法。这就是说,劳动者的工资,不但要能维持其自身的生存,且要能维持其家庭的生存。

不仅如此,社会生产形态之发展,无形中使市场所需要的劳动变化性质。一个不曾受过教育的、破衣粗食的、没有充分休息与睡眠的劳动者,决不能有复杂机械劳动所要求的那样的注意、耐久及理解。所以,资本家为了增加生产效率故,往往在有意无意之间,也不能不使劳动者蒙受一点资本主义社会之文化的福祉。换言之,就是资本家对于劳动者所给予的工资,不但要按照劳动者能维持其身家之生理的最低水准,且须按照劳动者能维持其身家之文化的最低水准。诚如卡尔·马克思氏所说:“关于食料、衣服、燃料、住宅等的自然的欲望,是随其自国的风土及其他自然的特征,而有种种的不同。他方面,所谓必要之欲望的范围和其满足方法,却是历史的发展之产物;且因此其大部分是依存于一国之文化的水准;本质地讲,则尤为自由劳动者阶级,是在怎样的条件之下,因而是以怎样的习惯与生活上的要求所形成的这件事所决定。”在资本主义的经济学者,亦是抱着同一的见解,比如前述李嘉图氏,他就认定:“劳动自然价格,乃取决于劳动者维持一身维系一家所必要的食品、必需品、习惯享乐品的价格。”这所谓“习惯享乐品”云云,要不外根据“文化的最低标准”而立论。

不过,这诸般原则,往往要蒙受事实上的修正。当资本家的利润,受到产业不况之影响时,他们对于劳动者之工资的给予,就不但不肯按照文化的水准,有时就连按照生理的最低水准,亦不足以养活其一身一家。但资本家能安然做到这层,必定要有一个前提条件,那就是产业预备军之存在。

所谓产业预备军，即是当前产业上所容纳不了的劳动者群，或候补劳动者群，这群人的存在，于资本家大有利益：第一，资本家的生产，往往因为市场的涨落关系，须得应时伸缩；如其现有劳动仅够需要，那就不但劳动价格提高，且无以供应其必要时扩大生产之急需；第二，一切可以买卖可以增减数量的物品，其价格受决定于其供求的比例，劳动亦然。产业预备军的存在，即表示劳动这种物品之超过需要，亦即表示资本家就令把劳动工资压低到生理的最低的水准以下，使劳动者只能养活自己，不够维持家族，他亦无所顾虑，因为候补的劳动者正多哩。

资本家在支付工资上所取得的这种优越条件，那是存于资本主义发展的过程中，我们可由三个方面看出此种关系：(一)资本主义愈发达，其生产资本中所包含的固定资本成分愈大，流动资本成分愈小，即机械所占资本之比例，逐渐大于劳动，换言之，就是机械驱逐劳动，就是劳动失业者自然增加；(二)资本主义由都市进展到农村，一定要造出大批的农村失业者，他们一部分留在农村，为农业预备军；一部分流向都市，为都市的工业预备军；加之(三)资本主义每进一步发展，即等于说是资本之进一步集中。在此资本集中的过程中，中下资产所有者，都不免转化为无产劳动者，以充实并增大此产业预备军之队伍。

要之，产业预备军的存在，是一种必然会发生的现象，从而，资本家之任意压缩工资，也就算是必然无从避免的情形了。但资本家无论是总减工资额，抑是对各个劳动者降低工资，他们由此受到的利益，皆极有限制，并且往往是利之所在，害亦随之。这，我们看看产业合理化政策，便知分晓。

第二节　产业合理化以后

产业合理化是资本家用以克服其恐慌的一种经济政策。这种政策系造端于美国，以后普行于一切资本主义国家。据一般经济学者的解释，合理化有以次几种目的：(一)在求经济性之向上，(二)在求货物生产的增加，(三)在求货物价格的低减，(四)在求生产费用的减少。在这几个目的中，资本家最看重最后一个目的，因为他们可以由此低减生产成本，增大劳动力，提高其企业利润。要达到这一目的，一方面固要求技术的改革，同时还须企业组织的改善，与劳动时间的延长和加强。无论就哪一点说，产业合理化之最基本的作用，仿佛就是在加大对于劳动剩余的剥削。

在由一九二四年到一九二九年的安定期内，各国都不约而同的厉行这种合理化政策。其中尤以美国、德国、日本诸国为最著。它们这些国家对于这种政策的推行，就某些方面讲，都算是达到了预期的效果。生产的增加与劳动生产力的增大，那差不多成了这个时期内的一般现象。例如先就美国来说吧。据美国联邦预备局的调查，在一九二四年到一九二八年的诸年度中，其生产量在不绝增进，而同时劳动雇佣者数，则继续减少，下表可以表明此种趋势：

	1924 年	1925 年	1926 年	1927 年	1928 年
生产指数	95	104	108	106	111
工人指数	95	95	96	92	89.8

据上表，生产量与生产所需劳动量，一则向上升，一则向下落，恰恰形成一个相互消长的反比。劳动生产力增大，劳动生产者人数如保持原状，那已表示雇佣劳动者数的相对缩减，今雇佣劳动者在生产力增大的当中，有此下落趋势，其绝对缩减的数字，当大有可观；而且，据美国前任胡佛总统在其候选演说中所云，在由一九二一年到一九二八年的八年中，美国的家族之数，增加了 230 万。人口的迅速增多，即表示劳动的供给加大，供给加大，而同时其需要却在不断缩小，这已大可窥见美国当时劳动者失业的概况了。可惜美国这时没有可供我们参证的失业统计。

更就工资方面来观察吧。照理，劳动生产力加大，劳动者的报酬就应加多，恰恰相反，美国在这个安定时期的工资，却不绝向下跌落。比如，以一九一九年为基年，美国工资总指数，在一九二六年为 109，一九二七年为 105，一九二八年为 104，一九二九年一月为 103。失业者加多，复加以工资低减，美国劳动界在安定时期的困状，已历历可见了。

美国厉行合理化政策对于劳动阶级之影响如此，再看德国吧。德国自一九二四年之道斯计画实行后，其经济危状始渐有转机。它一方面由美国借得大量复兴产业的资本，一方面复由美国学得改造产业的合理化政策。果然，自产业实行合理化以后，其生产率乃渐次增大。比如生铁生产在一九二五年度，一个劳动者一日之工作率为100，一九二七年末便增加到140；钢生产在一九二五年度，一个劳动者一日之工作率为100，一九二七年末却增加到137；此外如机械工业，在一九二五年前半年一劳动者之输出重量为100，一九二七年后半年便增加到145了。劳动者工作率，即劳动生产力如此的增加，而所雇劳动者数却在不断相对的或绝对的缩减。如莱因·维司托法利亚地方的钢铁工厂，在一九二六年与一九二七年之间，其生产量增加37%，而劳动者之增加却仅8.8%；若鲁尔地方之威斯达格工厂，其情形更为恶劣，即在同一时期，其生产量由86139吨，增加到112297吨，而劳动者却反而由1300人减至1000人。设综合计算，各工厂之生产量，共增2600000吨，各工厂所雇用的工人，则共减少24000人。因此，德国在实行合理化政策期间的失业人数，就是照官场的统计，亦表现了可惊的数目，下面是一九二六年至一九二九年的失业统计。

由1926年至1929年之失业人数

（以千人为单位）

1926年2月15日	2059	1927年1月15日	1972
1928年1月15日	1599	1929年3月1日	2620

上面所举列的数字，都是就各年度失业最多的额数而言。一九二九年三月的失业者，官场的统计，虽只举出262万人，但实际已达到400万，因为官家对于不领失业津贴及短期失业者，是未加记录的。

德国既经常有了这样庞大数字的产业预备军，同时，资本家对于劳动者所增给的工资，又远未达到其所提高物价的水准，故劳动阶级的生活，乃恶劣而不安定，由是不断的引起劳资两阶级的强烈争议。

至日本的资本主义性质，与美德两国大不相同。它的煤、原料，乃至大部分的机械，都是由国外输入，换言之，就是对于这些方面所化费的价值加大，对于劳动方面所分摊的价值成分就得减少，否则日本资本家所享受的特殊利润，是没有着落的。日本资本主义在大战中的过度扩张，以致在战后引起异常的恐慌。由一九二〇年到一九二四年，日本与其他欧美资本主义国家，同样遭逢了产业非常不况的命运。产业资本家为图转嫁其灾难于劳动阶级，很快的采行了欧美各国所风行的合理化政策。我们知道，日本的农业组织还是封建的，这种封建的农业组织，自然会强迫贫农去供产业资本的榨取，自然会造成庞大的产业预备军，使产业资本家便于推行那种增加劳动强度，和延长劳动时间的合理化政策。据日本银行之劳动统计，以一九二六年每月平均就业指数为100，则使用40或50工人以上之工厂，在一九二七年一月为97.6，四月为97.8，十二月为91.8；在一九二八年三月为90.4，八月为89.8。若就其生产额而论，日本工业生产额在一九二四年，其价值以百万为单位，合纸币6518，合硬币3077；至一九二八年，其价值则合纸币7206，合硬币4086。生产额增大，生产所需劳动则减少，这时劳动阶级所受的牺牲，是大可想见的。

最后，我们还要述及英国产业合理化的情形。英国是最先进的资本主义国家，就因此故，其产业工人也比较多了一些斗争的经验。他们都有完密的工会组织。据工会的惯例，一定工厂的工作，只能雇用一定工会的会员。有了这种规定，对于在产业中以合理的组织化来榨取劳动，就成了一大障碍。此外，英国小工厂林立，对于施行合理化政策，亦诸多妨阻。加之，英国每个失业工人，都是要由国家领取救济费用的。机械愈求改进，由机械所驱逐的劳动者，便愈要成为国家的负担，但资本家是顾不到这些的。他们一发觉其陈旧设备所生产的货品，不能与他国精良设备所生产的货品在世界市场竞争，他们就要拼命的设法改进，或者从他方面设法低减其货品的成本。英国产业有四个主要部门，即是纺织业、矿业、五金工业、铁道工业。五金工业是非常集中的，故这一部门的合理化运动，进行异常迅速。纺织业上是比较不容易合理化的，雇主们遂别开生面的要工人接受减低13%的工资的要求。工人一加反对，他们就准备全体闭厂。一九二六年之矿业大罢工，亦无非是雇主方面要求低减工人的工资，结局，工人失败了。一九二八年铁道公司与其所雇工人协订减少工资2.5%的条约。凡此种种，皆是资本家对劳动者进攻的露骨表示；他们不便于用合理化的手段，对劳动者行使曲折一点的剥削，就直截了当的减低工资。然而，英国对于合理化政策，虽因种种关系，不能像其他国家，至少是不能如前述美、德、日三国之澈底推行，但其失业状况，却不减于他国之严重。下表系大不列颠(北爱尔兰在外)一九二四年以后，至一九二九年的保险工人总数、失业工人总数及在业工人总数之各别统计。

由 1924 年至 1929 年之在业失业人数表

（以千为单位）

年别	保险总人数	失业人数	未失业人数
（每年平均数）	（自 16 至 64 岁）		
1924 年	11073	1125	9948
1925 年	11272	1236	10036
1926 年	11423	1401	10022
1927 年	11529	1108	10421
1928 年	11667	1235	10432
1929 年	11850	1212	10638

从上表所示，我们知道英国产业合理化的程度，是不如前述几个国家之深刻。因为它的失业人数，在合理化政策开始的一九二四——一九二五年度，与其合理化政策加紧推行的一九二八——一九二九年度，差不多没有多大的出入。并且，其未失业人数，大体上还递有增加。但这并不能遽认为是好的景象。失业成了固定的经常的痼疾，那所表示的，是这个老大资本主义国家之产业危险的深度。

至若英国、德国以外的其他欧洲国家，乃至澳洲与加拿大，我们用不着一一加以解说；它们在所谓安定期内，无论是否或能否采行产业合理化政策，或者对于合理化政策加以部分的甚至修正的实施，结局，都造出了大批失业的劳动者。下表是各国失业工人，在全产业工人中所占的百分比。

失业者百分率表

月底	比利时	丹麦	荷兰	挪威	瑞典	澳洲	加拿大
1927 年 6 月	1.4	18.5	6.0	22.5	9.5	6.4	3.2
1928 年 5 月	0.7	14.3	4.4	18.0	8.1	——	3.7
1928 年 6 月	0.8	2.7	4.4	14.4	7.6	11.1	2.1
1929 年 1 月	3.5	28.6	28.9	23.1	14.9		6.3

上表所标示的各国失业者的统计，大抵是根据官方的记录，而实际尚

不止此。但即此推断，许多国家的失业劳动者数，亦已占其全数 1/5 或 1/4 以上，而且，上所举述的，都是指着工业劳动者，而农村因技术改良与土地合并所造出的大批失业者，还不在内。

工农劳动大众是一切货品的生产者，同时亦是日常需用货品之主要消费者，他们以生产者的资格多被剥削一分，他们便以消费者的资格少被剥削一分。他们生在资本主义社会，必得以劳动去换取资本家的货币，再以货币去换取资本家的货物。他们失业了，他们的货币报酬减少了，他们的购买力或消费力就要按比例减低下来。结局，资本家在生产过程中，虽因施行合理化政策，减少了对劳动所给与的报酬，但其利润的获得，必须其所生产的货物，在交换过程上没有滞碍；劳动者既不能为其货物的主顾，他们依旧无从达到蓄积利润的目的。资本主义社会的生产形态，决定了它的分配形态，从而亦决定了它的消费形态。分配不得其平，生产与消费就无法平衡。这是资本主义制度中的一种本质的矛盾，然而亦是它的致命的矛盾。此次广泛而持续的恐慌的爆发，实际盖不外这种不平衡法则的作祟。可是恐慌既经爆发了，大吃其亏的，还是一般劳动大众呢。

第三节　经济恐慌下的劳动界

经济恐慌的发生，其本质的原因，尽管是一般劳动大众之购买力与消费力之减退，但各国工商资产阶级，对此并没有澈底的理解。当他们所生产的货物，在市场上找不到受主，以致发生过剩的滞销现象时，他们为了补偿积货或贱价发售货物的亏累，乃进一步向劳动大众剥削。他们剥削的方式，对在业工资劳动者是采行以次几种策略：

（一）长期的雇佣，改为短期或不定期的雇佣

这种方策，与金融资本把长期借贷改为短期或不定期借贷相同，但其用意较为毒辣。雇佣合同的时间一缩短，或不加确定，资本家要减工，或要减工资，就不必受到合同的拘束，同时，劳动者因为随时有解雇的可能，他们对于资本家的任何要求，就不得不隐忍的接受。这样，资本家是便利多了，然他们所以能得到此种便利，要不外因有大批产业预备军之存在。一九二九年的经济恐慌发生以后，各国产业资本家殆不约而同的采行了

此种方策。

(二)女工或童工替代了男工

未熟练的妇女或童工的报酬,照例是要比熟练的男工的报酬低下许多的。产业合理化政策在工作技术及组织上,既收到了非常的效果,一向须用熟练男工服侍的机械,现在就是不熟练的女工或童工,亦能胜任。资本家目前遇到了危及其利润的生产过剩的困厄,他们当然会利用这一个转嫁其困厄于劳动者的机缘。然此种趋势,以纺织轻工业最发达的日英诸国为最著。日本工业资本家以极廉价格,把农村妇女摄引到都会工作,那是自昔已然的,不过自大恐慌发生后,更变本加厉罢了。英国的妇女替代男工的事实,由下表可以征知:

就业男女比较表

(单位:百万)

	男子	女子
1923 年	7.19	2.71
1932 年	6.94	3.02

(三)低减工资

这可以从两方面观察,一是对各个劳动者的低减,一是对总工资额的低减,但就劳资低减所及于各国劳动界乃至产业界的影响而言,关于总工资额之变动情形,尤值得吾人的注意。资本家以货物堆积与物价低落的口实,一方面缩减生产,一方面低减工资,这两方面皆有关于总工资额的减落。在恐慌爆发的第一年度中,即由一九二九年至一九三〇年的这一年度中,美国付出的工资总额,减少了 1200 万金元。就中,在钢铁业上的工资减少了 14%;在机械制造业上减少了 17%;在农业上减少了 13%;在运输业上减少了 18%。英国煤矿夫的工资减少了 12.3%;纤维业劳动者的工资减少了 6.5%;羊毛业劳动者的工资减少了 9.75%。德国纤维业劳动者的工资减少了 50%;钢铁业劳动者的工资减少了 30%。此外在波兰的若干产业上,其工资都减少了 30%~50%。至一九三一年,此种趋势更为显著,单以美国而论,其总工资指数在一九二九年为 100,则一九三〇年为 80.3，一九三一年为 60.2。直至一九三三年复兴产业计画实施以前，我们还时常发现资本家低减周期工资的事实。美国如此，其他各资本主义国家亦莫不如此。

在总工资额低减的涵义中，除了各个劳动者工资低减而外，其余就是大批劳动者的解雇；连带着前述雇佣时间的变动，与妇女童工的驱逐男工，失业的事实，乃较合理化的安定期间严重多了。在一九三一年中，德国有组织的工人，有 1/3 乃至 1/2 的失业；美国完全的失业者，占 24%，短期失业者占 21%；总计德国失业人数为 550 万，美国为 1300 万，英国则为 450 万。日本在一九三〇年的失业者为 100 万乃至 150 万，至一九三一年亦增加至 200 万以上。在一九三一年中，全世界产业工人失业者，已超过 3500 万，而各资本主义国家，乃至世界各殖民地带之农村劳动者的失业人数，还不在内。一九三一年以后，失业者与时俱增的趋势，没有丝毫改变。美国至一九三三年上半期，就是官方统计的失业者，亦达到了 1600 万的高记录。英国官方宣布的失业人数与在业人数的百分比，则如下表所示。

由 1930 年到 1933 年的英国失业在业工人的百分比

（1924 年＝100）

	失业人数	在业人数
1930 年	170.2	102.9
1931 年	233.8	99.3
1932 年	245.0	98.6
1933 年	226.7	101.1

据上表所示，英国失业人数，在一九三三年度是减退不少了。但这种减退，并非是贸易上产业上有了转机表证，而是用人为的方法，故加抑减的。比如就德国来说吧，德国失业者在一九三二年为 558 万人，在一九三三年一月为 614 万人。我们姑且承认这由国际联合会所调查来的数字的真确。德国希特勒常自夸可以解决失业问题，至一九三三年十一月底，同国失业者数，确也比较前一年度十一月底，减少了 164 万人，即减少了全失业人口的 1/4 以上，但我们一察其究竟，就知道这种好现象当中，隐藏了不少血腥的事实。比如国社党对于非阿利比人的异种的排除，官厅对

于失业登记范围的缩小，一部分工人被现政府囚禁在所谓“总营”(Concentration Camps)中从事苦力的劳作，还有丈夫有职业之妇女，禁止工作，以致她们的失业，不算作失业工人之列等等，俱为德国在希特勒执政后减少失业人口的原因。此外，还有一种为各国，尤其是美国所采行的减少失业者的方策，那就是把那些在业者的工作或工资，分一部分出来安置那些失业者，即是说，新得工作的工人工资，是只在已作工的工人之口袋里付出的。对于已作工的工人，不是减少他们的工作钟点，就是相当的减少他们工资。所以，从前一星期做 6 天工的工人，现在减至 5 天 3 天不等，其工资当然是按比例减少。设我们把这许多由变例或反常的减少失业的方策，所减少去了的失业者除外，恐怕这些国家在一九三三年秋季的失业人数，仍是有增无减。

世界失业者如此之多，设把每个失业者平均担负两三个人的家族人数加算起来，其数字之庞大，当尤可惊恐。各资本主义国家对于产业工人，原有失业救济或劳动保险制度。但近年经济恐慌结果，各国政府收入大减，而其军费一类费用的支出，则日益加多，由是各国都感到赤字的痛苦。对于失业者的救济，遂不能不缩小救济范围与减少救济金额；僧多粥少，这般失业者的最低生活，已颇不易维持了。至若产业工人以外的农业劳动者，乃至其他殖民地带之洪水般的贫农与无所事事的手工业者，当然都要陷于哀号无告的生涯。

失业者如此，幸而有工可作者，不但其工资由低减以至于分减，并且还日在担心失业的恐慌中，一般劳动大众的苦况，已经无可言喻了，而工商资本家对于这困苦万状的劳动大众们，还在从以次几方面加以“竭泽而渔”的剥削：

第一，零售价格的保持。各国批发商品价格的暴跌，我们前面已经指述过了。但与批发价格比较，零售价格的跌落，却颇为有限。这原因是颇复杂的，然其要因却在于对国内市场的保护和向外的倾销。一般劳动者的购买物品，原是零零碎碎的，而零售价格之相对的保持，当然使他们蒙受不到物价暴落的利益，同时，资本家对劳动者核减工资，却又是以物价跌落为口实。

第二，必需品贩卖的独占。恐慌发生以后，各国资本家对于一般人日常需用的物品，如煤、如火柴之类，在生产与交换上，都行使统制的独占，由是，这类为劳动大众所必需的货物，就不能以廉价购得了。

第三，原料食品价格之压低。资本家为要减低其生产成本，除了由工资方面剥削劳动者外，就是在原料方面去剥削农民。而与原料相关的食品价格的低减，那更是低减劳动工资的前提条件。

要之，在世界经济恐慌当中，各国劳苦大众的现状，已经是一年恶劣一年了，但一般资本家为图补偿其由生产过剩所蒙到的损失，即为要维持其相当的利润率，乃不惜落井下石的从种种方面来加紧其对于劳动的剥削。同时，独占的集中的加特尔组织之出现，致中下小生产者，都相率破产，而汇结于贫苦大众的阵营，由是，一般劳动大众的境况，乃益不堪设想。然而生存的威胁，是最令人不能安分守己的。各国资本家尽管用种种思想善导的方法，教人民养成吃苦而耐饿的精神，如德国莱因煤炭王要"德国国民学习多劳动少吃饭的事"，又如慕沙里尼之向意大利国民作以次的鼓励，说"幸而意大利国民没有一日数餐的习惯，所以能够容易忍受恐慌"，但他们在大餐房狂吞大嚼过了，再高声劝告人民挨饿，那是只能够激起人民的反感的。况且，一般人民的贫困化，实足以促起劳动大众势力的抬头，近来各国社会政治之不安，主要不外发端于此。

第七章　经济恐慌之救济方策

第一节　救济之途径

经济恐慌发生后，各国政府都雇用了许多知名的经济学者，设立所谓景气研究所一类机关，以图探究出恐慌所以发生的原因。在他们所探究出来的一些原因之中，有许多是非常荒谬绝伦的。但我们在这里没有一一予以批判的余裕。不过有一点值得注意，就是，无论他们主张太阳黑点说也好，主张商业循环说也好，他们推测的景气回复的期间，结局都得到了反证。就因此故，各国政府当局，乃至产业金融界的主脑们，遂都认定坐待景气的回复，有类“坐而待亡”，于是大家都设法从事人为的救济。

救济之道，本来是因国而不同。因为各国资本主义的性质有差异，其发展的时期有迟早。但资本主义的本质是相同的。就因此故，这些国家所能够从事的救济方策，或者资本主义制度所允许的救济方策，自不约而殊途异趋，一致同归了。比如，在最近几年中，统制经济的声浪，已经是高唱入云了，而与统制经济相关联的通货膨胀，亦被许多国家视为是振敝起衰的唯一方策。并且，它们都觉悟到，现代各国国民经济，是与世界全般经济保有有机的联系的，各国分途自救，同时不能不谋所以协同共救。由是，对于恐慌的救济途径，计有两端，一是各国一般的救济，一是各国协调的救济。我们将就此两者，分别加以叙述。

第二节　各国一般的救济方策

在各国一般所实施的救济方策中，我们姑只举述最称普遍的统制经济政策与货币膨胀政策。此两者是相互关联的，兹先就前者略加说明。

所谓资本主义经济，在先原是基于自由竞争原则的一种自由主义经济，或者是由干涉的重商主义解放过来的一种放任主义经济。此种经济既造出了过剩恐慌的弊端，各国遂认定一任其自由放任，势将不可收拾，于是乃反其道而行之，而趋于统制的干涉。

特此种统制干涉，并非各业之自相统制，自相干涉，而是超越各种企业主体的政府，以命令行之。至政府权力之所以能推行于国民经济的领域，或干预私人的企业活动，那不外是由于这些企业首先要仰赖政府的救济。比如就德国来说罢。德国政府以该国经济之入于穷途，乃于各方面行使救济：对于大银行发生破绽，国家乃自为保证而救济之；对于贫乏之农民，或用关税，或用补助金，或用延期支付令救济之。政府如此救济之结果，国家对于此等产业，乃获得强有力之统制权。

更以日本为例来说吧。日本因金融发生恐慌，许多银行都濒于破产，于是日本银行乃设法予以援助；制丝业者因丝价下落而发生困难，国家为挽救其危局起见，乃用收买方法援助之；此外，农民叫嚣救济农村，中小工商业者亦求救于国家，失业者亦要求国家予以职业，结局，各业普遍要求国家行使援助或救济，国家每救助一种企业，那种企业就不能避免国家的统制干涉。由是，企业之所有虽委诸私人，而对于其管理处分，则国家握有绝大之支配权。

德国及日本如此，其他如美如英各国殆莫不皆然。各国政府既由救济或援助各种企业，因而取得对于这些企业之支配权与统制权，它们对于各该国之自由经济活动，即全国之各个经营体的活动，自会出以干涉，使其在统一的意向与指挥之下，从事统一的活动。但这所谓“统一”，不过在某种极狭的范围内有其意义，而并非能使社会全般的经济个体，发生有组织的系统的联系。因为，这种经济政策，是以本来独立的经营个体之存在为前提，在生产的部门内，如棉业的生产，不必与纺织业的生产，发生何等系统的关系，至多不过发觉棉花过剩，则限制棉花的生产，纱布过剩，则限制纺织的生产罢了；在分配部门内，它虽不十分忽视劳动者的工资，但却仍是强调资本家的利润，至少，亦不过是在某种限度内，规定工资与利润的比例罢了。这样的统制，实不过“头痛医头”之救济的或限制的政策，根本未触到恐慌的痛处。

不但如此，在国际分工异常发达的现况下，各国在国内纵能按照一定的规画，把各生产部门之活动，系统的统制起来，但对于世界的市场，该将怎样推测咧！是的，各国实行统制经济的决定要求，在于维持自给自足；即使原料食品不仰给于外国，同时制品亦使其只供应于国内市场。各国为达到此种目的，曾极力向那以统制经济为核心之集团经济运动迈进。前述英帝国的渥太华会议，日本之强占中国东北四省，美国之召集泛美洲会议等等，要不过集团经济运动之具体化，和统制经济政策之必然结果。

若是，统制经济在资本主义国内，纵然能在某种限度内，阻止有害的自由竞争，而在各资本主义国家之间，却无异加强了那种竞争。而且，关税战与货币战之白热化，有一大部分是统制经济促成的。这类竞争加强了经济恐慌的深度，我们前面已经反覆讲过了。因此，各资本主义国家以统制经济政策来救济经济恐慌，无怪只能收到相反的结果。

然则通货膨胀政策怎样呢？问其效果吧，那我们将在下面予以解答。

通货膨胀政策是与统制经济政策，同样普行于一切资本主义国家的。实际上，凡属实施后一政策的国家，殆莫不有采行前一政策的必要。因为，一国对于其国内各种企业行使统制之前，必定要对那些企业的困厄，有所救助，这是我们在前面解释过的。政府无论是对于金融事业，对于贫农，对于中小工商业者，抑是对于失业者从事救济，都有待于大量的资金。不幸，在恐慌的厄难当中，任何资本主义国家，殆莫不感到赤字的痛苦。在一九三一年度，德国的预算不敷十亿马克；英国劳动党内阁，正是因了赤字无法填补而倒塌下来。此外，如法国、如日本，都因预算案掀起了莫大的政潮。各国政府之财政如此困难，同时，在国外发行公债，又苦行不通。在此种情势下，要各国由国库支出大批资金，以救济各种企业上的危机，那是难乎其难的。所谓通货膨胀政策，就在这场合应运而生了。

但政府财政上的困难，虽不失为实施通货膨胀政策之一动机，然各国不约而同的采行膨胀政策，主要却是为了相信这种政策，可以挽救它们的经济恐慌。

前面讲过，货币是资本主义经济的灵魂。资本主义的商品生产，非货币是无以完成其机能的。货币的机能，由信用制度扩大不少了，同时且通过国际信用与汇兑关系，而具有比较复杂的性质。就因此故，资产阶级的经济学者，一方面因为辨认不清货币的本质，一方面更认定在货币的考虑上，可以藏伏许多为一般人所分辨不了的秘密，遂昌言当前的经济恐慌，根本是由于货币不足。货币不足，货币对物品的价格就要提高，反之，物品对货币的价格就要低落。物价低落,产业上自然发生不况的景象,由是影响金融,影响财政,以致造成全经济领域的恐慌。

经济恐慌"病"既从这种认识上加以诊断,其起死回生之方,当然是简单极了,即加多货币或增发通货就行。原来增发通货是有两种方式的:其一是按商品量而增发通货量;其一是商品量尽管保持原状,甚或减少,仍增发其通货量;而所谓通货膨胀政策,大抵是指着后一种方式而言。即如当前各资本主义国家的商品量,虽然在不断减少,而其通货量却反而在不断增加。这一来,货币不足的缺陷,算得到需要以上的补充了。依据斐雪(Irving Fisher)、克赖士(John Keynes)及卡塞(Gustav Cassel)一流的经济学者的货币数量学说,货币增加一倍,货币对物品价格就要减少一倍,而物品对货币的价格,也就要增加一倍了。在最近一年来,许多国家的物价,确因增发通货而有昂扬之象,物价抬高,复伴以政府因增发通货所进行的种种救济事业,果然社会表现一点转机了。商业上颇有兴旺气象,各生产部门在不绝提高生产,由是,通货膨胀俨然救治了恐慌,无怪一切资本主义的代言者,皆大欢喜了。以美国为例来说吧。美国自一九三三年三月实施通货膨胀程序以来,其生产确已不绝提高。据《纽约时报周鉴》的营业指数指示:一九三三年三月的生铁产额为15.5,五月为25.7,六月为39.9;生钢产额三月为16.2,五月为39.8,六月为57.5;石油产额三月为52.8,五月为57.9,六月为64.6;棉花消费三月为72.5,五月为100.7,七月为224.6。此外如电力产量,汽车产额,羊毛消费,殆莫不有相似比率的增加。生产额其所以如此增加起来,要不外物价提高了。以金元计算的物价总指数而论,三月为81.9,四月为83.8,五月为90.5,六月为94.4。物价提高,再加以生产的增进,当然会造成社会一般的兴旺气象。

但真正的兴旺繁荣,是要以劳动需要增加,从而,以一般购买力增进为前提条件的。美国在一九三二年五月的工厂生产指数为60,在业工人指数为61.3,至一九三三年五月,生产指数诚然是增到了80,而在业工人指数却减到了60。这事实,表证了生产与消费的不平衡,即进一步促成了生产的过剩。生产更加过剩,价格怎么还能增加呢?事实是这样的。物价之名义价格,即以金元计算的价格,虽然因通货膨胀而显示上腾趋势,但其真实价格,即以金子计算的价格,却宁可说在不断跌落。《纽约时报周鉴》曾就金子计算物价,而得出美国由三月到六月的总指数是:三月为81.4，四月为80.8，五月为77.0，六月为77.1。由是我们知道，肯定物价可由通货膨胀而上腾的说教，不过是一种自欺欺人的浅薄见解罢了。美国商务局在其报告中，竟毫不客气的指证了此种政策的缺陷。那报告是说："最使人不安的一点是：最近期内的工业，因为前此膨胀的结果，正处在很深的生产过剩中。"无怪美国极力拥护通货膨胀政策的人们，都对此表示怀疑，而认定非另辟途径不可了。

可是资本家对于恐慌的救济手法，究竟只有那几套，美国在同年六月通过的庞大复兴计画，依旧是把通货膨胀当作全计画的经络。不过，那特别注意安置失业者，提高工资，与救济农村凋敝。其结果怎样呢？极小一部分失业者得到的工作，不过是由那些在业者分减出来的；而劳动工资与农产品之价格提高程度，都落在工业品价格提高程度以后了。这样，市场不但没有增加，却反有缩减倾向，恐慌哪能由此消呢？

不但如此，通货膨胀对国内是提高物价，是阻止外货的输入，而其对外却是由贬低货币价格，奖励倾销式的输出，在这种关系上，通货膨胀不幸又与货币战争和关税战争联系起来了。因此，各资本主义国家无论是采行统制经济政策也好，采行通货膨胀政策也好，结局，都不但不能救济恐慌，且反加大了恐慌。于是，它们这才觉悟到：在国际经济关系复杂错综的今日，各国单独关门自救是不如大家协同共救的。

第三节　各国协同救济的方策

各资本主义国家之经济利害冲突的情形，我们前面已经讲过了。这种经济利害冲突，虽然与经济恐慌同是资本主义制度之必然结果，但前者无疑又是后者的直接原因。在资本主义制度存在的现状下，各国的经济利害冲突既无法避免，其经济恐慌也就无法根本解决。然而，当各国为经济恐慌苦到万分难耐的时候，虽无勇气变革资本主义制度，却也屡屡企图设法缓和或消除那种制度所产生的彼此间的经济冲突。

战后的一九二〇年，各国由假兴旺期所造成的财政金融上的恐慌，差不多已达于极点。有些国家的货币，简直变成了真正的不兑换纸币。由是，由法英两国操纵下之国际联合会，乃召售一种国际财政会议。这次会议开于比京布鲁塞尔，参加者有德法英等三十九国，美国亦以旁听列席。

其决议是要各国维持预算之平衡，金融膨胀之中止，过度岁出之防止，金本位之恢复，以及国际商业障碍之除去等等。各参加国果能照此做去，这也未始不无小补。但可惜这所有的决议，对各国政府不过是劝告性质，所以结局只是多此一举。

然这次会议所以毫无结果的，据当时一般人的观察，系因会议诸国都是极待资金救助的国家，而资金充盈的债权者美国，却不过以傍听资格列席，所以，要求会议有效，不能不开一个使美国正式参加的国际经济会议，这样会议的预备会，果于一九二二年一月召集了。其议题大体是三个：(一)对付俄国——要俄国承认债务，始肯与其恢复通商关系；(二)对付美国——要美国对欧洲各国的经济复兴，予以资助；(三)关于一般贸易自由之恢复。正式会议延至同年四月始开。美国因欧洲各国有一致要求取消战债企图，拒绝出席，第二个议题算取消了。德国因受赔款压迫，在这次会议进行中，与俄国秘密谈判相互取消赔款及恢复邦交，并在会议后一星期，即突然签订《赖卜罗条约》(The Rapallo Treaty)，使各国对付俄国的第一项议题的决议，全归泡影。至对于第三议题，不过是决议劝告各国低减关税，并撤废输出入限制而已。

从一九二〇年到一九二三年之经济恐慌，由道斯计画得到相当解救以后，各国经济渐进入安定时期。但安定时期的生产扩张，致惹起争取市场斗争之激化。由是，又有主要以改善关税为目的的一九二七年的国际经济会议。参加这个会议的有50余国，美俄两国亦皆列席。各国代表同床异梦的议来议去，结局不过是对各国政府作以次的提议："各国政府为恢复其战时所蒙到的疮痍，必得在可能范围内，撤废妨害商业贸易的关税壁垒，至少，要大大减低关税。"论结果，以前几次会议的决议是如何劝告，此次则是如此提议了。

但一九三〇年二月在日内瓦召集的国际关税休战会议，却不能不说是由这次国际经济会议所导出的。如前所说，此次休战会议虽收到了一点成效，无奈其限定各参加会议国不提高关税的期限，仅短短一年，且参加会议的国家，大都是隶属欧洲，非欧洲国家，不过日本、哥伦比亚、秘鲁罢了。

在同年五月，法国白里安又向欧洲二十七国提出欧洲经济联盟的觉书。他关于这种意见，早就有所主张，在一九二七年，他发表伟论，说要救济欧洲各国的困境，只有把欧洲全体集结成为一个经济单位，集合各国所有的资源，合组各国共同的产业机关。那在一方面可以化除欧洲各国内部的斗争，一方面可以抵抗任何外来经济势力的侵略。这诚然是一种伟大的企图。但可惜欧洲各国不易团结起来。占有欧洲广大地面的苏俄，是要划出联盟之外的；拥有世界各地殖民地的大不列颠，也是要划出联盟之外的；在欧洲举足轻重的德国与意大利，它们是早就猜透了白里安要使法国称霸欧洲的动机。所以，他的觉书提出了之后，除了买得了法国系的小协约国的共鸣，和美洲合众国之嫉怨外，再也没有一点什么影响；如说有，那就是英俄诸国的揶揄，乃至德意诸国的反感。——这是世界大恐慌发生后第二度的事。

在由一九三〇年到一九三一年的恐慌过程中，任何资本主义国家都感到当前经济危机的延长，势将使每个国家陷于不可收拾的境地。被视为西方火药库的德国，它更因赔款问题的纠累，使全国生产大众随时有因生活压迫，而趋于挺而走险的危机。与德国关系密切的英法两国，这时知道召集各国改善经济关系的会议，是刻不容缓了，于是一九三二年之洛桑会议产生。这次会议除了使赔款问题得到相当解决外，更进而规定由国际联合会召集国际经济会议。这是一九三三年六月在伦敦举行之国际经济会议之由来。

一九三三年一月九日至十九日，由国联接受洛桑会议请求，而组成的筹备会议，作成了一个报告书，其第三章中，对于大会提出以下六个议题，作为讨论根据：(一)货币及信用政策，(二)物价，(三)资本移动之复活，(四)国际贸易之限制，(五)关税及条约政策，(六)生产及贸易之组织化。这六个议题，诚然是大会急于要解决的，但比这些更急的，不还是有战债问题么？在筹备会议开会时，关于战债是否列入议题的问题，曾引起极大的困难。英代表雷斯主张澈底解决战债问题，法代表李士特亦认定战债及私债问题不解决，国际经济会议之召集，实属无益。但美国代表惠廉氏极力反对战债列入议题。各国为要取得美国之加入，遂不得不曲循美国之要请，把报告书中有关战债之语，通予删除。不过美国亦提议个别讨论战债。

正式的国际经济会议，原定于一九三三年五月在美京[①]举行，但因在罗斯福总统登极之始，即碰着全国空前的大金融恐慌。由是这位聪明的总统，就想利用这个机会，略施一点纵横捭阖的外交手段，以期打开僵局。他借国际经济会议之预备会的名义，邀请各国政治主脑至美京协商。应其宠召而往的，有十余国的代表，但最关重要的，要算英国的麦克唐纳与法国的赫里欧。这两位大政治家之欣然远渡大洋，盖期望由此可以与美总统商决战债问题。可是，他们想使这个问题得到有利的解决，当然不能不各怀带一个能与美国相周旋的“武器”。麦克唐纳的武器是低价的英镑，赫里欧的武器是高率的关税。他们都认定把握着这样的法宝，一定可以作为勾销或大减战债之交换条件。无奈这两位政治家未抵达美京之前，美国已突然宣布停止金本位制，这一来，英法两国的武器，都失其作用了。于是他们在美京除了谈到一些零碎的经济问题，便只好嗒然而返。

预备会议关于战债问题既没有商决，六月十二日在伦敦举行的正式国际经济会议中，美国又极力拒绝讨论战债问题，于是关涉到战债问题的关税与通货问题，就难得有妥善的解决。所以，60余国代表济济一堂的盛会，除了有些国家的代表，照例发表了冠冕堂皇的演说外，就算成立了关税休战一类无关大局的协定，结局还是由若干国家附加保留条件而全部推翻了。由是，这个煞费苦心的大会议，就可说是完全没有收到一点效果。

各国协调的救济政策既不成功，大家当然是继续施行关门自救的方策；统制吧，膨胀吧，虽然明知其无大效果，但总期望其或有效果。各资本主义国家现正在这无可奈何，然而是险恶惊恐的黑暗旅程上挣扎。比较开明的资产阶级学者乃至资本家们，有时也许感觉到这是资本主义制度本身的问题吧，但无奈他们是与资本主义制度存亡与共的。他们想不动弹资本主义制度，而使那种制度所造出的流弊得到消除。

---

① 美京，即美国首都华盛顿，下同。——编者注

第八章　苏俄经济

第一节　苏俄经济之特征

当各资本主义国家差不多要为经济恐慌怒潮所浸没的现阶段，非资本主义的苏俄，却在向着建设之途迈进。苏俄经济是与资本主义经济根本不同的。这根本不同之点，可就其经济上之生产与分配情形，予以说明。

(一)就生产上讲

在资本主义社会中，像土地、工厂、作坊一类生产工具，都是为不事生产的或站在生产圈外的地主资本家所有，而在苏俄，这些工具已由他们手中夺过来，交给工农群众了；就因此故，苏俄的发展生产，就不是依照竞争的原则，尤其不是保证资本家的利润，而是依照有计画的经济组织，有系统的提高工人的物质与文化水准。

(二)就分配上讲

资本主义社会的地租与利润一类不劳而获的形态之产生，原本是由于生产工具的私有。苏俄社会既不许生产工具为任何私人所占有，故其国民所得的分配，就不是资助剥削阶级及其附属的寄生者之致富，而是有系统的改善工农之物质状况，增进城市与乡村之计画的生产。

苏俄经济既在生产与分配上具有根本不同于资本主义经济的特征，故资本主义社会必然会发生的商业经纪与交易投机之类的寄生形态，通通在苏俄社会失其生存。一切寄生的社会阶层既没有，生产又能按照有计画的经济组织做去，当然不会发生资本主义社会之无政府的竞争现象，也当然不致酿成过剩恐慌。而且，今日资本主义国家之生产过剩，都是相对的，而非绝对的。即是说，许多大商店、大货栈堆满了投售不出的农产品和工业品，而在这些商店、工厂、货栈周围，就充满了缺衣缺食的冻馁交迫的人们；假使这些国家的资产阶级，有一天，突然受了他们诱使劳动大众信仰的上帝的什么启示，把他们所有堆存的货物，叫劳动大众不支付代价而各取所需，结局，那也许马上就要发生反乎生产过剩的供不应求的现象吧。

其实，苏俄现在的经济改善，也并不是由谁传授了什么致富的秘诀。它就是让其生产者，各有尽所能的机会，各有得所需的报酬。如生产得有超过其所需的财富，则用以投加入再生产行程中，使其扩大，使其生产更多的财富，于是，生产者尽其所能的机会更多，取得所需的报酬更大。这一来，坐享其成的剥削者没有，无所事事的失业者没有，已尽所能而难得所需的过于贫苦的劳动者没有；在精密的经济计画组织之下，由货物过剩生产，滞塞流通过程，以致妨阻生产过程的事，更是没有。至于资本主义社会司空见惯的囤积居奇现象，在苏俄社会尤其难于发生。就因了这诸般"有饭大家吃"，不许"垄断独吞"的平常道理，苏俄乃与众不同了。

不过，苏俄经济的前身，亦还是资本主义经济，它在这种大转变的过程中，当然经历了许许多多的波折与困难，而不是"一步登天"的踏入繁荣之境。为了容易了解苏俄经济发展的实况起见，我们顶好是从它经济最不安定的时候讲起。

第二节　实施新经济政策的前后

一九一七年十月革命成功以后，俄国的政权，完全由资产阶级转落到劳农大众手中了。资产阶级所由发生的资本主义制度，全部推翻破毁，所有一切财产，悉归国有，绝不许个人私有权存在。比如，就农业方面说，苏俄联邦共和国的宪法，就规定一切土地都归公有。不须何等赔偿，公平分配于农人。凡森林、水利、地下富源、地主所有家畜及农具模范农场等，统归公有。至工业国有办法，乃是到一九一八年六月才由法律定的：一切产业和资本财产，如矿业、冶金、金属制造业、纺织业、陶磁器工业、电气工业、木材业、烟草业、橡皮工业、玻璃工业、皮革工业、水门汀工业、面粉工业、自来水煤气等地方工业、铁道运输业等，都收为苏俄国有。这诸般生产工具和生产组织，既全都由国家自行管理经营，其所生产出来的物品，遂由国家按国民劳动成绩，直接分配，不许在生产者和消费者中间，存有一种营利的商人。因此，以前所有的商店，一律没收；就是对于农业劳动者分配必需品和日用品，亦采行食物凭证制度，并利用旧日消费合作社一类组织，为一般征收和分配粮食的补助机关。此外，关于对外贸易，亦由国家独占，由国家规定某种机关，以政府名义从事经营。

所有关于这些经济事项，先前通由苏俄最高经济会议处理，以后更特设整顿国家经济和国家财政的最高国家经济局，调整规画一切。

按照以上的种种举措与设施，苏俄的经济，就纯然是社会主义经济，与资本主义经济立于绝对相反的地位。由一九一八年下半期，以至一九二一年之初，正是苏俄试行这种理想企图的期间。但就在这个期间，各资本主义国家曾对苏俄试行过两次包围的武装干涉，英法美日诸国一方面分头进攻，一方面并使犹顿涅克(Judenitch)、哥萨克(Kolchak)、但尼金(Denikin)等白俄残余，在苏俄国内发动内应，使它受到内外夹击的危险。结局，这内外的敌人，虽然都相继克服下去了，但在刚经过几次大流血大破坏的革命斗争之后的苏俄社会，又逢着这样普遍与持久的战争，其经济的凋敝、困顿与破毁的情形，已经大可想见了。政府在这种局面下，自不能不用全力去应付战争，去镇压反动，对于各种新制度新规画，当然无法顺利推行。况且，社会制度的突跃变动，使一般人如由寒极转到热带，自然感到非常的不适。哪怕是以前一贫如洗的农夫吧，政府虽给了他们耕种的土地，但政府也取去了他们收获的剩余，这样，就连他们对于这种新制度亦不怎样热心了。至于那些土地财产均被没收的人们，当然更要从中多方煽动，致农民不肯作其所需以上的生产，即或有余，亦必秘密收藏。由是惰风大炽，生产大减，食料与原料均感缺乏的恐慌。益以帝国主义的封锁，与国内反政府派的破坏，无论是农业、工业和商业，皆陷于极度疲滞与停顿中，这一来，已经被战争弄到破碎支离的社会主义经济，至是益发不可收拾了。

在这种困难万状的情况下，苏俄政府当局知道必须采取适当的办法，所以，一九二一年三月十五日，全俄共党第十次大会，遂发出采行新经济政策的宣言，其中有云："现在最切要的办法，在乎扩张生产。而在实际上全国民众的怠惰贫穷，工作缺乏，困难达于极点，使我们不得不求生产的增进，俾足以分配于民间。”[1]然则这种新经济政策究是怎样扩张生产，在当时的局面下，非恢复小工业，非使小农生产品得交换自由，从而恢复小商业，生产是无从扩张的。若照此做去，就不免要对资产者让步。由是，在新经济政策之下，乃承认下列四种制度：

第一为免许制度，即天然富源之开发，如为苏维埃政府所不能自己经营之企业时，许私人资本家经营之。

第二为赁贷制度，即以国有工业的经营，工厂、森林、土地等，得租给私人经营之。

第三为推销国货制度，即以国有的生产物，招商人承卖，以便利小生产者的购买，使他们在中取得一定的手续费。

第四为协作制度，即集合资本主义团体，共同经营，使适合于经济目的。

这诸般制度的实行，诚然是对资产阶级让步不少，但就在这时，它所有重要的大规模工业，仍归国家经营。土地等等，并未物还旧主，不过对分得土地的农民收获，以比较轻减的单一现物税，代替全部剩余征收。至若在商业方面，对外贸易依旧由国家经营，所让步的，仅是内国市场的小商务允许个人私营而已。诚如加谋纳甫氏所说：“现行经济政策的结果，或者成为问题，但对于它的原则和主义，应无疑义……”

从这段话看来，苏俄当局对于新经济政策的后果，尚是颇觉怀疑的。然而这种政策终于收到了莫大效果。在由一九二一年到一九二二年的一年中，工业品与农产品的产额都有增加。大工业及中等工业的产品价格，较之前一年度增加43％，而农产品总额则较前一年度增加18％左右。耕地面积，亦在不绝扩增。一九二三年以后，此种欣欣向荣的趋势，更加显著。据苏俄国家经济局的统计所指示，由一九二四年到一九二七年的工农业生产的惊人进展，有如下表：（一九一三年＝100）

① 参照顾树森编：《苏俄新经济政策》第16页。

(甲)工业	1924—1925 年	1925—1926 年	1926—1927 年
石炭	55.3	84.1	107.2
煤油	76.1	89.8	109.7
铣铁	30.6	52.4	70.5
金属	39.6	64.1	76.3
棉织物	67.0	90.6	112.0

(乙)农业	1924—1925 年	1925—1926 年	1926—1927 年
耕地面积	84.4	89.4	95.1
马铃薯	——	219.0	245.0
亚麻	91.0	110.0	97.0
大麻	83.0	150.0	134.0
砂糖	30.0	67.0	60.0
小麦	81.0	94.0	108.0
裸麦	108.0	109.0	120.0
大麦	41.0	65.0	63.0
燕麦	1.0	76.0	105.0
玉蜀黍	149.0	276.0	277.0

根据上列的统计，我们知道苏俄这几年的工农业生产的进步，有许多种类的制品、原料、食品，都超过了战前的生产限度，其他尚未到战前生产限度的品目，其生产额亦在迅速增加。苏俄在此数年中的经济如此发展，诚不能不归功于新经济政策；但新经济政策的最根本的企图，与其说是在求经济之量的方面的增进，倒不如说是在求经济之质的方面的发展。即是说，在经济发达中，资本主义与社会主义的消长关系如何，那是苏俄所最注意的事体。如其资本主义不绝占着优势，或者资本主义与其整个经济成比例的发展，表面上虽是成功，而实际还是失败；苏俄政府当局起初所以怀疑新经济政策之效果的，盖在于此。因之，我们要探究苏俄经济在这几年中的究竟功效，势不能不观察其发展中之社会化的程度。下表系就社会化部分与非社会化部分之生产价值的消长，加以比较，其单位为百

万卢布。

	社会化部分	非社会化部分
1924—1925 年	7209	16899
1925—1926 年	10421	20568
1926—1927 年	11773	19968
1927—1928 年	12937	19592

从上表看来，苏俄经济之社会化部分，规律的在不断增加，而其非社会化的，即含有资本主义要素的部分，则自一九二五年以后，已在迅速减退。然而，就在一九二七年左右，非社会化之资本主义的成分，还对社会主义成分，是占着上风呢！

第三节　由第一次五年计画到第二次五年计画

由实行新经济政策的一九二一年到一九二七年，苏俄经济已进入了安定的领域。像新经济政策未施行以前的那种缺乏原料食品的恐慌状况，既已消除，而一般人民怀疑社会变革的心理，亦随经济的安定与进步，显有改变，这时，苏俄已经可以从事大规模之改造的建设的工程了。一九二九年开始的第一次五年计画，正是在这趋于安定的经济基础上建立起来的。

五年计画的主要目标：(一)在急速使生产力发展，以除去其技术上的后进性；(二)在使农业国变为高度发展生产手段的工业国；(三)在使私有的资本主义经济成分，迅速为社会主义经济所代替；(四)在使日益增大其势力的集体农民，能对富农行使有利的斗争；(五)在使广泛的大众生活水准的改进；(六)在消除该国之文化的后进性。但概括来说，其重要内容不过两端：一是工业化政策，一是农业集体化政策。现在且就此两者一观其发展的进度。

苏俄工业政策的成效，可由其工业生产数字显示出来。但如把其他资本主义国家同年度的工业生产数字比较观察，那更能使我们得一清晰的概念。据国际联合会的调查，主要资本主义国家及苏俄在由一九二七年到一九三二年的工业生产指数，是如下表：

工业生产指数

（以 1928 年为 100）

	德国	法国	英国	美国	波兰	比利时	苏俄
1927 年	101	87	101	96	88	49	82
1929 年	100	109	106	107	100	100	124
1930 年	90	110	98	87	82	90	156
1931 年	74	98	89	71	69	79	189
1932 年	61	76	88	58	54	68	200

在这短短的数年中，即在苏俄五年计画的年度中，苏俄工业生产足足增加了 1 倍，而在各资本主义国家，英国减少 12%，法国减少 24%，德国减少 39%，美国竟减少 42%。这是一个绝好的对照！苏俄因为工业异常的发展，其国内农业对工业之优越地位，乃突然倒转过来，这看其工业与农业生产额之百分比就可知道。

工农生产百分比

	工业生产额	农业生产额
战前	42.1	57.9
1927—1928 年	45.2	54.8
1928—1929 年	48.7	51.3
1929—1930 年	53.0	47.0
1931 年	60.0	40.0

农业生产额对于工业生产额的劣势，那只能说是工业生产增大的速率，过于猛进，而不能即此就认定农业生产之减退或迟缓。在五年计画推进的过程中，苏俄的农业生产技术和耕地面积，都在不绝的增进。就前者而论吧，苏俄全国在一九二八年所用的曳引机，为 29702 台，一九二九年为 42136 台，至一九三〇年已达 73498 台，在此短短的时期中，其台数竟加两半倍；而其马力数，在一九二八年为 30559，至一九三〇年，为 98467，更有 3 倍以上的增加。再说到耕地面积吧，通全国计算，一九二九年为 118047 公顷，一九三〇年为 122199 公顷，一九三一年为 136407 公顷。

技术如此改进，而耕地面积又复不绝扩增，故其农产物之增加，非常迅速。试看下表：

苏俄农业生产指数

(1913年=100)

	1928年	1929年	1930年
小麦	107	92	143
裸麦	105	108	126
大麦	61	80	78
燕麦	122	117	117
王蜀黍	246	225	340
棉花	130	141	215
亚麻	63	68	80
甜菜	102	63	160

农产物是与天候有关的。在上列的数字中，虽然有些项目在一九二九年度，表示退缩现象，但从全体看去，却是在继续增加。就中增加最多的，要算玉蜀黍一项，其产额竟超过战前3倍以上了。但前面讲过，苏俄所最注意的，是“量”的增进中之“质”的变化。苏俄全国的农地，属于个人经营与属于集体农场及国营农场的百分比，有次表所示的变化：

个人经营与社会主义经营农地的百分比

	1929年	1930年	1931年
国营农场	1.9	3.8	7.7
集体农场	3.5	28.6	58.7
个人经营	94.6	69.6	33.6

在五年计画推行的第一个年度，即一九二九年，个人经营占有全面积之94.6%，而社会化部分，不过仅占极少的比率。事隔两年，情势大变了；在一九三一年，个人经营部分，仅及全耕地面积之1/3。至一九三二年，其面积更形缩小了，到了一九三三年，恰恰形成一九二九年之反比。

一九三三年是第二次五年计画开始的年度，显然的，第二次五年计画是建立在第一次五年计画所成就的经济基础之上。就因此故，它的任务多少与第一次五年计画不同。广泛点讲，它是全国的农业经济和工业打成一片，形成一个完整的社会主义的国民经济；借农产品与工业品之直接交换，以调节城市与乡村的关系。但在此应注意一点，苏俄的集体农场政策，虽然在第一个五年计画推行的当中，已经大体的完成了它的任务，可是，集体化大农业在它与社会主义工业联成的单一经济（Single Economy）之下，却仍是受着社会主义工业之领导。惟其如此，“第二次五年计画之基本的决定的经济任务，就是完成全部国民经济的改造，为国民经济一切部门创造近代的技术的基础”。因此，第二次五年计画，就特别注意重工业，注意电气化与机械制造，并极力增进改造铁道交通。

这个计画在一九三三年开始了，且也确然达到了它计画所要完成的现阶段。就工业方面讲，一九三三年的工业生产，较上年增加了9%，就中，重工业却较上年增加了11.5%。如煤、煤油、五金等重要工业部门，其生产率增加异常迅速。全工业劳动生产率，计增加了10%。至农业上的成绩，尤打破历年度的记录，五谷收获量共达8.98亿公担，较上年增加2亿公担。工农业的成绩如此，在国家财政方面亦表示异常的充裕。一九三三年国库收入之超过支出，竟达到23亿卢布的巨额。无怪国民生活水准一般提高，劳动者生活条件改善，关于文化事业之国库开支大大的增加。

现在苏俄第二次五年计画还在实施过程中，其最后结果如何，我们姑让事实来证明吧。

世界战争与世界经济

原书封面

編印者：第七戰區司令長官司令部
編纂委員會

發行者：新建設出版社

【曲江風度南路一二九號】

1942.9.1 定價國幣一元五角

1——1000

封面裝幀：古明章

原书版权页

世界战争与世界经济*

一、历史·法则·预言

中国的历史家，曾说二十四史是一部相砍史。设把这段话扩而充之，说人类整个历史，是一部相砍史，是一部各部落各民族相互杀来杀去的血腥历史，也许没有什么说不通。但生存斗争论者的达尔文的世界观，一定不能叫生存互助论者的克鲁泡特金[①]主义者感到心服。事实上，无论从中国史看去也好，从世界史看去也好，和平与战争是相间发生的。

不过，就是这和平与战争相间发生的同一事实，依旧有两种绝对相反的看法，乐观者可以说：和平了多少年，才有一次战争，战争是和平时代疏忽了战备的结果，所谓“国家承平日久，武备不修”，致启争端，从这种观点，和平是常，战争是变；但悲观者可以说：战争了多少年，才有一次和平，和平是对于前一次战争的休息，同时是对于次一度战争的准备，从这种观点，战争是常，和平是变。和平与战争的这种演化关系，有如经济上的繁荣与恐慌的交替关系一样，远的过去不讲，在近代社会，许许多多的经济学者曾指示我们：每隔十年，或者每隔十年左右，就有一次经济恐慌出现，

---

* 本书原文首发于1942年《新建设》第3卷第7～8期。1942年9月，第七战区司令长官司令部编纂委员会将其编入“时事小丛书”，由新建设出版社出版单行本。1943年，王亚南将本书的内容收入《经济科学论丛》一书，标题改为“政治经济学对于现代战争的说明”，其中，第三节的标题略有变动，第六节标题改为“经济运动法则与战争性质的可能转化”，正文的个别文字也有所更改。1945年王亚南在出版《社会科学论纲》时，收录“政治经济学对于现代战争的说明”作为该书第三部第八篇，但删去了第六节。1946年《社会科学论纲》再版更名为《社会科学新论》，其中的“政治经济学对于现代战争的说明”仍然保留。

① 克鲁泡特金，1842—1921年，俄国著名地理学家和无政府运动的精神领袖，主张人类进化主要因素是合作而不是竞争。——编者注

恐慌过去，慢慢又恢复繁荣，就在繁荣的场面当中，又渐呈露出恐慌的暗影。于是乐观者尽管把恐慌解作是经济的变态，而悲观者却“振振有词”的说恐慌是“司空见惯”而且必然无可避免的常事。经济上的这种繁荣与恐慌相间发生的现象，和政治上的和平与战争相间发生的现象，本来具有极密切的相互关联。恐慌可以理解为战争的信号，但我想暂时不忙对此作深入的说明。在这里应当解说明白的，就是和平与战争的循环现象，或者，每隔多少年就像照例要发生的战争现象虽然一切历史时代存在着，但那并不是什么自然现象，而是一种社会现象。不同的社会，有不同的社会生活，有不同的社会对立与矛盾，从而，当作那种社会对立之爆发点，与当作那种矛盾之解决方式的战争，也相应的具有不同的本质，不同的形态，不同的内容。

在这里，我们没有详细比论各历史时代之战争特质的余裕，但我们可以从一部血腥的战争史中，看到战争演变的一般趋向，而由是达出以次三个结论性的认识：

第一，愈到近代，战争的经济性，愈大于其政治性。在过去，开疆拓土的政治野望，掩蔽了经济动机，而现代夺取原料供给地与商品及资本市场的经济贪欲，则涵盖了政治动机。

第二，愈到近代，战争的必然性，愈大于其偶然性。这是经济的决定性愈来愈大的结果，同时亦是战争条件限制的结果。

第三，愈到近代，战争的客观强制因素，愈大于其主观决定因素。这又是战争之经济性愈来愈大和其必然性愈来愈大的结果。

因为战争是经济的，是必然的，是客观强制的，战争就会依着它的这诸般特质，而显出其因果关系的法则来。以一般社会现象为研究对象的社会科学，是延到现代才成立的；以社会现象之一的战争现象为研究对象的战争科学，亦是延到现代才成立的。

战争有了科学的研究，在战争的发生与发展上，找到了科学的因果法则，于是，在第一次世界大战甫告结束的时候，尽管有些和平主义者人道主义者，特别是战胜国的国际政论家们，从四方八面呼出“战争永远离开人类”的乐观论调，但许多有远见有社会科学修养的人，却已大体把次一度战争的必然性，其姿态、其规模、其延续期间，像很有把握似的预言出来。到今日，预言已似大体无误的兑现了，已不幸而言中了。

惨酷的战争,已经剧烈的表现在我们眼前。我们不忍也暂不用作第三次世界大战的预约。但我们如其不敢正视当前战争的本质,并设法在战争的过程改变它,恐怕第二次大战的收场,就是第三次大战准备的开始。

依照科学的预言而发生的战争,是须得依照科学的根据,予以解释的。这里且从现代战争的基础说起。

二、在世界经济基础上进行的世界战争

战争是社会生活现象之一。战争的进行,当然受着社会物质的生活条件之拘束。世界规模的战争,首先必须世界规模的经济已经完成。因为世界各部分的经济,如未结成有机的联系,各部分之间的社会经济冲突,也就无从发生,同时,各不相联属的部分要进行战争,根本就非常困难了。世界的战争,是以世界经济作为它展开的基础。这可从下面五点来扼要加以说明。

(一)交通

我们也承认:交通在许多场合,是用战争去开拓的,落后地域的战争,简直被视为一种交通形态。许多在平时不易突破的天然的障碍,往往是用战争去克服。但一般的讲,特别在我们现代的社会,却更显得是由商业,由经济上的必要,才把世界各地域各孤立人群联系起来。而那种联系,首先就须借助于交通。德国一位经济学者曾说:"横渡大西洋的轮船,南北美洲及印度的诸铁道,把特殊的诸地域,促进到能在欧洲谷类市场里竞争的地位。在一方面,北美的大草原,阿根廷、南美的大草原,俄国的荒原,也加入竞争……在另一方面,俄国及印度诸共同体所有的土地,也加入竞争……"这段简单的文句,对我们作了这样的提示:各孤立地域由经济结成的密切关系,是取决于交通工具发达的程度;交通工具愈发达,经济关系乃愈形密切,而由经济利害的矛盾冲突所引起的战争,才愈有可能。现代一切海陆空方面的新式交通工具,无疑受到了战备或战争紧迫要求的促进,但主要的,基本的,还是为了拓展经济利益而发展起来。交通工具是经济生活的条件,同时亦是战斗的条件,战斗条件与生活条件一

致的事实,在交通上格外显得明白。

(二)技术

现代备战与实际从事战斗的紧迫要求,在军事技术方面引起了莫大的改进。但这种事实,并不能理解为:军事技术的发达,是由于军事上的不绝的新发现,是一个自己独立运动的过程。其实,军事技术是复杂的社会技术的一个构成部分,或者可以说,是把社会的特别工业上的最有效率的技术部分,被应用在军事方面的结果。离开了现代社会的生产方法与生产关系,现代的武器与应用武器的一切技能,都将成为不可想像。只有社会生产方法改进了,社会的一般生产技术改进了,军事技术才有变革的可能。自然,我们在另一方面,也不能抹煞军事技术督促社会生产改进的事实。我们甚且可以强调的说:各国相互之间的竞相改良生产技术水准,虽然是企图以更优良更低廉的制品,去竞胜对方,但在许多场合,却也是为了以更精良更优越的武器,去击败对方。现代各资本主义国家经济之相互对立的发展,以及当作其副产之武备的相互竞存的发展,乃使世界型的战争所需要的技术得以完成。

(三)财力

一种世界规模的战争,不论在备战过程中,抑在战斗过程中,参加的国家,第一,必须其国富发达到相当程度。第二,必需其社会生产力发达到相当的程度始够资格。就前一点而论,现代战争动员的庞大人数及其所应用所调度的繁杂而多费的武器,显然要求一国国民经济能提供出与其相适应的物质的资源,和其国民能担当起如此浩大的战费。前次世界大战的总耗费,单就交战各国的直接损失说起,已达1800亿美元,就中,平均每日用在战争上的费用,前三年为1.23亿美元,一九一八年为2.44亿美元。这样庞大的损耗数字,在二十世纪以前的各国国富程度,决计无法担当。换言之,各交战国在前次大战中耗费的物资,都是它们的国富在十九世纪末二十世纪初迅速积累增加的结果。而且,由于现代战争的全面化与机动化,单靠了过去的蓄积,单靠了死的堆积着的资源,是依旧无济于事的。大量耗费的补充,适应机动战斗环境或随时在变更着的战争形态,而要求的武器、运输工具的扩增与革新,皆直接依存于社会生产力的变革与发展。而此变革的发展的社会生产力，又得依存于全般的国民经济发展的状态。

(四)人力

关于现代战争上的人力问题，不论从量上讲，抑从质上讲，都须在经济上确立其基础。从量的方面来论，军队的动员，会由两个方面受到经济发达程度的限制，首先，一般国民之变成军队，是把一定的军需品，一定的装备，作为它的前提。而且，愈到现代，一个兵士所需要的物质装备，远较过去为费，远较过去为多。这多而且费的装备，已经够使动员的人数受到莫大的限制了。同时，维持大规模的战斗，又非有一部分人继续从事生产劳动不行。大约一国社会劳动力愈低，它维持前线作战所需从事生产劳动的人愈多，换言之，即可能动员到前线的人愈少。不过，这里有一个相互乘除的事实存在，即生产不发达的国家的军队，其装备是比较简单的，从而，维持其比较简单装备的生产劳动，也是比较不多的。但军队的装备与社会劳动生产力，一般说来，终不免是限制动员人数的两大妨碍。所以，在以前小农经济体制下，一国能动员其全国民的5%或6%，已算难能可贵了。到了产业资本主义时代，直接参加战斗的人数，还不过占全国民的10%。帝国主义时代的情形不同了，在第一次世界大战中，各交战国动员到战争过程的人数，竟达到了全国民的15%乃至20%。

以上是就量的方面说。以质言，从事现代战争的人，都须是从现代性的经济机构里面抽集出来的人。没有现代产业上的技术训练，根本就无法运用或把握现代的武器和运输工具。“在从前，占军队中大多数的，最好的要素，虽是荒昧无知的，文盲的，对于作为枪炮之饵食的自己的任务，没有单独思考能力的农村居民，但是在现代，客观上最有价值的要素，已是都市居民——特别是产业的普罗列塔利亚[①]。因为只他们保有运用机械的必要的知识，能以工厂劳动的规律性和组织性，移植于军队之中。因之，他们有于短期中习得军事技术，和更完善的适应于现代战争之复杂环境的能力。”

---

① 普罗列塔利亚，法文 prolétariat，英文 proletariat 的音译，源出拉丁文 proletarius，原指古罗马的最下等级，今指无产阶级。——编者注

(五)统制力

现代的政治,在战争过程中,乃至在备战过程中,特别显得是现代经济的集中的表现。作为战争之最重要措施的国家总动员,是把经济机构之高度有机化与高度集中化,作为它的前提。事实上,全民族性的战争,就是意味着被经济纽带结成一体的一个民族与同性质的另一个民族的搏斗。分散的落后的农业经济体制,决不易表现强有力的统制力。而一国在战斗过程中运用统制力的最高统帅部或司令部,其所属全体干部的量与质,均与其产业发达的程度,保有极密切的联系。不能把产业上的规律与组织移植到军队方面,对于现代化的军队的统率,已经是极不容易。若进而把一国乃至多个国家的人力、财力、交通、技术,统合的加以编配、调整、运用,那更加困难了。愈到现代,"军队的灵活的指挥,早成为极端重要的要求。在这个要求之中,应放在第一位的重大事体之一,就是关于握在国家指挥者之手的物质资源的基本知识"。对于军事技术方面的进步不加以精密的剖解,根本就得不到有关现代战争之必需品的明确观念;同时,对于有关现代战争之必需品没有充分的理解,也就根本无法得到现代战争上的必需人材的明确观念。技术的、物的、人的基本概念的缺如,要成立一个能发挥统制力的最高司令部,一定不能有所成就。

总之,我们无论从上面列举的五项因素中的哪一项来说,现代战争的进行,都得以现代的经济技术与组织,作为它的基础。而且,上述五项战争的因素,彼此都在经济的地盘上,密切的依存着、联系着。然而,我们在这里所急于要知道的,也许不是世界战争如何在世界经济基础上进行,而宁是世界战争如何在世界经济机构中产出。

三、在世界经济机构里产生的世界战争

这里所指称的现代经济,大体还是资本主义生产方法支配的经济,要理解这经济的内容,先得直截了当的去理解资本主义的内容。对于资本主义,一百个经济学者也许能定出一百个不同的概念。我们在这里没有替资本主义下定义之必要。最有效的办法,当然是指出它的具体内容。当作一种综合的社会经济体制来看的资本主义,它包括有三个制度:

（一）私有财产制——这是资本蓄积、资本增殖的必要前提。有了它，作为资本主义社会之支配者的资本家，乃能独占生产手段。但单是生产手段，是不能给予资本家一些什么的，换言之，生产手段并不能凭白的叫资本蓄积增殖起来。包括着原料、辅助材料及劳动工具的生产手段，要有了劳动，才能发生增殖价值、增殖资本的机能，所以，在资本主义体制下，一定要镶配起一种可以买卖劳动力的工资劳动制度。

（二）工资劳动制——凑巧得很，近代私有财产制成立的瞬间，也就是工资劳动制成立的瞬间。因为生产手段被一部分人独占了，以前的独立手工业者，自耕农民，就相率被迫与生产手段分离，而不能不变成被雇者，由是使工资劳动制必然相伴而产生出来。但有了工资劳动来推动生产手段，还不够且不能使资本变为更多的资本，使价值变为更大的价值。于是，在私有财产制及工资劳动制成立的过程中，又相伴产生了一种成就一切好事的商品生产制度。

（三）商品生产制——资本家利用其独占的生产手段，雇佣劳动者从事生产，其目的在依照营利主义，把所生产出来的产品，贩卖出去，获取利润，而被雇者生活所资，全从购买得来，这又不啻为资本家的商品提供了市场。同时，劳动者获取生活资料，全靠出卖其劳动力，劳动力也成了商品。由是，资本家用以从事生产的，都是当作商品购买进来；资本家所生产出来的，都得当作商品贩卖出去。商品生产制是这样完成的。

商品生产制的完成，也就是整个资本主义体制的完成。由是，私有财产制、工资劳动制、商品生产制，便成了资本主义的“三位一体”、“金瓯无缺”的具体内容。所谓现代经济，是以此三者为核心、为实体、为本质。但为要接近我们这里所要讨论的问题，单提出它的这种内容还是不够的，我们须得进一步去理解它那适应或配合这种内容所结成的社会经济关系。那究是一些什么关系呢？我们在这里也可从三个方面来说明：

（一）资本家与劳动者所结成的生产关系——这像是很容易明白的，因为上述的工资劳动制，就已经把这种关系体现出来了。但我们这里所着意的，并不是它的形式，即是它的实质；不是资本家与劳动者是否结成关系，而是看他们结成了怎样的关系。从表面看，他们相互间是平等自由的，是互相依存的，是休戚相关的。因为劳动者是以劳动力的所有者的资格，与资本所有者的资本家立于对等的地位。他照着自己的意志，把劳动力卖给资本家;同时,资本家则照着他自己的打算,把他利用劳动力所生产的商品,卖给劳动者;一旦,资本家不买劳动力者的商品,劳动者也就不买资本家的商品,他们显然是“有无相通”,“各得所需”,平等自由而且他助互助了。但这是过于表面的看法,资本家卖给劳动者的,是劳动者替他生产的商品;即劳动者卖给资本家的,却是他自己的血肉精力所构成的劳动力,这已经是先天的不能等量齐观的买卖。而且,资本家买进商品又卖出商品,一转手之间所得到的剩余或利润,据科学的分析,那种剩余或利润,并不是由变把戏,要花枪得来,而是由于劳动者作了他所得报酬以上的工作。但有人会问,他是自由的,他为什么要忍受资本家的剥削呢?那很简单,因为他离开了生产手段,如再离开资本家,他就只有饿死。因此,他们的自由,便被形容为饿死的自由。农奴是被封建法制束缚在土地上,现代的工资劳动者却是被一种美名为自由的法制所拘束着。然而我们在这里用不着对此加以深入的说明。我们所应注意的,却毋宁是劳动者在资本主义的社会,具备有两重的“服务”资格。他是商品的生产者,他亦是商品的消费者,他以生产者的资格多被剥削一分,他就会以消费者的资格,少被榨取一分,而况资本主义的大量化与机械化的生产法则,必然要引起生产愈来愈多,消费愈来愈赶不上的危险。资本家或其代言者,早经意识到他们与劳动者所结成的这种关系,是不能保证其商品生产活动的圆滑进行的。他们把贪欲的眼光,移向海外落后的地带了。

(二)整个资本主义国家与殖民地次殖民地带结成的关系——事实上,近代国家一开始捺上资本主义的印记,就已经同落后的地域发生了密切的关系。殖民政策是催生资本主义的一个有力的因素。不过,资本主义每向前发展一步,它对殖民地或准殖民地的要求,就不可避免的要加紧一步。资本主义的商品生产的特质,第一,要求它制作那些能适应能接近一切预想的或可能的市场的商品,由是,它对于制造那些商品的各色各样的原料,就感到迫切的需要了。原料原是落后的农业地域供给的。资本主义生产愈向前发展,它由国内取得原料的可能性,就愈加相应的减少。换言之,对于国外落后地域的要求,就愈加相应的增大了;第二,商品生产的特质,既不是为了直接生产者乃至资本家自己消费,而是为了把它生产的商品贩卖出去,以挣求利润,于是,扩大市场和确保市场,就成了商品生产的非常重要课题。在各资本主义国家相并存立,且相互竞夺市场更相伴着相互竞求原料供给地的情形下,单靠买卖关系来维持或确保商品市场与原料供给地,是颇无把握的。由是,通过政治关系来使落后地域独占化或殖民地化,就成了商品生产必然要采取的步骤。到了资本输出的时代,这步骤就益发加大它的重要性和紧迫性了。

(三)资本主义各国相互结成的关系——以商品生产为前提的各资本主义国家的相并存在,在它们之间,自然也保有相互补充、相互调节的余地。各国因为自然条件与社会条件的限制,其所生产的商品,并不一律,其所需要的原料,也不一致,它们相互“通有于无”的可能限度,确不算小。如其政治的风波,不惊动它们的经济往来,那种可能,也许更大得多。但现实是比我们的预想参差复杂许多的。正因为各资本主义国家的自然条件与历史条件不同,它们就不是以同一步调踏上资本主义旅程。其各别所具的资本主义的先天秉赋,往往会决定其资本主义的后天特点,它们的发展的参差与不平衡,就使他们无法保持合理的正常关系。

这三种社会经济关系,构成了资本主义生产方式的外壳。它们三者不但相互密切的关联着,并且在上述资本主义“三位一体”的财产私有制、工资劳动制、商品生产制的发展演变过程中,即在资本主义经济发展的各阶段中,演着极其错综的作用。此外,不论就各国相互间讲,抑是在某一特定国家讲,资本主义的生产发展,是无法平衡的。“企业,托拉斯,工业部门,以及个别国家的发展的不平衡的进行,并不是依照已经规定好了的秩序,也不是一个托拉斯,一个工业部门或一个国家,时常走在前面,而别个托拉斯或国家,经常依次的跟在后面;而是跳跃的,在一个国家的发展中带着间断,而在别个国家的发展中则跳跃的前进。”所谓“经济和政治发展的不平衡性,是资本主义的绝对法则”。现代的战争,就是在这个绝对法则的作用下,表演出来的。这关键,我们把产业资本主义时代和帝国主义时代的资本主义经济内在发展的趋势,加以比较的考察,就了如指掌了。

首先就产业资本主义时代的情形来说。

所谓产业资本主义时代,一般是指着由十八世纪七十年代到十九世纪八十年代乃至九十年代这一百多年间。在这当中,世界主要诸现代国家,虽都先后成就了产业革命的任务,但正因为它们成就产业革命的任务,是先后发生的,而且,这个时期,大体是尚属于产业革命第一期,而以轻工业对重工业保持了相当优势地位为其特征，各国社会资本的有机构成，一般的尚不甚高，这就说明了当时战争的经济的形态，限制了规模和范围，使战争不能不局限于一定的地域，同时并使大家在经济活动上，还觉“行有余力”，还觉得不妨“和平相处”（虽然其间某些国家，为了完成现代化过程，也发生了相当规模的战争，如中国鸦片战役、普法战争、中日战争等），以维持自由竞争的场面。这事实，仍可由上述三种社会经济关系的现实，来予以注释：

第一，就劳动者与资本家的对立关系来说，因为当时尚是轻工业占有优势，因为社会资本的有机构成尚不甚高，因为以机械化代替或驱逐劳动的要求尚不十分急迫，尚未大规模的进行，由劳动者大批失业、产业预备军大量存在所造成的社会问题，尚未达到怎样严重的程度，所以各国为要“安内”而以“攘外”形态出之的要求，也就比较不很急迫了。

第二，就宗主国与殖民地的关系说，因为当时尚是在分割落后地域的过程中，各国一拿到了或分得了某个地域，为了好好利用或消化，马上就采行开发和开化的方策，用自己的形像，去冶造殖民地；殖民地完全是处在被动的或不自觉的地位，这样，各资本主义国家与殖民地的关系，就比较单纯，比较不是怎样尖锐了。

第三，就各资本主义国家相互间的关系说，因为它们各别国内的劳资纠纷尚未严重化，因为它们对落后地域的占有，尚未达到完全绝望的田地；同时又因为有些开始踏上资本主义旅程的国家，还需要巩固自己的根基，它们在获取原料供给地和商品市场上，一方面虽感到先进国既成势力的压迫，另一方面也觉有依赖先进国，或与先进国妥洽之必要，这样，它们就是在争取殖民的斗争下，也还能采行“相忍”“相协作”的形式，而相安于一时了。

到了次一阶段的帝国主义时代，情势丕变了。

后进国家在对先进国竞存的场面下，以一切可能的方式，促进社会生产力的发展，结果，许多国家都以最高速度，扩增其生产规模，以致商品市场和原料供给地的要求，突然紧迫起来。

而且，由商品生产增加，由资本蓄积增加，所造出的大量剩余价值，大量可转化为机能资本的资金，在国内找不到有利出路，遂相率向落后地带输出。但资本输出较之商品，更需要保障或保护，需要独占，需要把落后地带殖民地化。

不幸,在十九世纪末期前后,世界一切落后地域差不多都分割净尽了。在这场合,先进的、已获有充分殖民地的国家,就相对的占着优势,使那些新兴的后进的资本主义国家,只有采行了两个带有危险性的竞争方式:那第一,是力求生产的改进,企图以较低较精美的商品,去竞夺市场,但结局,招致了国内劳动失业人口的增加,招致了国内消费市场的缩小,由是加重了经济的危机;由于这个竞争方式立即会引起恐慌,另一个方式,就被认为是必要而且无可避免了,那方式,就是以战争来打破现状,来求落后的殖民地带的再分割。

然而这样一种说法,一定会结论出,战争责任全由后进的国家来担当的危险。事实上,像英国那样的先进国家,它对于战争,并不全是被动的。第一次世界大战主要是在英德两大帝国主义强国导演下形成的。德国作战的原因,诚为上述,而英国作战的原因,则是因为德国工业实力的水准,赶上了它;德国凭借着优势技术的、组织的和商业的力量,击溃了它,打破了它在世界上的统治,由是它感到,除了依靠武器来维护它的世界霸权外,再没有其他的路可走了。

所谓帝国主义的战争,就是在这铁一般的必然的倾向下产生的。

四、第一次大战与世界经济问题

第一次世界大战,依着经济的必然,依着资本主义法则而产生之后,对于世界经济问题,对于帝国主义的基本矛盾,究有怎样的影响呢?这可以从三个方面来说明:

(一)战争解决了的问题

1.殖民地或保护国势力圈的争夺,被表现为战争所由发动的中心问题,德国战败了,它的全部殖民地,乃至它在欧洲领土的1/8,都被交由战胜的协约诸国处置。为了要求再分割殖民地及落后地域而战争,战争确实达成了再分割的任务。而且,

2.殖民地问题所以被尖锐化,所以成为战争的主要课题,无非是为了日益扩大的日益改进的生产机构,经营需要与它适应的商品市场和原料

供给地；又加日益累积的庞大的资本，经营需要能作为其出口的落后的地带；但各交战国“你死我活”的拚斗下来，不仅把它们的生产机构破坏了，同时还把它们多年蓄积的大量资本消毁了，这就是说，一度战争的结果，几乎连战争存在的根由也予以铲除。然而这还只是就战争之物的因素方面去论。

3.促使交战国不得不挺而走险的主要原因之一，我们在前面已经讲过，是由于各资本主义国家的庞大的产业预备军的存在；由产业预备军存在所引起严重社会问题，使各交战国当局，半自觉的或者有计划的用对外的刺激，来缓和国内的斗争。第一次世界大战的可惊的伤亡数字，对于带有威胁性的庞大产业预备军的铲除，一定有了莫大的帮助。

在这几个方面，战争像是解决了不少的问题。

(二)战争残留下来的问题

1.战争无疑的把战胜国与战败国之间的矛盾解决了，但这种解决方式，即一方以强力压迫另一方勉强就范的方式，根本就留下了问题更加恶化的祸根。而同时战胜诸国间由分赃不匀，由过去占有殖民地在质上量上的差异，以及由发展不平衡所引起的矛盾与纠葛，却就不但使他们彼此之间，无法和平相处，且还会由它们一伙的钩心斗角，更使战败国得有卷土重来的报复的机会。

2.战争诚然破坏了或毁灭了促使战争爆发的物的因素(如庞大的生产机构和资本蓄积)和人的因素(如庞大的产业预备军)，但资本主义制度本身还存在着，那些物的因素和人的因素，一定会再生产出来；一定利用战时的经验，而很快的再生产出来。

总之，当前的表面化的问题是解决了，而根本的问题，却还存留着。

(三)战争造出来的问题

1.在世界规模的战斗中，因了种种关系，并不是各个参战国家，都同等的平均的分受战争的负担。有些国家，如像美国同日本，或因参战时间较晚，或因距离主要战场较远，它们不但不曾损伤元气，不但不曾摧毁其上面所述的物的因素和人的因素，且反而利用战争的机会，利用其他交战国由世界落后地带暂时退出的机会，猛烈的、迅速的、过度的，扩大其生产的和交换的机构，这就不但在它们彼此之间，在它们与其他战胜的协约诸国之间，也造出了新的不平衡和新的矛盾。战后在各资本主义国家间闹得不可终日的赔款、战债、军缩等问题，不过是作为那种不平衡与矛盾的露骨表现罢了。

2.当列强正在欧洲战场上拼命厮杀的时候，它们对于世界殖民地的束缚，已经大见松懈了。不但如此，它们在兵员方面，在军需品方面，还对殖民地有所请求，在这种有利的条件下，各殖民地，各落后地带，不仅在经济上加速的前进了、工业化了，并且在政治上，也多少获得了一些自由，这就是说，它们和宗主国以外的国家，也可能有某种限度的经济的与政治的往还了。殖民地的这种离心倾向，把战后各资本主义国家的相互关系，弄得更加错综复杂了。

3.苏联在那次世界大战过程中的出现，那对于整个资本主义世界，是一个非同小可的损害。1/6的地球上的广大面积的“沦陷”，已经够严重了，但由于这个反资本主义的“王国”的存立、发展，对于资本主义列强国内的劳资对立问题，对于列强和其属领间的对立问题，乃至对于对列强间的对立问题，都增加了莫大的复杂性；从那些问题的解决意义上讲，简直是增加了无法计量的破坏性了。

在战争所造出的诸般问题中，这很可以说是最麻烦的一个。

五、从德日两国社会经济组织中发出的战争信号

战争与经济的一般关系，我们已经明了了；第一次世界大战，并不是某个国家或某些少数国家，单方需要战，就战起来！这事实，我们亦经指明了。我们在这里把德日两国特别提出来，除了使我们把握的命题，即经济观的战争的命题，更具体的得到说明外，同时还想就大家必然感到而且确曾感到的以次疑问加以补充的解释：即无论就上次的战争说，抑就此次的战争说，在一切交战国中，虽然大家彼此都准备打，但毕竟有些国家更需要打，而事实上，更需要打的国家，确曾由它或它们最先动手来证实了。第一次大战是德国或德奥做了先发动者的丑角，第二次大战，德国更无忌惮，更露骨的做了主凶，不过，日本这个小丑，却在德国大动干戈之前，就已经偷偷摸摸的发动了对中国的侵略战了。假使他日有机会审判这次战

争的责任问题，德国也许更有理由向它伙伴身上推诿的。

我将就以次几个论点，来展开我的说明。

(一)德日两国社会经济组织的特点——任谁把德日两国社会经济组织加以比较的分察，一定会发现下面这几个类似点或同点。

1.相同的落后性——以统一的现代姿态的国家而出现，在日本是始于一八六八年的“大政奉还”或“明治维新”的开端，而在德国，则是始于一八七〇年的普法战争，在普法战争后，德意志南部诸邦，始脱离法国的羁绊，而统合于以普鲁士为盟主为中心的德意志国家了。把它们以现代国家资格出现的时期，与英国的“光荣革命”(一六五〇年)时期相较，自然是落后得可观了，就是同法国的“大革命”(一七八九年)、美国“独立战争”(一七七六年)的时期相较，亦将近迟滞了半个世纪以上，如其说现代经济，在其发轫之始，受到了统一的现代国家的不少的保育，日本和德国产业的落后性，是非常明显的。一切落后的国家，或者那种国家的产业，在其发展的或现代化的过程上，必然会表现出两种作为其落后标帜的倾向：即其变革，其维新，其现代化的努力，第一，外铄的影响，似大于内发；第二，由上而下的强制，似大于由下而上的推动。这两种倾向，都说明变革的无法澈底，把领主改装为地主；把藩国的骑士武士，新饰为常备官兵；把中世的基尔特，编组为产业组合。一部使旧势力合法化的宪法，把大大小小的贵族们、将军们，都在旧的基础上，取得了新的存在。一言以蔽之，封建成份的大量的保留，形成了德日两国社会经济组织的第一个特点。

2.相同的脆弱性——它们的经济上或产业上的脆弱性，有一半是从它们的落后性导来的。落后了，不能很快的走上资本主义的旅程，它们就不但对于殖民地的要求，不能不表示钝感，同时，它们自身，且还要被当作落后的殖民地来为人所盘算。美国的“黑船”向日本探掠的时候(一八五三年)，日本是同非洲澳洲等量齐观的。而在这以前不远的期间(一八四八年)，德国国家主义经济政论家李斯特(F.List)，已把德国描述为英国兰开夏曼彻斯特商工业者的殖民地了。等到日本同德国立意要由殖民地登上现代国家的舞台，世界落后的地带，大体已被宰割净尽了。日本无疑从中国强夺去了朝鲜、台湾、琉球，德国也还在非洲、在太平洋，找到了立脚的基地，但比起其他先进国来，它们的资本主义的这一方面的脆弱性，就已经表现得非常显然了。但还不止此。日本在美国黑船到达以前，原本是一个封锁的，与外国无何等交往的国家，惟其如此，它作为一个资本主义国家而出现的“资本”，就完全只靠国内的，由封建王侯将军们胡乱消费剩下的一点点原始蓄积。德国原和日本不同，在新大陆和远东尚未同欧洲直接发生商业联系以前，德国曾由所谓“汉撒同盟”，垄断过欧洲北部的商业，但海洋大道对于英、法、西、荷诸国的大大成就，同时却把德国变成了一个同外界截断了商业关系，而只是它在欧洲，让宗教的、政治的、经济的，乃至国内农民的战争，来消耗它的国力的、破碎支离的国度了。它是由法国得到一大宗赔款和能弥补其先天贫弱症的煤铁产地阿尔萨斯、洛林，才起家的。但虽然如此，它的脆弱性，它的先天不足，并不下于日本。

3.相同的侵略性——社会的经济的组织，何以在落后性与脆弱性之外，又表现着侵略性呢？这有一大部份正是由它的落后性和脆弱性所招来的，日本和德国的产业，自始就带有几分“杀气”，带有几分横冲直闯的战斗性的因素。这可以从两个方面来说明：产业军事化，是德日社会组织下最值得注意之点。我们已讲过，落后国家要对先进国迎头赶上，首先就需要备有相当程度的武装，军国主义在这里是最好活动的温床；而由外而内，由上而下的社会改装，更方便把产业的基础，安置在军需工业上。就日本说，对华战争，对俄战争的胜利，对于那个军事化的产业，不啻一次一次的给予了鼓励，给予了加强扩大的机会，而日本军人在宪法上取得的特权，更无异给予了那种产业以有效的保障。日本在这许多方面，无疑是把德国作为它的“自我冶造”的标本。日本的宪法是从德国抄去的，日本的军阀主义是由德国输入的，日本的产业是按照德国样本来装备的。德国的军事化产业，也无疑受了普丹、普奥、普法战争的胜利的鼓舞。但尤其是得到了具有浓厚封建性的军事势力系统的支持。德国的皇帝不但是国防军的统帅，同时还是全国产业组合上的最后支配者。然而，除了这种军事化的特点外，它们全般的产业，还有一种以和平竞争方式去夺取市场的战斗性能。一个先天薄弱而又落后的国家，要使它的制品，在人家已经把握并部署好了的市场上去获得销路，它就不能不在生产过程上，下一番“剪裁”的工夫。德日两国从不同的作法上，得到了同一的结果，就是德国多方使农业技术化组织化，用优良的技术和组织去战胜敌人，日本在这里是采取不同的战略，它利用本国低廉的劳动力，利用一般顾客好奇取巧的心理去扩增销路，但它们的作风尽管不同，他们由此形成的产业的战斗性或侵略性，却是一致的。

（二）德日社会经济组织与第一次世界大战——德日两国的社会经济组织，或者它们的资本主义，既具有上述的诸般特性，特别是具有直接与战争相关联的战斗性或侵略性，那末，当我们肯定这种说明的时候，一定会引出这样的反驳，即，在第一次世界大战中，为什么德国做了战争的元凶，而日本反而很安恬，很逍遥自在的，站在一傍，来享受快哉的“神风”，而成为最多收获的“战时利得者”呢？自然，我们很有理由从主要战斗局限在欧洲来解释，从英德是战争的两大主角，日本当时不过是做着帮忙的配角来解释。但，战争为什么局限在欧洲，日本为什么不同德国一样演着主角的任务呢？归根结底，还只有从它们各自的社会经济条件，去得到说明。

先就日本说吧。在第一次世界大战爆发的当时，日本的经济发展，虽然已经感到了市场狭窄的痛苦，但因了以次几个理由，终把它在产业上“天禀”的那种凶焰，那种“杀气”，那种侵略性格收敛起来了！那些理由之一，是日本社会特殊的“禀赋”，还允许它用各种新的方式，在农村中从事原始蓄积；它的劳动大众，尚没有现代的组织的战斗的经验，允许它的资本主义，施行前资本主义的榨取，事实上，日本对外推销的制品，就已经是在利用或“享受”它这个优点，它像从这里发挥了它“伸缩自如”的弹性。然而单靠这个条件是不行的。它的自然环境靠近所谓地大物博的中国，靠近这个列强眈眈虎视，而又不曾全部宰割，不曾明确的划定势力范围，不曾爽切的变成谁的保护国的中国，自然会增添它不少的幻想，所谓“大陆政策”，就是它那种幻想的具体表现，它因为在处心积虑的图谋这块肥肉，所以，只要列强不积极侵蚀到这里，侵蚀到它的“卧榻之傍”，它是乐得故示镇定，乐得看人家厮杀的。此外，我们还得指明一点，就是，第一次世界大战，可以理解为英德的争霸战。日本在日俄战争以后，它的国际地位，它的实力，确曾增加不少，但同当时的德国比较起来，它还不够成为英国对世界统治的威胁。就因此故，英国虽然已把德国当作老虎来打，对于日本，它却不妨把它当作警犬，与它结成盟国，使它担任防守其远东利益的任务了。这就是说，日本在第一次世界大战时一方面固然是持有“袖手傍观”的自然的和社会的条件，同时也由于它还不曾在实力方面，具备一个作为大战主角而行动的资格。

德国是不同的。在接近德国本土的周围，都由英国或在英国主导下，布置了产业的乃至军事政治的天罗地网。德国每从产业，从政治方面一有所扩展，马上就碰到英国给予它的障碍。而不幸，我们前面已经讲过，德国产业的发展，又是以超速度而前进着，这又不仅刺激英国的戒备，且还使德国抱着非突破英国封锁无以图存的决心。在这一现实的前面，并还显示出了另一个加深它们之间的政治危机的事实。那就是，德国产业上对于发展受到的妨阻，不但不能像日本那样，向本国劳动大众方面得到补偿，且还必然要由此加大劳资对立的关系。即德国产业工人一开始，就具备了几个较之日本产业工人难于驾驭得多的条件：第一，德国产业的发展是相当集中化的。集中化的产业，要比不集中化的产业，更便于产业工人的组织化；第二，德国产业工人在他们形成组织之始，就具备有战斗的经验，这经验，是其近邻法国特别是英国产业劳动者，经过去多年许多次斗争所获得的，所传扬给它们的；第三，作为劳动者争取阶级利益的指导的学说，在德国甫一踏上资本主义的旅程，就已经在当作各国产业劳动大众的共同的福音而传布着，这些学说，又主要是以德意志文字写下的。拉塞尔(Lassale)、洛贝尔图(Robertus)、马克思(K.M.)、恩格斯(F.E.)的理论，当然能给予德国劳动大众更多的影响。就因为这些理由，在十九世纪最后三数十年间，德国劳动者阶级的活动，已经变为德国资本主义的一个痛苦的重压了。德国资本家为了突破这难关，都依照资本主义法则所指示的有利途径，加紧使他们各别的产业机械化，用机械这种“哑人”，去对付“桀骜不驯”的劳动者。结局，机械驱逐劳动了，结局，个别资本家像是在这一方面得到了避免劳动者的麻烦的便利；但就全资本家阶级讲，就他们都需要商品消费者讲，马上就发生了一个大漏洞；由被机械所代替了，所驱逐了的产业预备军的增大，把社会的危机，社会的威胁加大了。为要克服这种危机和困难，德国资产阶级愈感到他们唯有对外打破包围，把国内产业劳动大众的注意，集注到对外关系上，始能得救。

就这样，德国作了第一次世界大战的元凶。那次战争的发难责任由德国来负担，那总该可以说是一种“不自然的必然”罢。

(三)第二次世界大战前夜的日德两国经济概况——第二次大战的发动，有两个说法，一是起于一九三七年七月七日日本在中国卢沟桥的侵略，一是起于一九三九年九月一日德国向英法的宣战。事实上，日本向中国的进攻，已经不是始于一九三七年，而是始于一九三一年的“九一八”事变，而在德国，它对法宣战以前，早经对奥、对捷、对波以及对欧洲其他弱小国家，甚至法国，有过一长列的侵略行动。德国为什么做了第一次大战的元凶，又要做第二次大战的元凶呢？这不能从“尚武”“好战”一类“考语”中，得到何等解释；至若狡狯的日本，它这一次为什么不等待“神风”吹来，坐享其成呢？德日发动侵略前夜的经济现实，可给我们合理的说明。

1.日本在此次战争前夜的经济现实——由一九二四年到一九二九年，是第一次世界大战以后的经济复兴期。这个复兴期，在首当战争之冲的各国，如德、如英、如法等国家，虽由此把生产机构恢复过来，但它们对生产机构的恢复，就意味着，它们对过去殖民地市场的要求，又炽烈起来。它们对殖民地市场要求的炽烈，也就意味着，另一些在战争过程中，呼吸了“神风”，同前述那些国家的殖民地，发生过密切的经济往来关系的国家，如美国同日本，就立刻感到它们前此的生产机构，扩张得过大了；一九二九年由美国首先爆发的大金融恐慌，同年即在美国恐慌浪潮下，也从日本经济神经中枢的全国银行业上表现了破产停业情形。这里，我们且丢开美国不说，日本在这以后，就完全被“不景气”的危机所侵袭着。

不幸，与这经济危机相伴的，还有一些根源于这危机，却又反过来加大了这危机的社会政治的危险关系的存在。

首先，随着生产机构在战争过程中的不绝扩大，日本产业劳动者有了迅速的增加，但他们不仅在量上有了增加，在质上也变得非常厉害了。世界劳动大众的觉醒运动，日本劳动阶级也渐感染到了，他们不再“锢蔽”在“困着让人踢”的全无反抗的地步了。在一九二九年顷，日本组织的、当作斗争团体而出现的都市劳动者群，已达到了 90 万人之多。劳资争议变得频繁了，在都市产业劳动者运动的影响之下，农村劳动者也不肯落后了，与城市罢工运动相并表演的，有各地农民的有组织的、半有组织的拒纳地租的运动。这在日本资产阶级看为是突兀的带有威吓性的“不稳”行为，由于苏联以工农为主体的国家的出现，更加在日本都市乃至农村的劳工运动上，发生了“火上添油”的影响。——这事实，表照在第一次世界大战前，日本对内可以任意榨取的那种资本主义的特质或特别有利条件，到此次战争的前夜，虽未完全失去，却已大体改观了。

自然，对内榨取受到妨阻，大可利用它对外的有利条件去得到补偿的。这所谓对外的有利条件，就是接近中国这个尚待开发，尚可施展侵略的广大市场。但事不凑巧，当日本利用第一次战争更加发育繁昌起来的时候，中国的民族资本或现代性的国民经济，也多少受到了那次战争的“润泽”；民族资本的抬头，必然伴着昂扬的民族意识，由是，反帝运动，特别是排日抗日运动，在整个中国迅速的展开来。就连日本一向视同“囊中物”的东北三省，亦郁勃着，蔓延着，“打倒日本帝国主义”的或隐或显的各种方式的计划或行动。——这事实，又表明日本在第一次世界大战前，尚持有莫大野望与确实把握的中国这个可以“生杀予夺”的大市场和大的原料供给地，也发生了不易“任意”利用的困难了。

不仅此也，日本的肘腋下的殖民地，台湾和朝鲜，也发生了所谓“不轨和徒然”的独立运动，使它需要在边僻地带，驻扎皇军，帮同警察维持治安了。特别是“不逞”鲜人[①]、台湾人，勾结“内地”的不稳份子，相互影响，把“昭和圣代”的“非常”性，格外显示得严重了。

此外，战后日本的国际关系，尤其陷入了重重难关。从一九二一年华盛顿会议，直到一九三〇年的伦敦海军条约的签订，日本随在都感到英美，特别是美国，在用一切可能的压力，使日本国力的发展受到限制。而在所谓“空前屈辱”的海军条约签订以前不久，日本还因恐慌——赤字的威压，把常备陆军也削减了四个师团之多。这举动，在政治上的意义，虽是想借此缓和国际的不利关系，同时却在国内引起了重大的政治危机，“以重大决意”“突破英美包围”的右翼运动乘机抬头了。负缩军及签订伦敦海军条约之责的滨口雄幸首相，被刺殒命了。

“山雨欲来风满楼”，一九三一年的“九一八”事变，就是在日本这种经济的——政治的危机前面表演出来的。

但日本这种对中国侵略的军事冒险，在英美，特别是在英国的绥靖政策下，不但不曾受到“惩膺”，反而受到鼓励了。资本主义的贪欲，配合着军国主义的“发扬国威”的要求，一直在向着抵抗力最弱的侧面前进。一九三七年的“七七”事变，无疑是一列有联贯性的侵略行动中的一个环节，但在“七七”事变前夜的日本，显然增加了一些敦促它、鼓励它的经济——政治的因素：世界大恐慌一直没有真正缓和的征候，资本主义列强拼命扩展军备，中国抗日排日的全面化与组织化，英美对日关系的恶化及资本主

---

① 日本统治者对不服从其统治的朝鲜人叫“不逞”鲜人。——编者注

义列强与苏联关系的错综矛盾，德意与日本的勾结。所有这些因素，都有助于“七七”事变发自日本方面的理解。但探本穷源，则不能不认定所有这些因素，都是通过日本的社会经济组织，或以日本社会经济组织为基础，而作用着的。

2.德国在此次战争前夜的经济现实——战败后的德国，无疑是由战争以及战争结束条件受到了破毁与支解的打击。但我们在肯定它的这种打击之余，却不能忽视它在另一方面也得到了一些便于它的经济恢复或改造的便利：首先，由战争的失败，威廉第二奔逃所引起的霍亨索伦王朝的瓦解，使德国此前未完成的资产阶级的革命，有了一个较澈底的清算。依韦玛宪法所产生出来的较开明的、较前进的政治组织，对于团结国内一切力量，以克服内外一切困难，实有决定的影响；其次，德国以被宰割者的资格，退出了国际政治斗争的舞台，它不但可以暂时埋头对内的恢复工作，而且还有帮助它的恢复工作进行的条约关系的存在，那就是，被解除了武装，且不许继续武装的德国，它因为没有或仅只极小额的军备费用的支出，它的全部经济力量，就可以集中使用到经济恢复工作上来，再者，战后资本主义列强或战胜诸国间的矛盾，以及它们与苏联间的矛盾，它都可利用来作为取得国际援助的“把柄”，事实上，它确曾由此得到了美国英国的援助了。还有，被残酷课加于德国的大量赔款，在辩证意义的理解上，也尽了促进德国恢复工作的功能。因为要德国按期支付出大量的赔款，就没有理由不设法使它的经济，得到相当的安定。“道斯计划”以及“杨格计划”，在另一方面，是不妨把它们解作有助于德国战后经济之复兴的，最后还有最重要的一点，就是德国的殖民地市场没有了，它对外的贸易，且还受着许多条约的限制，结局它要在不但无保护，且还有障碍的诸般国际关系下，发展其对外贸易，它唯一可能的努力，就是使它的产业组织，更合理化，更机械化，更集中化，更具有优越技术的性能。

然而这是问题的一个方面。德国生产机构的合理化，其本身就预伏着机械驱逐劳动的更深刻的危机。这危机在世界大恐慌尚未发生之前，还可由其优越技术所保证的对外贸易，得到相当程度的和缓，但自一九二九年的世界性恐慌由美国揭幕后，德国就开始受到几重的打击，美国为了收不回对外借款，并为了调剂国内金融，对国外信用采取了紧缩政策，这在缺乏资金周转的德国，无异是当头一棒；此外，恐慌侵袭到的各国，都开始对本国,对殖民地,采行了极富于侵略、防守性的关税政策,这益使德国产业走投无路,失业、破产,以及由此引起的社会——政治的危机,在一九三一年"九一八"事变的当时,已经有迫使德国采行"日本路线"的必要,然而,它那时的军备,是不能作这种冒险的。

德国在社会危机中所昂扬起来的国际主义运动,苏联第一次五年计划成功,第二次五年计划开始,所给予资本主义世界之物质的精神的打击和刺激,法苏互助公约的签订,使英国立即感到有让德国右翼的反国际主义的反法兰西的势力抬起头来,并在它希望的限度下,武装起来之必要。希特勒①在一九三三年登台了,希特勒通过所谓"精神抄袭"的四年计划,挽救德国社会经济危机的最有效办法,就是重整国防,扩大军备。把国内的怨忿,有计划的、很技巧的转向外国。"以大炮代替牛油"的口号,曲成了国内榨取的能事了。而由莱因驻军,萨尔收回,奥国合并,捷克征服所给予德国法西主义势力的一列鼓励,当然大有造于德国法西主义的统治和军阀主义的猖獗,然而所有这些成就,却并不能阻止德国更大规模的军事冒险。德国已利用它的军事的产业基础,集中的经济机械,和超越一切国家的技术优势,把全国变成了一座兵工厂或兵营。但就因此故,它在金融政策、劳动政策乃至一切其他社会经济政策方面,所玩弄的戏法,已经达到了智穷技极的境地;同时,不生产的消费的无限扩增,看看已是难乎为继了,人民消费的限界,也无法更进一步的压缩。此外,英国显然在运用忍无可忍的绥靖政策,作为其加速增大军备和部署新包围阵势的拖延手段。希特勒是最知道德国的经济现实及其国际环境的。他鉴于第一次大战的经验,认定不能再事迟疑了。

总了,日德两国是此次世界大战的发动者。它们对于世界规模的战争的演出,都是把它们各别的社会经济组织作为依据。客观的经济的强制要求,使它们把战争祸首的责任,当作建设或实现它们所理想的世界新秩序的大使命来履行。从它们或它们的代表者法西斯党徒或军国主义者的意识上,是看不出战争的规律性和法则的;而由那种意识所反映出的它们的社会经济组织本身,却预示着战争的必然。

---

① 原文为希特拉,按现通行译法改动,下同。——编者注

六、第二次世界大战的现实及其展望

当战争已当作现代社会生活之一经常现象，当作现代社会生活之矛盾的尖锐暴露和强力解决，而正在表演着的时候，我们对于战争的演变及其前途，自然不能不很“实际的”依据战争发生当时交战国的客观社会经济条件，及战争已发生之后的它们的客观社会经济条件，而加以正确的理解。各参战国各战斗立场的主观意识，其战斗意志，其信心，无疑都有助于自己所希望的战争要求的实现，但那主观意识、战斗意志及必胜信心，如果不是把彼此客观社会经济条件之明确认识作为依据或基础，也一定空泛而不具体，浮动而不坚定。愈是想把战争发展的客观必然，导向自己希望的有利的方面，就愈加要知道发挥自己的客观的有利条件，弥补自己的客观的不利条件。在轰轰烈烈的战斗场合，理论像是多余的，但战斗正是理论的实践。

我们是需要正视战争的现实，使它向着我们最希望的场合转换的。

(一)战争的现实与德日优势的究竟

此次战争，从中国于一九三七年“七七”抗战起，已超过了五年，而从欧洲英德宣战的一九三九年九月一日起，亦快要到三年。这数年的战争成果，我们用不着在这里枝枝节节的零零碎碎的作流水帐似的记列。一个总的概念，一个包括的说明，那是我们展开理论的分析所必要的。

日本自从对中国发动“不宣而战”的侵略行动以来，在中国战场上，固然是“狼奔豕突”的横冲直闯，蹂躏了中国广大的领土，并玩着奴役着千百万的人民，无疑地，它在人力物力上也有了不少的损耗，且也吃了一些虽不是致命的，却是丢脸的败仗，但暂时它毕竟是以胜利者的资格，“君临”着中国的沦陷区，并还在向着中国自由的区域，继续进行侵略。就在它对英美荷诸国正式宣战以后，它在整个的南洋，似乎取得了更加有决定性的战果。总括的说，直到现在，日本在东亚方面，不但占有战争的优势，且还像保持着战争的主动地位。

德国在欧洲方面的情形，虽然在对苏参战以后，有了不少的变动，但它对西欧大大小小的十几个自主的或半独立的国家，还在扩大并稳定它的军事暴力的统治。它并且还进一步在加紧动员所有这些国家的人力物力，以便造成压倒的优越力量，向着苏联以及其他同盟国家，作最疯狂的最有破坏性的突袭。也如日本在东亚一样，德国迄今仍没有完全失去它在欧洲乃至非洲方面的优胜的和主动的地位。

我们要研究的，当然不是德日在当前战争中，占有如何的优势，而是它们的优势，是否一直能够保持，或者是在如何能使它们那种优势，逆转为劣势。但在进行这种研究之前，一定要先把它们为什么占优势，或形成它们那种优势的根本原因指证出来。

第一，我们知道，德日的社会经济组织，不但是以军事产业作为它的重心，并还带有极浓厚的军事化的性质。这种性质的经济基础，无疑是非常便于作战的，但尤其值得注意的，是它们无论在承平的时期，抑是在局势紧张的时期，都不曾忘记发挥它们的那种产业的特质，"处心积虑"的从事战备。大家都知道它们在战争的准备上先了一着，但却很少人留意：它们的社会经济组织，根本就适合战争的要求，它们的生活条件，是太与战斗条件一致了。

第二，建基在它们那种社会经济组织基础上的政治制度，特别是它们在战争前夜逐渐改装过来的政治制度，无论我们怎样咒诅它的专制野蛮，但作为一个战斗体的神经中枢来说，对于总动员，对于战争命令的贯澈，对于一切强制的法令的执行，较之那些民主国的政治机构来，是显得更为有效，更为有力的。有些政论家，说英法诸国对德战争的失败，主要是因为它们的政治意志太不集中，政治行动太迂缓，政治组织太松驰，那不是全无理由的。最后，

第三，还有一个不大为一般人所留意的原因，就是德日两国之社会的经济的政治的条件，固适合战争，就是它们对于战争目的的宣传，扩大占领，建设奴役它国人民的新秩序，亦大有助于它们那种形态的经济政治力量的发挥。它们平日的宣传，教育，军阀主义和英雄主义的精神，大和魂，大日耳曼主义，优等民族论，生存空间论，"有"的国家和"无"的国家再分割世界殖民地的争斗说，所有这些意识形态，诚然是反时代的，野蛮主义的，但当战争的性质，还留在争夺殖民地的阶段，争夺对落后民族之奴辱榨取的统治的场合，它们的教育与宣传，就显然能配合它们的侵略行动，使它们在战意上收到了"言行一致"的效果。不过，它们这种有利的条件，

也是要它和同盟诸国作一比较的观察，才能更明确的表现出来。但关于这点，我想留在下面来附带述及。

(二)战争性质在战争过程中的变化

关于战争性质在战争过程中的变化问题，可以从两方面来考察，一是已有的变化，一是可能的变化。我们的着重点是在后者，但须把前者作为讨论的出发点。

此次世界大战与第一次世界大战有几个显然不同的特征。第一次世界大战，纯是帝国主义争夺殖民地的战争，而此次战争，则复杂得多：首先，在第一次世界大战中，中国虽也参加了，但只是一个附属性的陪角，对于实际战斗，也只表演了一个滑稽的场面。这次的战争，却是以中国全面的大规模的同日本对战开端的；为争取民族生存而战的中国，一直在战争过程中，在交战国中，保有主角之一的地位。这，已够使战争的性质改观了；其次，苏联在此次战争中所占的重要地位，那对于战争的性质，至少，与中国以主角资格而战，有了同等或重大的影响，因为苏联的建国精神与基本国策，是要援助一切落后民族独立解放的；又其次，由于中国、苏联和英美诸同盟国比肩作战，英美对于战争的目的，也自不能和上次大战一样，事实上，前述战后殖民地同宗主国的关系，早已有所改变了，这对于它们，特别是对于英国的战争态度，也不能毫无影响。

总之，战争是在发展中，战争的性质，也不能无所变化。问题是在如何的变化才有利于我们，如何的变化，才于我们不利。

我们已在前面讲过，战争的性质如果是帝国主义的，如果单是为了争夺对于殖民地，对于落后民族的榨取和统治，对于国内一般劳动大众之不平不满的愤怨，有计划的使其转向国外，那就无论从哪方面讲，都会使我们感到目前战争前途的黯淡。但目前战争，还不曾使人真正感到失望，那与其说是系于同盟国的人口如何众多，土地如何广大，资源如何丰富，制造力如何强大，就宁不如说是系于战争的性质，渐在向着有利于同盟国方面转换。有了那种转换，众多的人口，广大的土地，丰富的资源，强大的制造力，始能发挥其最大可能的作用。这就是说，战争的性质，如渐转向反帝国主义的，反殖民地榨取的，变成真正为公理，为自由，为伸张正义，为求解放，一切的局面便会倒转过来。在这种认识下，争取战争的胜利，就是意味着争取战争的有利的转换，德日一伙轴心国家为了更大可能的利用社会经济的战争体制与战争教育，愈需要战争成为帝国主义的战争，而在同盟国则以反帝国主义的号召与实践，为最能避开自己的缺点和发挥自己的长处，这里且进一步予以说明。

（三）战争性质的改变与战局的改观

我们说，把战争性质认真改变过来，那并不是，使现实的帝国主义战争，变为反帝国主义的战争；在中国同苏联，均以战争主角而从事战斗的限内，在英美两大民主国，为了种种理由，曾一再宣称此次战争为自由战争的限内，就民主集团方面立论，战争已经大体不是帝国主义的了。但由大体不是帝国主义的战争，变为完全反帝国主义的战争，其间还有一个距离。这正是我们当前应当下大决心，加紧努力的地方。

在这里，我们需要从帝国主义所由蛹化出来的资本主义的社会基本关系，来说明战争性质变化对于交战国两方面的利害关键。

战争如果名实相符的是反帝国主义的性质，那末，在民主集团方面，首先，它们与殖民地及保护国乃至一切落后地带的利害关系就能得到和谐的一致了。民主国为反对暴力，反对侵略，反对奴役弱小民族而战，那些弱小民族，当然更加振奋，拼全力争取战争的胜利。希特勒和日本的法西斯主义者，自然无法诱骗印度、埃及、中东各国、土耳其、南非、南美诸邦了；这些国度诚能以自由而独立的国家的资格站立起来，它们的人力物力，自能很有效的对同盟国服务；第二，一个资本主义国家如能把殖民地解放出来，即使那种步骤，不联带把国内社会的不平现象，加以矫正，也至少能使国内一般出钱出力的广大社会群，认知他们的牺牲生命财产，不是为了少数人在殖民地带的特权和特殊利益，而是为了整个民族的生存与自由，这一来，同盟国方面表现得不够充分的战斗意志与牺牲精神，也许能得到一大纠正；第三，现在同盟国间的作战，一般都认定意志不够集中，力量不够集中，这缺憾，主要也许是它们对于战争的目的，还有某种程度的参差。罗斯福总统和丘吉尔首相一再关于作战目的的声明，虽大有助于同盟国中各主要国家之意志与力量的集中，但他们的声明，特别是丘吉尔首相的声明，如立即以行动来兑现，则不但中国与苏联对于英美的信任和团结，可以顿时增加到极高的极大的限度，就是英美彼此间对于太平洋，对于南北美，对于欧非及近东各地的军事部署，也许能在步骤上计划上收到更协和更周密的效果。

我在前面曾说，法西斯蒂的社会的政治的经济的组织，相当便于它们所从事的暴力的，征服式的，帝国主义性质的战争。这种说法，在相反的方面，是意味着：(1)同盟国的民主方式的社会政治形态，最不适于从事帝国主义战争；(2)同盟国在国内，对殖民地，以及彼此相互间，如民主得不够，或使自己的作战号召与作战行动，表示出极大的偏差，那也不适于非帝国主义的或反帝国主义的战争。

在这种种认识下，如果我们希望的战争性质的变化，能由我们同盟诸国的共同努力，克服几世纪以来的种族的自私自利的传统偏见，而从事实上行动上表现出来，那末，在相形之下，就立即可以比照出轴心诸国的缺点，比如第一，就轴心日德诸国对殖民地的关系言，它们那种暴力的残酷的统治方式，一定要分散它们不少的作战力量。日德两国在一切占领区域为维持榨取统治所耗去的人力与财力，究竟和它们由那些区域所强征的所勒索的人力财力，能形成怎样有利的比例，那也许还是一个值得研究的问题。如其同盟国方面澈底的放弃了殖民地的传统要求，则在轴心统治下的一切地区，一定会表现出更可惊的反轴心的力量；第二，帝国主义式的战争，对国内说，就是把战争的大部分或全部的责任，都加担在一般劳动大众或中下级人民身上，而战时利得，以及随占领区扩大所获有的特殊权益，则由少数有经济政治实力者所垄断。所以，德日法西斯主义的统治者，尽管在运用一切可能横蛮的骗诈的方式，叫一般大众勒紧肚皮，牺牲生命，使他们一伙在国内的私有财富的增加，以及在占领地区所表现的“荒淫无度”的丑恶实相，终会或者已经使德日一般大众，感到战争愈向前发展，他们的苦难，他们及他们家族生存的前途，就愈加渺茫。在目前，德日法西主义者赖以支持其统治，可能继续行使欺骗与诈取的，就是不断的战争，不断的胜利，一旦情势有了逆转的征候(当前已经有了这种征候了)，那些奸诈的有计划的用对外侵略来回避国内社会革命的战争策略，将证示对外侵略加紧进行，自然会引起国内社会矛盾之更尖锐的暴露。德国军阀主义者都公开承认：他们在前世界大战中，不是被敌人打败的，而是被自己打败的。这一历史的现实，不久将使德国及其伙伴再受到教训；第三，德日这两大帝国主义强盗，目前的侵略抢劫，还像能互相呼应，互相支援，至少在表面上，还能显出一致的协作步骤。但它们的合伙，愈有利得，便愈会达到可能继续的限界。帝国主义是以独占为理想的，帝国主义本身的、需要不绝扩大其占领的贪欲精神，根本就不容许第二个，特别是势均力敌的第二个帝国主义国家的存在。这就是说，同盟国间的矛盾，愈因彼此帝国主义性能的减退而化除，轴心国间的矛盾，就愈会因它们彼此帝国主义性能的发挥而增大。

我们依据资本主义的经济法则，把战争性质变化，对于同盟国与轴心国可能发生的影响，加以比论之后，一定会相信，当前战争的局势，即轴心国家方面所保有的优势，是不难转变过来，或倒转过来的。也许说，从今年南洋群岛沦陷之后起，从德国春季攻势表演得太无精彩的时候起，从丘吉尔首相飞美国，蒋委员长飞印度，特别是自莫洛托夫飞英美起，战局的逆势，已经渐渐有些改变了。我们当然希望那种改变很迅速，但却是不能很突兀的。在战局的改观，需要把战争性质的改变作为前提条件的限内，只有历史的奇迹，能爽快的满足我们的太观念的奢望。

(四)中国把握着战局有利转换的枢纽

把战争转变为非帝国主义的或反帝国主义的性质，是一件具有历史意义的业作。在同盟国中的几个主要国家中，中国与苏联是始终在向这方面努力的，美国也能勉强做去，只有殖民地帝国的英国最为困难。在这场合，单靠谁的明断，谁的人望，是不够的。所谓人望与明断，乃至一切人格的因素，只有在客观强制的历史的条件已经形成了的时候，才能表现它的作用。比如英国在印度问题上的表现，尽管我们有理由，或者凭理性说话，觉得它过于迟缓，过于不肯“放下屠刀”，但英国的立国精神和传统政策，也许还觉得它起用克利浦斯，向印度作让步的谈判，已经是了不得的重大步骤了。照目前情势推测，似乎战争的发展，不演进到非让印度独立，就得把印度完全放弃的那个阶段，印度问题是不易有妥当解决的。印度问题是一个例，一个对战争性质有决定影响的试金石。我们当然不希望战争演进到那个严重的阶段来解决印度问题，因为那样的解决，于同盟国是太不利的。一切客观强制性的历史条件，在它当作一个结果而作用着的时候，它是对我们主观意志独立的，但在它的形成过程中，却不能忽视主观努力的效用。这就是说，我们一切同盟的国家，需要利用各别可能的有利条件，以便造成一种足以左右战争性质的客观情势。而在几个主要的同盟国家中，可以中国为最需要最能够向这一方面作更大努力的。

首先，中国无论就哪一方面讲，是都需要此次战争，变成完全反帝国主义性质的战争的。它迄今还在被不平等的条约束缚着。这次战争如果在大体上还保留着帝国主义的性质，如果还是先进的强国，为了保持其对于落后国家的统治，对于落后国家之特殊权益，或维持那些特殊的不平等条约而战斗，那作为其盟国的落后国家，就无法希望从这次战争的结果，得到何等好处。显言之，就是中国的作战目标，主要是想求得中国民族的澈底解放。我们的盟国，特别是英国，即使目前不是为了对日寇争取其在中国的特殊利益而战，但第一次大战已经教训过我们了，所以，我们必须用一切可能的方法，化除我们盟国使战争带有某种程度的帝国主义性质的一切企图。我相信，这不仅是为了我们自己，同时也是为了我们的盟国。

而且在国格上讲，社会主义的苏联，它与资本主义的英美，恰是立于对立的地位，当前急迫的要求，虽然强制它们结合起来，但要使那种结合更有保证，更加牢固，只有把它们的社会经济组织，更接近起来；把他们之间的基本矛盾，更减少一些。中国的社会经济形态，在作为一个社会发展阶段来看的限内，可以说是尚在形成或成长过程中，它的民生主义的经济理想，不但对于资本主义的英美，对于社会主义的苏联，不会引起何等绝不相容的对立，且至少在战争过程中，还可由其不走极端的中介性的示范作用，而使英美苏之间不容易解消的矛盾，渐次得到缓和。

要之，中国是最需要使战争成为真正的公理对强权的战争的，中国也是最可能最便利促使战争向着这种理想之途迈进的。第一次世界大战第二次世界大战，既都如前面所述，是产生于社会经济机构中，是资本主义——帝国主义的产物，那我们要希望人类不再重复这种历史的悲剧，就不能单靠和平主义人道主义来终结战争。惨痛的经验不止一次的告诉我们：和平主义人道主义真是不止一次的做了准备战争的烟幕。我们已经读到了许多关于战后和平相处的“理想单方”，但我们如果不设法改变战争的性质，不设法在战争过程中，逐渐变革或改造产出战争的社会经济机构——资本主义的体制，一旦战争在“两败俱伤”的情形下暂时结束了，稍得生息的机会，又会依着资本主义的法则的作用，使战争更有规律性，更有破坏性的重演出来。

中国在民族主义上的坚决抗战，已经对于一切落后民族乃至受侵略的先进国家，尽了莫大的“立懦起顽”的振奋作用。中国如果在抗战过程中，为了能够更有效的支持抗战，和确立建国的基础，而不顾一切困难的将民生主义的革命步骤，努力的澈底的予以实施，那对于我们同盟国的社会经济组织，对于整个世界经济，相因而对于战争的性质，对于战局，一定能发生更大的有创革意义的影响。

本年二月，曾在曲江青年会学术讲演会以“世界战争与世界经济”这个题目讲演过一次。本文大体系依据当时讲演的纲目作成。目的在说明此次战争的产生，其转变趋势及其可能前途。——作者附识

一九四二年七月十二日于湖南醴陵野马轩

人名译名对照表

（按译名姓氏的汉字拼音字母顺序编排）

A

阿拉比柏奢：Pasha，Arabi(1839—1911)

爱柏尔特，腓特烈：Ebert，Friedrich (1871—1925)

爱德华七世：Edward VII(1841—1910，英国国王，1901—1910 年在位)

爱尔哈尔特：Ehrhardt(1881—1971)

安德塞：Andrassy，Graf(1823—1890)

昂肯：Oncken，August(1844—1911)

奥本海：Oppenheimer，Franz(1864—1943，亦译为“奥本海玛”)

奥本海玛：Oppenheimer，Franz(1864—1943，亦译为“奥本海”)

奥芬：Oven(全名不详、生卒不详)

奥文：Owen，Robert(1771 —1858，现常译为“欧文”)

B

巴本：Papen，von Franz(1879—1969)

巴梅史登：Palmerston，Henry John Temple (1784—1865)

白克尔：Buckle，Henry Thomas (1821—1862)

白里安：Briand，Aristide(1862—1932)

柏拉图：Plato(公元前 427—公元前 347)

白鲁宁：Brüning，Heinrich(1885—1970，亦译为“布鲁宁”)

倍列迭逖：Benedetti(1817—1900，常被称为“倍列迭逖伯爵”[Count Vincent Benedetti])

毕厄尔：Buell，Raymond Leslie(1896—1946，亦译为“毕耳”)

毕耳:Buell,Raymond Leslie(1896—1946,亦译为“毕厄尔”)

毕罗:Bülow,Bernhard Heinrich Karl Martin von (1849—1929)

俾斯马克:Bismarck,Otto Eduard Leopold von(1815—1898,亦译为“毕斯马克”,现常译为“俾斯麦”)

毕斯马克:Bismarck,Otto Eduard Leopold von(1815—1898,亦译为“俾斯马克”,现常译为“俾斯麦”)

毕勋:Pichon,Stephen(1857—1933)

伯来德: Platt,O. H.(1827—1905)

波特尔极,汉斯:Betelzen,Hans(生卒不详)

布赫:Bucher,Karl(1847—1930)

布莱特,约翰:Bright,John(1811—1889)

布勒奇:Buresch,Carl(1878—1936)

布鲁宁:Brüning,Heinrich(1885—1970,亦译为“白鲁宁”)

布诺:Braun,Otto(1900—1974)

D

达雷:Darré,Richard Walter Darre(1895—1953)

但尼金:Denikin,Anton Ivanovich(1872—1947,现常译为“邓尼金”)

道威斯,查理士:Dawes,Charles Gates(1865—1951)

得而曼:Thalmann,Ernst(1886—1944,现常译为“台尔曼”)

德格赛:Delcassé,Théophile (1852—1923)

第深:Thyssen,Fritz(1873—1951)

底斯勒里:Disraeli,Benjamin(1804—1881)

杜尔阁:Turgot,Anne Robert Jacques(1727—1781)

杜林,欧根:Dühring,Karl Eügen(1833—1921)

E

俄南陀:Orlando,Vittorio Emanuele(1860—1952)

恩格斯:Engels,Friedrich(1820—1895,原书译为“昂格斯”)

F

发尔特，奥托：Walt，Otto（生卒不详）

法洛伊斯：Valois，Admiral（1841—1924，德国海军上将）

斐得尔：Feder，Gottfried（1883—1941）

菲地兰大公：Ferdinand，Archduke Franz（1863—1914，奥匈帝国皇储，亦译为“斐迪南”）

斐迪南：Ferdinand，Archduke Franz（1863—1914，奥匈帝国皇储，亦译为“菲地兰大公”）

斐地兰七世：Fernando Ⅶ（1784—1833，西班牙国王，1814—1833 年在位）

斐格尔：Vogler（全名不详、生卒不详，亦译为“斐格勒”）

斐格勒：Vogler（全名不详、生卒不详，亦译为“斐格尔”）

斐力普维奇：Philippovich，Eugen von（1858—1917）

腓特烈，爱特尔：Friedrich，Eitel（1883—1942）

斐雪：Fisher，Irving（1867—1947）

佛兰格尔：Wrangel，Pyotr Nikolayevich（1878—1928）

佛兰克：Frank，Hans（1900—1946）

佛兰亭：Flandin，Pierre-Étienne（1889—1958）

佛里克：Frick，Wilhelm（1876—1946，亦译为“福利克”）

福耳：Faure，François-Félix（1841—1899）

福利克：Frick，Wilhelm（1876—1946，亦译为“佛里克”）

富利叶：Fourier，Charles（1772—1837）

傅希勒：Fauchille，Paul（1858—1926）

福煦：Foch，Ferdinand（1851—1929）

G

戈柏尔：Goebbels，Paul Joseph（1897—1945，亦译为“戈培尔”）

哥尔却克：Kolchak，Aleksandr Vasilyevich（约 1874—1920，现常译为“高尔察克”）

格拉哈母：Graham，William（1804—1875，亦译为“格拉姆”）

格拉姆:Graham,William(1804—1875,亦译为“格拉哈母”)

格兰斯顿:Gladstone,William Ewart(1809—1898)

戈林格:Göring,Hermann Wilhelm(1893—1946,现常译为“戈林”)

格洛奈尔:Gloner(全名不详、生卒不详,仅知其为一战时期德国将领)

戈培尔:Goebbels,Paul Joseph(1897—1945,亦译为“戈柏尔”)

顾尔奈:Gournay(1712—1759,原名 Jaques Claude Marie Vincent,通常称为“顾尔奈侯爵”[Marquis de Gournay])

H

哈比西脱:Habicht(全名不详、生卒不详)

哈尔巴哈,卜伦:Halbach(1870—1950,全名为 Gustav Krupp von Bohlen und Halbach)

哈格利夫,杰姆斯:Hagreaves,James(1721—1778)

哈密德,亚多尔:Hamid,Abdul(生卒不详)

哈塞:Hasse,Enst(1819—1860,亦译为“赫斯”)

浩斯金:Hodgskin,Thomas(1783—1869)

荷柏生:Hobson,John Atkinson(1858—1940)

赫里欧:Herriot, Edouard(1872—1957)

赫斯:Hasse,Enst(生卒不详,亦译为“哈塞”)

荷维格,柏兹曼:Hollweg(1856—1921,全名 Theobald von Bethmann-Hollweg)

黑尔费丁:(全名不详、生卒不详,仅知其 1929 年时曾任德国财长)

胡佛:Hoover,Herbert Clark(1874—1964)

胡根堡:Hugenberg,Alfred(1865—1951)

华色柏克:Wasserbeck(全名不详、生卒不详)

霍布森:Hobson,John Atkinson(1858—1940,亦译为“霍布孙”)

霍布孙:Hobson,John Atkinson(1858—1940,亦译为“霍布森”)

J

基柏尔特,巴尔克:Gilbert,S. Parker(1892—1938)

姬采林:Chicherin(1872—1936)

吉青纳:Kitchener,Herbert Horatio(1850—1916)

加富尔:Cavour,Camillo Benso Conte(1810—1861)

加谋纳甫:(全名不详、生卒不详)

K

卡塞:Cassel,Gustav(1866—1945,亦译为“开塞耳”)

开洛格:Kellogg,Frank Billings(1856—1937)

凯末尔:Kemal(1881—1938,全名 Mustafa Kemal Atatürk)

开蒲:Kapp,Wolfgang(1858—1922)

开塞耳:Cassel,Gustav(1866—1945,亦译为“卡塞”)

开斯:Kass,Lud(生卒不详)

康宁:Canning,George(1770—1827)

柯柏登:Cobden,Richard(1804—1865)

克尔:Kerrl,Hanns(1887—1941)

柯贝尔:Colbert,Jean Baptiste(1619—1683,亦译为“科贝尔”)

科贝尔:Colbert,Jean Baptiste(1619—1683,亦译为“柯贝尔”)

克赖士:Keynes,John Neville(1852—1949)

克利满沙:Clemenceau,Georges(1841—1929,亦译为“克里曼苏”)

克里曼苏:Clemenceau,Georges(1841—1929,亦译为“克利满沙”)

克朗登:Crompton,Samuel(1753—1827)

柯立芝:Coolidge,John Calvin(1872—1933)

克虏伯:Krupp,Gustav(1870—1950)

克鲁泡特金:Kropotkin,Pyotr Alexeyevich(1842—1921)

克伦斯基:Kerensky,Alexander Fyodorovich(1881—1970)

克洛希克: Krosigk, Johann Ludwig (Lutz) Graf Schwerin von (1887—1952)

寇仁:Curzon,George Nathaniel(1859—1925)

L

拉伐尔:(全名不详、生卒不详)

拉萨尔:Lassalle,Ferdinand(1825 —1864,亦译为“拉塞尔”)

拉塞尔:Lassalle,Ferdinand(1825 —1864,亦译为“拉萨尔”)

莱白:Lieber(全名不详、生卒不详)

莱伊:Ley,Robert(1890—1945)

莱因哈特:Reinhardt,Fritz(1895—1969)

兰斯顿:Lansdowne(1845—1927,常被称为“第五代兰斯顿侯爵”[5th Marquess of Lansdowne])

勒洛亚-波路:Leroy-Beaulieu,Paul(1843—1916)

累那尔:Raynal,Thomas(1713—1796)

雷奢:Lesseps,Ferdinand Marie Vicomte de(1805—1894)

雷斯:(全名不详、生卒不详)

雷田努博士:Dr. Rathenau(全名不详、生卒不详)

李卜克内西:Liebknecht,Karl(1871—1919)

李德维洛夫:Litvinov,Maxim(1876—1951)

李嘉图:Ricardo,David(1772—1823,原书译为“里嘉图”)

李士特:(全名不详、生卒不详)

李维厄:Rivier(全名不详、生卒不详)

路德:Luther,Hans (1879—1962)

鲁得乔治:George,David Lloyd(1863—1945,亦译为“路易·乔治”)

鲁敦道夫:Ludendorff,Erich Von(1865—1937)

卢森堡:Luxemburg,Rosa(1871—1919)

路易十四:Louis XIV of France(1638—1715,法国国王,1643—1715年在位)

伦卜列希特,加尔:Lamprecht,Karl(1856—1916)

伦吉耶尔:Lengyel(1895—1985)

罗贝尔图:Rodbertus,Johann Karl(1805— 1875,亦译为“洛贝尔图”)

洛贝尔图:Rodbertus,Johann Karl(1805— 1875,亦译为“罗贝尔图”)

洛利亚,亚克莱:Loria,Achille(1857—1943)

罗姆:Röhm,Ernst Julius(1887—1934)

罗斯福:Roosevelt,Franklin Delano(1882—1945,又称“小罗斯福”)
罗斯福:Roosevelt,Theodore(1858—1919,又称“老罗斯福”)
洛斯克:Noske,Gustav(1868—1946)
洛泽:Lutze,Viktor(1890—1943)

M

马克思:Marx,Karl Heinrich(1818—1883,原书译为“马克斯”)
马克司:Max(全名不详、生卒不详)
马克维利:Machiavelli,Niccolò(1469—1527,现常译为“马基雅维利”)
玛商:Marchand,Jean-Baptiste(1863—1934)
麦罕:Mahan,Alfred Thayer(1840—1914,现常译为“马汉”)
麦克唐纳:MacDonald,James Ramsay(1866—1937,亦译为“麦唐纳”)
麦唐纳:MacDonald,James Ramsay(1866—1937,亦译为“麦克唐纳”)
梅尔本:Lord Melbourne(1779—1848,原名 William Lamb,通常称“梅尔本第二子爵”[the 2nd Viscount Melbourne])
梅特涅:Metternich,Klemens Wenzel von(1773—1859)
门罗:Monroe,James(1758—1831)
孟德斯鸠:Montesquieu(1689—1755,原名 Charles de Secondat,通常称孟德斯鸠男爵[Baron de Montesquieu])
曼,汤玛士:Mun,Thomas(1571—1641)
米勒:Müller,Hermann(1876—1931)
米伦:Mellon,Andrew William(1855—1937)
缅什可夫:Menschikoff,Alexander Sergeyevich(1787—1869)
穆勒,约翰:Mill,John Stuart(1806—1873,James Mill 的儿子)
穆勒,詹姆斯:Mill,James(1773—1836,John Stuart Mill 的父亲)
慕沙里尼:Mussolini,Benito Amilcare Andrea(1883—1945,现常译为“墨索里尼”)

N

拿破仑，路易：Napoléon Bonaparte（1808—1873，全名 Charles Louis Napoléon Bonaparte，亦称“拿破仑三世”[Napoléon III]，法国皇帝，1852—1873 年在位）

纳西体哥尔：Nachtigal，Gustav（1834—1885）

乃特：Knight，Melvin Moses（1887—？）

尼尔斯卜泽，马哲斯：Erzberger，Matthias（1875—1921）

尼古拉斯，尼古拉斯第一：Nicholas I（1796—1855，俄国沙皇，1825—1855 年在位）

尼古拉斯第二：Nicholas II（1868—1918，俄国沙皇，1894—1917 年在位）

P

皮尔：Peel，Sir Robert（1788—1850）

普恩加赉：Poincaré，Raymond（1860—1934）

Q

乔治，路易：George，David Lloyd（1863—1945，亦译为“鲁得乔治”）

乔治二世：George II（1683—1760，英国国王，1727—1760 年在位）

乔治三世：George III（1738 —1820，英国国王，1760—1820 年在位）

乔治一世：George I（1660—1727，英国国王，1714—1727 年在位）

S

萨道义：Satow，Ernest Mason（1843—1929）

塞林格满：Seligman（全名不详，生卒不详）

桑巴特：Sombart，Werner（1863—1941）

桑脱：Sonter（全名不详、生卒不详）

色尔特，佛兰兹：Seldte，Franz（1882—1947）

色诺芬：Xenophan（公元前 431—公元前 354）

沙哈特：Schacht，Hjalmar Horace Greeley（1877—1970）

圣西门:Saint-Simon(1760—1825,原名 Claude-Henri de Rouvroy,通常称圣西门伯爵[Comte de Saint-Simon])

斯莱胡柏尔:Schneidhuber,August(? —1934)

施莱辄: Schleicher,Kurt von(1882—1934)

史汀生:Stimson,Henry Lewis(1867—1950)

舒曼:Schumann(全名不详、生卒不详)

斯福萨,佛兰斯科:Sforza,Francesco(1401—1466)

斯密,亚当:Smith,Adam(1723—1790,原书译为"亚丹斯密")

斯米德:Schmid,Willi(? —1934,全名 Wilhelm Eduard Schmid)

斯密斯,汤玛斯:Smith,Thomas A. F.(生卒不详,仅知其为"*What Germany Thinks*"一书作者)

斯密特:Schmitt(全名不详、生卒不详)

斯盘:Spann,Othmar(1878—1950)

斯特拉塞,奥托:Strasser,Otto(1897—1974,Gregor Strasser 的弟弟,亦译为"希特拉塞")

斯特拉塞,格列戈:Strasser,Gregor(1892—1934,Otto Strasser 的兄长)

斯特莱斯曼:Stresemann,Gustav(1878—1929,亦译为"斯特兹曼")

斯特兹曼:Stresemann,Gustav(1878—1929,亦译为"斯特莱斯曼")

T

塔克尔:Tucker,George(1775—1861)

塔勒兰: Talleyrand(1754—1838,全名 Charles-Maurice de Talleyrand-Perigord)

台维斯:Devis(全名不详、生卒不详)

陶尔斐斯:Dollfuss,Engelbert(1892—1934)

W

瓦尔加:Varga,E.(1879—1964)

瓦格格:(全名不详、生卒不详)

瓦格纳:Wagener,L. G.(生卒不详)

瓦特:Watt,James(1736—1819)

威尔逊:Wilson,Woodrow(1856 —1924)

威廉第二:Wilhelm II(1859—1941,原名 Friedrich Wilhelm Viktor Albert von Hohenzollern,德国皇帝,1888—1918 年在位。现常译为“威廉二世”)

威廉第一:Wilhelm I(1797—1888,原名 Wilhelm Friedrich Ludwig,德国皇帝,1861—1888 年在位。现常译为“威廉一世”)

威廉三世:William III(1650—1702,原名 William Hendrick Van Orange,英格兰国王,1689—1702 年在位)

文狄希格纳泽:Windichgrätz(全名不详、生卒不详)

X

喜尔斐丁:Hilferding,Rudolf(187—1941,现常译为“希法亭”)

希发泽柏格:Schwartzenberg(全名不详、生卒不详)

西门:Simon,John(1873—1954)

西摩:Seymour,George Hamilton(1979—1880)

希莫娄:Schmoller,Gustav von(1838—1917)

西赛罗:Cicero,Marcus Tullius(公元前 106—公元前 43)

希特拉:Hitler,Adolf(1889—1945,现常译为“希特勒”)

希特拉塞,奥托:Otto Strasser(1897—1974,亦译为“斯特拉塞”)

席伦伯格:Schellenburg(全名不详、生卒不详,亦译为“希伦伯格”)

夏哈特:Schacht,Hjalmar(1877—1970)

兴登堡:Hindenburg,Paul von(1847—1934)

薛西尔:Cecil,Robert Gascoyne(1830—1903)

Y

雅果:Jagow,Trangott von(1865—1941)

亚克莱特:Arkwright,Richard(1732—1792)

亚力山大,亚力山大第一:Alexander I(1777—1825,俄国沙皇,1801—1825 在位,亦译为“亚历山大”)

亚历山大,亚历山大第一:Alexander I(1777—1825,俄国沙皇,

1801—1825 在位，亦译为“亚力山大”）

亚力山大第二：Alexander II（1818—1881，俄国沙皇，1855—1881 在位，亦译为“亚历山大”）

亚力山大第三：Alexander III（1845—1894，俄国沙皇，1881—1894 在位，亦译为“亚历山大”）

亚里士多德：Aristotle（公元前 384—公元前 322）

犹顿涅克：Judenitch，N. N.（生卒不详）

于利兹：Lüderitz，Franz Adolf（1834—1886）

于特维兹：Lüttwitz（1859—1942）

Z

张伯伦：Chamberlain，Austen（1863—1937）